高等教育会计类创新应用型规划教材

U0648843

Internal Control
Theory and Practice

内部控制
理论与实务

张宜霞　主编

东北财经大学出版社　大连
Dongbei University of Finance & Economics Press

图书在版编目（CIP）数据

内部控制理论与实务 / 张宜霞主编. —大连：东北财经大学出版社，2025.4.
—（高等教育会计类创新应用型规划教材）. —ISBN 978-7-5654-5621-3

Ⅰ. F272.3

中国国家版本馆CIP数据核字第2025JT1503号

东北财经大学出版社出版
（大连市黑石礁尖山街217号　邮政编码　116025）
网　　址：http://www.dufep.cn
读者信箱：dufep@dufe.edu.cn

大连天骄彩色印刷有限公司印刷　　东北财经大学出版社发行
幅面尺寸：185mm×260mm　　　字数：427千字　　　印张：18
2025年4月第1版　　　　　　　2025年4月第1次印刷

责任编辑：王　莹　吴　奂　孙晓梅　　　责任校对：何　群
封面设计：原　皓　　　　　　　　　　　版式设计：原　皓

定价：52.00元

前　言

　　内部控制是确保各类组织有效运行的关键机制，对于推动社会和经济的高质量发展具有重要意义。当您翻开这本教材的时候，您不仅仅是在学习一门专业知识，更是在探索一个确保组织健康运行、维护社会经济稳定的关键机制。内部控制，作为组织治理的核心组成部分，其重要性在当今复杂多变的商业环境中愈发凸显，因为这种环境增加了组织面临的不确定性和风险。在组织层面，内部控制是确保信息可靠、提高经营效率、防范风险及促进战略目标实现的基石，它包括资产保护、财务报告的可靠性、合规性的监督、经营效率的提升等机制，为组织的可持续发展提供了坚实保障。在社会层面，内部控制的有效性直接影响到经济体系的信任度和稳定性。金融危机和各种丑闻反复警示我们，内部控制的缺失或无效是导致这些危机的重要原因之一，无论是对单一组织还是整个经济系统都会带来灾难性的后果。因此，强化内部控制不仅是组织自身的需求，更是社会经济健康运行的必要条件。在经济层面，内部控制通过降低不确定性和欺诈风险，增强投资者及其他利益相关者的信心，从而提高市场效率，促进资源的有效配置和经济的稳健增长。鉴于内部控制的重要作用，培养具备专业知识和实践技能的内部控制人才尤为关键。这些专业人才将成为维护组织和社会经济秩序的守护者，他们的专业判断和行动将直接影响组织的未来和社会的福祉。

　　因此，一本深入浅出、理论与实践相结合、能够反映最新行业动态的内部控制教材至关重要。本书的编写旨在为学生、专业人士以及对内部控制有兴趣的读者提供全面的学习资源，不仅包含内部控制的基本概念和框架，还涉及如何在实践中应用这些知识，以及如何适应不断变化的环境和挑战。在这个过程中，我们希望能够激发读者的兴趣，培养读者的批判性思维和解决问题的能力，帮助他们最终成为具有高度责任感和职业道德的内部控制专家。我们相信，通过这本书，读者将能够更深刻地理解内部控制的重要性，并将这些知识运用于实践，为创建更加稳健、透明和公正的商业和社会环境做出贡献。

　　本书内容分为六个部分：第一部分（第一、二、三章）涵盖课程概论、上市公司内部控制评价与审计典型案例，以及企业内部控制的发展与监管要求，旨在提供内部控制的学习场景，并提出需要解决的问题，体现问题导向（PBL）的教学模式。第二部分（第四章至第八章）介绍内部控制框架、风险管理框架及其构成要素，重点在于内部控制的设计与建立健全。第三部分（第九章）聚焦内部控制评价的要求、方法与报告，强调内部控制评价在确保组织内部控制有效性中的重要作用。第四部分（第十章）介绍企业内部控制审计的要求、程序、方法与报告。第五部分（第十一章）针对行政事业单位内部控制，阐述其特殊要求、构成内容以及评价与报告。第六部分（第十二章）为课程思政模块，分析中国特色社会主义背景下的内部控制，该模块虽独立成章，但需结合其他模块的相关内容一起讲授和学习，以实现理论与实践的统一。

本书努力体现以下特色：一是开阔的国际视野，即立足国际主要资本市场和机构的内部控制理论与实务，反映国际内部控制的最新发展；二是明确的问题导向，即聚焦于企业内部控制理论与实务中的重要具体问题；三是坚持理论与实践的统一，即以理论为指导，以实践为驱动，通过案例分析和实际操作，实现理论与实践的统一；四是系统的内容体系，即系统地组织内部控制理论与实务的内容，形成完整的体系；五是贯通本科阶段和研究生阶段的教学内容，既涵盖内部控制理论与实务的基础知识，又包含专题讨论，以满足不同层次的学习需求；六是将课程思政教育与内部控制专业知识点相结合，实现思政教育与专业教育的深度融合，培养学生的综合素质。

本书由浙江工商大学张宜霞博士主编，负责全书的策划、组织、撰写和审定工作。本书的出版得到了浙江工商大学研究生教育改革项目（YJG2021303）、浙江工商大学工商管理学科培育项目、全国审计专业学位研究生教育指导委员会审计专业学位研究生在线示范课程、浙江工商大学精品在线开放课程等多个项目的资助。同时，特别感谢东北财经大学出版社对本书出版的大力支持，为本书的顺利出版提供了重要保障。

本书既适合会计学及相关专业本科生对内部控制理论与实务的学习，也适用于会计学及相关专业硕士研究生和博士研究生对内部控制理论与实务进行深入研究和探索，还适用于规划和领导内部控制工作的高级管理层系统了解内部控制基本理论与实务，从而总体把握所在企事业单位的内部控制工作。

由于内部控制理论与实务的复杂性，本书首先基于相关法规和制度的基本要求进行编写。在此基础上，结合理论与实务的发展，提供进一步探讨和研究的空间。既有理论界和实务界的共识，也有不同观点的陈述，可能存在分歧和不足之处，恳请读者批评指正。

张宜霞

2025 年 2 月

目　录

第一章　课程概论

本章学习目标

　　1.了解课程的学习背景与社会需求，明确课程的学习目标和内容；

　　2.了解课程的特点、学习方式、学习资源和考核方式。

第一节　课程背景、社会需求和学习目标

一、课程背景

　　健全有效的内部控制被视为解决组织管理中许多潜在问题的有效方法。人们通常认为，内部控制可以帮助公司实现利润目标和完成公司使命，并且使这个过程中的风险减到最小；使管理层能够应对迅速变化的经济和竞争环境、多变的顾客需求和偏好，并重新构筑未来的增长；可以提高效率，减少财产损失的风险，并有助于确保财务报告的可靠性以及遵守相关的法律法规。

　　自2002年美国颁布实施《萨班斯－奥克斯利法案》（SOX法案）以来，美国、英国、加拿大、欧盟等世界主要市场经济国家和地区都颁布了相关法律法规，要求上市公司进行内部控制的评价与审计，加强了对企业尤其是上市公司内部控制的规制。在此趋势下，中国企业内部控制的规制也得到了全面的发展和推进。中国财政部会同有关部门发起成立具有广泛代表性的企业内部控制标准委员会，负责制定和推行内部控制相关标准和规范，先后发布了《企业内部控制基本规范》和18项《企业内部控制应用指引》，以及《企业内部控制评价指引》和《企业内部控制审计指引》，要求上市公司和拟上市公司进行内部控制的评价和审计。

　　在这样的国际背景下，为了促进我国企业内部控制的发展，提高企业内部控制建设的水平，就需要培养大量具有国际视野、管理型的高素质内部控制人才。这些内部控制人才既要懂会计、审计领域的专业知识，又要熟悉内部控制涉及的公司治理、风险评估、组织结构、人力资源管理、信息技术等多领域的知识；既要熟悉我国内部控制法规和惯例，又要熟悉国际主要资本市场和机构的内部控制法规和惯例；既要系统掌握内部控制的基本理论，又要熟悉内部控制的实务；既要懂如何建立健全和实施内部控制，又要懂如何评价和审计内部控制。具体来说，要熟悉和掌握国际主要资本市场对上市公司内部控制的监管要求，具备内部控制的国际化视野；要熟悉和掌握内部控制的内涵、目标、框架、构成要素和原则等核心理论，具备内部控制设计的专业能力；要了解和掌握内部控制评价的程序和方法，具备内部控制评价的专业能力；要了解和掌握内部控制审计的程序和方法，具备内

部控制审计的专业能力。这就要求他们系统学习和熟练掌握内部控制的理论和实务，不仅要知其然，更要知其所以然。

二、社会需求与具体问题

（一）社会需求与责任

对内部控制的社会需求主要体现在内部控制的建设和运行、内部控制评价与报告、内部控制审计与报告三个方面。

1.内部控制的建设和运行

内部控制是组织的日常性工作，无论是企业，还是行政事业单位，都需要建立健全内部控制体系，保持内部控制的有效运行，这就需要不断设计和优化内部控制，确保内部控制能够有效支持组织的战略、经营等目标。

2.内部控制评价与报告

内部控制的评价与报告包括根据内部管理要求、外部监管要求等进行的内部控制日常评价与报告、年度评价与报告等，比如公司日常对内部控制的评价与报告、公司年度的内部控制评价与报告，以及行政事业单位年度的内部控制评价与报告等。

3.内部控制审计与报告

内部控制的审计与报告包括根据内部管理要求、监管要求等进行的内部控制审计与报告，比如集团公司对子公司内部控制的审计与报告，注册会计师对上市公司内部控制的年度审计与报告等。

这些社会需求也对企业的董事会、管理层、内部审计部门和注册会计师等相关部门和相关人员提出了更高的要求。建立健全和实施内部控制、评价和报告内部控制是企业董事会、管理层以及行政事业单位负责人的责任；审计和报告内部控制是注册会计师和内部审计部门和人员的责任。这就要求具体从事内部控制建设、评价和审计工作的会计、财务和审计等相关人员，不但要熟悉财务报表及其审计，还要熟悉和掌握内部控制评价与审计，真正成为一名管理型高级财会人才和内部控制人才，管理型高级财会人才的知识结构如图1-1所示。

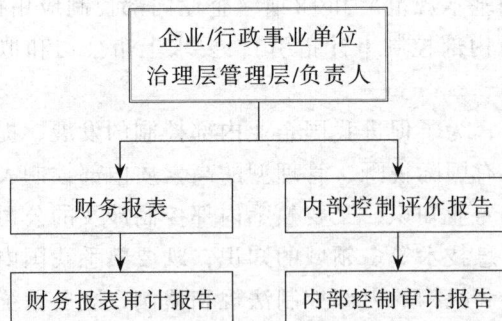

图 1-1　管理型高级财会人才的知识架构

（二）具体问题

内部控制的社会需求的三个方面和责任又进一步转化为内部控制理论与实务中必须明确和解决的三个方面的具体问题。

1.如何建设和运行内部控制

在如何建设与运行内部控制方面，具体要明确和解决的问题主要包括：内部控制是什么？内部控制为什么？内部控制做什么？内部控制是什么样的？内部控制包括哪些内容？是否存在通用或最佳的内部控制体系和标准？

2.如何评价内部控制的有效性

在如何评价内部控制的有效性方面，具体要明确和解决的问题主要包括：内部控制评价的监管要求有哪些？什么样的内部控制才是有效的内部控制？判断内部控制是否有效的依据是什么？内部控制评价是否存在通用的评价标准？什么是控制缺陷？如何评估控制缺陷的严重性？如何识别一般缺陷、重要缺陷和重大缺陷？内部控制评价的模式有哪些？内部控制评价的逻辑是什么？内部控制评价的程序和方法有哪些？

3.如何审计内部控制的有效性

在如何审计内部控制的有效性方面，具体要明确和解决的问题主要包括：内部控制审计的监管要求有哪些？上市公司的内部控制审计与内部控制自我评价有什么区别和联系？内部控制审计的内在逻辑是什么？内部控制审计有哪些具体的程序和方法？如何确定内部控制审计意见？内部控制审计与财务报表审计中对内部控制的评价有何异同？在风险基础模式下，内部控制审计如何与财务报表审计整合？内部控制审计意见与财务报表审计意见之间有哪些内在联系？

三、学习目标

本课程面向管理型财会人才及企业高级管理人员（如 CEO、CFO 等），旨在系统培养内部控制与风险管理的设计、评价和审计等专业能力，全面提高综合素质。要求学生熟悉并掌握以下内容，具备相应的专业知识和技能：

（1）国际主要资本市场（如美国、英国、欧盟等）内部控制的发展及监管要求；

（2）国际主要资本市场内部控制的基本概念、框架、构成要素和基本原则；

（3）内部控制评价和审计的具体程序与方法；

（4）中国企业内部控制的相关规范和标准；

（5）中国行政事业单位内部控制相关规范。

通过本课程的学习和训练，学生应达到以下要求：

（1）熟悉和掌握国际主要资本市场对上市公司内部控制的监管要求，具备国际化的专业视野，能够理解和应用国际内部控制标准和规范；

（2）熟悉和掌握内部控制的内涵、目标、框架、构成要素和原则等核心理论，具备内部控制设计的专业能力，能够设计和实施有效的内部控制体系；

（3）熟悉和掌握内部控制评价的具体程序和方法，具备内部控制评价的专业能力，能够独立进行内部控制评价；

（4）熟悉和掌握内部控制审计的具体程序和方法，具备内部控制审计的专业能力，能够独立进行内部控制审计。

第二节　课程特点、学习方式、学习资源和考核方式

一、课程特点

本课程具有以下特点：

1.内容新

内部控制理论与实务不断发展，与时俱进，新理论、新法规、新实务不断涌现，并与国际接轨。

2.内容丰富

内部控制涵盖企业和单位经营管理的各个领域。

3.难度大

内部控制涉及跨学科、跨领域知识，具有跨文化特点。

4.要求高

内部控制的理论性和实务性要求高，要求相关人员具备较强的分析和判断能力。

5.实务性强

内部控制强调理论联系实际，要求相关人员熟悉公司管理、财务、审计以及业务等实务活动。

二、学习方式与教学模式

本课程采用线上线下混合式、内容模块化、问题导向型、逐步研讨式、案例一体化以及考核过程化等多种学习模式，以满足不同学习者的需求。

1.线上线下相结合的混合式教学模式

本课程采用线上线下混合式教学模式。线上学习主要包括观看视频、学习课件、阅读资料、参与线上讨论、完成线上测验和线上作业等，线上学习约占总学时的 40%。线下学习主要包括重点和难点讲解、案例讨论、课堂答疑等，线下学习约占总学时的 60%。

2.基于社会需求的问题导向学习（PBL）模式

（1）明确社会对内部控制的需求，将其分为内部控制建设和运行、内部控制评价与报告以及内部控制审计与报告三个方面；

（2）明确社会对内部控制的需求与学生现在学习和未来工作的具体关系，帮助学生理解学习的意义和目标；

（3）明确在满足每一方面社会需求时，将面临哪些内部控制理论与实务问题；

（4）学生自我评估是否能够有效解决这些问题；

（5）学生基于问题进行针对性的学习和研讨；

（6）按内容划分模块，按模块提出问题，实现模块问题化，按问题学习内容，从而实现问题导向式（PBL）学习。

3.基于小组合作和咨询项目的研讨式学习模式

（1）3~5名学生组成学习小组，以小组为单位开展学习；

（2）教师结合一体化案例，提出项目需要解决的具体问题，帮助学生明确学习目标；

（3）各小组收集相关资料，开展主动学习和组内研讨，初步掌握知识并提出解决方案；

（4）进行小组展示和小组间研讨，通过比较式学习，进一步讨论和完善方案，深入理解和掌握知识；

（5）将被动听课转变为问题驱动和主动学习，加深对理论和实务的理解与运用。

4.基于业务全过程的一体化案例教学模式

每人选择一家上市公司作为课程学习的背景案例，按照课程进度进行分析和讨论。

（1）学习小组自始至终跟踪一家上市公司或一个项目；

（2）将内部控制建设、评价和审计三种需求融入一个上市公司案例，帮助学生全面理解内部控制的各个方面；

（3）以内部控制咨询项目的形式推动问题的解决。

5.基于过程化和案例化的形成性评价模式

本课程考核采用过程化和案例化的形成性评价模式，过程考核和期末考核均主要采用案例形式进行考核。其中，对专业理论的理解程度考核占比为 40%，知识应用程度（包括案例分析、实际操作等）考核占比为 60%。

三、学习资源

（一）主要参考文献

（1）COSO. Enterprise risk management – integrating with strategy and performance ［EB/OL］. ［2017-09-06］. https：//www.coso.org/guidance-erm.

（2）COSO. 内部控制——整合框架［M］. 财政部会计司，组织翻译. 北京：中国财政经济出版社，2014.

（3）穆勒. 2013版COSO内部控制实施指南［M］. 秦荣生，张庆龙，韩菲，译. 北京：电子工业出版社，2015.

（4）COSO. 企业风险管理——整合框架：应用技术［M］. 张宜霞，译. 大连：东北财经大学出版社，2017.

（5）COSO. 企业风险管理——整合框架［M］. 方红星，王宏，主译. 大连：东北财经大学出版社，2017.

（6）PCAOB. 第5号审计准则——与财务报表审计相结合的财务报告内部控制审计［M］. 张宜霞，译. 大连：东北财经大学出版社，2008.

（7）美国证券交易委员会. 关于管理层报告财务报告内部控制的指引［EB/OL］. ［2007-06-27］. https：//www.doc88.com/p-008703400361.html？ r=1.

（8）财政部，证监会，审计署，等. 关于印发《企业内部控制基本规范》的通知（财会［2008］7号）［EB/OL］. （2008-05-22）. https：//kjs.mof.gov.cn/zhengcefabu/200807/t20080704_55982.htm.

（9）财政部，证监会，审计署，等. 关于印发企业内部控制配套指引的通知（财会［2010］11号）［EB/OL］. （2010-04-15）. https：//kjs.mof.gov.cn/zhengcefabu/201005/t20100505_290459.htm.

（10）COSO. 财务报告内部控制——较小型公众公司指南［M］. 方红星，主译. 大连：东北财经大学出版社，2009.

（二）主要参考网站

（1）美国 COSO：http：//www.coso.org.

（2）美国 PCAOB：http：//pcaobus.org/Pages/default.aspx.

（3）美国 SEC：http：//www.sec.gov.

（4）日本 FSA：http：//www.fsa.go.jp/en/index.html.

（5）英国 FRC：http：//www.frc.org.uk/Home.aspx.

（6）中国会计学会：http：//www.asc.net.cn.

（7）中国注册会计师协会：http：//www.cicpa.org.cn.

（8）中国证券监督管理委员会：http：//www.csrc.gov.cn/pub/newsite.

（9）上海证券交易所：http：//www.sse.com.cn.

（10）深圳证券交易所：http：//www.szse.cn.

（11）北京证券交易所：http：//www.bse.cn.

此外，还可参考相关公司的官方网站获取更多内部控制资料。

四、考核方式

本课程的考核采用过程考核和期末考核相结合的方式。

过程考核采用线上和线下相结合的形式，线上考核包括线上讨论、线上测验、线上作业等，线下考核包括课堂案例讨论、小组课题展示、考勤等，在线互评和线下评阅相结合。期末考核，基于项目一体化案例或项目设计，采用大型作业（大型案例分析）的形式。

期末考核采用综合案例分析的形式，具体要求如下：

1.收集资料

选择一家上市公司，收集和分析其最近年度的内部控制资料（如年度报告、公告、内部控制审计报告和内部控制评价报告等）。

2.分析依据

依据《内部控制——整合框架》或《企业内部控制基本规范》及应用指引，以及《企业内部控制审计指引》进行分析。

3.主要工作

（1）根据内部控制的构成要素，描述该公司内部控制的现状；

（2）识别内部控制存在的问题，包括各构成要素方面的问题以及设计和运行方面的缺陷；

（3）评估控制缺陷的严重性，识别重大缺陷、重要缺陷和一般缺陷，评估内部控制的有效性，撰写评价结论和审计意见；

（4）分析造成内部控制问题的原因；

（5）提出内部控制的改进对策。

4.具体要求

（1）包括标题、摘要、关键词、正文、参考文献等；

（2）以 PDF 版本在线提交，或双面打印提交；

（3）标题可选格式为："×××公司内部控制的现状、问题与改进对策"或"×××公司内部控制案例分析";

（4）依据多方面资料自主分析完成。

5.评分标准

（1）观点明确，内容完整，分析全面;

（2）逻辑清晰，层次分明，结构合理;

（3）格式规范;

（4）正文字数不少于5 000字。

本章作业题

1.结合日常生活中的常识和对内部控制的了解，描述对内部控制的认识，并探讨企业内部控制在实际生活中的应用及其价值和意义。

2.上市公司内部控制案例资料的收集与分析:

（1）选择一家内部控制被出具非标审计意见的上市公司，下载其财务报告、财务报表审计报告、内部控制评价报告、内部控制审计报告以及其他内部控制相关资料。

（2）阅读上述资料，识别内部控制评价结论和审计意见及相应理由，初步了解和分析内部控制评价结论与审计意见之间的关系。

（3）从证监会、交易所、股票交易软件、公司网站、财经网站、相关数据库等渠道，收集该上市公司的相关资料，为描述该公司内部控制的现状、识别内部控制的问题、评价内部控制的缺陷和分析内部控制问题的原因做好准备，并列出资料清单。

第二章 上市公司内部控制评价与审计案例

本章学习目标

1. 了解上市公司内部控制的基本实务，包括内部控制的建设、评价和审计；
2. 了解和认识上市公司内部控制的典型问题，包括常见缺陷和风险。

第一节 DF股份有限公司的内部控制评价报告与审计报告

一、DF股份有限公司的内部控制评价报告

DF股份有限公司的20×3年度内部控制评价报告如下。

DF股份有限公司20×3年度内部控制评价报告

DF股份有限公司全体股东：

根据《企业内部控制基本规范》及其配套指引的规定和其他内部控制监管要求（以下简称企业内部控制规范体系），结合本公司（以下简称公司）内部控制制度和评价办法，在内部控制日常监督和专项监督的基础上，我们对公司20×3年12月31日（内部控制评价报告基准日）的内部控制有效性进行了评价。

一、重要声明

按照企业内部控制规范体系的规定，建立健全和有效实施内部控制，评价其有效性，并如实披露内部控制评价报告是公司董事会的责任。监事会对董事会建立和实施内部控制进行监督。经理层负责组织领导企业内部控制的日常运行。公司董事会、监事会及董事、监事、高级管理人员保证本报告内容不存在任何虚假记载、误导性陈述或重大遗漏，并对报告内容的真实性、准确性和完整性承担个别及连带法律责任。

公司内部控制的目标是合理保证经营管理合法合规、资产安全、财务报告及相关信息真实完整，提高经营效率和效果，促进实现发展战略。由于内部控制存在的固有局限性，故仅能为实现上述目标提供合理保证。此外，情况的变化可能导致内部控制变得不恰当，或对控制政策和程序遵循的程度降低，根据内部控制评价结果推测未来内部控制的有效性具有一定的风险。

二、内部控制评价结论

1. 公司于内部控制评价报告基准日，是否存在财务报告内部控制重大缺陷

☐ 是　　☑ 否

2. 财务报告内部控制评价结论

☑ 有效　　☐ 无效

根据公司财务报告内部控制重大缺陷的认定情况，于内部控制评价报告基准日，不存在财务报告内部控制重大缺陷，董事会认为，公司已按照企业内部控制规范体系和相关规定的要求在所有重大方面保持了有效的财务报告内部控制。

3.是否发现非财务报告内部控制重大缺陷

根据公司非财务报告内部控制重大缺陷认定情况，于内部控制评价报告基准日，公司未发现非财务报告内部控制重大缺陷。

4.自内部控制评价报告基准日至内部控制评价报告发出日之间影响内部控制有效性评价结论的因素

☐ 适用　☑不适用

自内部控制评价报告基准日至内部控制评价报告发出日之间未发生影响内部控制有效性评价结论的因素。

5.内部控制审计意见是否与公司对财务报告内部控制有效性的评价结论一致

☑是　　☐否

6.内部控制审计报告对非财务报告内部控制重大缺陷的披露是否与公司内部控制评价报告披露一致

☑是　　☐否

三、内部控制评价工作情况

（一）内部控制评价范围

公司按照风险导向原则确定纳入评价范围的主要单位、业务和事项以及高风险领域。

1.纳入评价范围的主要单位包括：公司本部，包括商研总部、营销总部（包括DF襄阳旅行车有限公司、DF轻型商用车营销有限公司）、襄阳工厂、铸造工厂、新能源事业部、海外事业部和职能部门；1家控股子公司（DF轻型发动机有限公司）；1家合营公司（DF康明斯发动机有限公司）。

2.纳入评价范围的单位占比：

指标	占比（%）
纳入评价范围单位的资产总额占公司合并财务报表资产总额之比	98.76
纳入评价范围单位的营业收入合计占公司合并财务报表营业收入总额之比	97.74

3.纳入评价范围的主要业务和事项包括：

组织架构、发展战略、人力资源、社会责任、企业文化、资金活动、采购业务、资产管理、销售业务、研究与开发、工程项目、业务外包、财务报告、全面预算、合同管理、信息系统等16项。

4.重点关注的高风险领域主要包括：

商用车发展风险，包括市占率或销量提升风险、盈利能力风险；两金管控风险，包括信用风险、两金管控目标达成风险。

5.上述纳入评价范围的单位、业务和事项以及高风险领域涵盖了公司经营管理的主要方面，是否存在重大遗漏

□ 是 ☑ 否

6.是否存在法定豁免

□ 是 ☑ 否

7.其他说明事项

报告期内，纳入评价范围的主要业务及事项：

（1）组织架构

公司按照《中华人民共和国公司法》《中华人民共和国证券法》《上市公司治理准则》等法律法规及公司章程，设立有股东大会、董事会、监事会、管理层的"三会一层"治理层，明确了职责权限及议事规则等；年度内，公司治理层在规定权限内规范运作，切实保障股东的合法权益；公司组织机构改革等事项均能够按照公司章程及制度规定规范运行。

（2）发展战略

报告期内，公司发展战略归口管理部门，按照制度规定开展发展规划的战略研究，发展规划的编制、实施和管理，规划投资分析与研究等工作，公司发展战略运行总体有效。

（3）人力资源

人力资源部门负责公司人力资源规划、干部管理、薪酬福利等业务。报告期内，公司人员需求、招聘、员工绩效及薪酬兑付、激励等业务能够按照相关管理制度要求开展，在现有内部控制环境下，公司人力资源管理总体运行有效。

（4）社会责任

公司在生产经营过程中注重履行社会职责和义务，20×3年度，公司在安全生产、产品质量、环境保护、资源节约、促进就业、员工权益保护等方面，能够按照相关法律法规及公司内部管理制度规范运行。根据中国证监会及上海证券交易所的有关规定，公司定期披露年度社会责任报告，20×3年度社会责任具体履行情况详见《20×3年度社会责任报告》。

（5）企业文化

综合管理部是公司企业文化归口管理部门，负责公司企业文化策划并组织实施，具体包括公司宗旨、理念、形象、行为规范、标识、着装等企业文化策划及组织实施。20×3年，公司发布了"创享价值"企业文化理念体系，明确企业愿景是打造世界一流的轻型商用车企业，企业使命是承载万千信赖、服务美好生活，企业价值观是创新、坚毅、诚信、实干，企业经营哲学是创享价值，同时确定了行动纲领，建立了商研、营销、采购等领域子文化。在现有内部控制环境下，公司企业文化工作总体运行有效。

（6）资金活动

财务会计部是公司资金活动的归口管理部门，负责公司的筹资、投资和资金运营管理。20×3年，公司制定或修订了《预算管理标准》《电子商业汇票管理标准》《资金管理标准》等管理制度，建立了完善的资金活动管理制度及严格的审批流程。报告期内，公司资金管理业务严格按照管理制度和流程规定有效运行。

（7）采购业务

采购部是公司采购业务的归口管理部门，负责供应商管理、采购成本控制和采购业务管理，为满足生产经营需要，规范采购行为，防范采购风险、合理采购，公司建立了完善的采购管理制度。20×3年公司制定或修订了《零部件供应商准入及淘汰管理标准》《采购降成本管理标准》《供应商日常业绩评价管理标准》《费用类服务支持采购业务管理标准》等多项管理制度。报告期内，公司采购业务能够按照规定有序开展；在现有的内部控制环境下，公司采购业务总体运行有效。

（8）资产管理

公司资产主要包括固定资产、无形资产和存货，由事业计划部及财务会计部归口管理。为保证资产安全及资产有效使用，公司及下属各单位制定有存货、固定资产、无形资产管理制度，对资产采购入库、验收、使用出库、报废处置等进行了规定。20×3年度，公司资产管理相关业务能够按照资产管理相关制度和流程开展，总体运行有效。

（9）销售业务

公司设有营销总部、新能源事业部和海外事业部三大销售机构，营销总部主要负责公司轻卡、工程车、客车及底盘销售业务，新能源事业部负责新能源汽车销售业务，海外事业部负责海外销售业务。为规范销售行为，营销总部、新能源事业部、海外事业部在经销商及客户管理、监控车管理、应收账款管理、商务政策制定与执行等方面均制定了管理制度及审批流程。在现有的内部控制环境下，公司销售业务能够按照相关管理制度及流程要求运行。

（10）研究与开发

商研总部负责公司研究与开发工作，为增强公司核心竞争力，有效控制研发风险，实现公司发展战略，商研总部制定了研究与开发业务相关管理制度，对研发项目立项、过程管理、验收鉴定、评估等流程进行了规范。在现有的内部控制环境下，公司研究与开发业务能够按照相关管理制度和流程有效开展。

（11）工程项目

公司制定了工程项目管理相关制度，以规范业务、防范风险。报告期内，公司新建、扩建及更新改造等工程项目在立项、审批、实施、竣工验收等过程中能够按照相关管理制度及流程规范运行，总体保持有效。

（12）业务外包

公司业务外包主要为委托加工、物业管理、客户服务、IT服务等一般外包业务，各单位针对业务特点分别制定对应的管理制度，以保证外包商选择、外包业务实施、验收等规范运行。20×3年度，公司业务外包管理运行有效。

（13）财务报告

为规范财务报告管理，保证财务报告信息真实完整、合法合规，依据《中华人民共和国公司法》《中华人民共和国会计法》《企业会计准则》《企业内部控制基本规范》，以及财务管理相关的法律法规制定了《财务管理制度》，对公司财务报告编制、对外提供及分析利用等流程进行了规定。报告期内，公司能够按照财务报告编制、审批、报送及分析利用等规定定期报告和披露相关内容，并经第三方会计师事务所审计。

（14）全面预算

公司全面预算工作按照《预算管理标准》，在经营委员会领导下，按照自下而上、上下结合、分级编制、汇总的原则进行预算的编制，按照"职能归口、分级编制、财务综合、经营委员会审议、董事会决议"的流程进行审批。报告期内，公司预算管理工作按照制度规定及流程要求规范运行。

（15）合同管理

综合管理部是公司合同管理的归口管理部门，负责合同拟定、审批、执行等流程管理，定期组织开展合同执行情况、合同风险识别梳理、合同数据治理等检查，以促进合同有效履行。报告期内，公司合同管理运行有效。

（16）信息系统

公司信息系统管理业务整体委托深圳联友科技有限公司管理，公司数字化委员会负责审议公司 IS 战略框架协议及批准公司 IS 战略等，数字化办公室是公司信息领域对内、对外的沟通窗口，负责工作联络、与信息化战略合作伙伴沟通协调、工作督导评价及信息系统权限审批等，确保公司信息化建设工作规范运行。

（17）内部监督

根据监管及相关文件要求，并结合公司年度经营目标，报告期内共组织开展内部审计 7 项、内部控制评价 6 项；配合上级单位审计 2 项。针对内部监督发现的问题已制定整改措施，并组织对整改到期项目进行跟踪评价，确保整改落地。20×3 年公司加强合规体系建设，制定或修订了《合规管理标准》《合法合规性审查业务基准》《合规管理人员管理标准》《合规培训管理标准》等管理制度，形成了较为完善的合规管理制度体系。

在履行内部监督职能的同时，公司还积极配合外部监督机构审计工作，为公司规范、持续、健康运行提供了保障。

（二）内部控制评价工作依据及内部控制缺陷认定标准

公司依据企业内部控制规范体系及内部控制制度和内控手册的规定和要求，在日常监督和专项监督的基础上，组织开展内部控制评价工作。

1. 内部控制缺陷具体认定标准是否与以前年度存在调整

□ 是　　☑ 否

公司董事会根据企业内部控制规范体系对重大缺陷、重要缺陷和一般缺陷的认定要求，结合公司规模、行业特征、风险偏好和风险承受度等因素，区分财务报告内部控制和非财务报告内部控制，研究确定了适用于本公司的内部控制缺陷具体认定标准，并与以前年度保持一致。

2. 财务报告内部控制缺陷认定标准

公司确定的财务报告内部控制缺陷评价的定量标准如下：

指标名称	重大缺陷定量标准	重要缺陷定量标准	一般缺陷定量标准
资产总额潜在错报	错报≥资产总额的 0.5%	资产总额的 0.25%≤错报＜资产总额的 0.5%	错报＜资产总额的 0.25%

说明：无

公司确定的财务报告内部控制缺陷评价的定性标准如下：

缺陷性质	定性标准
重大缺陷	单独缺陷或连同其他缺陷导致不能及时防止、发现并纠正财务报告中的重大错报。出现下列情形的，认定为重大缺陷：（1）控制环境无效；（2）董事、监事和高级管理人员舞弊行为；（3）外部审计发现当期财务报告存在重大错报，公司在运行过程中未能发现该错报；（4）已经发现并报告给管理层的重大缺陷在合理的时间后未加以改正；（5）董事会审计与风险（监督）委员会和纪检监审部对内部控制的监督无效；（6）其他可能影响报表使用者正确判断的缺陷
重要缺陷	单独缺陷或连同其他缺陷导致不能及时防止、发现并纠正财务报告中虽然未达到和超过重要性水平，但仍应引起管理层重视的错报
一般缺陷	不构成重大缺陷或重要缺陷的其他内部控制缺陷

说明：无

3.非财务报告内部控制缺陷认定标准

公司确定的非财务报告内部控制缺陷评价的定量标准如下：

指标名称	重大缺陷定量标准	重要缺陷定量标准	一般缺陷定量标准
直接财产损失	直接财产损失≥1 000万元，或已对外正式披露、对公司定期报告造成负面影响	500万元≤直接财产损失<1 000万元，或受到国家政府部门处罚但未对本公司定期报告造成负面影响	直接财产损失<500万元，或受到省级（含省级）以下政府部门处罚但未对本公司定期报告披露造成负面影响

公司确定的非财务报告内部控制缺陷评价的定性标准如下：

缺陷性质	定性标准
重大缺陷	出现以下情形的，认定为重大缺陷：（1）严重违反国家法律法规；（2）"三重一大"事项决策制度（指公司重大事项决策、重要人事任免、重大项目安排和大额度资金运作）缺失；（3）关键岗位管理人员和技术人员流失严重；（4）媒体负面新闻频现；（5）重要业务缺乏制度控制或制度系统性失效；（6）内部控制评价的结果特别是重大缺陷或重要缺陷未得到整改
重要缺陷	一个或多个控制缺陷的组合，其严重程度和经济后果低于重大缺陷，按影响程度确定
一般缺陷	除认定为重大缺陷和重要缺陷的其他情形，按影响程度确定

说明：无

（三）内部控制缺陷认定及整改情况

1.财务报告内部控制缺陷认定及整改情况

1.1.重大缺陷

报告期内公司是否存在财务报告内部控制重大缺陷

□是　☑否

1.2.重要缺陷

报告期内公司是否存在财务报告内部控制重要缺陷

□是　☑否

1.3.一般缺陷

根据上述财务报告内部控制缺陷认定标准，报告期内不存在财务报告内部控制一般缺陷。

1.4.经过上述整改，于内部控制评价报告基准日，公司是否存在未完成整改的财务报告内部控制重大缺陷

□是　☑否

1.5.经过上述整改，于内部控制评价报告基准日，公司是否存在未完成整改的财务报告内部控制重要缺陷

□是　☑否

2.非财务报告内部控制缺陷认定及整改情况

2.1.重大缺陷

报告期内公司是否发现非财务报告内部控制重大缺陷

□是　☑否

2.2.重要缺陷

报告期内公司是否发现非财务报告内部控制重要缺陷

□是　☑否

2.3.一般缺陷

根据上述非财务报告内部控制缺陷的认定标准，报告期内，公司部分单位还存在一些内部控制一般缺陷，主要表现在管理制度及流程的健全性及执行方面。

公司重视内外部监督发现问题的整改工作，20×3年修订了《内外部监督发现问题整改落实质量评估管理标准》，针对报告期内发现的一般缺陷，组织制定了整改措施，明确了整改进度和目标，并按照整改时间节点跟踪评价整改效率与效果。截至报告期末，相关整改措施按节点已落实整改，后续公司将持续跟踪评价整改措施的落实情况及效果。

2.4.经过上述整改，于内部控制评价报告基准日，公司是否发现未完成整改的非财务报告内部控制重大缺陷

□是　☑否

2.5.经过上述整改，于内部控制评价报告基准日，公司是否发现未完成整改的非财务报告内部控制重要缺陷

□是　☑否

四、其他内部控制相关重大事项说明

1.上一年度内部控制缺陷整改情况

□适用　☑不适用

2.本年度内部控制运行情况及下一年度改进方向

☑适用　□不适用

20×4年，公司强化内部审计、内部控制、风险管理、合规管理、法律事务等工作的协同，助推公司领先目标高质量达成，统筹实施内部审计、内控评价项目，防范化解重大风险，巩固内外部监督发现问题整改跟踪机制；以合规内控手册编制为统领，完善合规管理制度体系；强化风险导向工作意识，协同内部监督与职能监督力量，促进问题早

发现、早预警、早应对；以提升内部监督系统能力为导向，开展业务培训，提高履职能力。

3.其他重大事项说明

□适用　☑不适用

董事长（已经董事会授权）：×××

DF 股份有限公司

20×4 年 4 月 11 日

二、DF 股份有限公司内部控制审计报告

DF 股份有限公司 20×3 年度内部控制审计报告如下。

内部控制审计报告

AYHM（20×4）专字第 70133625_C01 号

DF 股份有限公司

DF 股份有限公司全体股东：

按照《企业内部控制审计指引》及中国注册会计师执业准则的相关要求，我们审计了 DF 股份有限公司 20×3 年 12 月 31 日的财务报告内部控制的有效性。

一、企业对内部控制的责任

按照《企业内部控制基本规范》《企业内部控制应用指引》《企业内部控制评价指引》的规定，建立健全和有效实施内部控制，并评价其有效性是 DF 股份有限公司董事会的责任。

二、注册会计师的责任

我们的责任是在实施审计工作的基础上，对财务报告内部控制的有效性发表审计意见，并对注意到的非财务报告内部控制的重大缺陷进行披露。

三、内部控制的固有局限性

内部控制具有固有局限性，存在不能防止和发现错报的可能性。此外，情况的变化可能导致内部控制变得不恰当，或对控制政策和程序遵循的程度降低，根据内部控制审计结果推测未来内部控制的有效性具有一定风险。

四、财务报告内部控制审计意见

我们认为，DF 股份有限公司于 20×3 年 12 月 31 日按照《企业内部控制基本规范》和相关规定在所有重大方面保持了有效的财务报告内部控制。

AYHM 会计师事务所（特殊普通合伙）　　　　中国注册会计师：×××

　（项目合伙人）　　　　　　　　　　　　中国注册会计师：×××

　中国　北京　　　　　　　　　　　　　　20×4 年 4 月 11 日

（资料来源：DF 股份有限公司 20×3 年度内部控制评价报告及审计报告）。

本节讨论题

1.结合案例，讨论上市公司内部控制评价报告通常包括哪些内容。

2.结合案例，讨论上市公司内部控制审计报告通常包括哪些内容。

3.结合案例，讨论上述上市公司内部控制评价报告和审计报告存在的问题。

第二节　XH股份有限公司无效的内部控制

一、XH股份有限公司的内部控制评价

XH股份有限公司内部控制评价报告的相关内容如下。

XH股份有限公司认为，建立健全并有效实施内部控制是公司董事会的责任，监事会对董事会建立与实施内部控制进行监督，经理层负责组织领导公司内部控制的日常运行。公司内部控制的目标是：合理保证经营合法合规、资产安全、财务报告及相关信息真实完整，提高经营效率和效果，促进实现发展战略。

20×1年，XH股份有限公司根据财政部等五部委联合发布的《企业内部控制基本规范》、《企业内部控制应用指引》及《企业内部控制评价指引》，结合公司内部控制制度和评价办法，在内部控制日常监督和专项监督的基础上，对公司截至20×1年12月31日内部控制的设计与运行的有效性进行了自我评价。

公司成立了内部控制规范领导小组和工作小组，公司董事会授权公司审计部作为内控规范的牵头部门，负责内部控制评价的具体组织实施工作，联合本公司各部门、各子公司组织实施内部控制评价工作。内部控制评价工作组成员由内审部门和相关职能部门的业务骨干组成。公司审计部制定评价工作方案，评价工作组根据工作方案，围绕内部环境、风险评估、控制活动、信息与沟通、内部监督等要素，对公司内部控制设计与运行情况进行全面评价，包括组织实施自我评价、汇总评价结果、编制评价报告等。在评价过程中，评价工作组及时向领导小组汇报评价工作的进展情况，并对评价的初步结果进行沟通讨论。评价工作组编制的内部控制评价报告经审核后提交董事会。公司内部控制评价报告经董事会会议审议通过后对外披露。

内部控制评价的范围涵盖了公司及其所属单位的各种业务和事项，包括：组织架构、发展战略、人力资源、社会责任、企业文化、资金活动、采购业务、资产管理、销售业务、研究与开发、工程项目、担保业务、业务外包、财务报告、全面预算、合同管理、内部信息传递、信息系统、关联交易、对子公司控制。上述业务和事项的内部控制涵盖了公司经营管理的主要方面，不存在重大遗漏。在自我评价中，我们重点关注公司的国际出口销售业务、国内销售业务、采购业务、资金活动、全面预算及资产管理等高风险领域。

公司内部控制评价工作严格遵循《企业内部控制评价指引》的要求，在分析经营管理过程中的高风险领域和重要业务事项后，制定科学合理的评价工作方案，确定评价方法，并严格执行。公司内部控制评价程序主要包括：制定评价工作方案、组成评价工作组、实施现场测试、认定控制缺陷、汇总评价结果、编报评价报告等环节。在评价过程中，评价工作组综合运用个别访谈、问卷调查、专题讨论、抽样检查、实地查验和比较分析等方法和手段，充分收集公司内部控制设计和运行的有效证据，如实填写评价工作底稿，分析、识别内部控制缺陷。对内部控制设计及运行情况进行定性和定量评价，按照缺陷认定标准，确认评价结果，汇总评价结果后，出具评价结论，编制评价报告。

判断内部控制是否存在缺陷的标准不是仅仅看控制系统是否存在缺点或不足，而是看这种缺点或不足是否阻碍其为控制目标的实现提供合理保证。根据《企业内部控制基本规

范》《企业内部控制评价指引》对重大缺陷、重要缺陷和一般缺陷的认定要求，结合公司实际的情况，公司研究确定了具体的内部控制缺陷认定标准如下：

分类	认定方式	指标	一般缺陷	重要缺陷	重大缺陷
财务报告缺陷	定量方法	错报金额占资产金额的百分比	几乎不可能发生或导致的错报金额占资产总额的0.5%以下	具备合理可能性或导致的错报金额占资产总额的0.5%~1%	具备合理可能性或导致的错报金额占资产总额的1%以上
非财务报告缺陷	定量方法	企业财务报告损失占资产总额的百分比	几乎不可能发生或导致财物损失金额占资产总额的0.5%以下	具备合理可能性或导致的财物损失金额占资产总额的0.5%~1%	具备合理可能性或导致的财物损失金额占资产总额的1%以上
	定性方法	企业日常运行	几乎不可能发生或导致公司个别业务经营活动运转不畅，不会危及公司其他业务活动，不会影响经营目标的	具备合理可能性及导致公司多项业务经营活动运转不畅，但不会危及公司持续经营	具备合理可能性及导致公司部分业务能力丧失，危及公司持续经营
		财务损失	几乎不可能发生或导致轻微的财物损失	具备合理可能性及导致中等的财物损失	具备合理可能性及导致重大的财物损失
		企业声誉	几乎不可能发生或导致负面消息在当地局部流传，对企业声誉造成轻微损害	具备合理可能性及导致负面消息在某区域流传，对企业声誉造成中等损害	具备合理可能性及导致负面消息在全国各地流传，对企业声誉造成重大损害

　　根据上述认定标准，结合日常监督和专项监督情况，公司在评价中发现报告期内存在一项重大缺陷，是子公司山东XH医药贸易有限公司对客户授信额度过大导致较大经济损失。

　　1.XH医贸公司内部控制制度缺少多头授信的明确规定，在实际执行中，XH医贸公司的鲁中分公司、工业销售部门、商业销售部门分别向同一客户授信，造成授信额度过大。

　　2.XH医贸公司内部控制制度规定对客户授信额度不大于客户注册资本，但实际业务中对部分客户授信却超出其注册资本。同时，XH医贸公司也存在未授信的发货情况。上述重大缺陷使得公司对山东XKQ有限公司及其关联公司形成大额应收款项6 073万元，同时，因XKQ公司经营出现异常，资金链断裂，可能使公司遭受较大经济损失。

　　针对报告期内发现的内部控制缺陷，公司通过建立完善相关制度，增大检查力度等相应措施进行了整改：对子公司控制方面，针对子公司内控制度中缺少多头授信的规定及内控制度执行不严导致对客户授信额度过大造成损失的问题，公司修订印发了《山东XH股份有限公司营销信用风险管理办法》，对多头授信做出明确规定，并加大了监督检查力度，以防形成新的因授信额度过大导致的信用风险。

　　经过公司自我评价，公司认为，报告期内，公司未能按照《企业内部控制基本规范》和相关规定在所有重大方面保持有效的财务报告内部控制。自内部控制评价报告基准日至内部控制评价报告发出日之间，公司的内部控制未发生对评价结论产生实质性影响的重大变化。

二、XH股份有限公司的内部控制审计

XH股份有限公司内部控制审计报告的相关内容如下。

内部控制审计报告

XYZH/20×1A1052

山东XH股份有限公司全体股东：

按照《企业内部控制审计指引》及中国注册会计师执业准则的相关要求审计了山东XH股份有限公司20×1年12月31日财务报告内部控制的有效性。

一、企业对内部控制的责任

按照《企业内部控制基本规范》《企业内部控制应用指引》《企业内部控制评价指引》的规定，建立健全和有效实施内部控制，并评价其有效性是XH股份有限公司董事会的责任。

二、注册会计师的责任

我们的责任是在实施审计工作的基础上，对财务报告内部控制的有效性发表审计意见，并对注意到的非财务报告内部控制的重大缺陷进行披露。

三、内部控制的固有局限性

内部控制具有固有局限性，存在不能防止和发现错报的可能性。此外，情况的变化可能导致内部控制变得不恰当，或对控制政策和程序遵循的程度降低，根据内部控制审计结果推测未来内部控制的有效性具有一定风险。

四、导致否定意见的事项

重大缺陷是内部控制中存在的、可能导致不能及时防止或发现并纠正财务报表出现重大错报的一项控制缺陷或多项控制缺陷的组合。

XH股份有限公司内部控制存在如下重大缺陷：

1.XH股份有限公司下属子公司山东XH医药贸易有限公司内部控制制度对多头授信无明确规定，在实际执行中，XH医贸公司的鲁中分公司、工业销售部门、商业销售部门等三个部门分别向同一客户授信，使得授信额度过大。

2.XH股份有限公司下属子公司XH医贸公司内部控制制度规定对客户授信额度不大于客户注册资本，但XH医贸公司在实际执行中，对部分客户超出客户注册资本授信，使得授信额度过大，同时医贸公司也存在未授信的发货情况。

上述重大缺陷使得XH股份有限公司对山东XKQ医药有限公司及与其存在担保关系方形成大额应收款项6 073.1万元，同时，因XKQ医药经营出现异常，资金链断裂，可能使XH股份有限公司遭受较大经济损失。20×1年度，XH股份有限公司对应收XKQ医药及与其存在担保关系方货款计提了4 858.5万元坏账准备。

有效的内部控制能够为财务报告及相关信息的真实完整提供合理保证，而上述重大缺陷使XH股份有限公司内部控制失去这一功能。

XH股份有限公司管理层已识别出上述重大缺陷，并将其包含在企业内部控制评价报告中，上述缺陷在所有重大方面得到公允反映。在XH股份有限公司20×1年财务报表审计中，我们已经考虑了上述重大缺陷对审计程序的性质、时间安排和范围的影响。本报告并

未对我们在20×2年03月23日对XH股份有限公司20×1年财务报表出具的审计报告产生影响。

五、财务报告内部控制审计意见

我们认为，由于存在上述重大缺陷及其对实现控制目标的影响，XH股份有限公司于20×1年12月31日未能按照《企业内部控制基本规范》和相关规定在所有重大方面保持有效的财务报告内部控制。

此外，注册会计师对XH股份有限公司20×1年度财务报表出具了无保留意见的审计报告，认为XH股份有限公司财务报表在所有重大方面按照企业会计准则的规定编制，公允反映了XH股份有限公司20×1年12月31日的合并及母公司财务状况以及20×1年度的合并及母公司经营成果和现金流量。

本节讨论题

1.上市公司内部控制评价，是针对某一特定时点还是某一特定期间的有效性进行评价？请结合案例进行分析。在XH股份有限公司的内部控制评价报告中指出，"在内部控制日常监督和专项监督的基础上，对公司截至20×1年12月31日内部控制的设计与运行的有效性进行了自我评价"，这种表述是否准确？

2.如何区分财务报告内部控制与非财务报告内部控制？

3.20×1年度，XH股份有限公司对应收XKQ医药及与其存在担保关系方货款计提了4 858.5万元坏账准备，计提坏账准备的时间有两种可能：

假设1：XH股份有限公司在注册会计师进行财务报表审计之前已经按照其财务管理制度和会计制度的规定计提了4 858.5万元的坏账准备；

假设2：XH股份有限公司在编制财务报告的过程中根据年限法计提了大约15%的坏账准备；在注册会计师进行审计后，XH股份有限公司根据审计师的调整要求，补提了坏账准备至4 858.5万元。

在这两种情形下，XH股份有限公司财务报告内部控制的有效性有什么不同？XH股份有限公司的内部控制如果都被出具否定意见是否适当？

4.XH股份有限公司的这份内部控制审计报告在内容上是否完整？

第三节 TC股份有限公司的内部控制评价与审计

一、TC股份有限公司的内部控制评价

TC股份有限公司内部控制评价的相关资料如下。

（一）TC股份有限公司的内部控制评价报告

TC股份有限公司20×2年度内部控制自我评价报告

各位董事：

董事会全体成员保证本报告内容真实、准确和完整，没有虚假记载、误导性陈述或者重大遗漏。

TC股份有限公司董事会（以下简称"董事会"）对建立和维护充分的财务报告相关

内部控制制度负责。

财务报告相关内部控制的目标是保证财务报告信息真实、完整和可靠，防范重大错报风险。由于内部控制存在固有局限性，因此仅能对上述目标提供合理保证。

董事会已按照《企业内部控制基本规范》要求对财务报告人相关内部控制进行了评价，并认为其在20×2年12月31日（基准日）有效。

我公司在内部控制自我评价过程中发现公司存在一些内部控制缺陷。

我公司聘请的HYWZ会计师事务所已对公司财务报告相关内部控制有效性进行了审计，出具了否定意见的内控审计报告。

现提请本次董事会，请各位董事审议。

董事长：×××

TC股份有限公司

20×3年4月23日

（二）TC股份有限公司20×2年度内部控制情况说明

《TC股份有限公司20×2年度内部控制情况说明》的部分内容如下：

TC股份有限公司20×2年度内部控制情况说明

根据《企业内部控制基本规范》等法律法规的要求，TC股份有限公司（以下简称"公司"）对20×2年度内部控制的有效性进行了自我评价。

一、内部控制评价工作的总体情况

公司制订了《内部控制规范实施工作方案》，公司董事会授权财务部、审计部、资产部、人力资源部、生产运营部、金融证券部为组织实施公司内控工作的日常管理部门，具体组织内控的建设与实施评价工作，公司各职能部门以流程为主线，具体实施相关流程的内控自查、测试和评价。公司已聘请HYWZ会计师事务所对公司内部控制进行独立审计。

二、内部控制评价的范围

内部控制评价的范围涵盖了公司及其下属子公司的业务和事项，包括财务业务层面及非财务业务层面，重点是对公司本部及重要子公司进行评价。公司依据ERP信息管理及ISO9001等基础文件，重点关注以下几方面：发展战略、资金活动、原料采购、存货管理、销售策略、人力资源、工程项目、会计信息、合同管理。

三、内部控制评价的依据

本公司按照财政部等五部委联合发布的《企业内部控制基本规范》（以下简称《基本规范》）及配套指引、《上市公司内部控制指引》（以下简称《评价指引》）的有关要求，结合企业内部控制制度和评价办法，在内部控制日常监督和专项监督的基础上，对公司截至20×2年12月31日内部控制的设计与运行的有效性进行评价。

四、内部控制评价的程序和方法

公司内部控制评价工作严格遵循《基本规范》及《评价指引》、公司内部控制评价方法等的规定和要求，内部控制评价工作以项目小组的形式开展，制订了评价工作方案，进行了基本情况的了解和重点范围的检查测试，汇总评价结果，编制评价报告，与被评价单位进行了反馈、沟通，对需要完善的方面提出了整改建议。评价过程中，采用了个别访谈、穿行测试、实地查验、抽样等适当方法，广泛收集公司内部控制设计和运行是否有效的证据，分析、识别内部控制缺陷，评价内部控制设计和运行是否有效。公司以汇总的评价结果和认定的内部控制缺陷为基础，综合内部控制工作整体情况，客观、公正、完整地编制内部控制自我评价报告，并报送公司经理层、董事会和监事会，由董事会最终审定后，由金融证券部负责进行信息披露；对于认定的内部控制缺陷，结合董事会和审计委员会要求，提出整改建议，要求责任单位及时整改，并跟踪其整改落实情况。

五、内部控制缺陷及其认定

公司董事会根据《基本规范》《评价指引》，结合公司规模、行业特征、风险偏好和风险承受度等因素，研究确定了本公司适用的内部控制缺陷具体认定标准。根据公司制度的内控缺陷认定标准，结合日常监督和专项监督情况，发现公司存在以下内控缺陷：

1.由于公司固定资产数量大、地点分散，未做到每年全部盘点，在编制财务报告前，未组织固定资产盘点；存货盘点结果未及时进行账务处理。

2.公司业务部门对部分货件未订立销售合同，而以订单代替，虽然公司建立了按月对账制度，但该制度未得到有效执行，导致往来账户长期、经常出现差异而未被发现，在结账环节，未合理确定本期应计提的坏账准备。

3.公司未建立投资业务的会计系统控制，未能及时、准确地确认投资收益及合理计提减值准备。

六、内部控制缺陷的整改情况

按照《基本规范》及配套指引等相关文件的要求，针对本报告期内存在的控制缺陷，公司已制订了严格的整改方案，要求公司上下"举一反三"实施整改，并已于20×3年年初落实相应的整改措施，同时明确界定了整改责任部门及整改时限。20×3年公司内审机构也将对上述整改效果的跟进检查纳入其年度工作计划，以促进上述职能管理运作的规范化。

七、内部控制工作的持续完善

我们注意到内部控制体系建设是一项长期复杂的系统工程，公司将依据财政部等五部委联合发布的《基本规范》及配套指引的要求，对照内控体系建设与评价工作发现的内控缺陷及其整改情况，采取整体设计、分步实施的原则，逐步推进，并加强指导各子公司内部控制制度和体系的建设与完善工作，实现公司各层面内控要素的对接和整合，确保内部控制整体结构运作的一致性，全面提升公司精细化、规范化管理水平和全面风险防范能力，实现公司战略目标，促进公司可持续发展。

二、TC股份有限公司的内部控制审计

TC股份有限公司内部控制审计报告的相关内容如下。

内部控制审计报告

HYWZ证内字〔20×3〕0019号

TC股份有限公司全体股东：

按照《企业内部控制审计指引》及中国注册会计师执业准则的相关要求，我们审计了TC股份有限公司20×2年12月31日的财务报告内部控制的有效性。

一、企业对内部控制的责任

按照《企业内部控制基本规范》《企业内部控制应用指引》《企业内部控制评价指引》

的规定，建立健全和有效实施内部控制，并评价其有效性是 TC 股份有限公司董事会的责任。

二、注册会计师的责任

我们的责任是在实施审计工作的基础上，对财务报告内部控制的有效性发表审计意见，并对注意到的非财务报告内部控制的重大缺陷进行披露。

三、内部控制的固有局限性

内部控制具有固有局限性，存在不能防止和发现错报的可能性。此外，情况的变化可能导致内部控制变得不恰当，或对控制政策和程序遵循的程度降低，根据内部控制审计结果推测未来内部控制的有效性具有一定风险。

四、导致否定意见的事项

重大缺陷是内部控制中存在的、可能导致不能及时防止或发现并纠正财务报表出现重大错报的一项控制缺陷或多项控制缺陷的组合。

TC 股份有限公司内部控制存在如下重大缺陷：

1.TC 股份有限公司虽建立了公司间按月对账制度，但该制度未得到有效执行，导致往来账户长期、经常出现差异而未被发现，在结账环节，未合理确定本期应计提的坏账准备。

2.TC 股份有限公司未建立投资业务的会计系统控制，未能及时、准确地确认投资收益及合理计提减值准备。

3.TC 股份有限公司在编制财务报告前，未组织固定资产盘点；存货盘点结果未及时进行账务处理。

4.TC 股份有限公司缺乏有效的销售业务会计系统控制，存在未发货而提前确认销售收入、未确认成本；已发货、满足收入确认条件而未确认收入成本的现象。

5.TC 股份有限公司未建立期末财务报告流程控制制度，财务报表编制流程中，各种数据的输入、处理及输出未见相关控制复核，未见管理层人员参与期末财务报告流程，重要子公司历年的审计调整事项均未做账务处理，未见管理层及治理层人员对期末财务报告流程进行监控。

对上述重大缺陷 TC 股份有限公司管理层亦未执行相应的补偿性控制。

有效的内部控制能够为财务报告及相关信息的真实完整提供合理保证，而上述重大缺陷使 TC 股份有限公司内部控制失去这一功能。

上述重大缺陷导致 TC 股份有限公司 20×2 年度未经审计的财务报表出现重大错报，TC 股份有限公司管理层已识别出上述重大缺陷，并且包含在 TC 股份有限公司的内部控制评价报告中。在 TC 股份有限公司 20×2 年财务报表审计中，我们已经考虑了上述重大缺陷对审计程序的性质、时间安排和范围的影响。本报告并未对我们在 20×3 年 4 月 23 日对 TC 股份有限公司 20×2 年财务报表出具的审计报告产生影响。

五、财务报告内部控制审计意见

我们认为，由于存在上述重大缺陷及其对实现控制目标的影响，TC 股份有限公司于 20×2 年 12 月 31 日未能按照《企业内部控制基本规范》和相关规定在所有重大方面保持有效的财务报告内部控制。

本节讨论题

1.根据我国相关法规，分析上市公司董事会对内部控制的评价与注册会计师对内部控制的审计之间的区别和联系。案例中，董事会的评价结论和注册会计师的审计意见完全相反是否合理？请分析二者是否都具有合理性。

2.案例中，财务报告内部控制缺陷的认定标准是否适当？如何评估控制缺陷的严重性？

3.结合案例资料，分析和判断注册会计师对内部控制的审计意见与被审计单位董事会关于内部控制的评价结论，哪一方是正确的？为什么？

4.案例中，如果被审计单位根据注册会计师的要求在注册会计师出具审计报告之前对内部控制进行了充分改进，那么注册会计师是否可以出具无保留意见？

第四节　LS股份有限公司的致歉公告与内部控制

一、LS股份有限公司的内部控制评价

LS股份有限公司内部控制评价报告的相关内容如下。

LS股份有限公司20×4年度内部控制评价报告

LS股份有限公司全体股东：

根据《企业内部控制基本规范》及其配套指引的规定和其他内部控制监管要求（以下简称"企业内部控制规范体系"），结合LS股份有限公司（以下简称"公司"）内部控制制度和评价办法，在内部控制日常监督和专项监督的基础上，我们对公司20×4年12月31日（内部控制评价报告基准日）的内部控制有效性进行了评价。

一、重要声明

按照企业内部控制规范体系的规定，建立健全和有效实施内部控制，评价其有效性，并如实披露内部控制评价报告是公司董事会的责任。监事会对董事会建立和实施内部控制进行监督。经理层负责组织领导企业内部控制的日常运行。公司董事会、监事会及董事、监事、高级管理人员保证本报告内容不存在任何虚假记载、误导性陈述或重大遗漏，并对报告内容的真实性、准确性和完整性承担个别及连带法律责任。

公司内部控制的目标是合理保证经营管理合法合规、资产安全、财务报告及相关信息真实完整，提高经营效率和效果，促进实现发展战略。由于内部控制存在的固有局限性，故仅能为实现上述目标提供合理保证。此外，情况的变化可能导致内部控制变得不恰当，或对控制政策和程序遵循的程度降低，根据内部控制评价结果推测未来内部控制的有效性具有一定的风险。

二、内部控制评价结论

根据公司财务报告内部控制重大缺陷的认定情况，于内部控制评价报告基准日，不存在财务报告内部控制重大缺陷，董事会认为，公司已按照企业内部控制规范体系和相关规定的要求在所有重大方面保持了有效的财务报告内部控制。

根据公司非财务报告内部控制重大缺陷认定情况，于内部控制评价报告基准日，公司

未发现非财务报告内部控制重大缺陷。

自内部控制评价报告基准日至内部控制评价报告发出日之间未发生影响内部控制有效性评价结论的因素。

三、内部控制评价工作情况

（一）内部控制评价范围

公司按照风险导向原则确定纳入评价范围的主要单位、业务和事项以及高风险领域。

纳入评价范围的主要单位包括：母公司及所属全资子公司。纳入评价范围单位资产总额占公司合并财务报表资产总额的100%，营业收入合计占公司合并财务报表营业收入总额的100%。

纳入评价范围的主要业务和事项包括：组织架构、发展战略、人力资源、社会责任、企业文化等公司治理层面；资金活动、资产管理、对外投资、对外担保、财务报告、关联交易、子公司管理、内部信息传递等业务流程层面。重点关注的高风险领域主要包括：财务风险、市场风险、运营风险、法律风险等。

上述纳入评价范围的单位、业务和事项以及高风险领域涵盖了公司经营管理的主要方面，不存在重大遗漏。

（二）内部控制评价工作依据及内部控制缺陷认定标准

公司依据企业内部控制规范体系及公司内部控制评价办法的相关规定，在内部控制日常监督和专项监督的基础上，组织开展内部控制评价工作。

公司董事会根据企业内部控制规范体系对重大缺陷、重要缺陷和一般缺陷的认定要求，结合公司规模、行业特征、风险偏好和风险承受度等因素，区分财务报告内部控制和非财务报告内部控制，研究确定了适用于本公司的内部控制缺陷具体认定标准，并与以前年度保持一致。公司确定的内部控制缺陷认定标准如下：

1.财务报告内部控制缺陷认定标准

（1）公司确定的财务报告内部控制缺陷评价的定量标准如下：

缺陷类型	潜在错报金额
重大缺陷	错报>营业收入1.5%，且绝对值金额>500万元
重要缺陷	营业收入0.5%≤错报≤营业收入1.5%，且绝对值金额≥200万元
一般缺陷	错报<营业收入0.5%，且绝对值金额>20万元

（2）公司确定的财务报告内部控制缺陷评价的定性标准如下：

重大缺陷	公司高级管理人员舞弊； 公司更正已公布的财务报告； 注册会计师发现当期财务报告存在重大错报，内部控制在运行中未发现该错报； 公司对内部控制的监督无效
重要缺陷	未依照会计准则选择和应用会计政策，未建立反舞弊程序和控制措施； 对于非常规或特殊交易的财务处理没有建立相应的控制机制或没有实施且没有相应的补偿控制； 对于期末财务报告过程的控制存在一项或多项缺陷且不能合理保证编制财务报表达到真实、准确的目标
一般缺陷	除上述重大缺陷、重要缺陷以外的其他控制缺陷

2.非财务报告内部控制缺陷认定标准

（1）公司确定的非财务报告内部控制缺陷评价的定量标准如下：

缺陷类型	造成直接经济损失金额
重大缺陷	损失>营业收入1.5%，且绝对值金额>500万元
重要缺陷	营业收入0.5%≤损失≤营业收入1.5%，且绝对值金额≥200万元
一般缺陷	损失<营业收入0.5%，且绝对值金额>20万元

（2）公司确定的非财务报告内部控制缺陷评价的定性标准如下：

缺陷类型	
重大缺陷	缺乏民主决策程序，决策过程不民主，造成严重决策失误； 经营行为严重违反国家法律、法规等相关规定； 管理人员或技术人员大量流失； 重大缺陷未得到整改； 重要业务缺乏制度控制或控制失效
重要缺陷	缺乏民主决策程序，决策过程不民主，造成决策失误； 经营行为违反国家法律、法规等相关规定； 管理人员或技术人员部分流失； 重要缺陷未得到整改； 一般业务缺乏制度控制或控制失效
一般缺陷	决策部分失误； 经营行为轻度违反国家法律、法规； 管理人员或技术人员少部分流失； 一般缺陷未得到整改

（三）内部控制缺陷认定及整改情况

1.财务报告内部控制缺陷认定及整改情况

根据上述财务报告内部控制缺陷的认定标准，报告期内公司不存在财务报告内部控制重大缺陷、重要缺陷。

本公司年末对存货盘点结果与物流系统、财务账面结存数量的核对不及时，致使本公司未按上海证券交易所《股票上市规则》11.3.1条规定在20×5年1月发布业绩预减公告。公司已对盘点结果在20×4年财务报表中进行了相应整改，并对20×5年3月31日的存货盘点结果进行了核对处理。

2.非财务报告内部控制缺陷认定及整改情况

根据上述非财务报告内部控制缺陷的认定标准，报告期内未发现公司非财务报告内部控制重大缺陷和重要缺陷。

四、其他内部控制相关重大事项说明

报告期内，公司无其他需要说明的与内部控制相关的重大事项。

LS股份有限公司董事会

董事长：ZZ

20×5年4月19日

二、LS股份有限公司的内部控制审计

LS股份有限公司内部控制审计报告的相关内容如下。

LS股份有限公司20×4年度内部控制审计报告

川YY审（20×5）121号

LS股份有限公司全体股东：

按照《企业内部控制审计指引》及中国注册会计师执业准则的相关要求，我们审计了LS股份有限公司（以下简称"贵公司"）20×4年12月31日的财务报告内部控制的有效性。

一、企业对内部控制的责任

按照《企业内部控制基本规范》《企业内部控制应用指引》《企业内部控制评价指引》的规定，建立健全和有效实施内部控制，并评价其有效性是贵公司董事会的责任。

二、注册会计师的责任

我们的责任是在实施审计工作的基础上，对财务报告内部控制的有效性发表审计意见，并对注意到的非财务报告内部控制的重大缺陷进行披露。

三、内部控制的固有局限性

内部控制具有固有局限性，存在不能防止和发现错报的可能性。此外，情况的变化可能导致内部控制变得不恰当，或对控制政策和程序遵循的程度降低，根据内部控制审计结果推测未来内部控制的有效性具有一定风险。

四、财务报告内部控制审计意见

我们认为，贵公司于20×4年12月31日按照《企业内部控制基本规范》和相关规定在所有重大方面保持了有效的财务报告内部控制。

YY会计师事务所　　　　　　　　　　　　中国注册会计师：×××

　特殊普通合伙　　　　　　　　　　　　中国注册会计师：×××

　中国　武汉　　　　　　　　　　　　　20×5年4月19日

三、LS股份有限公司的致歉公告

LS股份有限公司致歉公告的相关内容如下。

LS股份有限公司20×4年年度业绩快报及致歉公告

本公司董事会及全体董事保证本公告内容不存在任何虚假记载、误导性陈述或者重大遗漏，并对其内容的真实性、准确性和完整性承担个别及连带责任。

本公告所载20×4年度主要财务数据为初步核算数据，未经会计师事务所审计，具体数据以公司20×4年年度报告中披露数据为准，敬请投资者注意投资风险。

一、20×4年度主要财务数据和指标

项目	本报告期（元）	上年同期（元）	增减变动幅度（%）
营业总收入	330 657 259.24	437 822 683.30	−24.48
营业利润	62 339.72	8 340 956.02	−99.25

项目	本报告期（元）	上年同期（元）	增减变动幅度（%）
利润总额	2 122 804.75	10 300 672.76	-79.39
归属于上市公司股东的净利润	1 556 052.17	8 172 869.29	-80.96
基本每股收益	0.016	0.084	-80.95
加权平均净资产收益率	0.34	1.80	-1.46
项目	本报告期期末（元）	本报告期期初（元）	增减变动幅度（%）
总资产	595 760 460.90	595 021 477.62	0.12
归属于上市公司股东的所有者权益	460 534 038.77	459 056 222.98	0.32
股本	97 217 588.00	97 217 588.00	—
归属于上市公司股东的每股净资产	4.74	4.72	0.42

二、经营业绩和财务状况说明

受经济下行压力及实体经济普遍经营困难以及市场的无序竞争、暖冬、工业产品出厂价格（PPI）连续36个月负增长等多重因素影响，致使20×4年公司营业收入和利润下滑。

三、特别说明及致歉

公司年审会计师进场审计后，初步核算公司20×4年度净利润下降80.96%，超过50%，致使公司未按上海证券交易所《股票上市规则》11.3.1条规定在20×5年1月发布业绩预减公告，特向投资者致歉。

四、上网公告附件

经公司法定代表人、主管会计工作的负责人、会计机构负责人（会计主管人员）签字并盖章的比较式资产负债表和利润表。

特此公告。

LS股份有限公司

董事会

20×5年4月9日

本节讨论题

1.LS股份有限公司未能及时发布业绩预减公告，可能的原因有哪些？在不同情形下，内部控制的有效性有何不同？

2.结合LS股份有限公司的内部控制评价报告、审计报告以及致歉公告，分析注册会计师的审计意见与董事会的评价结论是否适当，并说明理由。

3.案例中，交易所发函询问上市公司为何未及时发布业绩预减公告，上市公司如何回复？结合第1题中的不同情形和原因，分别分析其后果。

4.案例中，如果你负责起草致歉公告，应如何表述相关内容，以避免被质疑已出具的内部控制评价结论和审计意见？

第五节　FY股份有限公司的内部控制缺陷

一、FY股份有限公司的内部控制评价

FY股份有限公司内部控制评价的相关资料如下。

（一）内部控制评价结论

1.公司于内部控制评价报告基准日，存在财务报告内部控制重大缺陷。

2.财务报告内部控制评价结论：无效。根据公司财务报告内部控制重大缺陷的认定情况，于内部控制评价报告基准日，由于存在财务报告内部控制重大缺陷，董事会认为，公司未能按照企业内部控制规范体系和相关规定的要求在所有重大方面保持有效的财务报告内部控制。

3.非财务报告内部控制存在重大缺陷。

4.自内部控制评价报告基准日至内部控制评价报告发出日之间未发生影响内部控制有效性评价结论的因素。

5.内部控制审计意见与公司对财务报告内部控制有效性的评价结论一致。

6.内部控制审计报告对非财务报告内部控制重大缺陷的披露与公司内部控制评价报告披露一致。

（二）报告期内部控制存在重大缺陷情况的说明

☑适用　☐不适用

根据公司财务报告内部控制缺陷的认定标准，报告期内公司存在财务报告内部控制重大缺陷，数量3个。

财务报告内部控制重大缺陷	缺陷描述	业务领域	缺陷整改情况/整改计划	截至报告基准日是否完成整改	截至报告发出日是否完成整改
商誉减值测试未及时开展	公司未能在商誉出现减值迹象时及时对商誉进行减值测试，导致与之相关的财务报告内部控制运行失效，影响财务报表中商誉的确认和计量	资产管理	公司在半年报、三季报中已披露商誉减值的风险及存在的减值迹象。公司在年末已开展商誉减值测试，并根据减值测试结果对报告基准日的商誉全额计提了减值准备，以此作为补偿性控制。公司未来将严格按照企业会计准则和内部管理制度的要求重点关注特定减值迹象并及时进行商誉减值测试	否	是

财务报告内部控制重大缺陷	缺陷描述	业务领域	缺陷整改情况/整改计划	截至报告基准日是否完成整改	截至报告发出日是否完成整改
逾期应收账款催收未有效执行	公司重要子公司北京SA投资集团有限公司针对逾期应收账款催收程序未有效执行，在客户多次提出延期支付的情况下未能对项目资金流进行有效监控，导致重大项目款项未能按时收回	销售管理	公司针对逾期应收账款已按照企业会计准则和内部管理制度的要求进行单项认定，计提坏账准备，以此作为补偿性控制。公司针对逾期应收账款将严格执行催收程序，保留全部催收证据，对于多次提出延期支付要求的客户，综合考虑客户信用及资金流的可收回性，对于风险较高的项目及时启动诉讼程序	否	否
未及时取得采购发票造成流转税和所得税损失	公司重要子公司北京SA投资集团有限公司未有效执行与供应商的对账并及时取得采购发票，造成流转税和所得税损失	综合管理	公司将加强与供应商的对账工作，及时获取采购发票，做好增值税抵扣申报工作，避免出现流转税和所得税损失	否	否

根据公司非财务报告内部控制缺陷的认定标准，报告期内公司发现非财务报告内部控制重大缺陷，数量1个。

非财务报告内部控制重大缺陷	缺陷描述	业务领域	缺陷整改情况/整改计划	截至报告基准日是否完成整改	截至报告发出日是否完成整改
未对项目施工要求进行充分了解和评估	公司重要子公司北京SA投资集团有限公司在承接工程项目的过程中，未对项目施工要求进行充分了解和评估，导致个别工程施工内容不符合建设单位要求而被要求中止的情况	综合管理	公司将进一步加强对项目管理人员的培训工作。同时严格要求项目负责人对新承接的项目做好与建设单位的沟通工作，对约定不明确事项或新增事项及时通过书面形式予以明确	否	否

二、FY股份有限公司的内部控制审计

FY股份有限公司内部控制审计的相关资料如下。

（一）导致否定意见的事项

重大缺陷，是指一个或多个控制缺陷的组合，可能导致企业严重偏离控制目标。本次内部控制审计中，我们识别出FY股份有限公司的财务报告内部控制存在以下重大缺陷：

（1）FY股份有限公司未能在商誉出现减值迹象时及时对商誉进行减值测试，导致与之相关的财务报告内部控制运行失效，影响财务报表中商誉的确认和计量。

（2）FY股份有限公司之重要子公司北京SA投资集团有限公司未能有效执行逾期应收账款催收制度，同时在客户多次提出延期支付的情况下亦未能采取有效措施，项目资金流得不到有效监控，导致重大项目款项未能按时收回；同时建设中的项目进度发生延期或中断，造成FY股份有限公司资金周转完全依赖大股东支持，与之相关的财务报告内部控制失效。

（3）FY股份有限公司之重要子公司北京SA投资集团有限公司未能有效执行与供应商的对账制度，未能及时从供应商处取得采购发票，导致流转税和所得税损失，与之相关的财务报告内部控制失效。

有效的内部控制能够为财务报告及相关信息的真实完整提供合理保证，而上述重大缺陷使FY股份有限公司内部控制失去这一功能。

FY股份有限公司管理层已识别出上述重大缺陷，并将其包含在其内部控制评价报告中。在FY股份有限公司20×8年度财务报表审计中，我们已经考虑了上述重大缺陷对审计程序的性质、时间安排和范围的影响。本报告并未对我们在20×9年4月18日对FY股份有限公司20×8年度财务报表出具的审计报告产生影响。

（二）财务报告内部控制审计意见

我们认为，由于存在上述重大缺陷及其对实现控制目标的影响，FY股份有限公司未能按照《企业内部控制基本规范》和相关规定在所有重大方面保持有效的财务报告内部控制。

（三）非财务报告内部控制的重大缺陷

在内部控制审计过程中，我们注意到FY股份有限公司的非财务报告内部控制存在以下重大缺陷：FY股份有限公司之重要子公司北京SA投资集团有限公司在承接工程项目的过程中未对项目施工要求进行充分了解和评估，导致个别工程施工内容不符合建设单位要求而被要求中止的情况。

由于存在上述重大缺陷，我们提醒本报告使用者注意相关风险。需要指出的是，我们并不对FY股份有限公司的非财务报告内部控制发表意见或提供保证。本段内容不影响已对财务报告内部控制发表的审计意见。

（四）强调事项

我们提醒内部控制审计报告使用者关注：截至本报告发出日，FY股份有限公司已根据公司会计政策和会计估计，对商誉和应收账款计提了相应的资产减值准备。注册会计师提醒内部控制审计报告使用者对上述事项予以关注。本段内容不影响已对财务报告内部控制发表的审计意见。

（资料来源：FY股份有限公司20×8年度内部控制评价报告，FY股份有限公司20×8年度内部控制审计报告）

本节讨论题

1.结合案例，具体分析这些财务报告内部控制重大缺陷如何影响财务报告的可靠性，并提出改进建议。

2.结合案例，讨论这些非财务报告内部控制重大缺陷如何影响经营的效率和效果或经营的合规性。

3.结合案例，讨论如何识别并评估财务报告内部控制缺陷的影响。

4.结合案例，讨论如何识别并评估非财务报告内部控制缺陷的影响。

第六节 CS股份有限公司的非财务报告内部控制重大缺陷

中国证监会2018年12月对CS股份有限公司（以下简称长春CS）开出了行政处罚决定书〔2018〕117号，指出其2015年至2017年年度报告及内部控制自我评价报告存在虚假记载，部分内容如下。

一、长春CS疫苗问题查处情况

长春CS的百白破疫苗在2015年、2016年、2017年的实际销量分别是519.66万人份、381.34万人份、307.10万人份，2017年10月，经检查发现检验结果不符合标准规定，被国家药品监管部门按劣药论处并停产。

长春CS的狂犬疫苗在2015年、2016年、2017年的实际销量分别是265.00万人份、276.29万人份、303.97万人份，长春CS的狂犬疫苗生产违反《中华人民共和国药品管理法》（以下简称《药品管理法》）的相关规定，相关当事人已被公安机关以涉嫌生产、销售劣药罪提请批准逮捕。

2018年7月6日至7月8日，国家药品监督管理局（以下简称国家药监局）对长春CS进行了飞行检查，发现其狂犬疫苗生产存在记录造假等严重违反《药品生产质量管理规范》的行为。7月15日，国家药监局《关于长春CS生物科技有限责任公司违法违规生产冻干人用狂犬病疫苗的通告》（2018年第60号）公布，在飞行检查中发现长春CS的狂犬疫苗生产存在记录造假等严重违反《药品生产质量管理规范》的行为，要求吉林省食药监局收回长春CS狂犬疫苗GMP证书（证书编号JL20180024），责令长春CS停止生产狂犬疫苗。7月22日，国家药监局相关负责人通报了长春CS违法违规生产狂犬疫苗的具体情况，包括编造生产记录和产品检验记录、随意变更工艺参数和设备等，严重违反《药品管理法》《药品生产质量管理规范》的有关规定，可能导致产品质量问题和安全隐患。国家药监局已责令长春CS停止生产、收回药品GMP证书、召回尚未使用的狂犬疫苗，并会同吉林省食药监局对长春CS立案调查。7月27日，国务院调查组通报，已基本查清长春CS违法违规生产狂犬疫苗的具体事实。长春CS为降低成本、提高狂犬疫苗生产成功率，违反批准的生产工艺组织生产。为掩盖违法违规行为，长春CS系统地编造生产、检验记录，开具填写虚假日期的小鼠购买发票，以应付监管部门的检查。公安机关已对长春CS违法违规生产狂犬疫苗案件开展立案侦查。7月29日，高俊芳等18名犯罪嫌疑人被长春市公安局长春新区分局以涉嫌生产、销售劣药罪提请检察机关批准逮捕。8月6日，国务院调查组公布，长春CS从2014年4月起，在生产狂犬病疫苗过程中严重违反药品生产质量管理规范和国家药品标准的有关规定，其有的批次混入过期原液、不如实填写日期和批号、部分批次向后标示生产日期。

二、CS股份有限公司信息披露存在虚假记载

CS股份有限公司在内部控制制度未有效执行、未按照GMP规定组织生产，且严重违反药品生产质量管理规范和国家药品标准的有关规定的情况下，其相关年度报告及内部控

制自我评价报告存在虚假记载,具体事实如下:

1.2015年年度报告及内部控制自我评价报告存在虚假记载

CS股份有限公司在2015年年度报告中披露:"符合最新GMP标准的现代化疫苗生产基地","狠抓生产质量,强化内部管理,不断提升产品质量水平","公司将继续改进现有的生产技术和生产工艺,以优化生产工序和生产流程,并提高生产效率;公司将产品质量作为企业生存发展的生命线,狠抓产品质量","长春CS高度重视产品质量","我们将继续秉承'质量是企业的生命线'的产品质量宗旨"。该披露内容与事实不符,为虚假记载。

CS股份有限公司在2016年4月29日披露的2015年度内部控制自我评价报告中,将CS股份有限公司的重要子公司长春CS纳入评价范围,披露"根据公司非财务报告内部控制重大缺陷认定情况,于内部控制评价报告基准日,公司未发现非财务报告内部控制重大缺陷","公司及主要子公司按照实际情况建立并完善了相应的内部控制制度,提高了内部控制、风险识别、风险防范能力"。该披露内容与事实不符,为虚假记载。

2016年4月27日,CS股份有限公司第三届董事会第三次会议审议并通过了2015年年度报告和2015年度内部控制自我评价报告。时任董事高俊芳、张晶、张友奎、刘良文、王祥明、时任独立董事马东光、沈义、徐泓签字同意2015年年度报告和2015年度内部控制自我评价报告,时任高管高俊芳、张晶、刘景晔、蒋强华、张友奎、鞠长军、万里明、赵志伟、王群签字同意2015年年度报告。

2.2016年年度报告及内部控制自我评价报告存在虚假记载

CS股份有限公司在2016年年度报告中披露:"报告期内,公司坚持诚信经营,严格按照GMP规定组织生产,严把原材料采购、生产加工、产品销售各个环节,确保产品质量安全,为客户提供优质的疫苗","符合最新GMP标准的现代化疫苗生产基地","我们将继续秉承'质量是企业的生命线'的产品质量宗旨,为消费者提供值得信赖的放心产品","长春CS凭借丰富的产品组合、安全可靠的产品质量获得了良好的市场声誉,形成了良好的市场品牌"。该披露内容与事实不符,为虚假记载。

CS股份有限公司在2017年3月31日披露的2016年度内部控制自我评价报告中,将CS股份有限公司的重要子公司长春CS纳入评价范围,披露"根据公司非财务报告内部控制重大缺陷认定情况,于内部控制评价报告基准日,公司未发现非财务报告内部控制重大缺陷","公司及主要子公司按照实际情况建立并完善了相应的内部控制制度,提高了内部控制、风险识别、风险防范能力"。该披露内容与事实不符,为虚假记载。

2017年3月29日,CS股份有限公司第三届董事会第十一次会议审议并通过了2016年年度报告和2016年度内部控制自我评价报告。时任董事高俊芳、张晶、张洺豪、赵春志、刘良文、王祥明、时任独立董事徐泓、沈义、马东光签字同意2016年年度报告及2016年度内部控制自我评价报告,时任高级管理人员高俊芳、张晶、刘景晔、蒋强华、张洺豪、张友奎、鞠长军、万里明、赵志伟、王群、赵春志签字同意2016年年度报告。

3.2017年年度报告及内部控制自我评价报告存在虚假记载

CS股份有限公司在2017年年度报告中披露:"符合最新GMP标准的现代化疫苗生产基地","长春CS高度重视产品质量","长春CS凭借丰富的产品组合、安全可靠的产品质量获得了良好的市场声誉,形成了良好的市场品牌","疫苗产品品质居行业前列","我们将继续秉承'质量是企业的生命线'的产品质量宗旨,为消费者提供值得信赖的放心产品"。该披露内容与事实不符，为虚假记载。

2018年5月26日，CS股份有限公司发布关于2017年年度报告全文补充公告，对原2017年年度报告中"第五节重要事项十八、社会责任情况"内容予以补充。5月29日，CS股份有限公司发布2017年年度报告（更新后），在3月9日发布的2017年年度报告的基础上，增补"报告期内，公司坚持诚信经营，严格按照GMP规定组织生产，严把原材料采购、生产加工、产品销售各个环节，确保产品质量安全，为客户提供优质的疫苗"等表述。该披露内容与事实不符，为虚假记载。

CS股份有限公司在2018年3月9日披露的2017年度内部控制自我评价报告中，将CS股份有限公司的重要子公司长春CS纳入评价范围，披露"根据公司非财务报告内部控制重大缺陷认定情况，于内部控制评价报告基准日，公司未发现非财务报告内部控制重大缺陷"，"经检查，公司上一年度均按照相关法律法规制度的要求并结合公司实际情况建立了内部控制制度，不存在重大缺陷，并得到了有效执行"。该披露内容与事实不符，为虚假记载。

2018年3月7日，CS股份有限公司第三届董事会第十七次会议审议并通过了2017年年度报告和2017年度内部控制自我评价报告。时任董事高俊芳、张洺豪、张晶、刘良文、王祥明、赵春志、时任独立董事徐泓、马东光、沈义签字同意2017年年度报告和2017年度内部控制自我评价报告，时任高级管理人员高俊芳、张晶、刘景晔、蒋强华、张洺豪、赵春志、张友奎、鞠长军、万里明、王群、赵志伟、杨鸣雯签字同意2017年年度报告。

以上事实，有CS股份有限公司2015年至2017年年度报告、2015年至2017年年度内部控制自我评价报告、相关书面确认意见、当事人询问笔录、新闻通稿等证据证明，足以认定。

三、违法认定及责任

CS股份有限公司2015年至2017年年度报告及内部控制自我评价报告虚假记载的行为，违反了《证券法》第六十三条、第六十六条、第六十七条，《上市公司信息披露管理办法》第二条、第十九条第一款、第三十条的规定，构成《证券法》第一百九十三条第一款所述"发行人、上市公司或者其他信息披露义务人未按照规定披露信息，或者所披露的信息有虚假记载、误导性陈述或者重大遗漏"的违法行为。

高俊芳时任CS股份有限公司董事长、总经理、财务总监，是CS股份有限公司上述违法行为直接负责的主管人员。时任董事、高级管理人员张晶、张洺豪、赵春志，时任董事刘良文、王祥明，时任独立董事徐泓、马东光、沈义，时任高级管理人员刘景晔、蒋强华、张友奎、鞠长军、万里明、王群、赵志伟、杨鸣雯未能按照《证券法》第六十八条第三款的规定，保证上市公司所披露信息的真实、准确、完整，是CS股份有限公司上述违法行为的其他直接责任人员。

本节讨论题

1. 结合案例，具体分析：

（1）我国相关法规对上市公司财务报告内部控制的评价和审计要求有哪些？

（2）我国相关法规对上市公司非财务报告内部控制的评价和审计要求有哪些？

（3）财务报告内部控制和非财务报告内部控制的评价和审计要求有何不同？

2. 结合案例，具体分析：

（1）如何识别并评估非财务报告内部控制缺陷？

（2）案例中具体有哪些非财务报告内部控制缺陷？

3. 结合案例，讨论非财务报告内部控制审计的性质和责任，是合理保证还是有限保证，并说明理由。

本章作业题

1. 通过阅读和分析上述案例公司的内部控制评价和审计报告，了解并评估上述案例公司内部控制的评价和审计情况，并分析其内部控制的有效性。

2. 阅读所选择上市公司的年度报告、内部控制评价报告和内部控制审计报告，依据中国上市公司内部控制评价和审计的要求，了解和评估所选择上市公司内部控制的评价和审计情况，并分析其内部控制的有效性。

第三章　企业内部控制的发展及监管要求

本章学习目标
1. 了解国际主要资本市场内部控制的发展历程；
2. 了解和掌握国际主要资本市场内部控制的监管要求；
3. 理解和掌握不同资本市场内部控制监管要求的差异及其原因。

第一节　企业内部控制在美国的发展及监管要求

一、企业内部控制在美国的发展

根据内部控制范围的演变及其在企业管理中的应用，企业内部控制在美国的发展大致经历了内部牵制、内部控制制度、内部控制结构、内部控制框架和企业风险管理框架五个阶段。

（一）内部牵制

1. 内部控制的起源

国内外学者和实务工作者在内部控制的诸多方面有不同看法，因此，有必要追溯内部控制的起源和初衷。虽然，内部控制的实践可以追溯到公元前3 000多年前的美索不达米亚，但是在古代，社会生产力处于手工劳动阶段，技术水平低，交通、通信不便，人与人之间社会联系的成本高、有效性低。经济组织和社会活动一般以家庭为基本单位进行，规模小，结构简单。因此，那时的管理基本上是建立在个人观察、判断和直觉基础上的传统经验管理。尽管管理思想历史悠久，但尚未形成系统的管理理论，因而"内部控制"这一概念尚未明确提出。到了15世纪，资本主义得到了初步发展，复式记账法的出现推动了企业管理的发展，以账目间的相互核对为主要内容、实施职能分离的内部牵制开始得到广泛应用。

工业革命后，机器劳动取代手工劳动，社会生产力飞跃发展，新的经济组织——工厂制度普遍建立，组织规模扩大，内部结构复杂化。组织运作所要求的连续性、规范性、精确性使管理难度空前增大，管理成本人为上升，大量工厂的经营不善和破产倒闭使传统的经验管理遇到了挑战，改进管理、降低组织活动的成本成为当务之急。于是以小瓦特、欧文、斯密、巴贝奇等人为代表，人们开始真正重视组织管理理论的研究，从此生产计划、技术和劳动分工、设备的合理使用、劳资关系等成为管理者的研究专题，管理思想从经验直觉迈向了较系统的研究。但在此之后，尽管工厂制度及其管理经验从英国推广到其他国家，但由于缺乏持续的技术和组织创新动力，因此管理理论没有很大的进展，这种情况直到美国铁路企业出现后才开始改变。铁路企业的组织管理创新成为后来制造业企业组织管理创新的基础。企业管理理论的进一步发展和完善促使涉及组织结构、职责分配、业务程序、内部审计等多方面的控制体系形成。尽管"内部控制在这期间已在管理实践中完成了其企业内容的塑造过程，但其各项构成要素和控制措施只是散见于企业的各项管理制度、惯例和实务中"①，管理者并没有从理论上进行总结，也没有提出内部控制的概念。

1936年，美国注册会计师协会在《独立注册会计师对财务报表的审查》公告中首次提出，审计师在制定审计程序时，应审查企业的内部牵制和控制，并从财务审计角度将内部控制定义为"保护公司现金和其他资产，检查簿记事务的准确性，而在公司内部采用的手段和方法"。

2.内部牵制的概念与内容

内部牵制是指一个人不能完全支配账户，另一个人也不能独立地加以控制的制度。也就是通过分工和职责分离，使一名员工与另一名员工在工作上相互控制、相互稽核。柯氏会计辞典认为内部牵制是"为提供有效的组织和经营，并防止错误和其他非法业务发生而制定的业务流程，其主要特点是以任何个人或部门不能单独控制任何一项或一部分业务权力的方式进行交叉检查或交叉控制"。②

内部牵制基于两个基本假设：一是两个或两个以上的人或部门无意识地犯同样错误的可能性很小；二是两个或两个以上的人或部门有意识地串通舞弊的可能性远低于单独一人或部门舞弊的可能性。它要求在企业经营管理中凡涉及财产物资和货币资金的收付、结算及其登记工作，应当由两个或两个以上的员工来处理，以便彼此牵制，查错防弊。从内容上看，内部牵制主要包括四项职能③：

（1）实物牵制，例如把保险柜的钥匙交给两个以上的工作人员，不同时使用两把以上的钥匙，保险柜就打不开；

（2）物理牵制，例如仓库的门不按正确程序操作就打不开，甚至会自动报警；

（3）分权牵制，例如把每项业务都分别由不同的人或部门去处理，以预防错误和舞弊的发生；

（4）簿记牵制，例如定期将明细账与总账进行核对。

可以说在审计介入内部控制理论的研究之前，作为现代内部控制雏形的内部牵制，主要目的就是查错防弊，控制的主要形式是通过人员之间职能的牵制实现对财产物资和货币资金的控制。它是基于企业经营管理的需要，在当时生产规模较小和管理理论比较原始的条件下，通过总结以往的经验在实践的基础上逐渐形成的。在当时的环境下，"管理"和"控制"是两个基本等效的概念，在一定程度上来说，它们的含义是一致的。可以说，内部控制的初衷并不是为审计服务，它完全是从管理的角度出发的，它应当是企业客观存在的东西，所以，审计视角的内部控制与管理视角的内部控制只可能是在范围和内容上存在区别，而不可能出现本质的不同。

内部牵制作为一种控制措施或设计内部控制的思想，其核心理念一直沿用至今并将持续。比如，我国《企业内部控制基本规范》第二十九条指出，不相容职务分离控制要求企

---

① 阎金锷，陈关亭. 内部控制评价应用［M］. 北京：中国人民大学出版社，1998：9.
② 奥赖利，威诺格拉德，格尔森，等. 蒙哥马利审计学［M］. 刘霄仑，陈关亭，译. 北京：中信出版社，2007.
③ 刘明辉. 独立审计准则研究［M］. 大连：东北财经大学出版社，1997：192.

业全面系统地分析、梳理业务流程中所涉及的不相容职务，实施相应的分离措施，形成各司其职、各负其责、相互制约的工作机制。这就是内部牵制措施和设计思想的具体应用。

（二）内部控制制度

1.内部控制的提出

1949年，美国注册会计师协会（AICPA）的审计程序委员会在其专门报告《内部控制：一个协调的系统要素及其对管理层和独立公共会计师的重要性》中首次定义了内部控制："内部控制包括组织的计划和企业为了保护资产，检查会计数据的准确性和可靠性，提高经营效率，以及促使遵循既定的管理方针等所采用的所有方法和措施。"该报告对内部控制的定位，不限于与会计和财务部门直接有关的控制，还包括预算控制、成本控制、定期报告、统计分析、培训计划和内部审计以及技术与其他领域的经营活动，内涵和外延相对广泛。这个定义得到了公司经理们的普遍赞同，因为它涵盖了企业管理的多个方面，从当时管理者的角度来说也是适用的。但是对财务报表审计中应对内部控制检查到什么程度，给注册会计师提供的指导却很少，这使得很多从业者对这个近乎无限的内部控制定义感到无所适从。

2.会计控制与管理控制的划分

审计界提出内部控制概念的目的是满足财务审计的需要，与管理者对内部控制的理解并不完全一致，审计人员认为1949年的定义内容过于宽泛，超出了他们评价被审计单位内部控制所应承担的职责。为了满足审计人员在审计中对内部控制进行检查的业务需要，迫于压力，AICPA的审计程序委员会于1953年10月颁布了《审计程序说明第19号》，对内部控制定义做了正式修改，把内部控制分为会计控制和管理控制：

（1）会计控制。会计控制"由组织计划和所有保护资产、保护会计记录可靠性或与此相关的方法和程序构成。会计控制包括授权与批准制度；记账、编制财务报表、保管财务资产等职务的分离；财产的实物控制以及内部审计等控制"。

（2）管理控制。管理控制"由组织计划和所有为提高经营效率、保证管理部门所制定的各项政策得到贯彻执行或与此直接相关的方法和程序构成。管理控制的方法和程序通常只与财务记录发生间接的关系，包括统计分析、时动分析、经营报告、雇员培训计划和质量控制等。"

1963年，审计程序委员会在《审计程序公告第33号》中进一步明确，独立审计师应主要检查会计控制。这是因为，会计控制对财务记录有重要的直接影响，审计人员必须进行评价；而管理控制通常只对财务记录产生间接影响，审计人员可以不作评价。但是，如果审计人员认为，某些管理控制对财务记录的可靠性产生重要的影响，那么他要视情况对它们进行评价。这次修正后的定义，大大缩小了注册会计师的责任范围，但对于"会计控制"要"保护资产和保证财务记录可靠性"仍然会发生误解，即"决策过程中的任何程序和记录都可以包括在会计控制的保护资产概念中"。为了避免这种宽泛的解释，进一步明确注册会计师在审计中对评价内部控制的责任，1972年美国注册会计师协会（AICPA）对会计控制又提出并通过了一个较为严格的定义："会计控制是组织计划和所有与下面直接有关的方法和程序：（1）保护资产，即在业务处理和资产处置过程中，保护资产免遭过失错误、故意出错或舞弊造成的损失；（2）保证对外界报告的财务资料的可靠性。"

　　1973年，第1号审计标准公告（SAS），即所有以前的审计程序公告（SAP）的汇编，得到了修订，提出了会计控制和管理控制的下列定义：

　　（1）会计控制。会计控制由组织计划以及与保护资产和保证财务资料可靠性有关的程序和记录构成。会计控制旨在保证：根据管理层的一般授权或特殊授权执行交易；交易的记录必须有利于按照一般公认会计原则或其他有关标准编制财务报表，落实资产责任；只有在得到管理部门批准的情况下，才能接触资产；按照适当的间隔期限，将资产的账面记录与实物资产进行对比，一经发现差异，应采取相应的补救措施。

　　（2）管理控制。管理控制包括但不限于组织的计划以及与管理部门授权办理经济业务的决策过程有关的程序和记录。这种授权活动是管理部门的职责，它直接与管理部门执行该组织的经营目标有关，是对经济业务进行会计控制的起点。

　　3.会计控制与管理控制划分的影响

　　注册会计师在审计工作中运用的会计控制概念，是一种纯技术性、专业化、适用范围严格限定且具有较强防护性的概念，这种以会计控制为主的定义，虽然被独立审计界认可，却屡屡遭到管理者"代言人"的攻击。他们指出，这些定义把精力过多地放在纠错防弊上，过于消极和狭窄。凯罗鲁斯先生对于代表独立审计界观点的《特别咨询委员会关于内部会计控制的报告》只表示有保留的同意。他认为，该报告对内部会计控制范围的讨论受现存审计文献的影响太大。凯罗鲁斯主张，对内部控制范围和目标应予以扩展，以便它们更能够适应管理部门的需要。他极力主张，审计准则委员会纳入"内部会计控制环境"的某些因素应该是设计合理、运行有效的内部会计控制系统不可分割的一个组成部分。这些因素包括：

　　（1）组织计划；

　　（2）责任的确定和授权；

　　（3）预算程序和预算控制；

　　（4）员工雇用计划和财务人员培训计划；

　　（5）保证所有参与经济业务授权、记录、保护资产、报告财务信息的职员保持较高的行为道德水准的方法和措施。

　　从管理者（以及其他相关第三方）的角度来看，会计控制和管理控制之间并无明显区别，甚至难以区分。特别是那些置身于企业经营活动的人们，他们很难接受会计控制与管理控制这种区分。1980年3月在"内部审计师协会"代表大会的发言中，凯罗鲁斯先生把美国注册会计师协会在1958年将1949年的内部控制定义区分为会计控制和管理控制的行为描绘为"将美玉击成了碎片"。他声称，在这块美玉完全修复以前，我们不可能有一个对管理者有用、被管理者理解的内部控制定义。

　　与1949年的定义相比，这些定义过于消极，仅仅从财务审计当时的实际需要出发，把过多的精力和目标放在了查错防弊上，人为地限制了内部控制理论和实践的发展。1977年生效的《反国外贿赂法》（FCPA）也采纳了审计中内部控制的含义，从法律和监管的角度支持了这种内部控制的定位。最终结果就是，审计师与管理者对内部控制的认识和理解出现分歧和差异，分化出了审计视角的内部控制与管理视角的内部控制，而且二者区别较大。在此阶段，内部控制作为正式的概念得以提出，但没有形成完整、系统和严密的概念体系，人们大多将其视为一种制度，所以，称之为内部控制制度。

（三）内部控制结构

内部控制开始形成概念框架体系的标志是内部控制结构阶段的出现。1988年，美国注册会计师协会在1988年的第55号审计准则公告《会计报表审计中对内部控制结构的关注》中，放弃了会计控制与管理控制的提法，提出"内部控制结构"的概念。这是当时社会经济环境的一种需要，更是内部控制的一次超越式发展，迈出了内部控制走向结构化和体系化的第一步。

1.内部控制结构提出的背景

自1925年克雷格诉安荣案（首起针对注册会计师责任的诉讼）起，涉及注册会计师的案件虽多，但诉讼"爆炸"却始于20世纪60年代，这不能仅仅解释为一种巧合。从财务审计实务的需要出发，为了减轻实务中注册会计师审计时评价内部控制的责任，审计界把内部控制的定义限制在一个较小的范围内，从表面上看来是减轻了审计师的责任和工作量，但是，从另一个角度来说，它恰恰增加了审计风险。因为，从审计师角度来看，只需要对这个较小范围的内部控制和业务活动进行评价和实施审计，对范围以外的可以不予考虑，这等于自己主观上给审计责任画了一个较小的"圈"。但是，审计师要面对的广大投资者画的"圈"却要大得多，从广大投资者的角度来看，审计并不能仅仅是一种鉴证历史的行为，审计师对内部控制的检查责任也不仅仅限于他们自己划的那个较小范围。这种主观认识（进一步来说是利益）上的矛盾导致审计的期望差越来越大。从20世纪60年代以来，大量公司倒闭或陷入财务困难所引发的审计诉讼"爆炸"就可以证实这一点，而且，很多案例的判决结果也有力地支持了"深口袋"理论。

一方面，审计诉讼"爆炸"导致审计风险增加，审计行业也面临巨大的社会压力和经济压力；另一方面，企业组织规模的扩大和经营复杂程度的提高等审计环境的变化使得"会计控制"已经不能保证在提高审计效率、降低审计成本的同时保证审计的质量。1988年，AICPA所属的审计准则委员会（ASB）发布了第55号审计准则公告《会计报表审计中对内部控制结构的关注》，拓展了审计师在财务报表审计中考虑内部控制的责任，修改了内部控制的定义，用"内部控制结构"取代了"内部控制"，不再区分会计控制和管理控制，而是确立了一种控制结构，指出"企业的内部控制结构包括为合理保证企业特定目标的实现而建立的各种政策和程序"。

2.内部控制结构的内容

根据第55号审计准则公告《会计报表审计中对内部控制结构的关注》，内部控制包括控制环境、会计系统和控制程序三个要素：

（1）控制环境（control environment），指对公司控制的建立和实施有重大影响的因素的统称，反映董事会、管理者、业主及其他人员对控制的态度和行为，主要包括管理哲学与经营方式、组织结构、董事会及审计委员会的职能、授权与责任分配方式、管理控制方法、内部审计及人事政策与实务等。管理者监督和检查工作时所用的控制方法，包括经营计划、预算、预测、利润计划、责任会计和内部审计等。

（2）会计系统（accounting system），指公司汇总、分析、分类、记录、报告业务处理的各种方法和记录，包括文件预先编号、业务复核、定期调节等；一个有效的会计系统包括以下内容：鉴定和登记一切合法的经济业务；对各项经济业务适当进行分类，作为编制报表的依据；计量经济业务的价值以使其货币价值能在财务报表中记录；确定经济业务发生的时间，以确保它被记录在适当的会计期间；在财务报表中恰当地表述经济业务及有关的披露内容。

（3）控制程序（control procedure），指为合理保证企业目标的实现而建立的政策和程序，它包括适当授权、恰当的职责分离、充分的凭证和记录、资产和记录的实物控制、业务的独立检查等。

会计系统是内部控制结构的关键因素，也是审计师要直接利用的因素。控制程序是确保内部控制结构有效运行的关键机制。

与以往相比，内部控制结构在内容和范围上有所扩大，不再局限于以往会计控制和管理控制的划分问题，而是考虑内部控制自身的体系化问题。其显著特点就是将控制环境这一总括性的要素纳入其中，强调包括管理者对内部控制的态度、认识和行为等控制环境的重要作用。他们认为这些环境因素是实现控制目标的环境保证，要求审计师在评估控制风险时除关注会计系统和控制程序外，应对企业面临的内外环境进行评价，这与1953年审计师可以只评价会计控制而可以不评价管理控制的提法大相径庭。从"会计控制"与"管理控制"到"内部控制结构"，内部控制不但在范围和内容方面得到了扩大，更重要的是，从政策和程序变为具有三个构成要素的"结构"，实现了内部控制由零散到系统的转变和发展。

（四）内部控制框架

在美国，Treadway委员会发起组织委员会（Committee of Sponsoring Organizations of the Treadway Commission，COSO）是一个权威的内部控制框架制定机构，而且其影响力已经远远超出了美国，它对其他国家内部控制框架的制定产生了非常大的影响。COSO是由美国会计学会（American Accounting Association，AAA）、美国注册会计师协会（American Institute of Certified Public Accountants，AICPA）、财务经理国际（Financial Executives International，FEI）、内部审计师协会（Institute of Internal Auditors，IIA）、管理会计师协会（Institute of Management Accountants，IMA）等五个职业协会组成的一个机构。美国COSO提出的《内部控制——整合框架》进一步延续和完善了内部控制的结构化和体系化，试图整合人们对内部控制的不同理解，构建一个涵盖经营、报告和合规等多目标的共识性概念平台和框架。这一特点深刻地体现在其制定的内部控制框架与企业风险管理框架中，也正是因为这一点，COSO的内部控制框架因其系统性和实用性得到了企业和注册会计师的广泛应用和参考，并得到了美国注册会计师协会（AICPA）、美国证券交易委员会（SEC）和美国公众公司会计监督委员会（PCAOB）等的广泛认可。

1. Treadway委员会与COSO

（1）Treadway委员会

20世纪70年代，一系列财务失败和可疑的商业行为产生的混乱引发了许多改革，这些改革大多是AICPA和其他机构为检查和提供变革建议而成立的各种委员会推荐的结果。20世纪80年代出现了一系列主要是由金融机构破产引起的更为引人瞩目的财务失败事件。财务报告舞弊的发生如此之多，以至于1985年，由美国会计学会（AAA）、美国注册会计师协会（AICPA）、财务经理国际（FEI）、管理会计师协会（IMA）、内部审计师协会（IIA）组成了另外一个委员会，名为全美反舞弊财务报告委员会（National Commission on Fraudulent Financial Reporting），因其负责人为James C. Treadway，所以，又称之为Treadway委员会。该委员会旨在研究财务报告舞弊对财务报告真实性的影响，分析独立会计师在舞弊检测中的作用，并识别公司结构中可能导致舞弊行为的特征，全面调查分析以往财务报告舞弊及其相关影响因素。

1987年，Treadway委员会提交了报告《全美反舞弊财务报告委员会报告》（Report of the National Commission on Fraudulent Financial Reporting）。Treadway委员会发现它所研究的欺诈性财务报告案例中大约50%是内部控制失效导致的，并指出薄弱的内部控制是许多欺诈性财务报告发生的主要原因。该报告包含了近50条为减少财务报告舞弊而提出的建议，这些建议针对的对象各不相同，包括上市公司、独立会计师、SEC、教师和其他人。Treadway委员会还指出了内部控制解释和概念存在多样性的问题，管理层、内部审计师和外部审计师对内部控制的适当性通常有不同的理解，强调了控制环境、行为规则、审计委员会监督、内部审计职能、管理层有关内部控制有效性的报告，以及建立内部控制定义和框架的需要。Treadway委员会报告建议并督促委员会的发起组织通力合作来整合各种各样的内部控制概念并制定一个通用的衡量标准。

（2）COSO

COSO成立于1985年，是Treadway委员会的发起组织委员会。COSO理事会目前由6人组成，1人为主席，1人为美国会计学会的代表，1人为美国注册会计师协会的代表，1人为财务经理国际的代表，1人为管理会计师协会的代表，1人为内部审计师协会的代表。

COSO是一个民间的私营部门组织，它致力于指导行政管理和治理主体在整体的基础上开展更加有效果、有效率、更符合伦理道德的经营活动。COSO支持和传播基于深入研究和分析的框架和指引以及最佳实践。COSO成立的初衷和定位决定了COSO的目的是制定一个服务于公司、独立公共会计师、立法者和监管部门需要的内部控制定义，为公司评价其内部控制系统的有效性提供一个参照标准的广泛框架。

COSO的官方网站（http://www.coso.org）介绍了COSO的组成、宗旨和工作动态，并提供COSO发布的指南、实施指南及内部控制相关文献资源。

2.COSO的内部控制框架（1992）

Treadway委员会成立之后，除了1987年的报告是以"全美反舞弊财务报告委员会"的名义发布的以外，以后发布的报告都是以COSO的名义发布的。COSO成立之后，发布了一系列研究报告。

（1）《内部控制——整合框架》（1992）

1992年，COSO发布了《内部控制——整合框架》报告，共分四卷[①]：第一卷是"内容摘要"，它是针对首席执行官和其他高级执行官、董事会成员、立法者和监管者的对内部控制框架的高度概括；第二卷是"框架"，对内部控制进行了定义，阐述其构成要素，并提供了管理层、董事会或其他人员据以评估其控制体系的标准；第三卷是"向外部各方报告"，是一个补充文件，为那些已经或准备公开报告其针对公开财务报表的编制的内部控制的企业提供指南；第四卷是"评价工具"，提供了对内部控制体系进行评估时可能有用的资料。

COSO认为，"内部控制是由董事会、管理层和其他职员实施的一个过程，旨在为下

---

① 1992年9月发布的COSO报告是一个四卷本。"向外部各方报告"补遗于1994年5月出版。在这个1994年的版本中，前面三卷和补遗部分合并在一起，作为第一卷出版；"评价工具"则作为第二卷。

列各类目标的实现提供合理保证：提高经营效果和效率，财务报告的可靠性，遵循适用的法律和法规"。在COSO的这个内部控制框架以前，内部控制对于不同的人具有不同的意义和内涵，内部控制内涵的广泛性和多样性，使得难以对内部控制有一个公认的理解。这造成了经营者、立法者、监管机构和其他相关方对内部控制范围和目标的困惑，同时导致企业因沟通不畅和期望差异而产生诸多问题。因此，COSO内部控制框架是在考虑管理层和其他方面的需求和期望的基础上"将内部控制的不同概念整合到一个框架中，从而达成对内部控制的共识，确定控制的构成要素"，试图"建立一个适用于各方的通用的定义；提供一个标准，无论规模大的还是小的、公众的还是私人的、营利性的还是非营利性的业务和企业，均可以参照该标准评估他们的控制系统并决定如何改进"，从而"帮助公司和企业的管理层更好地控制组织的活动"。COSO的内部控制整合框架由控制环境（control environment）、风险评估（risk assessment）、控制活动（control activities）、信息与沟通（information and communication）、监督（monitoring）五个相互关联的构成要素组成。

（2）COSO《内部控制——整合框架》的意义和影响

正如COSO所述，这一内部控制定义具有广义性。一方面，它符合大多数高级管理层在管理业务活动时对内部控制的理解，是"大多数高级管理层在管理他们的业务活动时看待内部控制的方式"；另一方面，"它涵盖了内部控制的子集。如果需要，就可以只专注于某一方面的内部控制，如财务报告的控制或合法合规性控制。同样，也可直接关注企业中特定单位或活动的控制"。可以说，COSO把"内部控制的范围扩展到了政策、计划、程序、过程、系统、活动、职能、设计、发起交易以及企业所有层次上的各种努力"[①]。

对COSO的内部控制框架，各方的反应除了给予鲜花和掌声，还有担忧和批评。包括美国审计总署（GAO）在内的外部各方都对COSO内部控制的目标表示担忧：COSO报告中的管理层报告未充分涉及与资产保护相关的控制，因此不能充分应对FCPA的要求。出于对这种担忧的考虑，1994年，COSO在该报告第二卷"向外部关系人报告"的修正说明中指出，尽管它相信它在1992年报告中对内部控制的定义是适当的，但它承认，FCPA包括了某些与保护资产有关的控制，管理层内部控制报告的一些读者会合理地预期这些报告应当包括这些控制。因此，COSO在修订时指出："保护资产防止未经授权的取得、使用或处置的控制是一个过程，它是由组织的董事会、管理层及其他人员实现的，用来为及时防止或发现那些对财务报告有重大影响的未经授权取得、使用或处置资产的行为提供合理保证的""当董事会和管理阶层能合理地保证，对财务报告有重大影响的未经授权取得、使用或处置资产行为能被及时防止或发现时，这类内部控制可被判断为有效"。

COSO的内部控制框架较好地实现了审计技术导向与管理导向内部控制的整合，是构建统一内部控制平台的第一次尝试。由于其广泛适用性和全面性，内部控制框架发布后得到了相关各方的认同和应用。

（3）后续相关报告和指南

1996年，COSO发布报告《衍生产品应用中的内部控制问题：考虑COSO内部控制整合框架在衍生产品应用中的信息工具》（Internal Control Issues in Derivatives Usage: An Information Tool for Considering the COSO Internal Control – Integrated Framework in Derivatives

① SEC. Management's reports on internal control over financial reporting and certification of disclosure in Exchange Act periodic reports [R]. 2003.

Applications）。该工具旨在帮助衍生产品最终使用者应用COSO框架建立、评估和改进内部控制系统。它为高级管理层和董事会提供了一个如何把COSO框架应用于衍生产品相关风险管理活动的概述。它有助于管理层设计控制程序，尤其是通过为制定风险管理政策提供指导。它还提供了许多观点，能够使那些负有监督职责的人建设性地检查现有的政策和程序。

1999年3月，由COSO资助的一项研究发布了名为《虚假财务报告：1987—1997——一项针对美国公众公司的分析》的报告。这项研究全面分析了自发布1987年《全美反舞弊财务报告委员会报告》以来被SEC调查的虚假财务报告事例。这项研究的一些比较重要的观点有：①实施舞弊的公司一般规模较小，大多数不在纽约证券交易所或美国证券交易所上市；②舞弊转向很高的组织层面，在72%的案例中，CEO看来都与舞弊有关；③舞弊公司的审计委员会和董事会看起来比较弱，大多数审计委员会很少开会，而且，公司的董事会由内部人和其他与公司有重大联系的人主导；④公司相当大的部分由创立者和董事会成员所有；⑤在公司实施舞弊时会导致严重的后果，包括破产、所有权的重大变化和从全国交易所退市。

2006年6月，COSO发布《小规模公众公司财务报告内部控制指南》（Internal Control over Financial Reporting - Guidance for Smaller Public Companies）。这份报告包括三个部分，即实施总结、对小规模公司财务报告内部控制的综述、帮助管理层评价内部控制的说明性工具。该指南与以前的内部控制框架相比，具有以下特点：

① 在指南的性质方面，认为该指南提供了与COSO1992内部控制框架相一致的原则和特征，使得所有规模的组织都可以了解确保一个反映规模、结构和复杂程度的健全内部控制系统的必要要素。

② 该指南的内部控制框架与1992年的相同，该指南阐明了框架所包含的基本原则，讨论了大多数情况下都会存在的特征，并提供了小企业如何应用这些原则和特征的具体实例。

③ 该指南是原则基础的（principles-based），管理层在实现有效财务报告内部控制的过程中有很大的选择余地，该指南不想成为详尽的"菜谱"（cookbook）。

④ 成本有效性。

⑤ 该指南的目的是应对财务报告目标的唯一需求，但许多原则和特征适用于所有三个控制目标。

在这份报告中，COSO将5个要素进一步细分为20条原则，并将这20条原则进一步细分为76个属性（attribute），见表3-1。

表3-1　　　　　　　　　　　　　　内部控制的原则与属性

内部控制要素	原则	属性
控制环境	1.诚信与道德价值观	阐明价值观；监督遵守情况；处理违背行为
	2.董事会	界定权力；独立运行；监督风险；保持财务报告专长；监督质量和可靠性；监督审计活动
	3.管理层的理念和经营风格	设定基调；对会计原则和估计的态度影响因素；阐明目标

续表

内部控制要素	原则	属性
控制环境	4.组织结构	建立财务报告路径；建立结构
	5.财务报告方面的胜任能力	识别胜任能力；保持员工；评价胜任能力
	6.权力和责任	界定责任；限定权力
	7.人力资源	制定人力资源政策；招聘和保持；充分培训；评价绩效和薪酬
风险评估	8.财务报告目标	遵守公认会计原则；支持详实的披露；反映公司活动；有相关财务报表认定支持；考虑重要性
	9.财务报告风险	包括业务流程；包括员工；包括信息技术；包括适当层级的管理层；考虑内部和外部因素；估计可能性和影响；触发重新评估
	10.舞弊风险	考虑动机和压力；考虑风险因素；建立职责和责任
控制活动	11.与风险评估整合	降低风险；考虑所有记入公司总分类账的重要控制点；考虑信息技术
	12.选择和开发控制活动	考虑活动的类型；包括预防控制和侦测控制；职责分离；考虑成本与效益
	13.政策与程序	整合到业务流程之中；制定职责和责任；及时发生；认真实施；调查例外；定期重新评估
	14.信息技术	包括应用控制；考虑一般计算机操作；包括终端用户计算
信息与沟通	15.财务报告信息	获取数据；包括财务信息；应用内部和外部渠道；包括经营信息；保持质量
	16.内部控制信息	获取数据；触发解决方案和更新；保持质量
	17.内部沟通	与员工沟通；与董事会沟通；包括单独的沟通路径；获取信息
	18.外部沟通	提供输入信息；独立评估
监督	19.持续和个别评价	与经营相整合；提供客观评估；聘用具备知识的员工；考虑反馈；调整范围和频率
	20.报告缺陷	报告发现的结果；报告缺陷；及时纠正

　　《小规模公众公司财务报告内部控制指南》的出台，表面上是为了解决《内部控制——整合框架》对不同规模企业的适用性问题，实质上是为了解决根据内部控制框架采用简单核对法评价小规模公司内部控制时易引发的成本高、效率低及评价结论不可靠等问题。内部控制框架或标准是基于一般规模企业设计的，各构成要素和控制活动之间存在互补性或可替代性，小规模公司采用简单核对的评价方法必然会导致成本高、效率低、结论

不可靠的问题。一般规模企业根据内部控制框架采用简单核对法评价内部控制的有效性，由于其成本承受能力较强且内部控制框架本身基于一般规模企业设计，问题尚不明显；但当其应用于小规模公司时，问题则被放大，原本不成问题的问题变成了问题。然而，问题的根本原因并非企业规模或内部控制框架的适用性，而是这种基于习惯性思维的评价方法本身。

2008 年 6 月，COSO 发布《内部控制系统监督指南》（Guidance on Monitoring Internal Control Systems）的征求意见稿，旨在帮助组织监督其内部控制系统的质量。COSO 主席 Larry Rittenberg 指出，该指南全面阐释了内部控制整合框架的"监督"要素，帮助各类组织开发有效方法，监督与财务报告、经营和合规相关的内部控制持续运行的有效性。这个指南包括COSO于2006年制定的有效财务报告内部控制的原则，并重申了这些原则对各种组织的重要性，不管其规模如何。这个项目的范围是广泛的，包括监督的基本要素以及对组织内通常可以得到的各类信息（可以用来监督内部控制有效性的信息）进行的深入检查，还包括来自各种组织的有效监督的案例。2009年1月，COSO发布了《内部控制系统监督指南》的最终稿。

3.COSO 的内部控制框架（2013）

2013年，COSO发布了修订后的《内部控制——整合框架》，没有改变内部控制的基本概念和核心内容，只是对旧框架的某些概念和指引进行更新和改进，以反映近年来企业经营环境的演变、监管机构的要求和其他利益相关者的期望。

2013年修订后的《内部控制——整合框架》主要有以下变化：

（1）细化了内部控制的构成内容。在内部控制构成要素的基础上提炼出 17 条原则，每个构成要素对应若干条原则，每条原则又对应若干个关注点，进一步细化了内部控制的构成内容。

（2）扩大了报告目标的范围。报告目标在报告对象和报告内容两个维度上进行了扩展。在报告对象上，既要面向外部投资者、债权人和监管部门，确保报告符合有关监管要求；又要面向董事会和经理层，满足企业经营管理决策的需要。在报告内容上，除了包括传统的财务报告，还涵盖了市场调查报告、资产使用报告、人力资源分析报告、内控评价报告、可持续发展报告等非财务报告。可以划分为内部财务报告、内部非财务报告、外部财务报告以及外部非财务报告。

（3）强调管理层判断的运用。管理层可以自由判断所提供关注点的合适度或相关度，然后根据企业的具体情况，来选择和考虑与某一特定原则密切相关的关注点。

（4）强化公司治理的理念。包含了更多有关董事会及其下属专门委员会等公司治理内容，强调董事会的监督对内部控制有效性的重要作用。

（5）增加了反舞弊与反腐败的内容。包含了更多关于舞弊与欺诈的内容，并且把管理层评估舞弊风险作为内部控制的17项总体原则之一。

（6）充分考虑了不同商业模式和组织结构的特殊性。随着经济全球化的发展、技术的不断进步和人才竞争的加剧，近年来企业的商业模式和组织结构发生了巨大变化，企业在经营过程中更多地使用第三方提供的产品或服务，管理层更加关注包括供应商和客户在内的价值链管理。新框架专门分析了不同商业模式和组织结构下内部控制的有效性问题。

（五）企业风险管理框架

COSO 的《内部控制——整合框架》为相关各方提供了一个研究内部控制的共同平台，在此基础上，COSO 进一步扩展内部控制的范围，从更宽广的视角提出了《企业风险管理——整合框架》，该框架内容更宽泛、层次更高。

1.COSO 的《企业风险管理——整合框架》

1996 年，COSO 发布的《衍生产品应用中的内部控制问题：考虑 COSO 内部控制整合框架在衍生产品应用中的信息工具》报告已关注风险管理。这个报告包含一个概要和两个附录，附录包括了详细的讨论，一个附录是有关制定衍生产品管理政策的，另一个提供了说明性的控制程序。根据该报告的模型，"风险管理过程需要理解主体的目标和经营活动，识别市场风险和测度承担的风险，然后决定是否使用衍生产品来把风险降低到可以承受的水平。只要简单地忽略与衍生产品有关的部分并代之以其他合适的降低风险行为，这个过程就具有普遍性"①。因此，只要稍加修改，COSO 建议用来管理衍生产品相关风险的模型就可以用于管理几乎任何类型的风险。这个文件表明，COSO 对内部控制关注的焦点开始转向风险管理。

2000 年以来，一系列企业失败事件及对企业风险管理的关注，使人们愈发清楚地认识到需要一个强健有力的框架来有效识别、评估和控制风险。2001 年，COSO 委托普华（PricewaterhouseCoopers，PwC）开发一个企业管理层评价和改进企业风险管理的框架。在开发这个框架的期间，发生了一系列令人瞩目的企业丑闻和失败事件，如安然、世通，投资者、公司员工和其他利益相关者因此而遭受了巨大的损失。随之而来的便是对采用新法律、法规和上市准则来加强公司治理和风险管理的呼吁。美国在 2002 年颁布了《萨班斯-奥克斯利法案》（Sarbanes-Oxley Act），这部法律扩充了长期持续的对公众公司保持内部控制制度的规定，要求管理层证实并由独立审计师鉴证这些制度。人们迫切需要一个能够提供关键原则和概念、通用语言以及明晰的方向和指引的企业风险管理框架。

2003 年，COSO 发布了名为《企业风险管理框架（草稿）》的报告来征求意见。2004 年 9 月，该报告的最终稿正式公布，名为《企业风险管理——整合框架》（Enterprise Risk Management - Integrated Framework）。这份报告共分两卷，一卷是《企业风险管理——整合框架》，一卷是《企业风险管理——整合框架：应用技术》。报告界定了企业风险管理的必备要素，探讨了企业风险管理的原则和概念，提出了通用的企业风险管理语言，并为企业风险管理提供了清晰的方向和指导。

COSO 报告指出，企业风险管理是一个由企业董事会、管理层和其他人员实施②（effect）的过程，应用于战略制定并贯穿于企业之中，旨在识别可能会影响企业的潜在事项，管理风险以使其在该企业的风险偏好之内，为企业目标的实现提供合理保证。企业风险管理包括八个相互关联的构成要素：内部环境，目标设定，事项识别，风险评估，风险应对，控制活动，信息与沟通，监督。这些要素来源于管理层经营企业的方式，并与管理过程整合在一起。

按照 COSO 的观点，内部控制已经包含在企业风险管理当中，而且是企业风险管理的

① ROOT S J. Beyond COSO： internal control to enhance corporate governance ［M］. New York： John Wiley & Sons，1998.
② COSO 报告的解释为，"effected——与企业风险管理连用：设计和保持"。

一个组成部分，企业风险管理的内涵比内部控制的内涵更宽泛，是在内部控制的基础上的拓展和精心设计，以形成一个更加充分关注风险的更"稳健"的概念体系。按照COSO的设想，他们不打算、也的确没有用企业风险管理框架取代内部控制框架，而是将内部控制框架纳入其中，公司不仅可以借助这个企业风险管理框架来满足它们内部控制的需要，还可以借此转向一个更加全面的风险管理过程。企业风险管理框架的提出表明，COSO继续秉承其"整合"的思路，通过提炼对公司和其他主体（entity）如何管理风险关键的概念，给出了企业风险管理的一个宽泛的定义，为不同组织形式、行业和部门的应用提供了基础，另外，它直接关注特定企业既定目标的实现，并为界定企业风险管理的有效性提供了依据。

与内部控制框架相比，企业风险管理框架实现了三个方面的发展：（1）它拓展了内部控制，更广泛地关注企业风险管理这一更加宽泛的领域；（2）将构成要素由五个拓展为八个；（3）向上延伸了目标体系，补充了原有的几个目标。企业风险管理框架可以被视为站在企业战略目标实现的层面，从风险管理的视角来重新界定内部控制的内涵，构建内部控制的框架，相对于COSO《内部控制——整合框架》而言具有一定的优势：首先，立足企业风险管理，与企业的经营更贴近，企业的董事会、管理层和相关人员更容易接受；其次，将目标体系向上延伸到战略目标，使原先的三个目标与战略目标一起最终构成了内涵一致、逻辑清晰的金字塔式目标体系，明确了各目标之间的关系以及与企业目标之间的关系；最后，将构成要素由五个扩展为八个，进一步明确了内部控制和风险管理的流程和步骤，更具有可操作性和实务性。

COSO发布该框架的目的是帮助主体更好地保护和增加利益相关者的价值，"管理层在设定战略和目标以达到增长和回报目标与相关风险的最佳平衡并有效配置资源实现主体目标时，使价值最大化"。这个框架得到了管理层和董事会的广泛接受和认可，在世界范围内不同行业、类型和规模的组织中成功地应用于识别风险、在规定的风险偏好内管理风险以及支持目标的实现，用于提高组织管理不确定性的能力以及考虑在他们努力增加利益相关者价值时接受多少风险。

2.COSO的《企业风险管理——与战略和绩效整合》

随着风险复杂性的变化和新风险的出现，董事会和高级管理层不仅要求改进风险报告，还提升了对企业风险管理的认识和监督力度，推动了对风险理解及企业风险管理实践的显著改进。

2014年10月，COSO宣布启动《企业风险管理——整合框架》的审核与更新项目，由PwC项目组在COSO的监督下实施，项目分为评估与展望、构建与设计、公开征求意见和最终定稿四个阶段。2014年11月，COSO开展《企业风险管理——整合框架》更新的在线调查；2016年6月，COSO发布征求意见稿《企业风险管理——协调风险与战略和绩效》；2016年10月，公开征求意见结束；2017年9月，COSO正式发布《企业风险管理——与战略和绩效整合》，替代原框架的"实施总结"和"框架"部分，但《企业风险管理——应用技术》没有更新。新框架强调了在战略设定过程和驱动绩效中考虑风险的重要性，新报告包括两部分，第一部分是理念，提供了一个有关企业风险管理当前及未来概念和应用的视角；第二部分是框架，由五个易于理解的部分组成，包含了不同的观点和组织架构，加强了战略选择和实施以及决策过程中对风险的考虑。

　　新框架将内部控制定位为企业风险管理的一个重要方面，与《内部控制——整合框架》（2013）相互补充，但有不同的关注点，彼此不会替代。新框架关注的是内部控制之外必不可少的领域，《内部控制——整合框架》（2013）依然是一个可行的、适当的框架，用于设计、实施内部控制以及执行、评价内部控制的有效性和在一些管辖区域按照要求报告内部控制。管理层可以继续使用《企业风险管理——整合框架》，但COSO保留替代或撤换这个框架的权力。

　　企业风险管理是指，与战略设定和绩效整合的、组织用于管理价值创造、价值保持和价值实现过程中风险的文化、能力和实践。新框架没有采用以往立方体框架的表示方式，但依然采用要素和原则进行结构化。五个相互关联的构成要素包括治理和文化、战略和目标设定、实施、审核与纠正以及信息、沟通与报告，由20条原则来支撑。每一条原则代表与这个构成要素相关的一个基础概念，在应用中具有普遍性，而且构成企业风险管理的组成部分。

　　新企业风险管理的原则适用于所有主体，包括非营利组织和政府组织，无论规模大小。尽管一些小型和中型的主体实施的企业风险管理的原则与大型主体不同，但这些原则依然适用于每一类型的主体。

二、美国上市公司内部控制的监管要求

（一）《萨班斯-奥克斯利法案》的出台背景

　　在美国，1934年《证券交易法》首次对公司内部控制提出明确要求，规定证券发行人应设计一套内部会计控制系统（internal accounting control system）并加以维护，为下列目标的实现提供合理保证：

　　（1）交易依据管理部门的一般和特殊授权执行；

　　（2）交易的记录必须满足按照一般公认会计原则（GAAP）或其他适当标准编制财务报表并落实资产责任的需要；

　　（3）接触资产必须经过管理部门的一般和特殊授权；

　　（4）按适当时间间隔，将财产的账面记录与实物资产进行对比，并对差异采取适当的补救措施。

　　1977年12月，美国国会根据SEC的建议通过了《反海外腐败法》（Foreign Corrupt Practices Act，FCPA），将内部控制要求纳入法案。根据FCPA，凡根据《证券交易法》第12节登记证券或根据第15（d）节提交定期报告的公司，必须：（1）保持适当详细的记录，准确而公允地反映公司的财务活动；（2）设计和维护一套内部会计控制系统，除了其他要求外，应当足以就交易已经过适当授权、记录和核算提供合理保证。

　　2002年7月30日，时任美国总统布什签署了《萨班斯-奥克斯利法案》，该法案被誉为自罗斯福总统时代以来最为彻底的公司改革法案，对美国会计监管体制和公司财务报告制度进行了重大改革，引起国际金融市场广泛关注。该法案出台背景是美国公司财务欺诈案频发，如安然、世通等大公司倒闭，投资者损失惨重，安达信会计师事务所因销毁审计证据被定罪并解体，社会公众对资本市场的信心严重受挫。大公司管理层、负责公司财务报表的会计师、华尔街投资银行以及承担证券市场监管之职的美国证券交易委员会（SEC）都受到了广泛而强烈的批评。美国各界对加强会计监管、打击公司财务造假的呼

声日益高涨。2002 年 1 月，SEC 发布《会计职业的监管》政策声明，提出建立一个由社会公众代表主导的新监管框架，其核心是"强有力的、理性的、完全透明的惩罚机制"。国会两党迅捷反应，2002 年 4 月 24 日，众议院通过共和党人奥克斯利提交的《2002 公司与审计的责任、义务和透明度法案》，提出设立公众公司会计监督委员会、限制部分非审计业务等改革措施；7 月 15 日，参议院通过了萨班斯议员提交的《2002 公众公司会计改革与投资者保护法案》，大幅度提高公司欺诈的刑事责任。尽管两个法案对会计职业以及公司财务报告体制的改革相差较多，但在社会公众的压力下，国会两党迅速调和分歧，以民主党激进改革法案为主体，形成《萨班斯–奥克斯利法案》，并于 7 月 25 日获两院通过，由布什总统签署生效。

（二）《萨班斯–奥克斯利法案》302 条款和 404 条款的规定

1.《萨班斯–奥克斯利法案》第 302 条款"公司对财务报告的责任"的规定

（a）对制定规章的要求

SEC 应颁布规定，要求按照 1934 年《证券交易法》13（a）或 15（d）部分编制定期报告的公司，其主要执行官或官员和主要财务官或官员，或履行同样职能的人，在根据《证券交易法》任一条款申报或提交的每一年度或季度报告中保证（certify）如下内容：

●签字官员已审阅过该报告。

●根据该官员的了解，该报告没有包含重要事实的错报，没有遗漏在当时特定的情形下为了使报表不令人误解所必需的重要事实。

●根据该官员的了解，报告中的会计报表和其他财务信息在所有重大方面公允地反映了公司在该年度期末的财务状况及该报告期间的经营成果。

●签字官员：

•对建立和保持内部控制负责；

•已经设计了这种内部控制，以确保这些官员能够通过公司内的其他人知道与该公司及其合并子公司有关的重要信息，尤其是定期报告编制期间的重要信息；

•已经评价了公司内部控制截至报告日前 90 天内的有效性；

•已经根据他们的评价在该报告中提出了他们有关内部控制有效性的结论。

●签字官员已向公司的审计师及董事会的审计委员会（或履行相同职能的人员）披露了如下内容：

•在内部控制的设计或运行中对公司记录、处理、汇总及报告财务数据的能力产生不利影响的所有重要缺陷（significant deficiencies），并已经向公司的审计师指出内部控制的所有重大缺陷（material weakness）。

•涉及在公司内部控制中担任重要职位的管理层或其他雇员的所有舞弊，不论是否重要（material）。

●签字官员已在报告中指明在他们评价内部控制的日期之后，内部控制或其他能够对内部控制产生重大影响的因素是否发生了重大变化，包括对内部控制重要缺陷或重大缺陷的更正措施。

（b）公司迁址国外不影响本法案的效力

即使发行证券的公司通过再合并或其他交易将公司注册地或办公地迁至国外，也不能影响本节规定的法律效力。本节规定对该公司依然适用，且全部适用。

（c）最终期限

本节（a）部分的规定应在本法案颁布后30日内生效。

2.《萨班斯-奥克斯利法案》404条款"管理层对内部控制的评价"的规定

（a）要求的规则

SEC应当制定规则，要求按《1934年证券交易法》第13节（a）或15节（d）编制的每一个年度报告中包括内部控制报告，内容包括：

●说明公司管理层对建立和维持一个适当（adequate）财务报告内部控制结构和程序的责任；

●包含一个证券发行人管理层对截至最近财务年度末财务报告内部控制结构和程序有效性的评估。

（b）内部控制评价和报告

关于本节（a）中要求的管理层对内部控制的评估，为证券发行人编制或出具审计报告的每一个注册公共会计公司应当对证券发行人管理层所做的评估进行鉴证（attest）和报告。根据本要求进行鉴证应当遵照委员会发布或通过的鉴证业务准则。任何这种鉴证不应当成为一项单独的业务。

（三）美国证券交易委员会（SEC）的规则

美国SEC发布的规则对财务报告内部控制评价的依据、方法和报告做出了一些原则性的要求。

1.评价依据

根据SEC 2003年6月发布的《最终规则：管理层对财务报告内部控制的报告和交易法案定期报告中披露的确认》（Final Rule：Management's Reports on Internal Control over Financial Reporting and Certification of Disclosure in Exchange Act Periodic Reports）的要求，管理层对公司财务报告内部控制有效性的评价必须依据一个适当的、公认的控制框架，这个框架应是由一个团体或组织按照应有过程（due-process）的程序（包括框架要广泛征求公众的评论）建立的。SEC指出，COSO框架满足它们的标准，可以用作管理层内部控制年度评价和披露所要求的评价框架。但是，SEC没有要求应用某一个特定的框架，如COSO框架，因为，SEC认识到这样一个事实：在美国之外可能存在其他评价标准[①]，并且将来在美国也会发展出COSO以外的框架，它们符合法令的意图而不会减少投资者的利益。使用可以公开得到的衡量标准将会提高内部控制报告的质量，将会促进不同公司内部控制报告的可比性。SEC要求管理层的报告要确定管理层对公司财务报告内部控制的有效性进行评估时所用的评价框架。

SEC认为，具体来说，一个适当的框架必须满足以下条件：没有偏见；能一致地定性和定量衡量公司的内部控制；充分完整且不忽略会改变公司内部控制有效性结论的相关要素；与财务报告内部控制评价相关。

对于公司财务报告内部控制有效性的评价，SEC没有提出管理层可以据以断定公司财务报告内部控制有效的具体标准，但是，SEC设定了一个管理层断定公司财务报告内部控

---

① SEC指出，加拿大特许会计师协会发布的《评估控制指引》和英格兰及威尔士特许会计师协会发布的《Turn-bull报告》都是其他适当框架的例子。

制有效的限度（threshold）：如果管理层识别出公司财务报告内部控制中的一项或多项重大缺陷（material weakness），管理层就不能断定公司的财务报告内部控制是有效的，而且，SEC也要求管理层的报告必须包含对管理层在评价过程中确定的公司财务报告内部控制中所有重要缺陷的披露。

2.评价方法与范围

SEC认为，对财务报告内部控制实施评价的方法对不同的公司来说将会并且应当是不同的，因此，SEC的规则没有明确说明管理层评价财务报告内部控制应当应用的方法和程序。对公司财务报告内部控制的评估应基于能够评价内部控制的设计和测试内部控制运行有效性的程序。要进行这种评估的控制包括但不限于：

（1）对发起交易、记录、处理和调节账户余额、交易分类和披露以及财务报表中包含的相关认定的控制；

（2）与非常规和非系统交易的动议和处理相关的控制；

（3）与适当会计政策的选择和应用相关的控制；

（4）与防止、识别和发现舞弊相关的控制。

此外，公司在实施评价并形成有关财务报告内部控制有效性的评价结论时，必须保存证据（包括记录），为管理层对财务报告内部控制有效性的评价结论提供合理的支持。形成和保存这些证据是有效内部控制的一个固有要素。对财务报告内部控制有效性的评估必须得到与内部控制设计和测试程序相关的证据（包括记录）的支持。这些证据应当为下列事项提供合理的支持：

（1）对内部控制是否用来防止或发现重大错报或遗漏的评价；

（2）对测试进行了适当的规划和实施；

（3）测试的结果得到了适当考虑。

3.评价报告

根据SEC于2003年6月发布的《最终规则：管理层对财务报告内部控制的报告和交易法案定期报告中披露的确认》的要求，美国或非美国证券发行人的管理层应在发行人首席执行官和首席财务官（或类似职位管理者）的参与下，评价发行人财务年度末财务报告内部控制的有效性。此外，还要求公司的年度报告要包括管理层的一个内部控制报告，这个报告主要包括：

（1）陈述管理层对公司建立和维持充分的财务报告内部控制的责任。

（2）一项陈述，确定管理层对公司财务报告内部控制的有效性执行要求的评价时所采用的框架。

（3）管理层对公司财务报告内部控制最近财务年度有效性的评估，包括一项有关公司的财务报告内部控制是否有效的陈述。这项评估应披露管理层识别的公司财务报告内部控制重大缺陷（material weakness）的披露。如果在公司的财务报告内部控制中存在一项或多项重大缺陷，就不允许管理层得出"认为公司的财务报告内部控制是有效的"结论。

（4）一项陈述，说明审计财务报表（包括在年度报告中）的已登记公共会计公司已经就管理层对财务报告内部控制的评价出具了鉴证报告。

根据《萨班斯-奥克斯利法案》以及SEC的相关规则，公司管理层不但要定期对外报出财务报告内部控制的报告，而且要向公司的审计委员会报告内部控制的以下相关情况：

（1）内部控制的设计或运行中，对公司记录、处理、汇总及编报财务数据的职能产生负面影响的所有重大缺陷，并向公司的审计师指出内部控制的重大缺陷。

（2）在内部控制中担任重要职位的人员或其他雇员的欺诈行为，不论行为的影响是否重大。

（四）PCAOB的审计准则

根据《萨班斯-奥克斯利法案》，审计上市公司年度财务报告的注册会计师也要对财务报告内部控制进行审计，对公司财务报告内部控制的有效性发表审计意见。

1.审计依据

根据《萨班斯-奥克斯利法案》，对财务报告内部控制的审计是与财务报表审计结合在一起进行的。注册会计师依据PCAOB于2007年发布的《第5号审计准则——与财务报表审计相整合的财务报告内部控制审计》（后编号为"审计准则第2201号"）审计上市公司财务报告内部控制。

一般公认审计准则适用于财务报告内部控制的审计。这些准则规定了技术培训、审计师的熟练程度、独立性以及运用应有的职业关注，包括职业怀疑。这个准则制定的外勤和报告标准适用于财务报告内部控制的审计。

审计师应当使用适当的、公认的控制框架来实施其财务报告内部控制审计，它要与管理层在对公司财务报告内部控制有效性进行年度评价时使用的框架相同。

2.审计范围与方法

注册会计师审计的内部控制与公司管理层定期评价与报告的内部控制范围一致，都是财务报告内部控制，而不是COSO完整的内部控制。

企业内部控制的审计主要采用自上而下、风险基础的审计方法，并据此设计内部控制审计的程序。采用自上而下、风险基础的审计方法主要是基于内部控制的特点和成本效益的考虑。审计师应采用自上而下的方法选择要测试的控制。自上而下的方法始于财务报表层次和审计师对财务报告内部控制总体风险的了解。然后，审计师集中关注企业层次的控制，并向下展开工作直至重要账户和披露以及它们的相关认定。这种方法把审计师的注意力引向以相当的可能性造成财务报表和相关披露发生重大错报的那些账户、披露和认定。接着，审计师要证实其对公司流程内风险的了解，并选择测试那些充分应对每一相关认定评估的错报风险的控制。风险评估是整个审计过程的基础，包括确定重要账户和披露及相关认定、选择要测试的控制、确定某一特定控制所必需的证据。

自上而下的方法描述了审计师识别风险与要测试控制的连续思考过程，不一定就是审计师将要实施的审计程序的顺序。

3.审计报告

审计师在财务报告内部控制审计中的目标是对公司财务报告内部控制的有效性发表意见，所以，财务报告内部控制审计的报告主要是说明"根据控制标准，公司在特定日期是否在所有重大方面保持了有效的财务报告内部控制"。

三、美国上市公司内部控制的评价与报告体系

根据《萨班斯-奥克斯利法案》第302条款"公司对财务报告的责任"和404条款

"管理层对内部控制的评价"以及SEC的相关规定和PCAOB第2201号审计准则（原第5号审计准则），美国上市公司内部控制的评价与报告体系包括：

（1）公司管理层对财务报告内部控制的有效性进行评价，对内向审计委员会报告，对外发布公开报告；

（2）注册会计师对财务报告内部控制进行的审计，并对公司财务报告内部控制的有效性发表审计意见。

美国上市公司内部控制评价与报告的体系如图3-1所示。

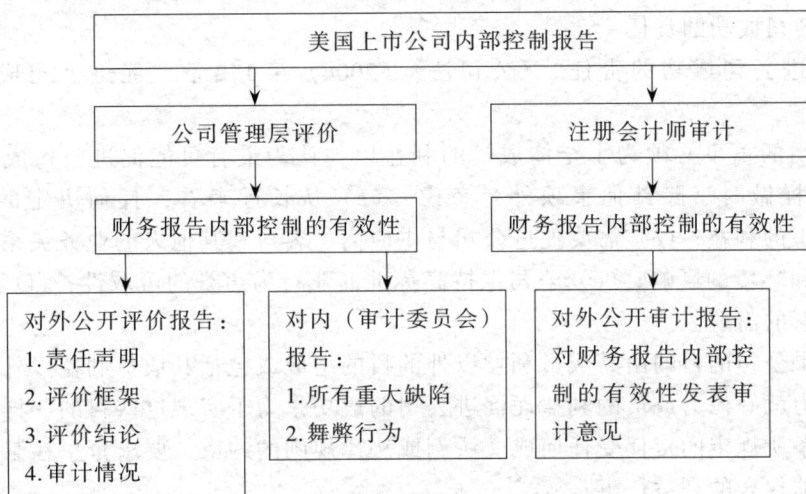

图3-1 美国上市公司内部控制评价与报告体系

本节讨论题

1.美国内部控制的发展经历了哪些主要阶段，都有什么特点？

2.COSO内部控制框架有什么价值和意义？

3.美国资本市场对上市公司内部控制有哪些具体要求？

第二节 企业内部控制在英国的发展及监管要求

英国上市公司内部控制的监管要求涉及的主要法律法规和指南包括：（1）《公司法》；（2）《披露指引和透明规则》；（3）《上市规则》；（4）《英国公司治理守则》（UK Corporate Governance Code）及《公司治理守则指引》（Corporate Governance Code Guidance）；（5）《风险管理、内部控制与相关财务和经营报告的指引》（Guidance on Risk Management, Internal Control and Related Financial and Business Reporting）。这些要求源于《公司法》对董事、公司和审计师相关责任的规定。根据《披露指引和透明规则》，公司需要在公司治理声明中披露内部控制与风险管理。《上市规则》要求上市公司报告其遵守《英国公司治理守则》的情况。《英国公司治理守则》列出了风险管理与内部控制的原则性要求；《公司治理守则指引》对此进行了更具体的解释。《风险管理、内部控制与相关财务和经营报告的指引》（2014）则是集合和反映风险管理与内部控制的最佳实践。

一、《公司法》的规定

《公司法》在相关条款中对董事及公司的相关责任进行了规定。

1. 董事的基本责任

《公司法》（2006）第171—177条规定了董事的基本责任，包括：（1）在权力范围内行事；（2）助力公司成功；（3）独立判断；（4）合理谨慎、技能和勤勉；（5）避免利益冲突；（6）不接受第三方利益；（7）在拟议交易或安排中申报权益。

2. 促进公司成功的责任

关于促进公司成功的责任，《公司法》（2006）第172条"促进公司成功的责任"规定：

（1）公司的董事必须为了全体成员的利益以他认为最有可能促进公司成功的方式行事，并在这样做时（除其他事项外）考虑：（a）从长远来看，任何决定的可能后果；（b）公司员工的利益；（c）需要促进公司与供应商、客户和其他人的业务关系；（d）公司经营对社区和环境的影响；（e）公司保持高标准商业行为声誉的可取性；（f）在公司成员之间公平行事的需要。

（2）如果公司的目的由其成员利益以外的目的组成或包括其成员利益以外的目的，第（1）款的效力就好像为成员的利益而促进公司的成功是为了实现这些目的一样。

（3）本条所规定的责任受任何成文法例或法律规则的约束，要求董事在某些情况下考虑或为公司债权人的利益行事。

3. 保存会计记录的责任

《公司法》还规定了"保存会计记录的责任"。根据《公司法》（2006）第386条要求：

（1）每家公司必须保持充分的会计记录。

（2）充分的会计记录意味着这些记录要足以：（a）显示并解释公司的交易；（b）在任何时候合理准确地披露公司当时的财务状况；（c）使董事能够确保所需准备的任何账目符合本法的要求。

（3）会计记录必须特别包含：（a）公司每天收入和支出的所有金额的记录，以及发生收支的相关事项；（b）公司资产和负债的记录。

（4）如果公司的业务涉及商品交易，会计记录必须包含：（a）公司每个财务年度末持有的库存声明；（b）所有库存盘点的声明，这些盘点用于准备或将要准备上述第（a）款提到的库存声明；（c）除了通过普通零售方式销售的商品外，所有售出和购买的商品的声明，显示商品及买卖双方的充分细节以能够识别所有这些内容。

（5）如果母公司有一个子公司，而上述要求不适用于该子公司，则母公司必须采取合理措施确保该子公司保持此类会计记录，以使母公司的董事能够确保根据本部分的要求准备的任何账目符合本法的要求。

4. 真实公允视角的账目

《公司法》还对账目提出了要求。《公司法》（2006）第393条"真实公允视角的账目"规定：

（1）公司董事不得批准本章所述目的账目，除非他们确信这些账目真实、公允地反映了资产、负债、财务状况和利润或亏损：（a）如果是公司的单个账目，则为公司的；

（b）如果是公司的集团账目，则为纳入合并范围的事业整体的，仅涉及公司的相关成员。

（2）公司的审计师在履行本法规定的与公司年度账目有关的职能时，必须考虑到第（1）款规定的董事职责。

5.编制战略报告的责任

《公司法》还提出了"编制战略报告的责任"。《公司法》（2006）第414A条规定：

（1）公司董事应为公司每个财务年度编制战略报告。

（2）如果公司符合小公司豁免的资格，则条款（1）不适用。

（3）在一个财务年度，若公司为母公司且公司董事编制集团账目，则战略报告应为与合并范围事业（undertaking）相关的合并报告（"集团战略报告"）。

（4）在适当的情况下，集团战略报告要更加强调对纳入合并范围的事业整体而言重要的事项。

（5）如果未能遵守编制战略报告的要求，以下每个人都会被定罪：（a）在提交所涉及财务年度的账目和报告的期间结束前，是公司的董事的；（b）未采取所有合理措施确保符合该要求的。

（6）根据本条款犯罪的人将承担以下责任：（a）经审理定罪的，将被处以罚金；（b）经简易程序定罪的，将被处以不超过法定最高限额的罚金。

关于战略报告的内容，根据《公司法》（2006）第414C条，战略报告的目的是为公司成员提供信息并帮助他们评估董事们如何履行《公司法》第172条规定的职责（促进公司成功的职责）。战略报告必须包括：（1）对公司业务的公平审查；（2）对公司面临的主要风险和不确定性的描述。这项审查应平衡和全面地分析：（a）公司经营在财务年度的发展和业绩；（b）公司经营在年末的状况。

6.审计师的职责

关于"审计师的职责"，《公司法》（2006）第498条规定：

（1）公司的审计师在编制报告时，必须进行调查，以便就以下方面形成意见：（a）公司是否保存了充分的会计记录，是否从未到访的分支机构处收集到足够的审计申报表；（b）公司单独账目是否与会计记录和申报表一致；（c）如果是上市公司或非上市交易公司，公司董事薪酬报告的可审计部分是否与会计记录和申报表一致。

（2）如果审计师认为：（a）没有保存充分的会计记录，或者没有从他没有访问过的分支机构收到足以进行审计的申报表；或（b）公司的单独账户与会计记录和申报表不一致；或（c）如果是上市公司或未上市交易公司，其董事薪酬报告的可审计部分与会计记录和申报表不一致；审计师应在其报告中说明这一事实。

（3）如果审计师未能获得尽其所知所信认为审计必需的所有资料和解释，他应在其报告中说明这一事实。

（4）如果：（a）第412条（董事福利的披露：薪酬、退休金和离职补偿）规定的要求未在年度账目中得到遵守，或（b）就上市公司而言，第421条关于构成董事薪酬报告须经审计部分的信息的法规要求在该报告中没有得到遵守，审计师必须在其合理能力的范围内，在其报告中包括一份说明，提供所需细节。

（5）如果公司的董事，（a）已根据小公司制度编制账目，或（b）在编写董事报告时利用小公司的豁免无须遵守编写战略报告的要求；如果审计师认为他们没有资格这样做，则审计师应在其报告中说明这一事实。

（6）如果多于一人被任命为审计师，报告必须包括一份声明，说明所有被任命的人是否同意根据第（2）至（5）款做出的陈述，如果他们不能同意这些陈述，报告必须包括每个被任命的人的意见，并说明不同意的理由。

（7）在本节中，"未上市交易公司"是指被交易的（定义见第360C条）非上市公司。

二、《披露指引和透明规则》的规定

根据金融行为监管局（The Financial Conduct Authority，FCA）发布的《披露指引和透明规则》（Disclosure Guidance and Transparency Rules，DTR）第7.2.5R条款，所有其证券在受监管市场交易的公司（包括在英国的所有优质或标准上市公司）都必须在其年度报告和报表中包含的公司治理声明中"描述公司与财务报告过程相关的内部控制与风险管理系统的主要特征"。

另外，《披露指引和透明规则》还要求公司在其半年度财务报告中包含对该年度剩余六个月主要风险和不确定性的描述（DTR 4.2.7），以及在后续年度财务报表中将会变更会计政策时，遵循新的政策并披露变更及其原因（DTR 4.2.6）。

三、《上市规则》（Listing Rules，LR）

根据《上市规则》9.8.6R（3），英国上市公司应在年度财务报告中包含董事声明：（1）会计采用持续经营基础的适当性（含《英国公司治理守则》第30条规定的信息）；（2）对公司前景的评估（包含《英国公司治理守则》的第31条规定列出的信息）。该声明根据财务报告委员会2014年9月发布的《风险管理、内部控制与相关财务和经营报告的指引》（Guidance on Risk Management，Internal Control and Related Financial and Business Reporting）来准备。

根据《上市规则》9.8.6R（5），在英国注册成立的上市公司必须在其年度财务报告中陈述其如何应用《英国公司治理守则》中规定的原则，陈述的方式要使股东能够评价这些原则如何被应用。

根据《上市规则》9.8.6R（6），在英国注册成立的上市公司必须在其年度财务报告中说明是否在整个会计期间遵守《英国公司治理守则》的所有相关规定。如果上市公司没有在整个会计期间遵守《英国公司治理守则》的所有相关规定，就要列出：①公司没有遵守的规定明细；②就具有持续性要求的规定而言，其所在的期间不符合这些规定的部分或全部要求；③公司不遵守的原因。

根据《上市规则》9.8.10R，上市公司必须确保审计师在年度报告公开前审核了下列每项内容：①《上市规则》9.8.6R（3）（董事有关持续经营和长期生存能力的声明）；②《上市规则》9.8.6R（6）要求的部分声明（公司治理），这些声明与《英国公司治理守则》的第6条规定以及第24条至第29条规定相关。

四、《英国公司治理守则》（2024）的要求

财务报告委员会（The Financial Reporting Council，FRC）发布的《英国公司治理守则》（2024）共分为5个部分：董事会领导和公司目标；责任分工；组成、继任和评价；

审计、风险和内部控制；报酬。其中第4部分"审计、风险和内部控制"通过原则和规定对风险管理和内部控制提出了要求。

1.原则的要求

根据《英国公司治理守则》（2024）原则0，董事会应建立并保持一个有效的风险管理和内部控制框架，并确定公司为实现其长期战略目标而愿意承担的主要风险的性质及程度。

2.规定的具体内容

根据《英国公司治理守则》（2024）第25条规定，审计委员会的主要角色和职责应包括：

（1）审核公司的风险管理与内部控制框架，除非明确由独立非执行董事组成的单独风险委员会或董事会本身负责处理。

（2）监督和审核本公司内部审计职能的有效性，或者，如没有内部审计职能，则每年考虑是否需要内部审计，并向董事会提出建议。

（3）向董事会报告其如何履行了职责。

根据《英国公司治理守则》（2024）第26条规定，年度报告应描述审计委员会的工作，包括：

（1）《审计委员会和外部审计：最低标准》中所列事项；

（2）如果没有内部审计职能，对没有内部审计的解释，如何实现内部保证，以及这如何影响外部审计工作。

根据《英国公司治理守则》（2024）第27条规定，董事应在年度报告中解释其编制年度报告与报表的责任，并说明其认为年度报告与报表整体上是公允、平衡和可理解的，并为股东评估公司的状况、绩效、业务模式和战略提供了必要的信息。

根据《英国公司治理守则》（2024）第28条规定，董事会应对公司的新风险和主要风险进行稳健的评估。董事会应在年度报告中确认其已完成评估，包括对其主要风险的描述以及如何管理或减轻这些风险的解释。董事会应解释设有哪些程序来识别和管理新出现的风险。

根据《英国公司治理守则》（2024）第29条规定，董事会应监督公司的风险管理和内部控制框架，并至少每年对其有效性进行一次审核。监督和审核应涵盖所有重大（material）控制，包括财务、经营、报告和合规控制。董事会应在年报中提供下列信息：

（1）董事会如何监督和审核框架有效性的描述；

（2）重要控制在资产负债表日有效性的声明；

（3）描述截至资产负债表日尚未有效运行的任何重要控制、为改进这些控制而采取或建议采取的行动，以及为解决以前报告的问题而采取的任何行动。

根据《英国公司治理守则》（2024）第30条规定，在年度和中期财务报表中，董事会应在年度和中期财务报表中说明编制财务报表时采用持续经营会计基础的适用性，并确定公司未来12个月内持续经营的能力及重大不确定性。

根据《英国公司治理守则》（2024）第31条规定，考虑到公司的现状和主要风险，董事会应在年报中解释其如何评估公司的前景，在什么期间这样做，以及为什么认为该期间是合适的。董事会应说明其是否合理预期公司将能够继续经营并履行其在评估期内到期的负债的偿付，并在必要时提请注意任何保留条件或假设。

此外，根据FRC的"技术问题与回答"（Technical Q&A），董事们不必对所有的内部控制做出声明，他们只需要对那些被认为重要的控制的有效性做出声明。每个董事会来确定什么是重要控制。重要控制是公司特有的，从而对每一个公司来说都是不同的，什么是重要控制取决于公司的特点和情况，比如公司规模、商业模式、经营、结构和复杂性等。合规、经营和报告控制是指企业用于合规、经营和报告的内部控制。这些方面会因为每个公司的商业需求、行业、管辖权、规模和复杂性而具有特定性。《英国公司治理守则》（2018）的规定29已经要求董事会监督、审核和报告财务、经营和控制。《英国公司治理守则》（2024）要求董事会对这些控制的有效性做出声明，并将这些控制扩展到包括那些对报告的控制，比如叙述和ESG报告控制。

关于董事会是否必须寻求对控制的保证，《英国公司治理守则》（2024）的规定29要求董事会应当监督公司的风险管理和内部控制框架，并至少每年对其有效性实施一次审核。一个有效的风险管理和内部控制框架要包括监督和审核构成要素，因此，可能为了报告和做出声明要依赖内部收集的信息。董事会要决定是否需要对控制的外部保证，以及到什么程度。

五、《公司治理守则指引》（2024）的要求

1. 职责界定

董事会对组织整体的风险管理和内部控制方法负有最终责任，包括：

（1）建立并维护有效的风险管理和内部控制框架。

（2）确定主要风险的性质和程度，以及组织在实现其战略目标时愿意承担的风险（确定其"风险偏好"）。

（3）就如何管理或减轻主要风险以降低其发生或影响的可能性达成一致。

（4）监督和审核风险管理和内部控制框架，以及管理层对这些工作的流程，并确信它们有效运作，并在必要时采取纠正措施。

（5）确保在风险管理和内部控制方面进行有效的外部沟通。

该指引未详细说明公司设计、实施和运行风险管理和内部控制框架的具体程序。董事会可以使用公认的框架或标准（例如COSO、ISO、COBIT等）作为其设计和保持风险管理和内部控制框架有效性的过程的一部分，但在根据《英国公司治理守则》的原则和规定进行报告时，该框架或标准应与其相关的领域（例如财务报告、技术等）相关。

审计委员会应审核公司的内部财务控制，即为识别、评估、管理和监督财务风险而建立的系统，作为其在《英国公司治理守则》中的期望角色和责任的一部分。

管理层的角色是实施和承担对董事会风险管理和内部控制政策的日常职责。在履行其职责时，管理层可以识别和评估公司面临的风险供董事会考虑，并设计、运行和监督一个适当的风险管理和内部控制框架，以实施董事会所采用的政策。在董事会的监督下，管理层可以建立适当的结构和报告关系，并明确界定角色、责任和权限。应明确所有关键职能部门和个人在风险管理和内部控制方面的作用和责任。应该对框架的设计和运行进行独立和客观的监督。董事会可以通过建设性的挑战、战略指导和专家建议来支持管理层，并追究其责任。董事会需要确信管理层及时向董事会提供信息，以便董事会能够履行自己的职责。

2.建立风险管理与内部控制框架

风险管理和内部控制框架涵盖公司政策、文化、组织、行为、流程和系统等方面，这些方面一起：

（1）支持公司实现战略目标；

（2）评估当前风险和新风险，保护资产免受不当使用、损失和欺诈，促进有效运行；

（3）帮助确保内部和外部报告的质量，包括维护适当的记录和流程，以产生及时、相关和来自组织内部和外部的可靠信息；

（4）帮助确保遵守适用的法律和法规，以及与业务开展有关的内部政策。

风险管理和内部控制框架应：

（1）为公司量身定做；

（2）被视为公司宗旨、战略、商业模式和治理的一部分；

（3）融入公司的经营，并成为公司文化的一部分；

（4）能够快速应对不断变化的业务风险，无论这些风险是由公司内部因素还是业务环境的变化引起的；

（5）根据公司目标和其他内部和外部因素的变化进行更改和调整；

（6）不应被视为定期的合规活动，而是公司日常业务和治理流程的一个组成部分；

（7）包括立即向适当的管理层报告所发现的任何重大问题的程序，以及正在采取的适当行动的细节。

一个有效的框架不能消除决策中糟糕判断的可能性、人为错误、员工和其他人故意规避控制流程、管理层凌驾于控制之上以及不可预见情况的发生。框架的作用是适当地管理风险，而不是消除风险。

3.保持风险管理与内部控制框架的有效性

风险管理和内部控制框架的存在本身并不意味着对风险的有效管理。有效的监督和审核是有效的风险管理和内部控制框架的重要组成部分。对风险管理和内部控制的监督和审核旨在使董事会能够得出该框架是否与战略目标适当一致的结论，并确信该框架应对了公司的风险并得到适当的开发、应用和维护。监督和审核旨在识别和评价框架的设计、实施和运行需要改进的领域。

在公司层面，公司应建立制度持续监督风险管理和内部控制框架的设计、实施和运行。公司的目标、经营环境和面临的风险都在不断变化。监督应评价公司的风险管理和内部控制框架面对这些变化对公司来说是否仍然充分和适当。一个有效的框架必须具有响应能力并能够适应变化。如果发现重大问题，即使已采取补救措施，也应向董事会报告相关行动。公司还可以考虑是否提高监督频率或者是否应该改变现有的控制措施。所有改变都应当考虑资源的有效配置。

在董事会层面，董事会不能仅仅依靠公司内部的嵌入式监督流程来履行其职责。它应根据定期报告和与管理层、内部审计、外部审计和其他适当职能和单位的沟通进行自我监督。这包括对在公司层面为了监督而建立的程序实施的监督。董事会将在公司层面行使其与监督相关的治理职责，通过了解组织为实现其目标面临的风险、管理层为减轻风险而实施的控制措施以及管理层如何监督以帮助确保内部控制系统继续有效运行。董事会可能希望界定其希望如何运行对该框架的监督，包括具体规定公司内部单位或个人、子公司和其他相关方（例如外部服务提供商）报告的要求、范围和频率。重要的是，向董事会提交的报告必须提供一个对框架的设计、实施和运行、风险以及风险管理和内部控制框架在管理这些风险方面的有效性的平衡评估。及时、可靠和相关的信息将使有效的监督能够得以进行，并使董事会能够做出平衡的评估。

董事会应收到高级管理层关于风险管理框架的整体设计和运行的报告。报告应提供来自公司内部专业职能部门的信息，例如合规、财务、税务、网络、人力资源等信息。如果公司设有专业风险职能部门或管理层面的风险委员会，董事会可以考虑在该部门与董事会和/或相关董事会委员会之间建立直接的沟通和报告渠道。董事会将运用其专业判断和怀疑态度，结合从其他来源收到的信息和报告，考虑从管理层收到的报告。发现的任何重大控制失误或弱点都可以在报告中讨论，包括它们对公司已经或可能产生的影响以及为纠正它们而采取的行动。

董事会还可以审核子公司董事关于公司政策、程序和结构在子公司层面的有效性的报告或与子公司董事联络，以管理风险。在年中审核报告时，董事会可以考虑：

（1）如何有效地评估风险并确定主要风险。

（2）主要风险是什么，以及如何管理或减轻这些风险。

（3）相关控制在管理主要风险方面的有效性，并特别考虑可能已经报告过的任何内部控制重大失误或弱点。

（4）如何在决策中监督、更新和考虑当前的和新出现的风险。

（5）是否迅速采取必要行动来纠正任何重大失误或弱点，以及缺陷的原因是否表明决策不力、需要更广泛的监督或重新评估管理层持续流程的有效性。

（6）框架和程序是否符合当前的市场标准或惯例。

董事会应监督和审核公司的重大控制。因为每个公司的特点和情况都不相同，包括规模、商业模式、战略、经营、结构和复杂性等都不同，所以重大控制将因公司而异。在确定哪些控制"重要"时，董事会会考虑控制缺陷如何影响公司、股东和其他利益相关者的利益。

虽然董事会决定哪些控制措施是重要的，但这些控制措施包括但不限于对以下方面的控制：

（1）可能威胁公司商业模式、未来业绩、偿付能力或流动性和声誉的风险（即主要风险）。

（2）对价格敏感或可能导致投资者做出投资决策的对外报告（external reporting），无论是在公司内部还是在其他方面。

（3）欺诈，包括对控制的逾越。

（4）信息和技术风险，包括网络安全、数据保护和新技术（如人工智能）。

4.对风险管理与内部控制框架的审核

董事会应至少每年审核一次风险管理与内部控制框架的有效性，也可依据公司情况更频繁地审核整体或部分架构。审核应识别优势、差距、缺陷和需要改进的领域，并随后制订一项计划以采取进一步行动。

没有单一的实施审核的方式。董事会可能希望确定将要采用的流程，包括利用董事会持续流程的结果，以便获得可靠、有适当记录的证据，以支持其在公司年度报告和报表中的报告（reporting）。董事会应确保它考虑了框架的所有重要方面。

审核应涵盖公司整体风险管理和内部控制框架，并评价其持续监督流程的有效性。在进行审核时，一套标准可能是有益的。这些标准可以检验单项控制措施的有效性、这些控制与潜在风险的相关性以及更广泛的框架本身。

董事会委员会在审核过程中的角色由董事会决定，并将取决于董事会的规模和组成、公司经营的规模、多样性和复杂性以及公司面临的主要风险的性质等因素。

审核应考虑董事会本年度审核的报告中涉及的问题，以及确保董事会已考虑被审核年度及截至资产负债表日的风险和内部控制框架的所有重要方面所需的任何其他资料。

董事会可接收管理层关于框架有效性的报告，以及管理层或内外部审计师的测试、评估或其他工作的结论。如果公司内部的管理层或其他职能部门为了遵守其他监管要求，包括外国监管，已经审核了框架的某些方面，则董事会在审核框架的有效性时可以使用为此目的实施的工作和产生的信息。

审核时，董事会可检查框架的设计和运行，确定这些框架是否适合公司的需求和情况，以及如何有效地识别、评估、监督以及管理或减轻风险。

在进行审核时，重要的是要考虑：

（1）董事会在年内审核的报告中处理的问题。

（2）公司承担风险的意愿（其风险偏好）、公司内部期望的文化以及这种文化是否已经嵌入。

（3）风险管理和内部控制框架的运行，包括设计、实施、监督、审核和风险的识别，以及确定哪些是对公司重要的。

（4）识别和管理新出现风险的程序。

（5）基础控制措施在减轻已识别风险方面的有效性。

（6）将风险管理和内部控制与战略和业务模式的考虑以及业务规划流程相整合。

（7）管理层持续监督风险的范围和质量，内部控制系统的范围和质量，以及（如适用）内部审计职能和其他保证提供者的工作的范围和质量。

（8）自上次审核以来，主要风险的性质、可能性和影响以及公司应对其业务和外部环境变化的能力的任何变化。

（9）框架有效应对变化和外部事件的能力。

（10）向董事会（或董事会委员会）传达管理层监督结果的范围、频率和质量，使其能够对公司的控制状况以及管理或减轻风险的有效性进行累积评估。

（11）将重大问题或疑虑上报给董事会的流程。

（12）在此期间任何时候发现的重大控制失误或弱点的发生率，以及它们已经或可能会导致不可预见的结果或意外事件的程度，这些不可预见的结果或意外事件已经、可能会或将来会对公司的财务业绩或状况产生重大影响。

（13）为改进任何未有效运行的重大控制而采取的行动。

（14）公司公开报告流程的有效性。

董事会的职责应侧重于按照约定审核重大控制。风险是动态的，会随着时间的推移而变化，因此重大控制需要适应这种变化。

当董事会确定控制有效时，并不意味着风险消除了。控制存在局限性，其中可能包括超出公司控制范围的内部、外部事项和不确定性，例如与人性相关的因素（例如错误、判断、疏忽、不当行为等）或意外的地缘政治事件。

如果发现任何需要改进的重要领域，董事会应确定这些领域的缺陷是如何产生的，这对公司的影响，以及补救缺陷的有效措施。董事会应重新评价公司的持续监督流程，并检查缺陷的发现是否表明需要改进这些流程。

5.在年度报告中的报告与声明

这些评估和流程为年度报告和报表中的披露提供了信息，主要包括：

（1）报告与财务报告流程相关的公司风险管理和内部控制框架的主要特征（依据FCA《披露指引和透明规则》）。

（2）报告董事会如何监督和审核风险管理与内部控制框架的有效性（按照《英国公司治理守则》的规定）。

（3）提供重大控制在资产负债表日的有效性的声明，以及如果重大控制无效，描述这些重大控制、为改进这些控制而采取或建议采取的行动以及为解决先前报告的问题而采取的任何行动。

（4）报告公司面临的主要风险以及如何管理或减轻这些风险（根据2006年《公司法》和《英国公司治理守则》的要求）。

（5）报告用于识别和管理新出现风险的程序。

董事会应描述该框架的主要特征，包括概述现有的相关治理结构、公司如何评估风险、如何管理或减轻风险、如何在整个组织内共享信息以及不同部门如何互动和沟通。董事会应概述其在报告所述期间如何监督和审核框架的有效性。这可能包括董事会收到和审核的信息的类型、与哪些单位和个人进行了磋商、收到的任何内部或外部保证，以及（如相关）董事会用于审核有效性的公认框架、标准或指引的名称。

关于重大控制的有效性声明，董事会应根据所获证据，按谨慎标准对重大控制的有效性形成自己的意见。年度报告应包括关于资产负债表日重大控制有效性的声明。董事会只能根据所开展的工作和获得的证据，就控制的有效性提供一个合理的结论。如果重大控制在资产负债表日没有有效运行，董事会应在年度报告中披露这一点，以及为改善控制而采取或建议采取的任何行动。这可以形成根据《英国公司治理守则》第29条的声明的一部分。在确定控制是否有效运行时，董事会还应考虑控制的有效的设计和实施。年度报告还应提供董事会如何处理之前报告的问题的摘要。当董事会无法确定重大控制的有效性和/或就其有效性做出声明时，董事会可以利用《英国公司治理守则》的"遵守或解释"性质，并在年度报告中对此做出解释。

在报告需要改进的领域、已经或正在采取的行动时，董事会不应提供任何根据其专业判断包含机密信息或任何其他信息的披露，如果公开报告这些信息，可能会无意中影响公司的利益。

该声明涵盖在资产负债表日之前和之日收集的信息。公司可能需要执行进一步的程序，作为其内部控制框架的一部分，这些程序发生在资产负债表日之后，并且可能与就重大控制的有效性做出声明有关。

六、《风险管理、内部控制与相关财务和经营报告的指引》

财务报告委员会（FRC）2014年发布的《风险管理、内部控制与相关财务和经营报告的指引》，修改、整合和替代了《内部控制：修订的关于联合规则的董事指引》《持续经营和流动性风险：对英国公司董事的指引》，并反映了对《英国公司治理守则》的改变。它旨在汇集风险管理的最佳实践元素；促使董事会考虑如何履行其对公司面临的现有的和新出现的主要风险的责任；反映出良好的业务实践，即公司通过将风险管理和内部控制嵌入业务过程来实现其目标；并强调相关的报告责任。

根据该指引，董事会负责组织风险管理与内部控制的总体方法，其职责包括：

（1）确保设计并实施适当的风险管理和内部控制系统，它要识别公司面临的风险，使董事会能够对主要风险做出稳健的评估。

（2）确定面临的主要风险的性质和程度以及组织在实现其战略目标的过程中愿意承担的风险（确定其风险偏好）。

（3）确保适当的文化和报酬制度已经嵌入组织。

（4）就应当如何管理或减少主要风险以降低发生的概率或影响达成一致。

（5）监督和审核风险管理与内部控制系统以及管理层的监督和审核流程，确信它们有效发挥职能并在必要时采取了纠正措施。

（6）确保健全的内部和外部信息与沟通流程，并承担对外沟通风险管理与内部控制的职责。

风险管理与内部控制系统包括公司的政策、文化、组织、行为、流程、制度和其他方面，它们一起：

（1）使公司能够评估当前和潜在的风险、对风险和重大控制失效做出适当反应和保护资产，从而促进公司有效（effective and efficient）运行。

（2）有助于降低决策中的错误判断、承受的风险超过董事会通过的水平、人为错误以及控制流程被蓄意绕过的可能性和影响。

（3）有助于确保内部和外部报告的质量。

（4）有助于确保遵守相关的法律和规章制度，以及与商业行为有关的内部政策。

由于该指引制定和发布于2014年，依据的还是2014年版的《英国公司治理守则》，但2024年版的《英国公司治理守则》相对于2014年版的《英国公司治理守则》在具体的原则和规定上发生了较大变化，但还可以从实务的角度参考和借鉴一下这个指引。

本节讨论题
1.英国对上市公司在内部控制和风险管理方面有哪些具体要求？
2.英国对上市公司内部控制的要求与美国有什么不同？

第三节　企业内部控制在日本的发展及监管要求

一、内部控制的相关法规

在美国《萨班斯-奥克斯利法案》之前，日本相关部门已关注企业内部控制问题。2003年6月，日本经济产业省制定发布了《新风险时代的内部控制——与风险管理一起发挥作用的内部控制的指南》。自2004年3月31日或之后结束的财务年度起，公司代表对年度报告公允披露的确认一直作为自愿制度实施，这要求管理层评估财务报告内部控制是否有效运行。根据2006年《金融商品交易法》，上市公司管理层应评估财务报告内部控制，且该评估应由注册会计师进行审计（内部控制报告制度）。该制度在2008年4月1日或之后开始的财务年度生效。

2007年2月15日，日本企业会计审议会发布了《关于财务报告内部控制评价与审计准则以及财务报告内部控制评价与审计实施准则的制定（意见书）》。日本企业会计审议会是日本金融厅下属机构，其公布的《财务报告内部控制评价与审计准则》和《财务报告内部控制评价与审计实施准则》是为了配合《金融商品交易法》规定的内部控制报告制度的实施而制定的。

二、内部控制的目标与构成要素

根据《财务报告内部控制评价与审计准则》，内部控制是组织中每个人为实现业务运行效果和效率、财务报告的可靠性、遵守与业务活动相关的适用法律法规和资产保护四个公司目标而实施的过程，它由控制环境、风险评估和应对、控制活动、信息与沟通、监督和对信息技术（IT）的应对六个基本要素组成。

《财务报告内部控制评价与审计准则》定义了财务报告内部控制，旨在确保财务报告的可靠性，并描述了管理层评估财务报告内部控制的有效性和注册会计师审计此类评估的方法和程序。财务报告的可靠性目标是指确保财务报表及可能会对财务报表产生重大影响的信息的可靠性。

将"资产保护"单独列为一个目标，是因为在日本高度强调资产的取得、使用和处置应当通过适当程序和授权进行。资产保护目标是指确保资产的取得、使用和处置要遵守适当的程序和审批。

考虑到当前信息技术深入渗透到业务组织的现实，并得到了自COSO报告发布以来信息技术环境的快速发展的支持，基本要素中增加了"对信息技术的应对"。对信息技术的应对是要提前制定适当的政策和程序以实现组织目标，并基于政策和程序对业务活动过程中组织内部或外部的信息技术做出适当应对。对信息技术的应对不总是独立于内部控制的其他要素，但如果组织的业务严重依赖信息技术或信息系统高度利用信息技术，则作为内部控制有效性的评估标准，对信息技术的应对是实现内部控制目标的重要组成部分。对信息技术的应对包括对信息技术环境的应对、信息技术和信息技术控制的应用。

四个内部控制目标相互重叠，公司将通过设计和运行有效的内部控制来实现这些目标。至于财务报告的可靠性，管理层很难准确了解公司的所有活动和所有公司人员的行为。相反，通过在公司内部设计和运行有效的内部控制系统，管理层可以确保财务报告列报的公允性。通过设计和运行内部控制系统来确保财务报告的可靠性，这为公司提供了一定的优势，例如通过提高业务运行的效果和效率来降低信息处理成本，增加筹集资金的市场机会以及降低资本成本。

三、管理层对内部控制的评价与报告

管理层负责设计和运行内部控制，而且，就财务报告内部控制而言，管理层必须评估其有效性并向公众报告其结果。

管理层应从对财务报告可靠性影响的重要性角度，在必要的范围内进行评估。管理层应考虑对财务报告定量和定性影响的重要性，就评估范围做出合理的决定。因此，如果发现任何一个账户、子公司或关联公司无关紧要，管理层就可以将其从评估范围中删除。

管理层在评估内部控制的有效性时，首先需要评估对合并基础上的财务报告的可靠性有明显影响的内部控制（"公司层面控制"）。考虑这些评估的结果，然后，管理层应评估流程层面的控制。这体现的是一种自上而下和风险基础的方法。在这种方法中，管理层首先评估公司层面的控制，并就有效控制是否在公司层面运行得出某些结论，并根据这一结论评估流程层面重点关注的那些可能导致财务报告过程中重大错报的风险的控制。将内部控制缺陷按其对财务报告的影响分为"重大缺陷"和其他"缺陷"两类。

管理层应准备一份"内部控制报告"，并说明上述对财务报告等内部控制有效性的评估结果。

四、财务报告内部控制的审计

负责审计公司财务报表的注册会计师通过审计内部控制报告的公允性，为管理层对财务报告内部控制有效性的评估提供保证。

内部控制审计应由审计公司财务报表的同一审计师执行（不仅是审计公司，而且业务合作伙伴也应相同）。将内部控制审计与财务报表审计相结合，可以通过在两种审计中使用相同的审计证据实现有效和高效的审计。

审计师应了解公司的情况，充分了解管理层对内部控制设计和运行的评估，并组织审计，注意审计的重要性水平。审计师在审计管理层对内部控制的评估结果时，应首先检查管理层确定的评估范围是否适当，然后根据对公司层面控制的评估结果，审查管理层对公司层面控制的评估以及管理层对流程层面控制的评估。

审计师应编制《内部控制审计报告》，对管理层关于财务报告内部控制有效性的评估发表意见，原则上与审计师关于财务报表的报告合并。

本节讨论题
1.日本对上市公司在内部控制方面有哪些具体要求？
2.日本对上市公司内部控制的要求与美国有什么不同？

第四节　内部控制在中国的发展及监管要求

我国财政部等相关部门自 2000 年前后开始关注企业内部控制问题，2006 年，中国企业内部控制的发展进入了快车道，各相关部门积极从事内部控制法规和标准的制定，陆续完成了内部控制规范及配套指引的发布和实施工作。

一、内部控制标准委员会

为贯彻落实国务院领导重要指示精神，加快推进我国企业内部控制标准体系建设，经商国务院有关部门同意，财政部决定成立企业内部控制标准委员会，为建立健全我国企业内部控制标准体系提供政策指导和咨询服务。2006 年 7 月 15 日，企业内部控制标准委员会成立，主席由时任财政部副部长担任，副主席由时任证监会纪委书记、时任国资委副主任担任，成员包括来自监管部门、实务界、理论界的 31 位专家学者。委员会下设秘书处，设在财政部会计司，秘书长由会计司司长兼任。

内部控制标准委员会的目标规定得很明确，就是力争通过未来一段时间的努力，基本建立一套以防范风险和控制舞弊为中心、以控制标准和评价标准为主体，结构合理、内容完整、方法科学的内部控制标准体系，推动企业完善治理结构和内部约束机制。从其定位来看，内部控制标准委员会试图成为中国最权威的内部控制标准制定机构。

企业内部控制标准委员会先后发布了《企业内部控制基本规范》《企业内部控制应用指引》等规范的征求意见稿和最终稿。

2016 年 8 月，为协同推进行政事业单位内部控制标准建设与实施工作，企业内部控制标准委员会更名为内部控制标准委员会。2023 年，根据新的形势需要，财政部对内部控制标准委员会进行了充实和调整，并公开选聘了来自相关政府部门、企事业单位、学术界和中介机构的 80 位咨询专家，充分发挥咨询专家在内部控制规范制定和实施中的智库作用。

二、内部控制的相关法规

2006 年 6 月，国资委发布了《中央企业全面风险管理指引》。2006 年 7 月 15 日，由财政部发起成立了企业内部控制标准委员会。2006 年 6 月，上海证券交易所发布了《上海证券交易所上市公司内部控制指引》。2006 年 9 月，深圳证券交易所发布了《深圳证券交易所上市公司内部控制指引》。2007 年 3 月，财政部发布了《关于印发〈企业内部控制规范——基本规范〉和 17 项具体规范（征求意见稿）的通知》。2008 年 6 月，财政部、证监会、审计署、原银监会、原保监会在北京联合召开"《企业内部控制基本规范》发布会暨首届企业内部控制高层论坛"，会议发布了《企业内部控制基本规范》。2010 年 4 月，财政部、证监会、审计署、原银监会、原保监会发布了《关于印发企业内部控制配套指引的通知》，发布了 18 项应用指引、《企业内部控制评价指引》和《企业内部控制审计指引》。2014 年 1 月，中国证监会、财政部发布〔2014〕1 号公告，《公开发行证券的公司信息披露编报规则第 21 号——年度内部控制评价报告的一般规定》，规范了公开发行证券公司的内部控制信息披露行为。

除了企业内部控制的相关法规外，2012年，财政部还颁布了《行政事业单位内部控制规范（试行）》，自2014年1月1日起施行。2015年12月，财政部颁布了《关于全面推进行政事业单位内部控制建设的指导意见》。2016年6月，财政部发布了《关于开展行政事业单位内部控制基础性评价工作的通知》。2017年1月，财政部发布了《行政事业单位内部控制报告管理制度（试行）》。

三、中国上市公司内部控制评价与审计的推进

根据《关于印发企业内部控制配套指引的通知》（财会〔2010〕11号），《企业内部控制应用指引第1号——组织架构》等18项应用指引、《企业内部控制评价指引》和《企业内部控制审计指引》，自2011年1月1日起在境内外同时上市的公司施行，自2012年1月1日起在上海证券交易所、深圳证券交易所主板上市公司施行；在此基础上，择机在中小板和创业板上市公司施行。鼓励非上市大中型企业提前执行。执行《企业内部控制基本规范》及企业内部控制配套指引的上市公司和非上市大中型企业，应当对内部控制的有效性进行自我评价，披露年度自我评价报告，同时应当聘请会计师事务所对财务报告内部控制的有效性进行审计并出具审计报告。上市公司聘请的会计师事务所应当具有证券、期货业务资格；非上市大中型企业聘请的会计师事务所也可以是不具有证券、期货业务资格的大中型会计师事务所。

根据《关于2012年主板上市公司分类分批实施企业内部控制规范体系的通知》（财办会〔2012〕30号），财政部会同证监会在充分考虑上市公司的公司治理基础、市值规模、业务成熟度、盈利能力等方面差异的情况下，决定在主板上市公司分类分批推进实施企业内部控制规范体系。

（1）中央和地方国有控股上市公司，应于2012年全面实施企业内部控制规范体系，并在披露2012年公司年报的同时，披露董事会对公司内部控制的自我评价报告以及注册会计师出具的财务报告内部控制审计报告。

（2）非国有控股主板上市公司，且于2011年12月31日公司总市值（证监会算法）在50亿元以上，同时2009年至2011年平均净利润在3 000万元以上的，应在披露2013年公司年报的同时，披露董事会对公司内部控制的自我评价报告以及注册会计师出具的财务报告内部控制审计报告。

（3）其他主板上市公司，应在披露2014年公司年报的同时，披露董事会对公司内部控制的自我评价报告以及注册会计师出具的财务报告内部控制审计报告。

（4）特殊情况：一是主板上市公司因进行破产重整、借壳上市或重大资产重组，无法按照规定时间建立健全内控体系的，原则上应在相关交易完成后的下一个会计年度年报披露的同时，披露内部控制自我评价报告和审计报告，且不早于参照上述（1）至（3）原则确定的披露时间；二是新上市的主板上市公司应于上市当年开始建设内控体系，并在上市的下一年度年报披露的同时，披露内部控制自我评价报告和审计报告，且不早于参照上述（1）至（3）原则确定的披露时间。

四、中国上市公司内部控制评价与审计的全面实施①

2023年12月，财政部与中国证监会联合发布《关于强化上市公司及拟上市企业内部控制建设　推进内部控制评价和审计的通知》（财会〔2023〕30号），财政部会同中国证监会决定推动上市公司及拟上市企业加强内部控制建设，开展内部控制评价，聘请会计师事务所实施财务报告内部控制审计。

（1）各上市公司应严格按照《企业内部控制基本规范》（财会〔2008〕7号）及企业内部控制配套指引（以下合称企业内部控制规范体系）的有关要求，持续优化内部控制制度，完善风险评估机制，加强内部控制评价和审计，科学认定内部控制缺陷，强化内部控制缺陷整改，促进公司内部控制的持续改进，不断提升内部控制的有效性。目前尚未全面实施企业内部控制规范体系的上市公司，应根据企业内部控制规范体系的要求开展内部控制评价，聘请会计师事务所对财务报告内部控制进行审计。

（2）各上市公司应严格执行企业内部控制规范体系和《公开发行证券的公司信息披露编报规则第21号——年度内部控制评价报告的一般规定》（中国证监会　财政部公告〔2014〕1号）有关要求，真实、准确、完整披露公司内部控制相关信息，每年在披露公司年度报告（以下简称年报）的同时，披露经董事会批准的公司内部控制评价报告以及会计师事务所出具的财务报告内部控制审计报告。目前尚未按照企业内部控制规范体系要求实施内部控制审计的创业板和北京证券交易所上市公司，应自披露公司2024年年报开始，披露经董事会批准的公司内部控制评价报告以及会计师事务所出具的财务报告内部控制审计报告。

（3）拟上市企业应自提交以2024年12月31日为审计截止日的申报材料开始，提供会计师事务所出具的无保留意见的财务报告内部控制审计报告。已经在审的拟上市企业，应于更新2024年年报材料时提供上述材料。

（4）通过发行上市审核并于本通知发布当年上市的公司，最迟应在披露上市后下一个会计年度的年报的同时，披露经董事会批准的公司内部控制评价报告以及会计师事务所出具的财务报告内部控制审计报告；通过发行上市审核并于本通知发布次年上市的公司，应在披露上市当年度的年报的同时，披露经董事会批准的公司内部控制评价报告以及会计师事务所出具的财务报告内部控制审计报告。

（5）因进行破产重整、重组上市或重大资产重组，无法按照规定时间披露公司内部控制相关信息的上市公司，应在相关交易完成后的下一个会计年度的年报披露的同时，披露经董事会批准的公司内部控制评价报告以及会计师事务所出具的财务报告内部控制审计报告。

（6）注册会计师应严格遵照《企业内部控制审计指引》（财会〔2010〕11号文件附件3）和《企业内部控制审计指引实施意见》（会协〔2011〕66号）等相关规范要求对上市公司及拟上市企业财务报告内部控制实施审计，勤勉尽责，充分了解和掌握上市公司及拟上市企业财务报告内部控制建设和实施情况，综合判断上市公司及拟上市企业财务报告内

① 财政部，中国证监会. 关于强化上市公司及拟上市企业内部控制建设　推进内部控制评价和审计的通知[EB/OL]. 〔2023-12-08〕. https://kjs.mof.gov.cn/zhengcefabu/202312/t20231215_3922541.htm.

部控制有效性，独立客观公正发表审计意见，提高内部控制审计质量。同时，关注非财务报告内部控制重大缺陷情况，督促上市公司及拟上市企业不断完善内部控制体系，提升内部治理水平。

五、中国上市公司内部控制评价与报告体系

根据中国证监会、财政部公告〔2014〕1号发布的《公开发行证券的公司信息披露编报规则第21号——年度内部控制评价报告的一般规定》，年度内部控制评价报告内部控制评价结论应当分别披露对财务报告内部控制有效性的评价结论，以及是否发现非财务报告内部控制重大缺陷，并披露自内部控制评价报告基准日至内部控制评价报告发出日之间是否发生影响内部控制有效性评价结论的因素。

中国上市公司内部控制评价与报告体系如图3-2所示。

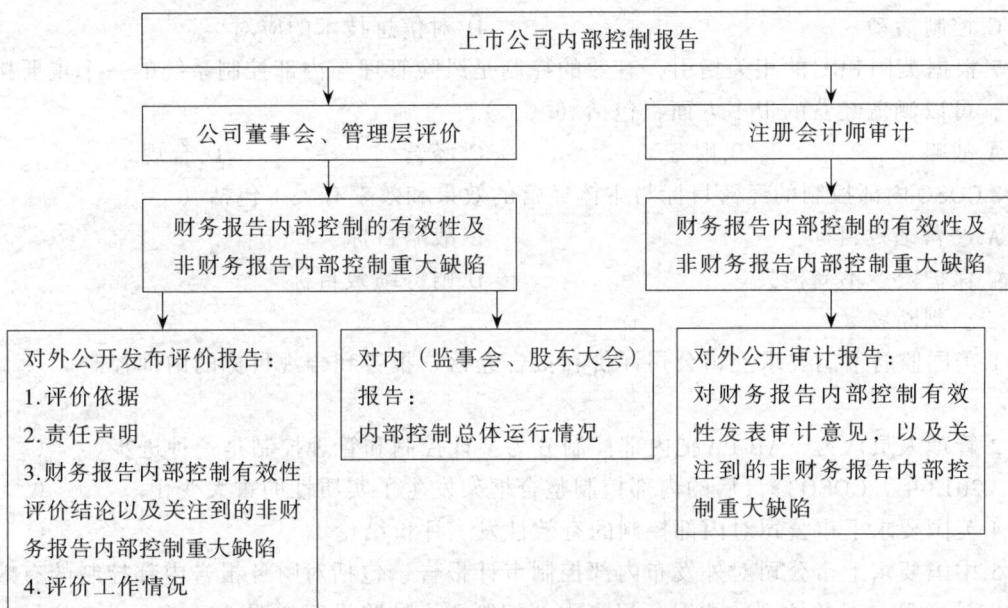

图3-2　中国上市公司内部控制评价与报告体系

本节讨论题

1.中国对上市公司在内部控制方面有哪些具体要求？

2.中国对上市公司内部控制的要求与美国有什么不同？

本章测试题

一、选择题

1.内部牵制的常见形式包括（　　）。

A.机械牵制　　　　　　B.分权牵制　　　　　C.簿记牵制　　　　　D.人员牵制

2.内部控制结构包括（　　）。

A.控制环境　　　　　B.会计制度　　　　　C.风险评估　　　　　D.控制程序

3.日本企业内部控制的目标包括（　　　　）。

A.经营的效率和效果　　　　　　　　　B.财务报告的可靠性

C.经营活动遵守相关法律　　　　　　　D.资产保护

4.内部控制的发展经过的阶段包括（　　　　）。

A.内部牵制　　　　　　　　　　　　　B.会计控制与管理控制

C.内部控制结构　　　　　　　　　　　D.内部控制框架

5.COSO内部控制（1992）的构成要素包括（　　　　）。

A.控制环境　　　　B.风险评估　　　　C.信息与沟通　　　　D.控制活动

6.日本企业内部控制的构成要素包括（　　　　）。

A.控制环境　　　　　　　　　　　　　B.风险的评估与应对

C.控制活动　　　　　　　　　　　　　D.对信息技术的应对

7.根据英国FRC的相关指引，有效的控制是风险管理与内部控制系统的一个重要构成要素，可以涵盖经营的很多方面，包括（　　　　）。

A.战略　　　　　　B.财务　　　　　　C.经营　　　　　　D.合规

8.COSO内部控制的经营目标与主体经营的效果和效率有关，包括（　　　　）。

A.经营绩效目标　　　　　　　　　　　B.战略目标

C.保护资产不受损失　　　　　　　　　D.财务绩效目标

二、判断题

1.美国监管部门要求上市公司评价和报告经营、报告和合规目标的内部控制。

（　　　）

2.管理人员认为，AICPA把内部控制分为会计控制和管理控制是一种进步。（　　　）

3.2013年，COSO修订后的内部控制整合框架发生了实质性的重大变化。（　　　）

4.英国要求上市公司对内部控制的有效性发表评价结论。（　　　）

5.中国要求上市公司对外发布内部控制审计报告，包括对财务报告内部控制的有效性发表审计意见，对关注到的非财务报告内部控制重大缺陷进行说明。（　　　）

6.中国的《企业内部控制基本规范》就是中国版的SOX法案。（　　　）

7.根据《首次公开发行股票注册管理办法》，发行条件之一是：发行人内部控制制度健全且被有效执行，能够合理保证公司运行效率、合法合规和财务报告的可靠性，并由注册会计师出具无保留结论的内部控制鉴证报告。（　　　）

8.根据深圳证券交易所股票上市规则，公司最近一年被出具无法表示意见或者否定意见的内部控制审计报告或者鉴证报告，交易所对其股票交易实施其他风险警示。（　　　）

9.根据深圳证券交易所股票上市规则，上市公司在聘请会计师事务所进行年度审计的同时，应当要求会计师事务所对财务报告内部控制的有效性进行审计并出具审计报告。

（　　　）

10.根据日本的相关法律法规，审计师对上市公司内部控制的有效性进行审计。

（　　　）

本章作业题

1.比较美国、英国、日本和中国的内部控制监管要求，分析有哪些差异，并探讨各有什么特点。

2.阅读所选择上市公司的年度报告、内部控制评价报告及审计报告等资料，根据中国上市公司内部控制的监管要求，分析和评估其遵守情况。

第四章　COSO 内部控制

本章学习目标

1. 理解和掌握COSO内部控制的内涵与目标；

2. 理解和掌握内部控制的构成要素和原则及其内在逻辑关系；

3. 理解和掌握内部控制有效的条件、内部控制目标设定的逻辑以及控制层次的划分。

第一节　COSO 内部控制的内涵与目标

一、内部控制的内涵

根据COSO《内部控制——整合框架》（2013），内部控制是一个由主体的董事会、管理层和其他员工实施的过程，旨在为实现与经营、报告和合规相关的目标提供合理保证。

COSO内部控制定义涵盖三个核心问题：为什么（why）、是什么（what）、怎么做（how），见表4-1。

表4-1　　　　　　　　　　　内部控制的三个核心问题

核心问题	内容
为什么（why）	◇ 为相关目标的实现提供合理保证 ◇ 经营、报告、合规
是什么（what）	◇ 过程或流程——制度和程序 ◇ 动态的、循环的
怎么做（how）	◇ 由人实施 ◇ 董事会、管理层、员工

COSO内部控制定义包含以下五个关键要点：

（1）适应一类或多类目标的实现，主要包括经营、报告和合规；

（2）是一个由持续任务和活动组成的过程，是达到目的的手段，而不是目的本身；

（3）由人来实施，不仅是政策和程序手册、制度和表格，还涉及人和他们在组织的每个层级为实施内部控制而采取的措施；

（4）能够为主体的高级管理层和董事会提供合理保证，而不是绝对保证；

（5）适应主体的结构，灵活应用于整个主体、特定子公司、部门、经营单元或业务流程。

二、内部控制的目标

COSO 的内部控制框架设定了三类目标，使组织可以关注内部控制的不同方面。

1.经营目标

这些目标与主体经营的效果和效率有关，包括经营和财务绩效目标、保护资产不受损失。

经营目标可以具体体现为市场目标、销售目标、生产目标、质量目标、市场占有率，或者利润、利润率，或者资产安全。

2.报告目标

这些目标与内部和外部财务与非财务报告有关，包括可靠性、及时性、透明度或由监管者、公认准则制定者或主体的政策规定的其他要求。

3.合规目标

这些目标与遵守主体适用的法律法规有关。这些相关法律法规包括公司法、民法典、税法、会计法、劳动法、环保法等。

这些类别的目标截然不同但又相互重叠，某一个具体目标可以被归类到一个以上的类别，能满足不同的需求，也可以是不同人员的直接责任。

三、合理保证

总体来说，内部控制旨在为经营、报告和合规等相关目标的实现提供合理保证，但由于不同类别目标的影响因素对主体来说可控性不同，所以，就不同类别的目标来说，合理保证的内涵是不同的。

就报告目标和合规目标来说，能否实现这些目标在很大程度上取决于组织如何执行立法者、监管机构、标准制定机构以及组织自己建立的法律法规、规章或标准，影响这些目标的因素对组织来说基本都是可控的，从而建立有效的内部控制体系能够为组织实现这些相关目标提供合理保证。

然而，就经营目标而言，因为其受多种因素影响，而这些因素并非全部处于组织的控制范围内，即使建立了有效的内部控制体系，也难以将相关目标的风险降低到一个可以接受的水平，所以，一般来说，有效的内部控制能够合理保证的只是管理层和董事会了解相关风险信息、及时了解经营目标的完成情况。当然，若外部事项对特定经营目标产生重大影响的可能性很小，或可以合理预测外部事项的性质和时间，并能够将其产生的影响降低到可接受的水平，组织就可以通过建立有效的内部控制为目标的实现提供合理保证。

正如 COSO 报告所言，如果一个内部控制系统被确定为是有效的，可以就其在主体结构内的应用向高级管理层和董事会提供如下合理保证：

（1）当外部事项被认为不可能对目标的实现有重要影响或组织能够合理预计外部事项的性质和时间并将其影响减轻到可以接受的水平时，组织可以实现有效的运营。

（2）当外部事项可能对目标的实现有重要影响或组织不能够合理预计外部事项的性质

和时间并将其影响减轻到可以接受的水平时，组织了解经营得以有效管理的程度。

（3）组织按照适用的规则、制度和准则或主体指定的报告目标编制报告。

（4）遵守适用的法律、法规、制度和外部准则。

本节讨论题

1.内部控制是什么？内部控制能应对哪些方面的问题？

2.内部控制的目标有哪些？各目标之间有什么关系？为各目标提供的合理保证有什么不同？

第二节　COSO内部控制的框架、构成要素与原则

一、COSO内部控制的框架

COSO将主体试图实现的目标、主体实现目标必须具备的内部控制构成要素以及主体的组织结构（包括主体层面、部门、经营单元、职能）之间存在的直接关系描述为立方体的形式，如图4-1[1]所示。三类目标（经营、报告、合规）用列表示，五个构成要素用行表示，主体组织结构用第三个维度表示。

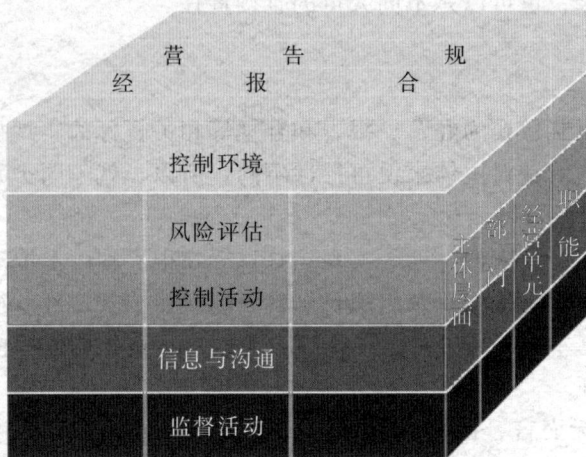

图4-1　COSO内部控制的框架

控制环境、风险评估、控制活动、信息与沟通和监督活动5个构成要素又细分为17条原则，代表着与每一构成要素有关的基本概念，支撑着这些构成要素。这些原则是直接从构成要素中提炼出来的，主体可以通过应用所有的原则来获得有效的内部控制，所有的原则适用于经营、报告和合规目标，如图4-2[2]所示。17条原则又细分为86个关注点。

二、控制环境及相关原则

COSO认为，控制环境是一套标准、流程和结构，它提供了在组织内实施内部控制的

---

① COSO. Internal Control–Integrated Framework［S］. 2013.
② COSO. Internal Control–Integrated Framework［S］. 2013.

基础。董事会和高级管理层应确立高层基调，强调内部控制的重要性（包括期望的行为规范），并应在组织的各个层级强化这种要求。控制环境包括组织的诚信与道德价值观；使董事会能够履行治理监督职责的各种因素；组织结构以及权力和职责的分配；吸引、开发和留用人才的程序；用以实现绩效问责的严密的绩效衡量、激励和奖励机制。控制环境对内部控制系统影响深远。

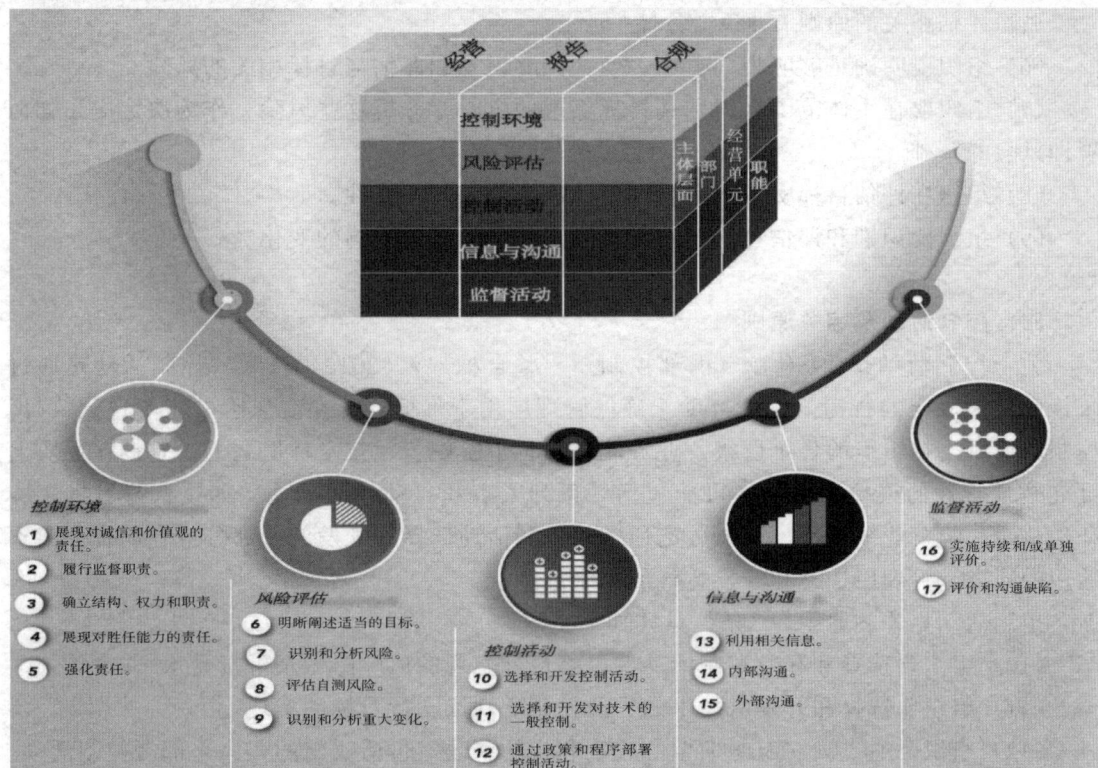

图4-2　COSO内部控制的17条原则

控制环境相关的原则有5条[1]，具体如下：

（1）组织[2]要展现对诚信和价值观的责任。

（2）董事会要展现对管理层的独立性，并对内部控制的开发和执行实施监督。

（3）管理层要在董事会的监督下建立追求目标实现的结构、报告路线和适当的授权与职责。

（4）组织要展现一种责任，吸引、发展和保留与目标一致的有胜任能力的人员。

（5）组织要让个人在追求目标实现的过程中对其内部控制负责。

三、风险评估及相关原则

COSO在《内部控制——整合框架》（2013）指出，每个主体都面临来自外部和内部的各种风险。风险是指某个事项将会发生并对组织实现目标产生负面影响的可能性。风险评估应通过动态、反复的过程来识别和评估影响目标实现的风险。在考虑影响主体目标实

---

[1] COSO. Internal Control-Integrated Framework［S］. 2013.
[2] 对COSO框架来说，"组织"用于总体上指代董事会、管理层和其他员工，正如内部控制的定义反映的那样。

现的各方面风险时，应与已确定的各项风险容忍度相关联。因此，风险评估为形成如何管理风险的决策奠定了基础。风险评估的前提是在主体的不同层级设定相互衔接的目标。管理层应充分明确经营、报告和合规三大类具体目标，以识别和评估这些目标相关的风险。管理层也要考虑这些目标对主体的适用性。风险评估还需要管理层考虑会导致内部控制无效的企业外部环境和商业模式潜在变化的影响。

风险评估相关的原则有4条，具体如下：

（6）组织要明确足够明晰的目标，使之能够识别和评估与目标相关的风险。

（7）组织要在主体范围内识别其目标实现的风险并分析这些风险，作为决定应当如何管理风险的基础。

（8）组织在评估目标实现的风险时，应考虑舞弊的可能性。

（9）组织要识别和评估可能对内部控制系统产生重大影响的变化。

四、控制活动及相关原则

关于控制活动，COSO在《内部控制——整合框架》（2013）认为，控制活动是通过政策和程序确定的行为，它们有助于确保管理层用于降低目标实现风险的指令得到执行。控制活动发生在组织的各个层级、业务流程的各个阶段、在技术环境之上。它们在性质上可能是预防性的或探测性的，可能包括一系列人工和自动的活动，比如授权与审批、验证、核对、经营业绩评价。职责分离通常是控制活动选择和开发的一部分。在职责分离不适用的地方，管理层选择和开发替代的控制活动。

控制活动相关的原则有3条，具体如下：

（10）组织要选择和开发控制活动，以将目标实现的风险降低至可接受水平。

（11）组织要选择和开发对技术的一般控制活动以支持目标的实现。

（12）组织要通过确立组织期望的政策和将这些政策付诸实施的程序来部署控制活动。

五、信息与沟通及相关原则

关于信息与沟通，COSO在《内部控制——整合框架》（2013）认为，信息对主体履行内部控制职责、支持目标实现至关重要。管理层从内部和外部获取或生成和使用相关的、高质量的信息来支持内部控制的其他要素发挥作用。沟通是提供、共享和获取必要信息的持续、反复过程。内部沟通是信息在组织内部传递的方法，向上、向下和横向传递。它使员工从高级管理层那里收到清晰的信息：必须认真承担控制职责。外部沟通有两部分：它使相关外部信息能够向内传递；它根据要求和期望为外部各方提供信息。

信息与沟通相关的原则有3条，具体如下：

（13）组织应获得、生成并使用相关的、高质量的信息以支持内部控制发挥作用。

（14）组织要在内部沟通支持内部控制发挥作用所必需的信息，包括内部控制的目标和职责。

（15）组织应与外部各方就影响内部控制发挥作用的事项进行沟通。

六、监督活动及相关原则

关于监督活动，COSO 在《内部控制——整合框架》（2013）认为，监督活动就是运用持续评价、单独评价或者两种方式某种程度的结合来确定每一个内部控制构成要素（包括用于实施每一要素的原则的控制）是否存在并发挥作用。持续评价，内置于主体不同层级的业务流程，提供及时的信息。单独评价，定期执行，在范围和频率上不尽相同，取决于风险的评估结果、持续评价的有效性以及管理层的其他考虑。根据监管者、公认的标准制定团体或管理层制定的标准来评价结果，并视情况把缺陷告知管理层和董事会。

监督活动相关的原则有 2 条，具体如下：

（16）组织要选择、开发和实施持续和（或）单独评价，以确定内部控制要素是否存在并发挥作用。

（17）组织要评价内部控制缺陷，并及时与负责采取整改措施的各方沟通，包括高级管理层和董事会（适当时）。

本节讨论题

1.COSO 的内部控制框架有哪些构成要素？这些构成要素之间是什么关系？

2.COSO 内部控制框架的构成要素各有哪些原则？这些原则之间是什么关系？

第三节   有效的内部控制与内部控制的局限性

一、内部控制有效的条件

有效的内部控制可从两个角度定义。从正面来讲，一个有效的内部控制系统可以为主体相关目标的实现提供合理保证。从反面来讲，一个有效的内部控制系统能够将主体目标未实现的风险降低至可接受的水平，它可以与一类、两类或者所有三类目标相关。

根据 COSO 内部控制框架，有效内部控制系统应具备两个条件：

1.五个构成要素的每一个及相关原则都存在并发挥作用

"存在"，指的是确定构成要素和相关原则存在于实现指定目标的内部控制系统的设计和运行中。"发挥作用"，指的是确定构成要素和相关原则持续存在于实现指定目标的内部控制系统的运行和实施中。

2.五个要素以整合的方式一起运行

"一起运行"指的是，确定所有五个要素共同把没有实现目标的风险降低到一个可以接受的水平。

不应当分离地考虑构成要素，相反，它们作为一个整合的系统一起运行。构成要素相互依赖，之间有大量的相互影响和联系，尤其是原则在构成要素内和构成要素之间相互作用的方式。

如果构成要素或相关原则的存在和发挥作用存在严重（major）缺陷，或者以整合的方式一起运行的要素存在严重缺陷，这个组织就不能认为它已经满足了有效内部控制系统的必要条件。

如果一个内部控制系统被确定为有效，则它可向高级管理层和董事会提供以下合理保证：

（1）若外部事项被认为不可能对目标的实现有重要影响或组织能够合理预计外部事项的性质和时间并将其影响减轻到可以接受的水平，组织可以实现有效的运营。

（2）若外部事项可能对目标的实现有重要影响，或组织不能够合理预计外部事项的性质和时间并将其影响减轻到可以接受的水平，组织了解经营得以有效管理的程度。

（3）组织按照适用的规则、制度和准则或主体指定的报告目标编制报告。

（4）遵守适用的法律、法规、制度和外部准则。

根据COSO框架，在设计、实施和执行内部控制以及评价其有效性时，应运用判断。在法律、法规、规章和准则设定的范围内运用判断，提高了管理层做出更好内部控制决策的能力，但不能保证绝对正确的结果。

二、内部控制的局限性

尽管内部控制为主体目标的实现提供合理保证，但局限性确实存在。内部控制不能防止人为的错误判断或决策，也无法防止那些可能导致组织无法实现其经营目标的外部事项。即使有效的内部控制系统也会经历失败。

COSO《内部控制——整合框架》（1992）提出，内部控制的局限性可能来源于以下方面：决策中的人为判断可能出错；简单的误差或错误等人为失误可能导致的故障；控制可能会由于两个或多个人的串通而被绕过；管理层具有凌驾于内部控制之上的能力；相关成本与效益问题。COSO《内部控制——整合框架》（2013）对此进行了调整，扩充了两个局限性，删除了"成本与效益"这一局限性，主要包括：

（1）作为内部控制先决条件而确立的目标的适当性；

（2）人在决策中的判断可能是错误的和带有偏见的；

（3）因为人为错误而可能发生的事故，诸如单纯的过失；

（4）管理层逾越内部控制的能力；

（5）管理层、其他员工和/或第三方通过串通绕过控制的能力；

（6）超出组织控制的外部事项。

这些局限性使董事会和管理层无法对主体目标的实现获得绝对保证，也就是说，内部控制提供合理的但不是绝对的保证。鉴于存在这些固有的局限，管理层在选择、开发和实施控制时，在可行的范围内将这些局限最小化。

本节讨论题

1.如何才算是有效的内部控制？内部控制有效应当具备哪些条件？

2.内部控制的固有局限有哪些？成本效益原则是内部控制的固有局限吗？

第四节　专题讨论：内部控制目标的设定

本节讨论内部控制目标的设定和细化，探讨如何从战略视角确定和细化内部控制的目标。

一、内部控制目标的设定与细化

企业内部控制目标设定始于企业的愿景、使命或企业的存在目的，或者说企业存在的价值或意义，在此基础上设定战略目标，进行战略规划，进而确定相关目标，即经营目标、报告目标和合规目标，内部控制目标的设定逻辑如图4-3所示。愿景，是企业希望达到或创造的理想图景，是未来的发展方向和结果。使命，是企业存在的理由和价值，是企业开展活动的方向、原则和哲学；"企业为什么存在以及业务是什么"；是资源配置、目标开发及其他活动管理的依据；是"需求导向"非"产品导向"，指向企业外部。

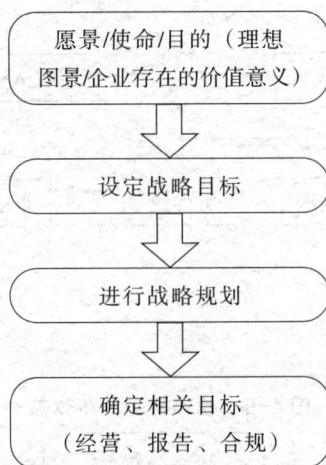

```
┌─────────────────────────┐
│ 愿景/使命/目的（理想      │
│ 图景/企业存在的价值意义） │
└─────────────────────────┘
            ↓
┌─────────────────────────┐
│      设定战略目标         │
└─────────────────────────┘
            ↓
┌─────────────────────────┐
│      进行战略规划         │
└─────────────────────────┘
            ↓
┌─────────────────────────┐
│      确定相关目标         │
│   （经营、报告、合规）     │
└─────────────────────────┘
```

图4-3　内部控制目标的设定逻辑

战略目标，是愿景与使命的具体化，是一定时期内经营活动的方向和要达到的水平，有数量特征和时间界限。战略目标也涉及多个方面，形成一个体系，比如会包括盈利目标、产品目标、市场竞争目标、发展目标、职工发展目标、社会责任目标等。

同时，无论是战略目标还是经营、报告、合规目标，为便于实施和控制，都要从企业整体、业务活动和关键因素三个层面进行分解和细化，使之清晰、可计量，它们既是控制的细化目标，便于风险识别和评估，又是控制的标准，便于控制的实施和评价，如图4-4所示。

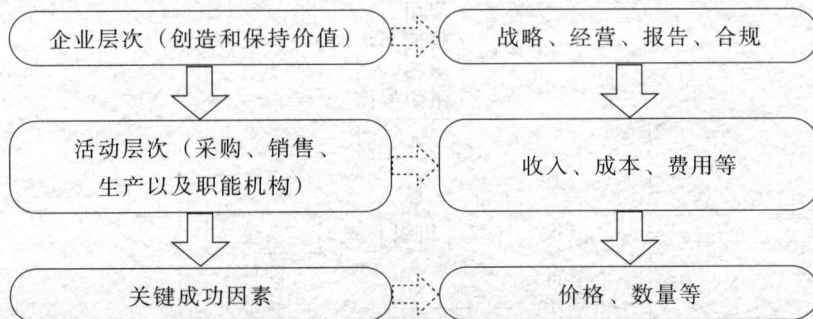

```
┌──────────────────────┐      ┌──────────────────────┐
│ 企业层次（创造和保持价值）│┈┈>│ 战略、经营、报告、合规   │
└──────────────────────┘      └──────────────────────┘
          ↓                              ↓
┌──────────────────────┐      ┌──────────────────────┐
│ 活动层次（采购、销售、   │┈┈>│   收入、成本、费用等     │
│ 生产以及职能机构）       │      └──────────────────────┘
└──────────────────────┘
          ↓                              ↓
┌──────────────────────┐      ┌──────────────────────┐
│    关键成功因素         │┈┈>│    价格、数量等         │
└──────────────────────┘      └──────────────────────┘
```

图4-4　内部控制目标的细化

内部控制目标的分解和细化可采用多种方法，例如杜邦财务分析体系、哈佛分析框架和风险来源分析框架等，分别如图4-5、图4-6和图4-7所示，其核心逻辑是通过逐层分解和细化目标来识别具体影响因素。

```
                    净资产收益率（权益净利率）
                              │
        ┌─────────────────────┴─────────────────────┐
   总资产净利率  ×  权益乘数  ➡  资产/权益  =  1/（1-资产负债率）
        │
   ┌────┴──────────────────────────┐
 销售净利率          ×          总资产周转率
   │                               │
 ┌─┴─────┐                    ┌────┴─────┐
净利润 ÷ 销售收入              销售收入 ÷ 资产总额
 │                                    │
┌┴──────────────────────┐      ┌──────┴──────┐
营业收入 - 全部成本 + 其他利润 - 所得税   非流动资产 + 流动资产
          │                                  │
   ┌──────┴─────────┐              ┌─────────┴──────────┐
制造  销售  管理  财务          货币  应收
成本 + 费用 + 费用 + 费用        资金 + 账款 + 存货 + 其他
```

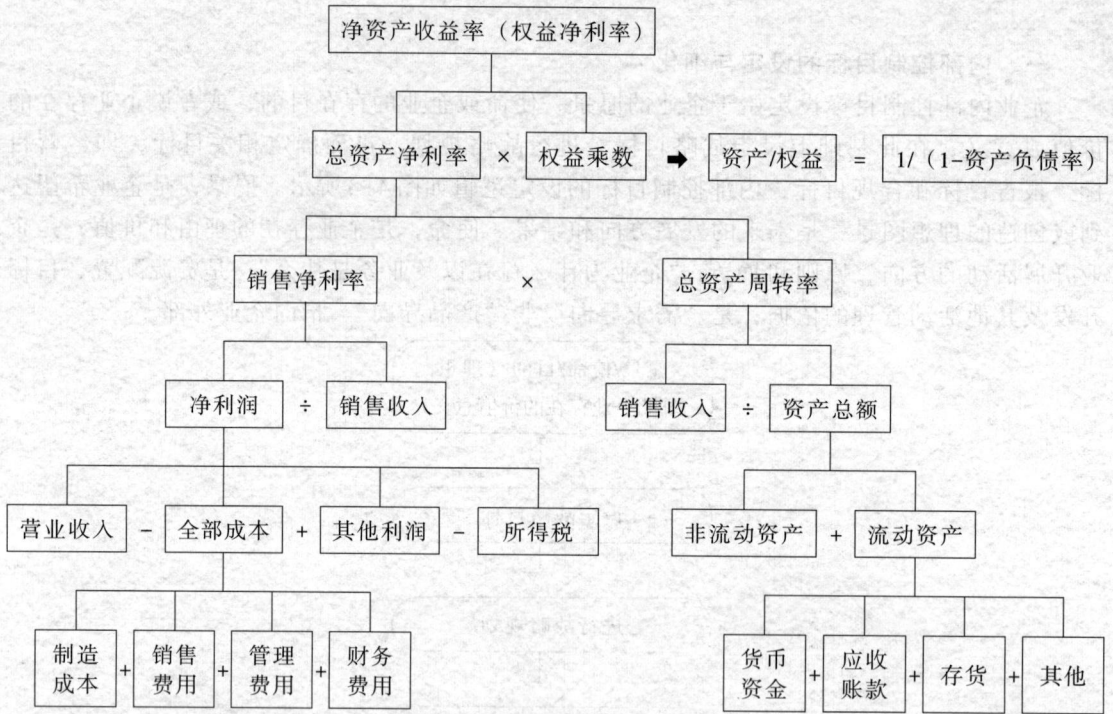

图 4-5　杜邦财务分析体系

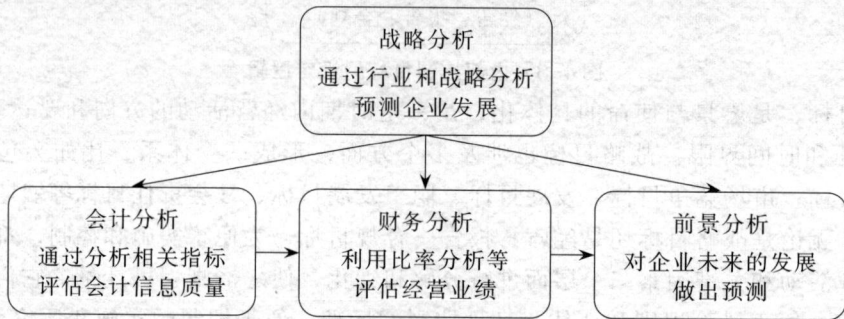

```
              战略分析
         通过行业和战略分析
           预测企业发展
      ┌────────┼────────┐
   会计分析    财务分析    前景分析
 通过分析相关指标  利用比率分析等  对企业未来的发展
 评估会计信息质量  评估经营业绩    做出预测
```

图 4-6　哈佛分析框架

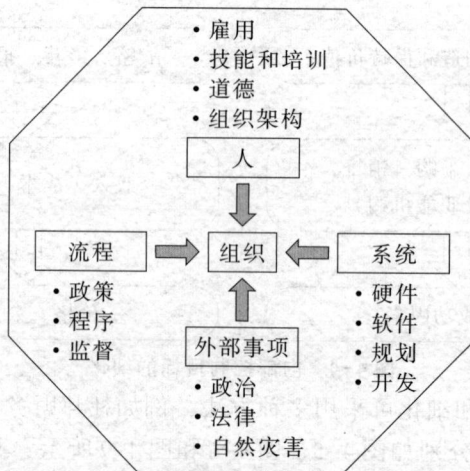

```
              • 雇用
              • 技能和培训
              • 道德
              • 组织架构
               ┌───┐
               │ 人 │
               └───┘
                 ⬇
      ┌────┐   ┌────┐   ┌────┐
      │流程│➡ │组织│ ⬅│系统│
      └────┘   └────┘   └────┘
      • 政策      ⬆      • 硬件
      • 程序   ┌──────┐   • 软件
      • 监督   │外部事项│   • 规划
               └──────┘   • 开发
               • 政治
               • 法律
               • 自然灾害
```

图 4-7　风险来源分析框架

二、内部控制的目标

关于内部控制的目标，不同组织和机构对内部控制目标的数量和名称有基本相似但略有差异的提法。

（1）COSO 内部控制的目标：经营，报告，合规。

（2）COSO 企业风险管理的目标：战略，经营，报告，合规。

（3）我国企业内部控制的目标：战略，经营，报告，合规，资产安全。

（4）英国企业内部控制的目标：战略，经营，报告，合规。

（5）日本企业内部控制的目标：经营，报告，合规，资产保全。

三、内部控制目标设定的问题

设定和明确内部控制的目标是设计和实施内部控制的前提。在此过程中，需要明确并解决以下问题：

（1）内部控制目标的数量如何确定？目标越多越好吗？

（2）目标之间是否要相对独立？如何保持相对的独立性？

（3）目标之间是否会重叠？如何控制不可避免的重叠？

（4）目标的分类对后续的风险识别、风险评估和风险应对有什么影响？

（5）资产安全目标是否单列？

（6）是否要考虑内部控制同时合理保证实现所有的目标，或在所有目标上都有效？

本节讨论题

1.如何设定企业内部控制的目标？

2.如何对内部控制的目标进行细化？

第五节　专题讨论：主体层面的控制与业务活动层面的控制

本节讨论内部控制的层级，探讨主体层面的控制与业务活动层面的控制的划分以及对内部控制有效性的不同影响。

一、主体层面的控制与业务活动层面的控制

内部控制分为主体层面的控制和业务活动层面的控制，既体现自上而下、从整体到部分的区别，也反映对内部控制的影响从全面到局部的不同。主体层面的控制针对所有的业务和风险，而业务活动层面的控制往往针对具体的业务和风险，主体层面的控制通常是业务活动层面控制的基础。而且，内部控制的评价和审计都要求采用自上而下、风险基础的方法，自上而下指的就是在识别相关控制时先考虑主体层面的控制，再考虑业务活动层面的控制。

二、我国审计指引和审计准则的相关规定

根据《企业内部控制审计指引》，注册会计师应当按照自上而下的方法实施审计工

作。自上而下的方法是注册会计师识别风险、选择拟测试控制的基本思路。注册会计师在实施审计工作时，可以将企业层面控制和业务层面控制的测试结合进行。

注册会计师测试企业层面控制，应当把握重要性原则，至少应当关注的主体层面的控制包括：

（1）与内部环境相关的控制。

（2）针对董事会、经理层凌驾于控制之上的风险而设计的控制。

（3）企业的风险评估过程。

（4）对内部信息传递和财务报告流程的控制。

（5）对控制有效性的内部监督和自我评价。

注册会计师测试业务层面控制，应当把握重要性原则，结合企业实际、企业内部控制各项应用指引的要求和企业层面控制的测试情况，重点对企业生产经营活动中的重要业务与事项的控制进行测试，比如采购、销售、生产、仓储、研发、投资、筹资等主要业务中的控制。

关于主体层面的控制和业务活动层面的控制，根据《〈中国注册会计师审计准则第1211号——重大错报风险的识别和评估〉应用指南》，内部环境、风险评估和内部监督中的控制主要是间接控制。此类控制不足以精准地防止、发现或纠正认定层次的错报，但可以支持其他控制，因此可能间接影响及时防止或发现错报发生的可能性。不过，这些要素中的某些控制也可能是直接控制。内部环境为内部控制体系其他要素的运行奠定了总体基础。内部环境不能直接防止、发现或纠正错报，但其可能影响内部控制体系其他要素中控制的有效性。同样，风险评估和内部监督也旨在支持整个内部控制体系。

信息与沟通以及控制活动要素中的控制主要为直接控制，即能够精准防止、发现或纠正认定层次错报的控制。了解被审计单位与交易流程相关的政策以及与财务报表编制相关的信息处理活动的其他方面，并评价信息与沟通要素是否适当地支持财务报表的编制，能够支持注册会计师识别和评估认定层次重大错报风险。注册会计师需要识别控制活动要素中的特定控制，评价其设计并确定其是否得到执行。这有助于注册会计师了解管理层应对特定风险的方法，从而为注册会计师设计和实施应对这些风险的进一步审计程序提供依据。

三、美国审计准则和指引的相关规定

根据美国PCAOB《审计准则第2201号——与财务报表审计相整合的财务报告内部控制审计》，主体层面的控制包括：

（1）与控制环境有关的控制；

（2）对管理层凌驾的控制；

（3）公司的风险评估过程；

（4）集中式处理和控制，包括共享的服务环境；

（5）监督运行结果的控制；

（6）监督其他控制的控制，包括内部审计职能部门、审计委员会和自我评估计划的活动；

（7）对期末财务报告流程的控制；

（8）处理重大业务控制的政策和风险管理实务（practices）。

关注与控制环境有关的控制，主要是评估：

（1）管理层的理念和经营方式是否会促进有效的财务报告内部控制；

（2）健全的诚信与道德价值观（尤其是最高管理层的）是否被建立并被充分理解；

（3）董事会或审计委员会是否了解并实施了对财务报告内部控制的监督职责。

期末财务报告流程一般包括：

（1）用来把交易总额过入总账的程序；

（2）与选择和应用会计政策相关的程序；

（3）用来初始化、审批、记录以及在总账中处理日记账分录的程序；

（4）用来记录年度和季度财务报表经常性（recurring）和非经常性调整的程序；

（5）编制年度和季度财务报表及相关披露的程序。

评价期末财务报告流程，主要是评估：

（1）生成年度和季度财务报表所用流程的输入、实施的程序和输出；

（2）信息技术参与期末财务报告流程的程度；

（3）管理层的什么成员参与了这一流程；

（4）期末财务报告流程涉及的场所；

（5）调整分录和合并分录的类型；

（6）管理层、董事会和审计委员会对该流程实施监督的性质和范围。

主体层面的控制在性质和精确性上存在差异：

（1）有些主体层面的控制，比如控制环境的控制，对及时防止或发现一项错报具有重要的但间接的影响。这些控制可能会影响审计师选择测试的其他控制以及审计师对其他控制所实施程序的性质、时间和范围。

（2）有些主体层面的控制监督其他控制的有效性。这种控制可以用来识别较低层次控制的潜在故障，但其精确程度使其自身并不能充分应对相关认定的错报被及时防止或发现的评估风险。如果这些控制运行有效，就使审计师可以减少对其他控制的测试。

（3）有些主体层面的控制被设计在精确的层面（a level of precision）运行，可以及时防止或发现一个或多个相关认定的错报。如果一项主体层面的控制充分地应对了评估的错报风险，审计师就不需要测试与这项风险有关的另外的控制。

根据美国SEC《关于管理层报告财务报告内部控制的指引》，管理层应当评价其已经实施的控制是否充分应对了没有及时防止或发现财务报表重大错报的风险。该指引描述了一种自上而下、风险基础的方法，包括主体层面的控制在评估财务报告风险过程中的作用以及控制的充分性。该指引通过容许管理层把精力集中在充分应对财务报表重大错报风险所需要的那些控制上，提高了效率。该指引没有要求管理层识别流程中的每项控制或记录影响财务报告内部控制的所有业务流程。相反，管理层可以将其评价过程和支持评价结果的文档记录集中在那些被认为充分应对了财务报表重大错报风险的控制上。例如，如果管理层确定一项财务报表重大错报的风险被主体层面的控制充分应对了，那么，他们就不需要对其他控制实施进一步的评价了。

关于"主体层面的控制"，SEC采用与PCAOB审计准则基本相同的概念，主体层面的控制描述了对主体内部控制系统产生普遍影响的方面，例如与控制环境相关的控制（例如，管理层的理念和经营风格、诚信和道德价值观、董事会或审计委员会的监督以及权力和责任的分配）；对管理层逾越的控制；公司的风险评估程序；集中处理和控制，包括共享服务环境；监督运营结果的控制；监督其他控制的控制，包括内部审计职能、审计委员会和自我评估计划的活动；对期末财务报告流程的控制；以及解决重大业务控制和风险管理实践的政策。术语"公司层面的控制"和"主体范围的控制"也通常用于描述这些控制。

本节讨论题

1.主体层面的控制和业务活动层面的控制分别是什么？二者有什么不同？

2.为什么划分主体层面的控制与业务活动层面的控制？二者对内部控制有效性的影响有什么不同？

本章测试题

一、选择题

1.一个有效的内部控制系统为主体目标的实现提供（　　　）。

A.合理保证　　　　　　　　　　　B.绝对保证

C.有限保证　　　　　　　　　　　D.积极保证

2.COSO2013年修订后的内部控制的构成要素包括（　　　）。

A.控制环境　　　　　　　　　　　B.风险评估

C.控制活动　　　　　　　　　　　D.目标设定

3.COSO内部控制的目标包括（　　　）。

A.提升经营的效率和效果　　　　　B.战略目标的实现

C.遵守相关的法律法规　　　　　　D.报告的可靠性

4.控制环境包括（　　　）。

A.组织的诚信和道德价值观

B.组织结构、权力和职责的分配

C.吸引、开发和留住有胜任能力员工的过程

D.严格的绩效衡量、激励和驱动绩效责任的报酬

5.有效的内部控制系统必须具备的条件有（　　　）。

A.每个构成要素及相关原则都存在并发挥作用

B.五个要素以整合的方式一起运行

C.五个要素相互依赖，相互影响和联系

D.五个要素同等重要

6.为了确定内部控制要素是否存在并发挥作用，组织要选择、开发和实施（　　　）。

A.持续评价　　　　　　　　　　　B.单独评价

C.风险评估　　　　　　　　　　　D.风险分析

7.如果一个内部控制系统被认为有效，则它可以向管理层和董事会提供的合理保证有（　　　）。

A.当外部事项对目标的实现没有重要影响或组织能够合理预计并控制时，组织可以实现有效的运营

B.当外部事项对目标的实现有重要影响或组织不能够合理预计并进行控制时，组织了解经营得以有效管理的程度

C.组织按照适用的规则、制度和准则编制报告

D.遵守适用的法律、法规、制度和外部准则

8.内部控制的局限性包括（　　　）。

A.目标的适当性　　　　　　　　　B.人的偏见

C.管理层逾越内部控制的能力　　　D.串通舞弊

9.风险评估的前提是（　　　）。

A.目标设定　　　　　　　　　　　B.控制活动

C.信息与沟通　　　　　　　　　　D.监督活动

10.控制活动是通过（　　　）确定的行为。

A.政策　　　　　B.程序　　　　　C.制度　　　　　D.信息

11.控制环境包括（　　　）条原则。

A.5　　　　　　　B.6　　　　　　　C.4　　　　　　　D.3

二、判断题

1.内部控制能够为相关目标的实现提供绝对保证。　　　　　　　　　　（　　　）

2.COSO 企业风险管理的目标包括战略目标、经营目标、报告目标和合规目标，这些目标是同等的目标。　　　　　　　　　　　　　　　　　　　　　　　（　　　）

3.有效的内部控制可以合理保证经营目标、报告目标和合规目标的实现。（　　　）

4.内部控制的五个构成要素是同等重要的。　　　　　　　　　　　　　（　　　）

5.董事会要展现对管理层的独立性。　　　　　　　　　　　　　　　　（　　　）

6.组织要提出足够明晰的目标，使之能够识别和评估与目标相关的风险。（　　　）

7.组织要通过政策在程序中部署控制活动。　　　　　　　　　　　　　（　　　）

8.如果构成要素或相关原则的存在和发挥作用存在重要缺陷，或者以整合的方式一起运行的要素存在重要缺陷，组织的内部控制也可以是有效的。　　　　　　　（　　　）

9.根据 COSO 的理念，企业内部控制是由董事会和管理层等高级管理人员实施的一个过程。　　　　　　　　　　　　　　　　　　　　　　　　　　　　　　（　　　）

10.根据 COSO 的理念，企业内部控制是对管理过程的控制，二者是相互独立的。
　　　　　　　　　　　　　　　　　　　　　　　　　　　　　　　　（　　　）

11.企业的各种政策和程序手册、制度和表格构成了企业的内部控制。　（　　　）

12.有效的内部控制可以合理保证经营目标和战略目标的实现。　　　　（　　　）

13.内部控制的五个构成要素要以整合的方式运行，才能确保内部控制是有效的。
　　　　　　　　　　　　　　　　　　　　　　　　　　　　　　　　（　　　）

14.内部控制的五个构成要素及其原则必须存在并发挥作用，才能确保内部控制是有效的。　　　　　　　　　　　　　　　　　　　　　　　　　　　　　　（　　　）

15.成本效益原则是导致内部控制失效的固有局限。　　　　　　　　（　　）

16.确立的内部控制目标的不适当是导致内部控制失效的固有局限之一。（　　）

17.内部控制的目标设置得越多越好。　　　　　　　　　　　　　　（　　）

本章作业题

1.简述COSO内部控制目标、构成要素及原则之间的相互关系。

2.根据所选上市公司的资料，运用COSO框架的要素和原则，识别并描述所选上市公司内部控制的现状，并分析其存在的问题和缺陷。

第五章　我国的企业内部控制规范

本章学习目标

1. 了解我国企业内部控制规范的体系；
2. 掌握我国企业内部控制的内涵、目标和构成要素。

第一节　我国企业内部控制规范体系

2008年5月，为了加强和规范企业内部控制，提高企业经营管理水平和风险防范能力，促进企业可持续发展，维护社会主义市场经济秩序和社会公众利益，根据国家有关法律法规，财政部会同证监会、审计署、原银监会、原保监会制定印发了《企业内部控制基本规范》。2010年4月，为了促进企业建立、实施和评价内部控制，规范会计师事务所内部控制审计行为，根据国家有关法律法规和《企业内部控制基本规范》，财政部会同证监会、审计署、原银监会、原保监会制定印发了《企业内部控制应用指引第1号——组织架构》等18项应用指引、《企业内部控制评价指引》和《企业内部控制审计指引》等企业内部控制配套指引。这标志着适应我国企业实际情况、融合国际先进经验的企业内部控制规范体系基本建成。

一、《企业内部控制基本规范》

从宏观角度看，《企业内部控制基本规范》的制定旨在加强和规范企业内部控制，提高企业经营管理水平和风险防范能力，促进企业可持续发展，维护社会主义市场经济秩序和社会公众利益，依据主要包括《中华人民共和国公司法》、《中华人民共和国证券法》、《中华人民共和国会计法》和其他有关法律法规。

《企业内部控制基本规范》包含总则、内部环境、风险评估、控制活动、信息与沟通、内部监督、附则，共7章50条，自2009年7月1日起施行。

二、企业内部控制应用指引

企业内部控制应用指引是对内部控制基本规范中控制环境、控制活动、信息与沟通、内部监督四个构成要素的细化，具体包括《企业内部控制应用指引第1号——组织架构》等18项内部控制应用指引。

为了促进企业实现发展战略，优化治理结构、管理体制和运行机制，建立现代企业制度，财政部制定发布了《企业内部控制应用指引第1号——组织架构》，该指引分为总则、组织架构的设计、组织架构的运行，共3章11条。

为了促进企业增强核心竞争力和可持续发展能力，财政部制定发布了《企业内部控制应用指引第2号——发展战略》，该指引分为总则、发展战略的制定、发展战略的实施，共3章11条。

为了促进企业加强人力资源建设，充分发挥人力资源对实现企业发展战略的重要作用，财政部制定发布了《企业内部控制应用指引第3号——人力资源》，该指引分为总则、人力资源的引进与开发、人力资源的使用与退出，共3章14条。

为了促进企业履行社会责任，实现企业与社会的协调发展，财政部制定发布了《企业内部控制应用指引第4号——社会责任》，该指引分为总则、安全生产、产品质量、环境保护与资源节约、促进就业与员工权益保护，共5章21条。

为了加强企业文化建设，发挥企业文化在企业发展中的重要作用，财政部制定发布了《企业内部控制应用指引第5号——企业文化》，该指引分为总则、企业文化的建设、企业文化的评估，共3章11条。

为了促进企业正常组织资金活动，防范和控制资金风险，保证资金安全，提高资金使用效益，财政部制定发布了《企业内部控制应用指引第6号——资金活动》，该指引分为总则、筹资、投资、营运，共4章21条。

为了促进企业合理采购，满足生产经营需要，规范采购行为，防范采购风险，财政部制定发布了《企业内部控制应用指引第7号——采购业务》，该指引分为总则、购买、付款，共3章16条。

为了提高资产使用效能，保证资产安全，财政部制定发布了《企业内部控制应用指引第8号——资产管理》，该指引分为总则、存货、固定资产、无形资产，共4章22条。

为了促进企业销售稳定增长，扩大市场份额，规范销售行为，防范销售风险，财政部制定发布了《企业内部控制应用指引第9号——销售业务》，该指引分为总则、销售、收款，共3章12条。

为了促进企业自主创新，增强核心竞争力，有效控制研发风险，实现发展战略，财政部制定发布了《企业内部控制应用指引第10号——研究与开发》，该指引分为总则、立项与研究、开发与保护，共3章13条。

为了加强工程项目管理，提高工程质量，保证工程进度，控制工程成本，防范商业贿赂等舞弊行为，财政部制定发布了《企业内部控制应用指引第11号——工程项目》，该指引分为总则、工程立项、工程招标、工程造价、工程建设、工程验收，共6章27条。

为了加强企业担保业务管理，防范担保业务风险，财政部制定发布了《企业内部控制应用指引第12号——担保业务》，该指引分为总则、调查评估与审批、执行与监控，共3章15条。

为了加强业务外包管理，规范业务外包行为，防范业务外包风险，财政部制定发布了《企业内部控制应用指引第13号——业务外包》，该指引分为总则、承包方选择、业务外包实施，共3章16条。

为了规范企业财务报告，保证财务报告的真实、完整，财政部制定发布了《企业内部控制应用指引第14号——财务报告》，该指引分为总则、财务报告的编制、财务报告的对外提供、财务报告的分析利用，共4章20条。

为了促进企业实现发展战略，发挥全面预算管理作用，财政部制定发布了《企业内部控制应用指引第 15 号——全面预算》，该指引分为总则、预算编制、预算执行、预算考核，共 4 章 17 条。

为了促进企业加强合同管理，维护企业合法权益，财政部制定发布了《企业内部控制应用指引第 16 号——合同管理》，该指引分为总则、合同的订立、合同的履行，共 3 章 16 条。

为了促进企业生产经营管理信息在内部各管理层级之间的有效沟通和充分利用，财政部制定发布了《企业内部控制应用指引第 17 号——内部信息传递》，该指引分为总则、内部报告的形成、内部报告的使用，共 3 章 12 条。

为了促进企业有效实施内部控制，提高企业现代化管理水平，减少人为因素，财政部制定发布了《企业内部控制应用指引第 18 号——信息系统》，该指引分为总则、信息系统的开发、信息系统的运行与维护，共 3 章 15 条。

三、企业内部控制评价指引

为促进企业全面评价内部控制的设计与运行情况，规范内部控制评价程序和评价报告，揭示和防范风险，根据有关法律法规和《企业内部控制基本规范》，制定《企业内部控制评价指引》。

《企业内部控制评价指引》包含总则、内部控制评价的内容、内部控制评价的程序、内部控制缺陷的认定、内部控制评价报告，共 5 章 27 条。

四、企业内部控制审计指引

为了规范注册会计师执行企业内部控制审计业务，明确工作要求，保证执业质量，根据《企业内部控制基本规范》、《中国注册会计师鉴证业务基本准则》及相关执业准则，制定《企业内部控制审计指引》。

《企业内部控制审计指引》包含总则、计划审计工作、实施审计工作、评价控制缺陷、完成审计工作、出具审计报告、记录审计工作，共 7 章 35 条。

本节讨论题

1.我国企业内部控制规范体系主要由哪些规范组成？

2.企业内部控制应用指引与《企业内部控制基本规范》是什么关系？

第二节 《企业内部控制基本规范》

我国的《企业内部控制基本规范》界定和明确了我国企业内部控制的含义、目标和构成要素。

一、企业内部控制的含义、目标和构成要素

（一）内部控制的含义

根据《企业内部控制基本规范》，内部控制，是由企业董事会、监事会、经理层和全

体员工实施的、旨在实现控制目标的过程。内部控制的目标是合理保证企业经营管理合法合规、资产安全、财务报告及相关信息真实完整，提高经营效率和效果，促进企业实现发展战略。

（二）建立与实施内部控制的原则

企业建立与实施内部控制，应当遵循以下原则：

1.全面性原则

内部控制应当贯穿决策、执行和监督全过程，覆盖企业及其所属单位的各项业务和事项。

2.重要性原则

内部控制应当在全面控制的基础上，关注重要业务事项和高风险领域。

3.制衡性原则

内部控制应当在治理结构、机构设置及权责分配、业务流程等方面相互制约、相互监督，兼顾运营效率。

4.适应性原则

内部控制应当与企业经营规模、业务范围、竞争状况、风险水平等相适应，并随着变化情况及时加以调整。

5.成本效益原则

内部控制应当权衡实施成本与预期效益，以适当的成本实现有效控制。

（三）内部控制的构成要素

企业建立健全有效的内部控制，应当包括下列要素：

1.内部环境

内部环境是企业实施内部控制的基础，一般包括治理结构、机构设置及权责分配、内部审计、人力资源政策、企业文化等。

2.风险评估

风险评估是企业及时识别、系统分析经营活动中与实现内部控制目标相关的风险，合理确定风险应对策略。

3.控制活动

控制活动是企业根据风险评估结果，采用相应的控制措施，将风险控制在可承受度之内。

4.信息与沟通

信息与沟通是企业及时、准确地收集、传递与内部控制相关的信息，确保信息在企业内部、企业与外部之间进行有效沟通。

5.内部监督

内部监督是企业对内部控制建立与实施情况进行监督检查，评价内部控制的有效性，发现内部控制缺陷，应当及时加以改进。

（四）基本要求

对于企业内部控制的具体工作，《企业内部控制基本规范》也对相关各方提出了基本要求。

企业应当根据有关法律法规、《企业内部控制基本规范》及其配套办法，制定本企业的内部控制制度并组织实施。企业应当运用信息技术加强内部控制，建立与经营管理相适应的信息系统，促进内部控制流程与信息系统的有机结合，实现对业务和事项的自动控制，减少或消除人为操纵因素。企业应当建立内部控制实施的激励约束机制，将各责任单位和全体员工实施内部控制的情况纳入绩效考评体系，促进内部控制的有效实施。

国务院有关部门可以根据法律法规、本规范及其配套办法，明确贯彻实施本规范的具体要求，对企业建立与实施内部控制的情况进行监督检查。

接受企业委托从事内部控制审计的会计师事务所，应当根据《企业内部控制基本规范》及其配套办法和相关执业准则，对企业内部控制的有效性进行审计，出具审计报告。会计师事务所及其签字的从业人员应当对发表的内部控制审计意见负责。为了确保注册会计师（审计）的独立性，为企业内部控制提供咨询的会计师事务所，不得同时为同一企业提供内部控制审计服务。

二、内部环境

内部环境主要包括公司治理结构、组织机构设置与权责分配、内部审计、人力资源政策、专业胜任能力与职业道德、企业文化等方面的内容。

（一）公司治理结构

企业应当根据国家有关法律法规和企业章程，建立规范的公司治理结构和议事规则，明确决策、执行、监督等方面的职责权限，形成科学有效的分工和制衡机制。

股东（大）会享有法律法规和企业章程规定的合法权利，依法行使企业经营方针、筹资、投资、利润分配等重大事项的表决权。董事会对股东（大）会负责，依法行使企业的经营决策权。监事会对股东（大）会负责，监督企业董事、经理和其他高层管理者依法履行职责。经理层负责组织实施股东（大）会、董事会决议事项，主持企业的生产经营管理工作。

董事会负责内部控制的建立健全和有效实施。监事会对董事会建立与实施内部控制进行监督。经理层负责组织领导企业内部控制的日常运行。企业应当成立专门机构或者指定适当的机构具体负责组织协调内部控制的建立实施及日常工作。

企业应当在董事会下设立审计委员会。审计委员会负责审查企业内部控制，监督内部控制的有效实施和内部控制自我评价情况，协调内部控制审计及其他相关事宜等。审计委员会负责人应当具备相应的独立性、良好的职业操守和专业胜任能力。

（二）组织机构设置与权责分配

企业应当结合业务特点和内部控制要求设置内部机构，明确职责权限，将权利与责任落实到各责任单位。企业应当通过编制内部管理手册，使全体员工掌握内部机构设置、岗位职责、业务流程等情况，明确权责分配，正确行使职权。

（三）内部审计

企业应当加强内部审计工作，保证内部审计机构设置、人员配备和工作的独立性。内部审计机构应当结合内部审计监督，对内部控制的有效性进行监督检查。内部审计机构对监督检查中发现的内部控制缺陷，应当按照企业内部审计工作程序进行报告；对监督检查中发现的内部控制重大缺陷，有权直接向董事会及其审计委员会、监事会报告。

（四）人力资源政策

企业应当制定和实施有利于企业可持续发展的人力资源政策。人力资源政策应当包括下列内容：

1.员工的聘用、培训、辞退与辞职

2.员工的薪酬、考核、晋升与奖惩

3.关键岗位员工的强制休假制度和定期岗位轮换制度

4.掌握国家秘密或重要商业秘密的员工离岗的限制性规定

5.有关人力资源管理的其他政策

（五）专业胜任能力与职业道德

企业应当将职业道德修养和专业胜任能力作为选拔和聘用员工的重要标准，切实加强员工培训和继续教育，不断提升员工素质。

（六）企业文化

企业应当加强文化建设，培育积极向上的价值观和社会责任感，倡导诚实守信、爱岗敬业、开拓创新和团队协作精神，树立现代管理理念，强化风险意识。董事、监事、经理及其他高级管理者应当在企业文化建设中发挥主导作用。企业员工应当遵守员工行为守则，认真履行岗位职责。

企业应当加强法治教育，增强董事、监事、经理及其他高级管理者和员工的法治观念，严格依法决策、依法办事、依法监督，建立健全法律顾问制度和重大法律纠纷案件备案制度。

三、风险评估

企业应当根据设定的控制目标，全面系统持续地收集相关信息，结合实际情况，及时进行风险评估。风险评估主要包括确定风险承受度、风险识别、风险分析和排序、确定风险应对策略等内容。

（一）确定风险承受度

企业开展风险评估，应当准确识别与实现控制目标相关的内部风险和外部风险，确定相应的风险承受度。风险承受度是企业能够承担的风险限度，包括整体风险承受能力和业务层面的可接受风险水平。

（二）风险识别

企业识别内部风险，应当关注下列因素：

1.董事、监事、经理及其他高级管理者的职业操守、员工专业胜任能力等人力资源因素

2.组织机构、经营方式、资产管理、业务流程等管理因素

3.研究开发、技术投入、信息技术运用等自主创新因素

4.财务状况、经营成果、现金流量等财务因素

5.营运安全、员工健康、环境保护等安全环保因素

6.其他有关内部风险因素

企业识别外部风险，应当关注下列因素：

1.经济形势、产业政策、融资环境、市场竞争、资源供给等经济因素

2.法律法规、监管要求等法律因素

3.安全稳定、文化传统、社会信用、教育水平、消费者行为等社会因素

4.技术进步、工艺改进等科学技术因素

5.自然灾害、环境状况等自然环境因素

6.其他有关外部风险因素

（三）风险分析和排序

企业应当采用定性与定量相结合的方法，按照风险发生的可能性及其影响程度等，对识别的风险进行分析和排序，确定关注重点和优先控制的风险。

企业进行风险分析，应当充分吸纳专业人员，组成风险分析团队，按照严格规范的程序开展工作，确保风险分析结果的准确性。

（四）确定风险应对策略

企业应当根据风险分析的结果，结合风险承受度，权衡风险与收益，合理确定风险应对策略。企业应当合理分析、准确掌握董事、经理及其他高级管理者、关键岗位员工的风险偏好，采取适当的控制措施，避免因个人风险偏好给企业经营带来重大损失。

企业应当综合运用风险规避、风险降低、风险分担和风险承受等风险应对策略，实现对风险的有效控制。风险规避是企业对超出风险承受度的风险，通过放弃或者停止与该风险相关的业务活动以避免和减轻损失的策略。风险降低是企业在权衡成本效益之后，准备采取适当的控制措施降低风险或者减轻损失的，将风险控制在风险承受度之内的策略。风险分担是企业准备借助他人力量，采取业务分包、购买保险等方式和适当的控制措施，将风险控制在风险承受度之内的策略。风险承受是企业对风险承受度之内的风险，在权衡成本效益之后，不准备采取控制措施降低风险或者减轻损失的策略。

企业应当结合不同发展阶段和业务拓展情况，持续收集与风险变化相关的信息，进行风险识别和风险分析，及时调整风险应对策略。

四、信息与沟通

企业应当建立信息与沟通机制，明确内部控制相关信息的收集、处理和传递程序，确保信息及时沟通，促进内部控制有效运行。

（一）信息的收集与处理

企业应当对收集的各种内部信息和外部信息进行合理筛选、核对、整合，提高信息的有用性。

企业可以通过财务会计资料、经营管理资料、调研报告、专项信息、内部刊物、办公网络等渠道，获取内部信息。

企业可以通过行业协会组织、社会中介机构、业务往来单位、市场调查、来信来访、网络媒体以及有关监管部门等渠道，获取外部信息。

（二）信息的沟通与控制

企业应当将内部控制相关信息在企业内部各管理层级、责任单位、业务环节之间，以及企业与外部投资者、债权人、客户、供应商、中介机构和监管部门等有关方面之间进行沟通和反馈。信息沟通过程中发现的问题，应当及时报告并加以解决。重要信息应当及时传递给董事会、监事会和经理层。

企业应当利用信息技术促进信息的集成与共享，充分发挥信息技术在信息与沟通中的作用。企业应当加强对信息系统开发与维护、访问与变更、数据输入与输出、文件储存与保管、网络安全等方面的控制，保证信息系统安全稳定运行。

（三）反舞弊机制

企业应当建立反舞弊机制，坚持惩防并举、重在预防的原则，明确反舞弊工作的重点领域、关键环节和有关机构在反舞弊工作中的职责权限，规范舞弊案件的举报、调查、处理、报告和补救程序。

企业至少应当将下列情形作为反舞弊工作的重点：

1.未经授权或者采取其他不法方式侵占、挪用企业资产，谋取不当利益

2.在财务会计报告和信息披露等方面存在的虚假记载、误导性陈述或者重大遗漏等

3.董事、监事、经理及其他高级管理者滥用职权

4.相关机构或人员串通舞弊

企业应当建立举报投诉制度和举报人保护制度，设置举报专线，明确举报投诉处理程序、办理时限和办结要求，确保举报、投诉成为企业有效掌握信息的重要途径。而且，举报投诉制度和举报人保护制度应当及时传达至全体员工。

五、控制活动

企业应当结合风险评估结果，通过手工控制与自动控制、预防性控制与发现性控制相结合的方法，运用相应的控制措施，将风险控制在可承受度之内。控制措施一般包括：不相容职务分离控制、授权审批控制、会计系统控制、财产保护控制、预算控制、运营分析控制和绩效考评控制等。

（一）不相容职务分离控制

不相容职务分离控制要求企业全面系统地分析、梳理业务流程中所涉及的不相容职务，实施相应的分离措施，形成各司其职、各负其责、相互制约的工作机制。

（二）授权审批控制

授权审批控制要求企业根据常规授权和特别授权的规定，明确各岗位办理业务和事项的权限范围、审批程序和相应责任。

企业应当编制常规授权的权限指引，规范特别授权的范围、权限、程序和责任，严格控制特别授权。常规授权是指企业在日常经营管理活动中按照既定的职责和程序进行的授权；特别授权是指企业在特殊情况、特定条件下进行的授权。企业各级管理者应当在授权范围内行使职权和承担责任。企业对于重大的业务和事项，应当实行集体决策审批或者联签制度，任何个人不得单独进行决策或者擅自改变集体决策。

（三）会计系统控制

会计系统控制要求企业严格执行国家统一的会计准则制度，加强会计基础工作，明确会计凭证、会计账簿和财务会计报告的处理程序，保证会计资料真实完整。

企业应当依法设置会计机构，配备会计从业人员。从事会计工作的人员，必须具备从事会计工作所需的专业能力。会计机构负责人应当具备会计师以上专业技术职务资格。大中型企业应当设置总会计师。设置总会计师的企业，不得设置与其职权重叠的副职。

（四）财产保护控制

财产保护控制要求企业建立财产日常管理制度和定期清查制度，采取财产记录、实物保管、定期盘点、账实核对等措施，确保财产安全。

企业应当严格限制未经授权的人员接触和处置财产。

（五）预算控制

预算控制要求企业实施全面预算管理制度，明确各责任单位在预算管理中的职责权限，规范预算的编制、审定、下达和执行程序，强化预算约束。

（六）运营分析控制

运营分析控制要求企业建立运营情况分析制度，经理层应当综合运用生产、购销、投资、筹资、财务等方面的信息，通过因素分析、对比分析、趋势分析等方法，定期开展运营情况分析，发现存在的问题，及时查明原因并加以改进。

（七）绩效考评控制

绩效考评控制要求企业建立和实施绩效考评制度，科学设置考核指标体系，对企业内部各责任单位和全体员工的业绩进行定期考核和客观评价，并将考评结果作为确定员工薪酬以及职务晋升、评优、降级、调岗、辞退等的依据。

企业应当根据内部控制目标，结合风险应对策略，综合运用控制措施，对各种业务和事项实施有效控制。企业应当建立重大风险预警机制和突发事件应急处理机制，明确风险预警标准，对可能发生的重大风险或突发事件，制定应急预案、明确责任人员、规范处置程序，确保突发事件得到及时妥善处理。

六、内部监督

企业应当根据《企业内部控制基本规范》及其配套办法，制定内部控制监督制度，明确内部审计机构（或经授权的其他监督机构）和其他内部机构在内部监督中的职责权限，规范内部监督的程序、方法和要求。

（一）日常监督和专项监督

内部监督分为日常监督和专项监督。日常监督是指企业对建立与实施内部控制的情况进行常规、持续的监督检查；专项监督是指在企业发展战略、组织结构、经营活动、业务流程、关键岗位员工等发生较大调整或变化的情况下，对内部控制的某一或者某些方面进行有针对性的监督检查。

专项监督的范围和频率应当根据风险评估结果以及日常监督的有效性等予以确定。

（二）控制缺陷的认定标准与分类

企业应当制定内部控制缺陷认定标准，对监督过程中发现的内部控制缺陷，应当分析缺陷的性质和产生的原因，提出整改方案，采取适当的形式及时向董事会、监事会或者经理层报告。

内部控制缺陷包括设计缺陷和运行缺陷。企业应当跟踪内部控制缺陷整改情况，并就内部监督中发现的重大缺陷，追究相关责任单位或者责任人的责任。

（三）内部控制的自我评价

企业应当结合内部监督情况，定期对内部控制的有效性进行自我评价，出具内部控制自我评价报告。

内部控制自我评价的方式、范围、程序和频率，由企业根据经营业务调整、经营环境变化、业务发展状况、实际风险水平等自行确定。

（四）内部控制的记录

企业应当以书面或者其他适当的形式，妥善保存内部控制建立与实施过程中的相关记录或者资料，确保内部控制建立与实施过程的可验证性。

本节讨论题

1.我国企业内部控制的目标有哪些？如何理解它们之间的关系？

2.我国企业内部控制有哪些构成要素？它们之间是什么关系？

本章测试题

一、选择题

1.我国企业内部控制应用指引共有（　　　）项。

A.18　　　　　　　　B.19　　　　　　　　C.20　　　　　　　　D.21

2.根据《企业内部控制基本规范》，内部控制构成要素有（　　　）。

A.内部环境　　　　　　B.内部监督　　　　　　C.风险评估

D.信息与沟通　　　　　E.控制活动

3.根据《企业内部控制基本规范》，内部控制目标包括（　　　）。

A.合规合法　　　　　　B.资产安全　　　　　　C.报告真实完整

D.提高经营效率和效果　E.实现发展战略

4.根据《企业内部控制基本规范》，控制活动包括（　　　）。

A.预算控制　　　　　　　　　　　B.会计系统控制

C.财产保护控制　　　　　　　　　D.绩效考评控制

5.根据《企业内部控制基本规范》，内部监督包括（　　　）。

A.日常监督　　　　　　　　　　　B.专项监督

C.舆论监督　　　　　　　　　　　D.纪检监督

6.根据《企业内部控制基本规范》，企业建立与实施内部控制，应当遵循的原则有（　　　）。

A.全面性原则　　　　　　B.重要性原则　　　　　　C.制衡性原则

D.适应性原则　　　　　　E.成本效益原则

7.根据《企业内部控制基本规范》，风险应对策略主要包括（　　　）。

A.风险规避　　　　　　　　　　　B.风险降低

C.风险分担　　　　　　　　　　　D.风险承受

8.下列情形企业应当作为反舞弊工作重点的有（　　　）。

A.未经授权或者采取其他不法方式侵占、挪用企业资产，谋取不当利益

B.在财务会计报告和信息披露等方面存在的虚假记载、误导性陈述或者重大遗漏等

C.董事、监事、经理及其他高级管理人员滥用职权

D.相关机构或人员串通舞弊

二、判断题

1.根据《企业内部控制基本规范》,管理层负责内部控制的建立健全和有效实施。
（　　）

2.根据《企业内部控制基本规范》,监事会负责审查企业内部控制,监督内部控制的有效实施和内部控制自我评价情况,协调内部控制审计及其他相关事宜等。（　　）

3.风险承受是企业对超出风险承受度的风险,通过放弃或者停止与该风险相关的业务活动以避免和减轻损失的策略。（　　）

4.风险规避是企业对风险承受度之内的风险,在权衡成本效益之后,不准备采取控制措施降低风险或者减轻损失的策略。（　　）

5.企业对于重大的业务和事项,应当实行集体决策审批或者联签制度,特殊情况下可以由个人单独进行决策或者改变集体决策。（　　）

6.专项监督是指企业对建立与实施内部控制的情况进行常规、持续的监督检查。
（　　）

7.内部控制缺陷包括设计缺陷和运行缺陷。（　　）

8.根据《企业内部控制基本规范》,为企业内部控制提供咨询的会计师事务所,可以同时为同一企业提供内部控制审计服务。（　　）

本章作业题

1.我国企业内部控制与COSO内部控制在定义和目标方面有哪些异同?

2.我国企业内部控制与COSO内部控制在构成要素方面有哪些异同?

第六章　财务报告内部控制

本章学习目标

1.理解和掌握财务报告内部控制的内涵；

2.理解和掌握财务报告内部控制缺陷的分类、识别与评估。

第一节　财务报告内部控制的内涵

一、财务报告内部控制与非财务报告内部控制

因为各国对财务报告内部控制和非财务报告内部控制监管要求不同，所以，需要明确地界定财务报告内部控制和非财务报告内部控制的内涵与范围。

根据美国《证券交易法》的相关规则（13a-15（f）和15d-15（f）），财务报告内部控制（internal control over financial reporting）是由公司首席执行官和首席财务官或履行类似职责的人员设计或在其监督下由公司董事会、管理层和其他人员实施的一个过程，旨在为财务报告的可靠性及按照公认会计原则编制对外财务报表提供合理保证。财务报告内部控制包括的政策和程序要做到以下几点：

（1）与保持适当详尽、准确和公允反映公司资产的交易及处置记录相关；

（2）合理保证交易得到必要记录，以便按照公认会计原则编制财务报表，确保公司的收入和支出仅根据公司管理层和董事的授权进行；

（3）合理保证及时防止或发现未经批准取得、使用或处置公司资产的行为，这些行为可能会对财务报表产生重要影响。

中国证监会2014年4月发布的《上市公司实施企业内部控制规范体系监管问题解答》也对财务报告内部控制进行了说明。财务报告内部控制是与公司财务报告相关的内部控制，是由公司董事会、监事会、经理层及全体员工实施的旨在合理保证财务报告及相关信息真实、完整而设计和运行的内部控制，以及用于保护资产安全的内部控制中与财务报告可靠性目标相关的控制。公司财务报告内部控制以外的其他控制，为非财务报告内部控制。

二、控制目标、相关认定、重要账户或披露

与财务报告内部控制相关的概念还有控制目标、相关认定、重要账户或披露等。

（一）控制目标

关于控制目标，《企业内部控制基本规范》指出，内部控制目标是合理保证企业经营

管理合法合规、资产安全、财务报告及相关信息真实完整，提高经营效率和效果，促进企业实现发展战略。财务报告及相关信息的真实完整只是内部控制的目标之一。

美国 PCAOB《审计准则第 2201 号——与财务报表审计相整合的财务报告内部控制审计》指出，控制目标提供了一个据以评价控制有效性的具体标准。财务报告内部控制的控制目标通常与一个相关认定有关，并阐明了一个评价标准，据以评价公司特定领域的控制程序是否能够合理保证相关认定的错报或漏报能被控制及时防止或发现。

（二）相关认定

根据美国 PCAOB《审计准则第 2201 号——与财务报表审计相整合的财务报告内部控制审计》，相关认定，是一个财务报表的认定，它包含的一个或多个错报有相当的可能性（reasonable possibility）导致财务报表发生重大错报。确定一个认定是否是相关认定是基于固有风险的，不考虑控制的影响。

《中国注册会计师审计准则第 1211 号——重大错报风险的识别和评估》指出，认定，是指管理层针对财务报表要素的确认、计量和列报（包括披露）做出的一系列明确或暗含的意思表达。注册会计师在识别、评估和应对重大错报风险的过程中，将管理层的认定用于考虑可能发生的不同类型的错报。

相关认定，是指注册会计师识别出重大错报风险的交易类别、账户余额和披露的认定。当注册会计师针对交易类别、账户余额和披露的某项认定识别出重大错报风险时，该项认定即为相关认定。注册会计师确定某项认定是否属于相关认定，应当依据其固有风险，而不考虑相关控制的影响。

（三）重要账户或披露

根据美国 PCAOB 的《审计准则第 2201 号——与财务报表审计相整合的财务报告内部控制审计》，在考虑多报风险和低报风险的情况下，如果一个账户或披露以相当的可能性包含一个错报，它单独或与其他错报联合起来对财务报表具有重要影响，那么，这个账户或披露是一个重要账户或披露（significant account or disclosure）。确定一个账户或披露是否重大是基于固有风险的，不考虑控制的影响。

《中国注册会计师审计准则第 1211 号——重大错报风险的识别和评估》提出的一个类似术语是相关交易类别、账户余额和披露，是指存在相关认定的交易类别、账户余额和披露。

三、预防性控制和检查性控制

根据美国 PCAOB 的《审计准则第 2201 号——与财务报表审计相整合的财务报告内部控制审计》，财务报告的控制可以是预防性控制或检查性控制。有效的财务报告内部控制通常是预防性控制和检查性控制的结合。

（1）预防性控制的目标是防止可能导致财务报表错报的错误或舞弊发生。

（2）检查性控制的目标是发现那些已经发生的可能导致财务报表错报的错误或舞弊。

预防性控制和检查性控制在财务报告内部控制中相辅相成。预防性控制通过事前防范措施降低错报发生的风险，而检查性控制是事后及时发现并纠正已发生的错报。企业应基于风险水平和成本效益原则，合理配置这两种控制措施，以确保财务报告的可靠性。

本节讨论题
1.什么是财务报告内部控制？它与非财务报告内部控制有什么区别？
2.预防性控制与检查性控制有什么区别？

第二节　财务报告内部控制缺陷及评估

一、财务报告内部控制缺陷

（一）财务报告内部控制缺陷

COSO 认为，企业内部控制缺陷是指与一个或多个企业内部控制要素和原则相关，可能会导致企业偏离控制目标的缺陷。

根据美国 PCAOB《审计准则第 2201 号——与财务报表审计相整合的财务报告内部控制审计》，若某项控制的设计或运行未能使管理层或员工在正常履行职责的过程中及时防止或发现错报，则表明存在财务报告内部控制缺陷。

根据英国 FRC《国际审计准则第 265 号——向治理层和管理层传达内部控制缺陷》，财务报告内部控制缺陷是指，一项控制的设计、实施或运行未能及时防止或发现并纠正财务报表中的错报或及时防止或发现并纠正财务报表中错报所必需的一项控制缺失。

（二）财务报告内部控制设计缺陷与运行缺陷

根据财务报告内部控制缺陷的形成原因，可以将其分为设计缺陷和运行缺陷。

美国 PCAOB《审计准则第 2201 号——与财务报表审计相整合的财务报告内部控制审计》对设计缺陷和运行缺陷进行了定义。

1.设计缺陷。如果实现控制目标所必需的一项控制缺失，或现有的一项控制设计不当，以至于即使该项控制按照设计运行也不会实现控制目标，就表明存在一项设计缺陷。

2.运行缺陷。如果一项设计适当的控制没有按照设计运行，或实施该项控制的人员不具备有效实施该项控制所必需的权力或能力，就表明存在一项运行缺陷。

例如，某企业在财务报告内部控制中发现其应收账款的审批流程存在设计缺陷，导致未授权的交易记录进入财务系统。这一缺陷可能导致财务报表的重大错报，因此被认定为重大缺陷。企业随后采取了整改措施，优化了审批流程，增加了授权控制，从而降低了错报风险。

设计缺陷和运行缺陷是财务报告内部控制缺陷的两种主要形式。设计缺陷反映了内部控制在设计上的不足，即使按照设计运行，也无法实现控制目标；而运行缺陷则反映了内部控制在实际执行中的问题，即使设计合理，但执行不到位或人员能力不足等也会导致控制失效。两者都可能导致财务报告出现重大错报，因此企业需要在设计和运行两个层面加强内部控制。将财务报告内部控制缺陷分为设计缺陷和运行缺陷，进而从设计的角度和运行的角度进行识别，是识别财务报告内部控制缺陷的主要方式之一。

（三）财务报告内部控制重大缺陷和重要缺陷

根据财务报告内部控制缺陷的严重性，可以将其分为重大缺陷和重要缺陷。

美国PCAOB《审计准则第2201号——与财务报表审计相整合的财务报告内部控制审计》对重大缺陷和重要缺陷进行了界定。

1.财务报告内部控制重大缺陷

财务报告内部控制重大缺陷是指财务报告内部控制的一个控制缺陷，或多个控制缺陷的组合，导致公司年度或中期财务报表的一个重大错报未能被及时防止或发现存在相当的可能性（reasonable possibility）。

2.财务报告内部控制重要缺陷

财务报告内部控制重要缺陷是指财务报告内部控制的一个控制缺陷，或多个控制缺陷的组合，其严重性小于重大缺陷，但其重要程度足以值得那些负责监督公司财务报告的人关注。

中国注册会计师协会制定并发布的《企业内部控制审计指引实施意见》将财务报告内部控制缺陷分为重大缺陷、重要缺陷和一般缺陷。

1.重大缺陷

重大缺陷是内部控制中存在的、可能导致不能及时防止或发现并纠正财务报表出现重大错报的一项控制缺陷或多项控制缺陷的组合。

2.重要缺陷

重要缺陷是内部控制中存在的、其严重程度不如重大缺陷但足以引起负责监督被审计单位财务报告的人员（如审计委员会或类似机构）关注的一项控制缺陷或多项控制缺陷的组合。

3.一般缺陷

一般缺陷是内部控制中存在的、除重大缺陷和重要缺陷之外的控制缺陷。

二、财务报告内部控制缺陷的评估

（一）财务报告内部控制缺陷的评估内容

财务报告内部控制缺陷的严重性是不同的，评估财务报告内部控制缺陷的严重性主要考虑两个方面：（1）内部控制没有防止或发现财务报表构成要素或其组成部分发生潜在错报的可能性；（2）内部控制缺陷导致的潜在错报的大小。

这种评估基于事前和风险评估，而非基于事后某一年度报表的实际结果。因此，财务报告内部控制缺陷的严重性并不取决于错报是否已经实际发生，而是取决于内部控制未能及时防止或发现错报的可能性以及潜在错报的大小。

从两个方面评估财务报告内部控制缺陷的严重性，目的在于确定识别出的财务报告内部控制缺陷是否构成了重大缺陷、重要缺陷和一般缺陷。如图6-1所示，横轴表示潜在错报大小（考虑金额和性质），纵轴表示发生概率。企业需要根据实际情况确定P0（错报发生概率的相当水平）、ML（错报的重要性水平）、P1（重要缺陷与一般缺陷的概率界限）和M1（重要缺陷和一般缺陷的错报界限）。一般来说，对控制缺陷的评估结果落入区域1的为财务报告内部控制重大缺陷，落入区域2的为财务报告内部控制重要缺陷，落入区域3的为财务报告内部控制一般缺陷。此外，如果从广义风险的概念以及考虑到等效用的情况，则落入区域4和区域5的情形也可以被视为财务报告内部控制重大缺陷。

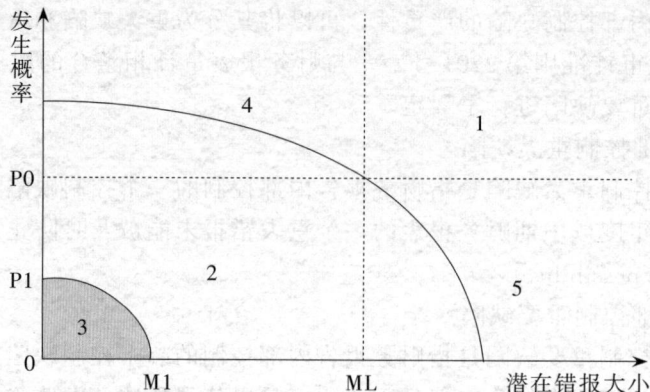

图 6-1　财务报告内部控制缺陷严重性的评估

（二）潜在错报大小的评估

鉴于控制缺陷从严重性上分为重大缺陷、重要缺陷和一般缺陷，评估潜在错报的大小（考虑金额和性质）就转化为评估潜在错报是重大错报（即确定与ML的大小关系），还是值得关注，抑或可以忽略不计（即确定与M1的大小关系）。这可以参照财务报表审计中以重要性水平（考虑金额和性质）为标准对错报严重性进行评估的方法，如果潜在错报超过重要性水平，则为重大错报，反之，则不是重大错报。重要性水平的确定既要考虑定量因素，也要考虑定性因素，因此，潜在错报影响大小的评估也要既考虑定量因素（即潜在错报的金额），也要考虑定性因素（即潜在错报的性质）。但对于何种程度的错报可以忽略不计，企业需要根据其实际情况做出判断和规定，不存在统一标准。

多种因素会影响一项控制缺陷或多项控制缺陷可能导致的错报。这些因素包括：

（1）暴露于缺陷的财务报表数额或交易总额；

（2）对于当期已发生或预计未来期间会出现的缺陷，暴露于该缺陷的账户余额或交易类别中所包含活动的数量。

此外，账户余额或交易总额可以被高估的最大数额为记录的数额，而少报的数额可能更大。

（三）发生潜在错报可能性的评估

同样，鉴于控制缺陷从严重性上分为重大缺陷、重要缺陷和一般缺陷，评估潜在错报发生的可能性就转化为评估潜在错报发生的可能性是达到了相当的可能性（reasonable possibility，RP），还是值得关注或者可以忽略不计（即确定与P1的大小关系）。

相当的可能性（RP）和可以忽略不计并没有具体概率与之对应，参考标准如下。

1.合理保证的概念

有效的内部控制要合理保证财务报告没有重大错报，而合理保证是高程度的保证，至少应达到90%的保证程度，因此，RP的上限在理论上不应当超过10%。

2.极小可能

美国财务会计准则委员会（FASB）在其第5号公告中指出，"相当的可能性"是指未来某事项或某些事项发生的机会大于"极小可能"，但小于"很可能"。

加拿大特许会计师协会将可能性分为4个层次，"相当确定"对应95%～100%，"很可能"对应50%~95%，"有可能"对应5%~50%，"极小可能"对应0~5%。

中国《企业会计准则第13号——或有事项》的应用指南指出，"可能"对应5%~50%，"极小可能"对应0~5%。

国际内部审计师协会（IIA）推荐的《索耶内部审计》一书把结果的可能性与对应的概率区间分为3段，"可能"对应50%~90%，"有可能"对应20%~50%，"低可能"对应0~15%。

保罗·J.索贝尔所著的《审计人员风险管理指引——审计与企业风险管理的结合》把结果的可能性与相应的概率分为5级，具体见表6-1；把风险容忍度也分为5级，具体见表6-2。

表 6-1　　　　　　　　　　　　　　结果可能性的等级划分

等级	可能性	描述	概率区间
1	从不	在特定的时期内不会发生	<5%
3	不可能	在特定的时期内不可能发生	<25%
5	可能	在特定的时期内可能发生	<50%
7	很可能	在特定的时期内多半会发生	>50%
9	确定	在特定时期内已经正在发生或几乎确定将要发生	>90%

表 6-2　　　　　　　　　　　　　　风险容忍度的等级划分

等级	可能性	描述	概率区间
1	很低	管理层不愿意接受超过微不足道的风险	<5%
3	低	管理层只愿意接受相对低水平的风险	<25%
5	中等	管理层愿意接受中等水平的风险	<50%
7	高	管理层愿意接受高水平的风险	>50%
9	非常高	管理层愿意接受非常高水平的风险	>90%

综合上述准则和惯例，"极小可能"对应概率区间为（0，5%）。从成本效益的角度来看，RP的下限可以取5%，因此，RP的取值范围为（5%，10%）。鉴于财务报告内部控制是为了合理保证对外财务报告的可靠性，财务报告重大错报主要影响外部财务报告使用者，导致他们做出错误的判断和决策，因此其风险容忍度较低才是适当的。所以，不完全从企业自身的风险容忍度出发界定RP，而是基于合理保证的概念把RP的上限界定为10%也是合理的。

3.影响潜在错报发生可能性的因素

多种因素会影响缺陷或缺陷的组合导致财务报告错报未被及时防止或发现的概率，具体包括但不限于：

（1）相关财务报表要素的性质（例如，暂记账户及较大风险的关联方交易）。

（2）相关资产或负债对损失或舞弊的敏感性（即敏感性越高，风险越大）。

（3）确定相关数额所需判断的程度以及判断的主观性、复杂性（比如，确定与会计估计相关的数额所需判断的程度越高，主观性、复杂性越大，风险越高）。

（4）该项控制与其他控制的相互作用或关系，包括它们是否相互依赖或重叠。

（5）缺陷的相互作用（即若评价两个或多个缺陷的联合，这些缺陷是否影响同一财务报表数额或披露）。

（6）该缺陷可能带来的后果。

在评价公司控制未能及时防止或发现公司财务报表重大错报的概率时，应考虑这些控制与其他控制如何相互作用。比如，某些控制是其他控制所依赖的，比如IT一般控制；某些控制是作为一组控制一起发挥作用的；某些控制是重叠的，即多个控制可以单独实现相同的目标。

（四）重大缺陷的迹象

在识别和评估控制缺陷的过程中，很多情形和迹象都表明存在重大缺陷，相关研究和机构都给出了相应的总结和概括。

下列情形通常表明财务报告内部控制存在重大缺陷：

（1）控制环境无效。具体表现包括但不限于：识别出高级管理层的任何舞弊行为；识别出重大缺陷，并且在某个适当期间之后尚没有处理；公司审计委员会对公司外部财务报告和财务报告内部控制的监督无效。

（2）财务报表重述，即以前发布的财务报表因重大错报进行更正，包括由错误或舞弊引起的错报，它不包括为了遵守新的会计原则而对会计原则变化的追溯应用，也不包括自愿地从一条公认会计原则转变为另一条公认会计原则。

（3）审计师识别出了重大错报。审计师识别出了当期财务报表中的一个重大错报，而当期的情形表明公司的财务报告内部控制没有发现该项错报。

（4）监管遵循职能失效。对于高度监管行业的复杂主体，监管遵循职能无效，且违反法律和法规会对财务报告可靠性产生重要影响。

根据美国PCAOB《审计准则第2201号——与财务报表审计相整合的财务报告内部控制审计》，财务报告内部控制存在重大缺陷的迹象包括：

（1）识别出高级管理层的舞弊行为，无论其是否重大；

（2）为了反映对一个重大错报的更正，重述以前发布的财务报表；

（3）审计师识别出了当期财务报表中的一个重大错报，而当期的情形表明公司的财务报告内部控制没有发现该项错报；

（4）公司审计委员会对公司的对外财务报告和财务报告内部控制的监督无效。

根据FRC《国际审计准则第265号——向治理层和管理层传达内部控制缺陷》，内部控制重要缺陷的迹象包括：

（1）控制环境无效方面的证据，比如：

a.管理层关注的那些重要财务交易未能得到治理层的适当详细审查；

b.识别出管理层舞弊，无论是否重大，没有被主体的内部控制防止；

c.管理层没有对以前沟通的重要缺陷实施适当的纠正措施。

（2）在主体内缺少风险评估流程，而这样的流程通常预计已经建立起来。

（3）主体风险评估流程无效的证据，比如，管理层未能识别出重大错报风险，而审计师认为主体的风险评估流程应已识别出这个风险。

（4）对识别出的重要风险做出无效应对的证据（比如，缺少对这种风险的控制）。

（5）审计师的程序发现的错报未被主体的内部控制防止或发现并纠正。

（6）因对错误或舞弊而导致的重大错报的纠正，对以前发布的财务报表进行重述；

（7）管理层无法有效监督财务报表的编制。

本节讨论题

1.什么是财务报告内部控制设计缺陷？什么是财务报告内部控制运行缺陷？二者有什么区别和联系？

2.如何识别和评估财务报告内部控制缺陷？

本章测试题

一、选择题

1.根据我国相关法律法规，财务报告内部控制包括（　　　）。

A.合理保证财务报告及相关信息真实、完整而设计和运行的内部控制

B.用于保护资产安全的内部控制中与财务报告可靠性目标相关的控制

C.用于提高经营效率的控制

D.用于实现发展战略的控制

2.从内部控制设计的角度，控制可以分为（　　　）。

A.预防性控制　　　　B.管理控制　　　　C.会计控制　　　　D.检查性控制

3.从形成原因的角度，控制缺陷可以分为（　　　）。

A.设计缺陷　　　　B.重大缺陷　　　　C.运行缺陷　　　　D.重要缺陷

4.根据COSO的观点，从缺陷严重性角度，控制缺陷可以分为（　　　）。

A.运行缺陷　　　　B.重要缺陷　　　　C.设计缺陷　　　　D.重大缺陷

5.评估财务报告内部控制缺陷的严重性主要是评估（　　　）。

A.控制缺陷导致的潜在错报的大小　　　　B.错报的数量

C.错报发生的概率　　　　D.错报的范围

二、判断题

1.如果实现控制目标所必需的一项控制缺失，或现有的一项控制设计不当，以至于即使该项控制按照设计运行也不会实现控制目标，就表明存在一项设计缺陷。　　　（　　　）

2.如果一项设计适当的控制没有按照设计运行，或实施该项控制的人员不具备有效实施该项控制所必需的权力或能力时，就表明存在一项运行缺陷。　　　（　　　）

3.如果一项控制的设计或运行没有使管理层或员工在行使所赋职责的正常过程中及时防止或发现错报，就表明存在一项财务报告内部控制缺陷。　　　（　　　）

4.财务报告内部控制重大缺陷，是财务报告内部控制的一个缺陷或多个缺陷的联合，以至于公司年度或中期财务报表的一个重大错报没有被及时防止或发现存在相当的可能性。　　　（　　　）

5.检查性控制的目标是防止能够导致财务报表错报的错误或舞弊的发生。　（　　　）

6.预防性控制的目标是发现那些已经发生的、能够导致财务报表错报的错误或舞弊。
（　　）

本章作业题

1.识别控制缺陷。根据所选择的上市公司的资料，识别所选择上市公司存在的内部控制缺陷是财务报告内部控制缺陷还是非财务报告内部控制缺陷；是设计缺陷，还是运行缺陷；说明理由。

2.评估控制缺陷。根据所选择的上市公司的资料，评估所选择上市公司存在的财务报告内部控制缺陷是重大缺陷、重要缺陷，还是一般缺陷。说明理由。

第七章 COSO企业风险管理

本章学习目标

1. 理解和掌握COSO企业风险管理的内涵与目标；
2. 理解和掌握COSO企业风险管理的构成要素与原则。

第一节 企业风险管理的内涵与内容

一、企业风险管理的内涵

2004年COSO发布的《企业风险管理——整合框架》指出，企业风险管理是一个过程，由企业的董事会、管理层和其他人员实施，应用于战略制定和企业整体范围，旨在识别可能影响企业的潜在事项，并将风险控制在企业风险偏好范围内，以合理保证企业目标的实现。

COSO在对"企业风险管理"的界定中重点强调了以下七个属性和理念：

（一）企业风险管理持续进行并贯穿整体经营过程

企业风险管理并非静态的，而是一个持续的、迭代的动态交互过程，贯穿整个经营过程。风险管理活动随处可见，也是管理层经营业务的一部分。

企业风险管理机制与企业的经营活动交织在一起，是企业实现商业目标的基础。当这些机制被融入企业的价值活动并成为企业本质的一部分时，企业风险管理最为有效。通过融入企业风险管理，企业能够直接影响其战略实施和使命实现的能力。

将企业风险管理融入其中，对于企业在高度竞争的市场中控制成本具有重要意义。新增独立于现有流程的程序会增加成本。通过专注于现有运营及其对企业风险管理的贡献，并将风险管理融入基本运营活动，企业可以避免不必要的程序和成本。此外，将企业风险管理融入运营活动有助于管理层在企业发展中识别并抓住新的机会。

（二）企业风险管理是由组织各层级人员实施的

企业风险管理是由企业的董事会、管理层和其他人员实施的，体现在组织人员的行为和言论上。组织人员制定企业的使命、战略和目标，并建立企业风险管理机制。同样，企业风险管理也影响组织人员的行为。组织人员并不总是能够一致地理解、沟通或执行任务。每个人都有独特的背景和技术能力，并且有不同的需求和优先事项。这些都会影响企业风险管理，并受到企业风险管理的影响。每个人都有独特的衡量标准，这影响员工如何识别、评估和应对风险。企业风险管理提供了必要的机制，帮助组织人员在企业目标下理解风险。组织人员必须了解他们的责任和权力的范围。因此，组织人员的职责与他们如何执行这些职责之间，以及与企业的战略和目标之间，需要紧密且清晰地联系起来。组织人员包括董事会、管理层和其他人员。董事主要负责监督，不过他们也提供方向，批准战略和某些交易及政策。因此，董事会是企业风险管理的重要组成部分。

（三）企业风险管理被用于战略制定

企业确定其使命或愿景，并建立战略目标，即与使命或愿景一致并支持使命或愿景的高级目标。企业制定实现其战略目标的战略，并设定相关目标，这些目标从战略中衍生出来，并逐步细化到企业的业务单元、部门和流程。企业风险管理被用于战略制定，管理层在考虑不同战略的相对风险时会使用它。例如，一种战略选择可能是通过收购其他公司来扩大市场份额，另一种战略选择可能是削减采购成本以实现更高的毛利率。每种选择都带来了诸多风险。如果管理层选择前一种战略，企业可能需要进入新的、不熟悉的市场，现有的市场份额可能遭到竞争对手的抢夺，或者可能不具备有效实施战略的能力。对于后一种战略选择，风险包括可能需要使用新技术、与新的供应商合作，或者建立新的联盟。企业风险管理技术在这个层面上被应用，可以帮助管理层评估和选择企业的战略及相关目标。

（四）企业风险管理覆盖企业各层级和业务单元，采取整体风险组合视角

在应用企业风险管理时，企业应考虑其全部活动。企业风险管理覆盖组织各层级的活动，从企业层面的活动（如战略规划和资源分配）到业务单元的活动（如市场营销和人力资源管理），再到业务流程（如生产、新客户信用审查）。企业风险管理还适用于尚未在企业层级或组织结构图中明确指定位置的特殊项目和新举措。

企业风险管理要求企业采取整体风险组合视角，这可能要求每个业务单元、职能、流程或其他活动的负责人对该活动的风险进行评估。评估可以是定量的，也可以是定性的。在组织各层级采用整体风险组合视角，高级管理层就能够判断企业的整体风险组合是否与其风险偏好相符。

管理层要从企业层面的风险组合视角考虑相关风险。企业各个业务单元的风险可能在其风险偏好范围内，但合在一起可能会超过整个企业的风险偏好范围。或者相反，一个业务单元中的潜在事项可能代表一种不可接受的风险，但在另一个业务单元中可能具有抵消效果。需要识别并采取行动，以确保整体风险不超出企业的风险偏好范围。

（五）企业风险管理旨在识别潜在事项，将风险控制在风险偏好范围内

风险偏好是企业在追求价值时愿意承受的总体风险水平。它反映了企业的风险管理理念，并反过来影响企业的文化和运营风格。许多企业从定性的角度考虑风险偏好，如高、中、低等类别，也有企业采用定量方法，反映并平衡增长、回报和风险的目标。风险偏好较高的公司可能更愿意将大量资本分配到新兴市场等高风险领域。相比之下，风险偏好较低的公司可能会通过仅投资于成熟、稳定的市场来限制其短期资本大幅损失的风险。

风险偏好与企业的战略密切相关。在战略制定中会考虑风险偏好，因为不同的战略会使企业面临不同的风险。企业风险管理帮助管理层选择一种战略，使其预期的价值创造与企业的风险偏好一致。

管理层会考虑企业的风险偏好以及业务单元为实现投入资源的预期回报而制订的计划，并将资源分配给业务单元。管理层在调整其组织、人员和流程时会考虑风险偏好，并

设计必要的基本结构，以有效应对和监控风险。

风险容忍度与企业的目标相关。风险容忍度是与实现特定目标相关的可接受偏离程度，通常在那些对相关目标实现程度进行衡量的业务单元能够得到相对准确的度量。在设定风险容忍度时，管理层会考虑相关目标的相对重要性，使风险容忍度与风险偏好一致。在风险容忍度内运营，有助于确保企业将风险控制在风险偏好范围内，进而确保企业实现目标。

（六）企业风险管理为企业管理层和董事会提供合理保证

设计良好且运行良好的企业风险管理可以为管理层和董事会提供关于企业目标实现的合理保证。合理保证意味着与未来相关的不确定性和风险，因为没有人能够准确地预知未来。

合理保证并不意味着企业风险管理通常会失败。许多因素单独或共同强化了合理保证的概念。满足多个目标的风险应对措施的累积效应以及内部控制的多用途性降低了企业可能无法实现其目标的风险。此外，组织中各层级人员的日常运营活动和职责都旨在实现企业的目标。事实上，在一项针对控制良好企业的跨部门研究中，大多数企业可能会定期了解其战略和运营目标的进展，定期实现合规目标，并在各个会计期间均发布可靠的报告。然而，不可控事项、错误或不当报告事项仍可能发生。换句话说，即使企业风险管理有效，也可能出现经营失败。合理保证并非绝对保证。

（七）企业风险管理旨在实现一个或多个相互独立但又相互重叠的目标

基于既定的企业使命，管理层设定战略目标，选择战略，设定贯穿整个企业经营活动并与战略一致且相关的具体目标。尽管许多目标是针对特定企业的，但也有些目标是通用的。例如，几乎所有企业都重视在商业团体和消费者中获得良好的声誉并努力维持、向利益相关者提供可靠的报告，以及遵守法律法规。

企业目标可以分为四个类别：

• 战略目标——与支持企业使命履行的高层次目标相关；
• 运营目标——与企业资源的有效利用和高效利用相关；
• 报告目标——与企业报告的可靠性相关；
• 合规目标——与企业遵守适用的法律法规相关。

通过这种对企业目标的分类，管理层可以关注到企业风险管理的不同侧面。这些类别涉及不同的企业需求，并且可能由不同的高层管理者直接负责。这种分类还有助于区分每一类目标有可能达到的结果。一些企业还使用另一类目标，即"资源保护"，有时也称为"资产保护"。从广义上讲，该目标旨在防止企业资产或资源损失，无论是由于盗窃、浪费、低效率造成的，还是由于糟糕的经营决策造成的，例如以过低的价格销售产品、未能留住关键员工、未能防止专利侵权，或承担未预见到的负债。这些目标主要是运营目标，尽管资源保护的某些方面可以归入其他类别。当涉及法律或监管要求时，这些问题就成为合规问题。在将其与公共报告一起考虑时，通常使用更狭义的资产保护定义，即及时防止或发现未经授权获取、使用或处置可能对企业财务报表产生重大影响的企业资产。

企业风险管理可以为实现与报告可靠性、遵守法律法规相关的目标提供合理保证。这些类别的目标的实现取决于企业相关活动的执行情况。然而，战略目标（如实现特定市场份额）和运营目标（如成功推出新产品线）的实现并不总是企业可以控制的。企业风险管理不能防止管理层做出错误的判断或决策，也不能避免出现可能导致企业未能实现运营目标的外部事项，然而，它确实增加了管理层做出更优决策的可能性。对于这些目标，企业风险管理可以合理保证管理层以及履行监督职责的董事会能够及时了解企业的目标实现程度。

综上所述，企业风险管理的七个属性和理念相互关联，共同构成了一个动态、全面的风险管理框架。这些属性和理念不仅强调了风险管理的动态性和全员参与性，而且突出了风险管理在战略制定和目标实现中的重要作用。

二、企业风险管理的内容

价值创造、保持或侵蚀，源于管理层从战略制定到日常运营所有活动的决策。价值创造是通过合理配置人力资源、资本、技术和品牌等资源实现的，当所获得的收益大于所使用的资源时，价值得以创造；价值保持则是通过优质的产品质量、生产能力及客户满意度等关键因素维持已创造的价值；若因战略不当或执行不力而未能实现这些目标，价值可能会被侵蚀。

决策中固有地包含对风险和机会的识别，要求管理层考虑内外部环境的相关信息，配置稀缺资源，并根据变化情况调整经营活动。只有当管理层在制定战略和确定目标时实现了增长与回报目标以及相关风险之间的最佳平衡，有效且高效地配置资源以实现企业目标时，价值才能实现最大化。

企业风险管理包含以下方面：

1. 协调风险偏好与战略

管理层在评估战略选择时，首先考虑企业的风险偏好，然后设定与所选战略一致的目标，并开发相关风险的管理机制。例如，一家制药公司因高度重视品牌价值而具有较低的风险容忍度。因此，为了保护其品牌，公司签订了缜密的协议以确保产品质量安全，并定期投入大量资源用于早期研发，以支持品牌价值的创造。

2. 增强风险应对决策

企业风险管理促使管理层谨慎地识别和选择替代风险应对方案（风险规避、降低、分担和接受）。以一家使用自有车辆进行运输的公司为例，管理层认识到运输过程中固有的风险，如车辆损坏和人身伤害成本。可选的应对方案包括：通过外包运输规避风险，通过严格的司机招聘和有效的培训降低风险，通过保险分担风险，接受风险。企业风险管理提供了用于做出这些决策的方法和技术。

3. 减少经营意外和损失

企业能够增强识别潜在事项、评估风险和采取应对措施的能力，从而减少意外情况的发生，降低相关成本或损失。例如，一家制造公司跟踪零部件生产和设备故障率及其与平均值的偏差，使用多个标准评估故障的影响，包括修复时间、未满足客户需求、员工安全，以及计划内与计划外维修的成本，并据此制订维护计划。

4. 识别和管理贯穿于企业的风险

每个企业都面临着影响组织各个组成部分的各类风险。管理层不仅要管理单个风险，还要了解它们之间的相互影响。例如，一家银行在其交易活动中面临着多重风险，为此，管理层开发了一套信息系统，用于分析来自其他内部系统的交易和市场数据，并结合外部生成的相关信息，提供所有交易活动的风险综合视图。该信息系统允许深入到部门、客户或交易对手、交易员和交易层面，并根据既定类别的风险容忍度量化风险。该系统使银行能够将以前分散的数据整合在一起，通过有针对性的综合视图更有效地应对风险。

5. 对多重风险提供综合应对策略

业务流程中存在许多固有风险，企业风险管理提供了管理这些风险的综合解决方案。例如，一家批发商面临着库存过多或不足、供应来源不稳定以及采购价格过高的风险。管理层在公司战略、目标和替代应对策略的框架下识别和评估风险，并开发了一套库存控制系统。该公司通过长期采购合同和优化的定价方式与供应商建立战略合作伙伴关系，共享销售和库存信息，由供应商负责补充库存，如此一来，公司在避免缺货的同时减少了不必要的库存成本。

6. 抓住机会

通过考虑潜在事项的各个方面，包括风险，管理层能够识别反映机会出现的事项。例如，一家食品公司考虑可能影响其可持续收入增长目标的潜在事项，在评估这些事项时，管理层发现公司的主要消费者越来越注重健康，饮食偏好正在改变，这表明他们对公司当前产品的需求将下降。在确定应对措施时，管理层找到了利用现有能力开发新产品的方法，不仅保留了现有客户的收入，还通过吸引更多的消费者群体创造了额外的收入。

7. 改善资本配置

获得关于风险的有效信息，能够使管理层有效评估总体资本需求并优化资本配置。例如，一家金融机构受到新的监管规则的约束，除非管理层更精确地计算信用风险和运营风险水平及相关资本需求，否则就要增加资本需求量。公司评估了系统开发成本与额外资本成本之间的关系，在取得信息支持的情况下做出决策。利用现有的开源软件，该机构开发了更精确的计算工具，避免了额外的资本筹集需求。

这些能力是企业风险管理固有的，它有助于管理层实现企业绩效和盈利目标，并减少资源损失。企业风险管理有助于确保报告有效，还有助于确保企业遵守法律法规，避免企业声誉受损或造成其他后果。

总之，企业风险管理涵盖了从战略层面到日常运营的各个方面。通过协调风险偏好与战略、改进风险应对决策、减少经营意外和损失等措施，企业能够实现有效的风险管理，使其为实现战略目标提供支持。

本节讨论题

1. 企业风险管理是什么？
2. 企业风险管理的内容包括哪些？

第二节   企业风险管理的概念框架与构成要素

一、企业风险管理的概念框架

根据COSO的理论，目标是指一个企业力图实现什么。企业目标可分为四类：战略目标、运营目标、报告目标和合规目标。

　　企业风险管理的构成要素是实现这些目标的必要条件，这些目标与构成要素二者紧密相关。企业风险管理包括内部环境、目标设定、事项识别、风险评估、风险应对、控制活动、信息与沟通、监督八个相互关联的构成要素，它们来自管理层经营企业的方式，并与管理过程整合在一起。

　　COSO企业风险管理的目标、构成要素及适用范围构成了一个立方体，如图7-1所示。四种类型的目标（战略、经营、报告和合规）用垂直方向的列表示，八个构成要素用水平方向的行表示，企业内的各个层次用第三个维度表示。企业风险管理每一类目标都对应八个构成要素、四个层次；每个构成要素都对应四类目标、四个层次；每个层次都对应八个构成要素、四类目标。

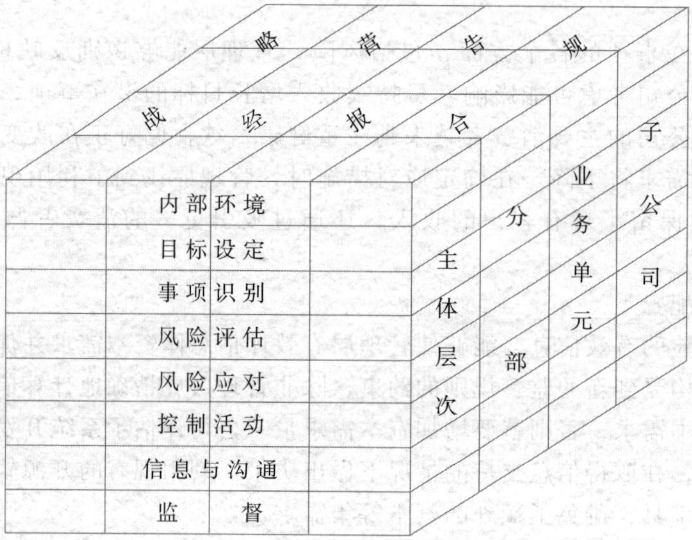

图7-1　企业风险管理的目标与构成要素

二、内部环境

　　内部环境涵盖了组织的基调，这种基调影响员工的风险意识。内部环境是企业风险管理所有其他构成要素的基础，为其他要素提供约束和结构。内部环境包括企业的风险管理理念、风险偏好、董事会的监督、诚信和道德价值观、胜任能力、组织结构、授权和责任的分配，以及人力资源标准。

　　1.风险管理理念

　　企业的风险管理理念是一整套共同的信念和态度，体现了企业如何在所有活动（从战略制定和实施到日常活动）中考虑风险。风险管理理念反映了企业的价值观，影响着企业文化和运营风格，并影响企业风险管理构成要素的应用，包括如何识别风险、承担哪些风险，以及如何管理这些风险。

　　当风险管理理念得到充分展现且被员工理解并接受时，企业能有效地识别和管理风险；否则，企业风险管理在业务部门、职能部门中的应用就可能出现不可接受的不一致性。然而，即使企业的风险管理理念得到了充分的展现，企业各部门之间仍可能存在文化差异，导致风险管理应用方面的差别。某些部门的管理者可能更愿意承担风险，而其他部门的管理者则可能更为谨慎。但如果各部门协作配合，企业的风险管理理念就能恰当地体现出来。

企业的风险管理理念体现在管理层在企业运营的过程中所做的每一件事情上，包括发布企业声明、口头和书面沟通、决策。无论强调书面化规章、行为准则、绩效指标和例外报告，还是倾向于采用面对面的接触等非正式的运作方式，重要的都是管理层不仅要通过口头表述而且要通过日常行动来强化风险管理理念。

2.风险偏好

风险偏好是指企业在追求价值增值的过程中所愿意承担的广义上的风险数量。它反映企业的风险管理理念，也影响企业文化和经营风格。在战略制定的过程中，管理层要考虑风险偏好，一项战略的期望回报应该与企业的风险偏好一致。不同的战略会使企业面临不同程度的风险，在战略制定的过程中应用企业风险管理有助于管理层选择与企业风险偏好一致的战略。企业会从定性的角度考虑风险偏好，例如高、中、低等类别，或采取定量方法，反映与增长、回报及风险有关的目标并加以平衡。

3.董事会的监督

企业的董事会是内部环境的关键部分，对内部环境的其他因素有着重大影响。董事会的独立性、成员的经验和才干、对活动的参与和审查程度，以及行为的适当性都起着重要作用。其他因素包括提出关于战略、计划和绩效方面的难点，与管理层进行商讨的深度，以及董事会或审计委员会与内部和外部审计师的交流。

态度积极的高度参与型董事会应具备适当的管理、技术水平和其他专业知识，以及履行监督职责所需的思维方式，这对于有效的企业风险管理环境来说至关重要。此外，由于董事会必须审查管理层的活动，必要时质疑，并针对其不当行为采取行动，因此董事会必须包括外部董事。虽然高层管理者可以作为董事会成员，凭借其对公司的深入了解来发挥作用，但必须有足够数量的独立董事，他们不但要提供合理的建议、咨询和指导，而且要对管理层进行必要的检查和制衡。要想使企业的内部环境有效，董事会中的独立董事应占多数。有效的董事会能确保管理层开展有效的风险管理。

4.诚信和道德价值观

企业的战略和目标及其实现方式建立在偏好、价值判断和管理风格的基础之上。管理层的诚信和道德价值观承诺会影响这些偏好和判断，而这些偏好和判断会进一步转化为行为准则。企业所拥有的良好声誉极具价值，因此行为准则不应仅仅是遵守法律，还要合乎道德，这才是良好的商业行为。管理层的诚信是企业所有活动中道德行为的先决条件。企业风险管理的有效性不可能脱离创造、管理和监控企业活动的人员的诚信和道德价值观。诚信和道德价值观是企业内部环境的基本要素，影响其他企业风险管理构成要素的设计、管理和监控。

管理层在建立道德价值观时需要平衡企业、员工、供应商、客户、竞争者和公众的利益，而这些利益之间可能存在冲突，例如在生产石油、木材或食品时可能引发环境问题，这就使得道德价值观的建立存在一定的难度。道德行为和管理层的诚信是企业文化的副产品，企业文化包括道德和行为准则及其沟通与强化方式。正式的企业制度指明了董事会和管理层理想的经营状况，而企业文化决定着实际的经营状况，以及哪些规则被遵循、被歪曲或被忽视。高层管理者（包括首席执行官）在打造企业文化方面起着关键作用。作为企业的主导人物，首席执行官（CEO）常常设定道德基调。

　　某些组织因素可能对欺诈或可疑财务报告行为发生的可能性产生影响，也可能对道德行为产生影响。组织成员可能因为被企业引发的强烈动机或存在的诱惑而采取不诚信、不道德甚至违法行为。过度强调结果，尤其是短期结果，可能营造出不适当的内部环境。仅仅关注短期结果，即使在短期内也会带来负面影响。不惜一切代价追求销售额或利润，往往会引发意想不到的行为和反应。例如，高压销售策略、在谈判中不讲情面的态度或暗示性地给予回扣都可能产生短期或长期的影响。高度基于财务结果和非财务结果（尤其是短期结果）的奖励也可能导致欺诈或可疑报告行为以及衍生的其他不道德行为。减少或舍弃不适当的激励，对于消除非期望行为大有裨益。例如，只要绩效目标是务实的，绩效激励措施（伴随着适当的控制）就可以成为一种有用的管理手段。设定务实的目标可以减少反生产工作行为和欺诈动机。同样，控制有效的报告系统也有助于避免绩效虚报。另一种导致可疑财务报告行为的原因是无知。因此，道德价值观不仅要传达，还要辅以关于是非对错的明确指引。

　　就有效的道德计划而言，正式的公司行为准则十分重要，它发挥着基础作用。行为准则涉及一系列行为问题，如诚信和道德、利益冲突、不合法或不恰当的支付以及反竞争协议等。与上级沟通的渠道也很重要，它能有效地传递相关信息。仅有书面的行为准则、员工收到并理解该准则的文件记录，以及适当的沟通渠道，还不能确保行为准则得到遵守。对违反行为准则的员工进行处罚、形成鼓励员工报告疑似违规行为的机制，以及对违规行为知情不报的员工给予纪律处分，对于约束员工使其遵守行为准则同样重要。高层管理者的行为及他们做出的表率对于确保员工遵守行为准则（无论是否体现在书面上）更为有效，这是因为员工可能形成与高层管理者展现出的关于是非对错、风险和控制相同的态度。高层管理者的行为所传递的信息会迅速融入企业文化。此外，知道CEO在面临艰难的经营决策时"从道德的角度来看做了正确的事情"，会在整个企业中传递出强有力的信念。

　　5.胜任能力

　　胜任能力反映完成任务所需的知识和技能。管理层会在所制定的企业战略、目标与战略、计划的实施之间进行权衡，从而决定这些任务应该完成到什么程度。通常存在能力与成本之间的权衡，例如没有必要聘请电气工程师来更换灯泡。

　　管理层会明确具体岗位的胜任能力水平，并将其转换为必要的知识和技能，而这些必要的知识和技能可能又取决于个人的智力、经验和相关培训。在提高知识和技能水平时需要考虑的因素包括对具体岗位所运用的判断的性质和程度，通常会在监督程度和所需的胜任能力水平之间进行权衡。

　　6.组织结构

　　企业的组织结构提供了计划、执行、控制和监督经营活动的框架，明确关键岗位的权限与责任，确定恰当的报告路径。比如，内部审计职能机构应致力于实现组织目标，允许其不受限制地与高层管理者和董事会的审计委员会沟通，审计负责人应向组织中能够确保内部审计履行职责的管理层汇报工作。

　　企业应建立符合需要的组织结构，可以是集权型，也可以是分权型；可以有直接报告关系，也可以是矩阵式组织。有些企业按照所属行业或产品线、地理位置、特定的配送或营销网络来设计组织结构，也有些企业按照职能设计组织结构。企业组织结构的适当性在一定程度上取决于企业规模和经营活动的性质。对于拥有众多运营部门（包括海外运营）的大型企业而言，设有正式报告路径和职责明确的高度结构化组织可能较为适用；相对而言，在小企业中，这种组织结构可能会阻碍必要的信息传递。企业不管采取什么样的组织结构，都应该确保风险管理有效，并顺利开展业务活动，以实现目标。

　　7.授权和责任的分配

　　授权和责任的分配是指个人和团队被激励主动发现问题和解决问题的程度，以及授予他们的权限范围，包括建立报告关系和授权规程、用于指导业务实践的规章制度、关键人员的知识和经验、为履行职责而配置的资源。

　　有些企业充分放权，让一线员工可以决策，使企业更具市场驱动性，或者采取质量导向，如消除缺陷、缩短周转时间或提高客户满意度。权责统一通常能够鼓励员工在规定的范围内发挥主动性。授权意味着将某些业务的决策权交给一线员工，即那些最接近日常交易的人员，比如允许他们以折扣价格销售产品，就长期供应合同、许可证或专利进行谈判，加入战略联盟。需要注意以下两点：其一，只在实现目标必要的范围内授权，这意味着确保决策基于合理的风险识别和评估，包括估计风险的大小，以及在决定接受哪些风险和如何管理这些风险时权衡潜在的损失与收益；其二，要确保所有员工都了解企业的目标，每个人都知道他们的行为如何相互关联并有助于实现目标。

　　授权的增加有时是组织结构精简或扁平化的结果。为了鼓励创造性、发挥主动性和提升响应速度而进行的组织变革，能够提高竞争力和客户满意度。授权的增加可能隐含地要求员工具备更高水平的能力以及更大的责任。它还需要设置有效的程序，使得管理层能够监控结果，以便在必要时推翻或接受决策。授权既可能激发更好的、以市场为导向的决策，也可能使得不符合期望或未预料到的决策数量增加。例如，如果区域销售经理被授权以 35% 的折扣销售产品，但为了获得市场份额，临时提供 45% 的折扣，那么，管理层需要知道这一点，以便在后续决策中推翻或接受此类决策。内部环境极大地受到个人对他们所负责任的认识程度的影响。对于首席执行官而言也是如此，他在董事会的监督下对企业内部的所有活动负有领导责任。

　　8.人力资源标准

　　招聘、入职、培训、评估、咨询、晋升、薪酬和补偿措施等人力资源管理实践，会向员工传递有关诚信、道德行为、胜任能力等方面的信息。例如，在企业的招聘标准中强调教育背景、工作经历、业务成果、诚信和道德行为，采用正式的面试等招聘环节，以及开展有关企业历史、企业文化和运营风格的入职培训，都会展示出企业对德才兼备的高素质人才的重视。

　　培训人员通过描述岗位职责，组织培训课程、研讨会、案例分析和角色扮演练习等培训实践，提升期望的绩效和行为标准。根据定期绩效评估进行岗位调动与晋升，反映了企业对于选拔优秀员工的承诺。包括奖金激励在内的竞争性薪酬计划有助于提升绩效，当然，奖金制度应该设计严密并且得到有效的控制，以避免对虚报绩效结果的不当激励。相应地，对于违规行为也要进行纪律处分，表明这种行为不可容忍。随着技术飞速变化、竞争日益激烈，企业经营风险和复杂性可能随之增加，员工面临的问题也会越来越多，企业应当采用课堂辅导、鼓励员工自学或组织在职培训等方式，确保员工能够适应不断变化的环境，应对新挑战。仅仅招聘有胜任能力的员工并提供一次性培训是远远不够的。教育和培训过程是持续进行的。

关于企业内部环境的重要性及其对企业风险管理其他构成要素的积极影响或消极影响，怎么强调都不过分。无效的内部环境的影响是深远的，可能导致财务损失、声誉受损甚至经营失败。高层管理者对有效风险管理的态度必须是明确的，并将其渗透到组织之中。仅仅说正确的话是不够的，那种"按我说的去做，而不是按我做的去做"的态度，只会营造无效的内部环境。

三、目标设定

每个企业都面临着来自外部和内部的一系列风险，而目标设定是有效的事项识别、风险评估和风险应对的前提。设定战略目标，可以为设定经营、报告和合规目标奠定基础。企业要采取适当的程序设定目标，确保目标与企业的风险偏好一致，这决定了企业的风险容忍度。只有先设定好目标，管理层才能识别和评估实现这些目标的风险，并采取必要的措施来管理这些风险。

1. 战略目标

企业的使命（或称愿景、目标）从广义上阐述了企业希望实现什么，管理层要在董事会的监督下明确企业为何存在。基于此，管理层设定战略目标，进行战略规划，并为组织设定相关的经营、报告和合规目标。通常来说，企业的使命和战略目标较为稳定，而战略和相关目标则更具动态性，并根据内外部条件的变化进行调整。经过不断调整，战略和相关目标会重新与战略目标保持一致。

战略目标是高层次目标，它与企业的使命相符，并有助于企业愿景的实现。战略目标反映了管理层就企业如何为利益相关者创造价值所做出的选择。在考虑战略目标的实现方式时，管理层要识别与战略选择相关的各类风险，并考虑这些风险的影响。在战略制定和目标设定过程中，管理层可以使用各种事项识别技术和风险评估技术。

2. 相关目标

设定与所选战略相符的目标，对于企业的所有活动而言至关重要。通过聚焦于战略目标和战略，企业可以制定企业层次的相关目标，实现这些目标将创造价值。企业层次的目标与更具体的目标相关联，这些目标贯穿于整个组织，并细化为次级目标，即销售、生产、工程和基础设施建设等各项活动层次的目标。

通过设定企业和活动层次的目标，企业能够识别关键成功因素，这些因素是为实现目标而必须完成的关键事项。关键成功因素存在于企业、业务单元、职能机构、部门和个人层次。通过设定目标，管理层能够识别绩效衡量标准，重点关注关键成功因素。如果目标与过去的实践和绩效一致，则活动之间的联系是已知的。然而，如果目标偏离了企业过去的实践，管理层必须处理好这些联系，否则将面临更大的风险。在这种情况下，企业需要设定与新方向一致的业务单元目标或子目标。目标需要易于理解且可衡量。企业风险管理要求各层级人员对职责范围内的企业目标有充分的了解。所有员工必须对要实现的目标有共同的理解，并具备衡量所实现目标的手段。

相关目标大致上分为经营目标、报告目标和合规目标三类。

（1）经营目标。

经营目标与企业经营的有效性和效率有关，包括绩效和盈利目标，以及保护资源不受损失。经营目标因管理层对组织结构和绩效的选择而有所不同，包括相关的经营子目标，旨在提高经营的有效性和效率，推动企业实现最终目标。经营目标应反映企业所处的特定经营环境、行业环境和宏观经济环境。例如，目标需要与提升质量竞争力、缩短产品上市周期或适应技术变化相关。管理层必须确保这些目标反映现实的市场需求，并且以有利于进行有意义的绩效衡量的方式表达出来。一套清晰的经营目标及其子目标是企业成功的基础。经营目标为资源配置提供了重点。如果主体的经营目标不清晰或构思不当，其资源可能会被误用。

（2）报告目标。

报告目标与报告的可靠性有关，包括内部报告和外部报告，可能涉及财务和非财务信息。可靠的报告为管理层提供准确而完整的、符合其既定目的的信息，支持管理层的决策制定和对企业活动及绩效的监控。此类报告包括市场营销计划的结果、每日销售快报、生产质量报告、员工满意度与客户满意度报告等，还包括对外发布的报告，如财务报表及其附注、管理层的讨论与分析报告，以及向监管机构提交的报告。

（3）合规目标。

合规目标与遵守相关法律法规有关。它依赖于外部因素，一些情况下所有企业的合规目标可能是相似的，而另一些情况下则在一个行业内存在共性。企业必须依照相关法律法规开展经营活动，通常还要满足特定要求，这些要求可能涉及市场、定价、税收、环境、员工福利和国际贸易。适用的法律法规明确了企业必须遵守的最低行为标准。例如，依据职业健康和安全法规，一家公司将合规目标确定为"按照法规包装和标记所有化学品"。在这种情况下，企业规章制度和程序涉及沟通计划、现场检查和培训。企业的合规记录可能会显著影响其在社区和市场上的声誉，包括正面的和负面的。

3. 目标的实现

适当的目标设定过程是企业风险管理的关键组成部分。尽管目标为企业开展经营活动提供了明确的方向，且目标是可衡量的，但这些目标的重要性存在差异。因此，企业应合理保证某些目标而非所有目标的实现。有效的企业风险管理可以合理保证报告目标的实现，也可以合理保证合规目标的实现，这是因为报告目标和合规目标的实现处于企业的控制范围内。也就是说，这两类目标确定后，企业对于自身为实现这些目标而要开展的工作具有控制力。战略目标和运营目标则不同，因为它们的实现并不完全处于企业的控制范围内。企业可能按预期运作，但仍被竞争对手超越。这两类目标的实现受到外部事件的影响，例如政权更迭、天气变化等，这些事件的发生超出企业的控制范围。尽管企业在目标设定过程中可能已经有所考虑，将这些事件视为低概率事件，并制订了应急计划，但也只能降低外部事件的影响，并不能确保目标的实现。

对于经营目标，企业风险管理的重点是使贯穿整个组织的各项目标之间具有一致性，识别关键成功因素和风险，评估风险并做出适当的应对，实施恰当的风险应对措施并建立必要的控制体系，及时报告绩效并明确期望；对于战略目标和经营目标，企业风险管理可以合理保证管理层和履行监督职责的董事会及时了解企业在实现这些目标方面的进展程度。

4.选定目标

作为企业风险管理的一部分，管理层不仅要选择目标并考虑它们如何支持企业的使命，而且要确保它们与企业的风险偏好一致。如果目标与企业的风险偏好不一致，就可能导致企业未能承担足以支撑目标实现的风险，或者与之相反，企业承担了过多的风险。有效的企业风险管理并不决定管理层应选择哪些目标，而是确保管理层能够设定相应的程序使得战略目标与企业使命一致，并确保所选战略和相关目标与企业的风险偏好一致。

5.风险偏好

风险偏好是管理层在董事会的监督下设定的，是制定战略的重要依据。企业可以将风险偏好表述为增长、风险和回报之间可接受的平衡，或者风险调整后的股东价值增值指标；非营利组织可以将风险偏好表述为组织在为利益相关者创造价值时愿意接受的风险水平。企业的风险偏好与其战略之间存在关联，通常可以设计出多种战略来达到期望的增长和回报目标，每种战略各有不同的风险。在战略制定过程中应用企业风险管理，有助于管理层选择与其风险偏好一致的战略。如果管理层最初制定的战略超出企业的风险偏好，或者战略所容纳的风险不足以支撑企业实现战略目标和使命，就会出现战略相关风险与企业的风险偏好不一致的情形，此时需要修订战略。

企业的风险偏好反映在企业的战略中，引导企业的资源配置。管理层根据风险偏好和业务单元战略计划配置资源，以实现期望回报。管理层致力于协调组织、人员、流程和基础架构，以促进战略实施，并确保企业风险处于风险偏好范围内。

6.风险容忍度

风险容忍度是与目标实现相关的可接受的变化水平。风险容忍度可以计量，而且通常采用与相关目标相同的单位来衡量。绩效指标用于确保实际结果处于设定的风险容忍度范围内。例如，某公司设定按时交付率为98%，可接受的变化范围为97%～100%；某公司设定的培训目标是成绩通过率达到90%，可接受的成绩通过率至少是75%；某公司希望员工在24小时之内答复所有的客户投诉，可接受最多25%的投诉在24～36小时内答复。

在设定风险容忍度的过程中，管理层要考虑相关目标的相对重要性，并使风险容忍度与风险偏好相协调。在风险容忍度范围内运作，有助于管理层确保企业将风险维持在风险偏好范围内，同时提高了企业达成目标的可能性。

四、事项识别

管理层要识别可能对企业产生影响的事项，并确定它们是否意味着机会，或者是否会对企业实施战略、达成目标的能力产生负面影响。产生负面影响的事项意味着风险，要求管理层予以评估和应对；产生正面影响的事项意味着机会，管理层可以将其反馈到战略和目标设定过程之中。在对事项进行识别时，管理层要在组织的全部范围内考虑一系列可能带来风险和机会的内外部因素。

1.事项

事项是源于内部或外部的、可能影响战略实施或目标达成的事件，它可能带来正面或负面影响，或者两者兼有。在事项识别的过程中，管理层会意识到不确定性是存在的，但不知道事项是否会发生、何时发生，或者如果发生，其具体影响有哪些。管理层最初考虑的是来自内部和外部的各种潜在事项，而不一定关注其影响是正面还是负面的。如此一来，管理层识别出的不仅包括具有负面影响的潜在事项，而且包括那些意味着机会的事项。

事项的范围从显而易见到若有似无，其影响从微不足道到极为重大。为了避免遗漏相关事项，最好把事项识别与评估事项发生的可能性及事项产生的影响区分开来，后者是风险评估的主体。然而，受现实情况的限制，两者的界限往往难以确定。但如果事项对实现重要目标的影响很大，那么，即使事项发生的可能性较低，也不应被忽视。

2.影响因素

许多外部和内部因素驱动着影响战略实施和目标达成的事项，作为企业风险管理的一部分，管理层应认识到了解这些外部和内部因素及其可能引发的事项类型的重要性。

常见的外部因素、相关事项及其影响包括：

（1）与经济有关的因素。相关事项包括价格波动、资本的可获得性变化、市场进入壁垒改变，它们会导致资本成本上升或下降、新的竞争对手进入或原有的竞争对手退出。

（2）自然环境因素。相关事项包括洪水、火灾或地震，它们会导致工厂或建筑物受损、原材料获取受限、人力资本流失。

（3）政治因素。相关事项包括政府官员选举、采用新的政治议程，以及新的法律法规出台，它们会导致市场准入的放开或收紧、税收负担的加重或减轻。

（4）社会因素。相关事项包括人口结构、社会习俗、家庭结构变化，工作与生活平衡，以及恐怖主义活动，它们会导致产品或服务需求改变、新的购买渠道出现、人力资源问题产生、生产中断。

（5）技术因素。相关事项包括新的电商模式出现，它会导致数据可获得性提高、基础架构成本降低、对基于技术的服务需求增加。

事项还来源于管理层关于企业运作模式的选择。企业的经营能力和生产能力反映了以往的选择，影响未来事项并影响管理层的决策。常见的内部因素、相关事项及其影响包括：

（1）基础架构。相关事项包括增加用于防护性维护和呼叫中心支持的资本配置，减少设备停机时间，提高客户满意度。

（2）人员。相关事项包括工作场所事故、欺诈行为以及劳动合同到期，它们会导致员工流失、金钱或声誉受损、生产中断。

（3）流程。相关事项包括在没有签署适当的管理变更协议的情况下对流程进行修改、流程执行错误，以及对外包服务交付缺乏适当的监督，它们会导致市场份额丢失、效率低下、客户不满、重复性业务流失。

（4）技术。相关事项包括增加资源以应对批量变更、安全漏洞以及潜在的系统停机时间，它们会导致订货减少、欺诈性交易发生、业务运行无法持续。

识别影响事项的外部和内部因素有助于有效进行事项识别。一旦识别出主要因素，管理层就可以考虑其重要性，并且重点关注那些可能影响目标实现的事项。除了识别企业层次的事项，还要识别活动层次的事项。这有助于将风险评估集中于主要业务单元或职能机构，如生产、销售、研发等。

3.事项识别技术

事项识别方法可能包含各种技术的组合以及支持性工具。事项识别技术既关注过去事项，也着眼于未来事项。关注过去事项和历史趋势的技术考虑诸如信贷违约历史记录、商品价格变化和工伤事故等事项，着眼于未来风险暴露的技术则考虑诸如人口结构变化、新的市场条件改变和竞争对手行动等事项。技术的复杂程度千差万别，尽管有些比较复杂的技术因行业而异，但是大多数技术是相通的。例如，金融服务行业和健康与安全行业都使用损失事项追踪技术。这些技术从关注常见的历史事项入手，比较基本的方法是依据内部员工的感知，比较先进的方法是基于可观察事项的事实性资料，然后将数据输入复杂的预测模型。在企业风险管理方面较为先进的企业通常采用综合技术。技术还因在企业何处应用而有所不同。有些技术侧重于具体数据分析，对事项形成自下而上的认识；也有些技术对事项形成自上而下的认识。

常见的事项识别技术包括：

（1）事项清单。它是特定行业内公司常见的潜在事项的详细列表，或者是跨行业特定流程或活动的潜在事项列表，一些企业将其作为事项识别的起点。例如，从事软件开发的公司可以参考一份与软件开发项目相关的通用事项清单。

（2）内部分析。它通常作为常规性业务规划周期的一部分，通常通过业务单元的员工会议完成。内部分析有时会利用来自其他利益相关方（客户、供应商、其他业务单元）的信息，或者针对具体问题咨询外部专家（内部或外部职能机构的专家或内部审计师）的意见。例如，一家公司在考虑推出新产品时充分总结了自身经验并开展了外部市场研究，这些市场研究识别出有助于竞争对手的产品占领市场的事项。

（3）升级或阈值触发器。这些触发器通过将当前交易或事项与预先确定的标准进行比较，提醒管理层关注令人担忧的领域。一旦触发预警信号，可能需要进一步评估相关事项或立即加以应对。例如，一家公司的管理层对采取新的营销或广告计划的目标市场的销售量进行监控，并根据结果重新配置资源；另一家公司的管理层实时跟踪竞争对手的定价体系，并在达到特定阈值时考虑调整自己的价格。

（4）引导式研讨与访谈。通过结构化讨论，利用管理层、员工和其他利益相关方的知识和经验来识别事项。主持人引导关于可能影响企业或业务单元目标实现的有关事项的讨论。例如，财务主管与财务部员工展开讨论，识别影响企业外部财务报告目标实现的事项。综合财务团队成员的知识和经验，能够识别出可能被遗漏的重要事项。

（5）流程分析。该技术考察由输入、任务、责任和输出组合而成的流程。通过考察影响流程输入或内部活动的内部和外部因素，企业能够识别出可能影响流程目标实现的事项。例如，一家医学实验室绘制了接收和检测血液样本的流程图，并利用流程图考察可能影响输入、任务和责任的各种因素，识别与样本标签、流程内各环节交接、人员轮班相关的风险。

（6）首要事项指标。企业通过监控与事项相关的数据来识别可能导致事项发生的条件。例如，金融机构很早就认识到逾期贷款支付与最终贷款违约之间的相关性以及早期干预的积极效果，因而监控支付模式可以及时采取行动，从而减少违约的可能性。

（7）损失事项数据方法。有关过去个别损失事项的数据库是识别趋势和根本原因的有用信息来源。一旦识别出根本原因，管理层就可能会发现对根本原因进行评估和处理比处理个别事项更有效。例如，一家运营大型车队的公司对事故索赔数据库进行分析，发现特定业务单元、地理区域和年龄段的司机事故数量和索赔金额占比较高。这种分析使管理层能够识别事项的根本原因并采取行动。

事项往往并非孤立发生，一个事项可能引发另一个事项，多个事项也可能同时发生。在事项识别的过程中，管理层应理解事项之间的相互关系。通过评估这些关系，可以确定风险管理工作的最佳方向。

4.事项分类

对潜在事项进行分类可能很有用。通过在企业内横向地汇总事项，以及在业务单元内纵向地汇总事项，管理层可以了解事项之间的关系，从而获取更多的信息，并将其作为风险评估的依据。通过对类似事项进行分组，管理层可以更好地辨别机会和风险。事项分类还能使管理层考虑事项识别工作的完整性。一些企业根据目标分类设定事项类别，形成从高层次目标开始，逐级细化到与业务单元、职能机构或业务流程相关的具体目标的层级结构。

5.区分风险和机会

事项如果发生，可能产生负面影响、正面影响，或者二者兼而有之。

产生负面影响的事项意味着风险，需要管理层进行评估和应对。风险是指事项将会发生并对实现目标产生负面影响的可能性。

产生正面影响或者抵消风险的负面影响的事项意味着机会。机会是指事项将会发生并对实现目标和创造价值产生正面影响的可能性。产生正面影响的事项被反馈到管理层的战略制定或目标设定过程中，以便拟定把握机会的行动方案；抵消风险的负面影响的事项则被纳入管理层的风险评估和应对中予以考虑。

五、风险评估

风险评估使企业能够考虑潜在事项对目标实现的影响。管理层从可能性和影响两个方面对事项进行评估，通常采用定性和定量相结合的方法。应单独或分类考察企业内潜在事项的正面和负面影响，基于固有风险和剩余风险来进行风险评估。

1.固有风险和剩余风险

外部和内部因素影响事项的发生及其对目标的影响程度。在风险评估中，管理层应考虑与企业及其活动相关的潜在未来事项的组合，以及形成企业风险状况的事项，如企业规模、运营复杂性和对其活动的监管程度。在评估风险时，管理层考虑预期和非预期事项。许多事项是常规的、重复发生的，并且已经在管理层的计划和经营预算中纳入考虑，而其他事项则是非预期的。管理层要评估非预期潜在事项的风险，以及可能对企业有重大影响的预期事项。在企业风险管理中，风险评估要素是整个企业中所发生的活动的持续性和重复性互动。

管理层既考虑固有风险，也考虑剩余风险。固有风险是在管理层未采取任何措施来改变风险的可能性或影响的情况下，企业所面临的风险。剩余风险是在管理层采取风险应对措施之后仍存在的风险。风险评估首先针对的是固有风险。在制定风险应对措施后，管理层再考虑剩余风险。

2.估计可能性和影响

潜在事项的不确定性可以从可能性和影响两个方面进行评估。可能性表示某一事项发生的概率，而影响表示其后果。发生的可能性低且潜在影响小的风险通常不需要进一步考虑，发生的可能性高且潜在影响大的风险则需要重点关注，而介于二者之间的情况通常需要仔细分析和判断。

评估风险的时间范围应与相关战略和目标的时间范围一致。由于许多企业的战略和目标着眼于短期到中期的时间范围，因而管理层自然会关注这个时间范围内的风险。如果战略方向和目标的某些方面延伸到较长的时期，管理层就需要关注较长时间内的风险。通过设定时间范围，企业能够更深入地了解风险的相对重要性，增强把控多种风险的能力。管理层在确定目标的实现程度时通常采用绩效指标，在考虑风险对实现特定目标的潜在影响时通常采用相同的或适合的计量单位。

3.评估技术

企业的风险评估方法包括定性和定量技术的组合。当风险不适合量化，或者定量评估所需的充分、可靠的数据实际上无法取得，或者获取和分析数据不符合成本效益原则时，管理层通常采用定性评估技术。定量评估技术通常更精确，应用于更复杂的活动中，以便对定性评估技术进行补充。定量评估技术一般需要更高程度的努力和严密性，有时采用数学模型。定量评估技术高度依赖支持性数据和假设的质量，适用于评估拥有历史数据、已知变化频率且允许进行可靠预测的风险暴露。

常见的定量风险评估技术有：

（1）标杆管理。

标杆管理是企业群体之间的协作过程，专注于特定事项或流程，采用通用指标对结果进行衡量和比较，并识别改进机会。人们通常收集有关事项、流程和计量指标的数据来比较绩效。一些企业运用标杆管理来评估整个行业的潜在事项的可能性和影响。

（2）概率模型。

概率模型基于特定的假设将一系列事项及其造成的影响与这些事项发生的可能性联系起来，在历史数据或反映未来行为假设的模拟结果的基础上，对可能性和影响进行评估。概率模型包括风险价值、现金流风险、收益风险以及信贷和经营损失分布的计算等。概率模型可以采用不同的时间范围，以估计诸如金融工具价值随时间变化的范围等结果。概率模型还可以用来评估期望结果或平均结果，以及极端的或非期望的影响。

（3）非概率模型。

非概率模型在估计事项的影响时使用主观假设，而不对相关可能性进行量化。对事项影响的评估基于历史或模拟数据以及未来行为假设。非概率模型包括敏感性度量、压力测试和情景分析。

此外，如果潜在事项不相关，管理层就要对它们分别进行评估，但是当事项之间存在相关性，或者事项组合及其相互作用以显著不同的可能性或影响出现时，管理层就要把它们放在一起来评估。尽管单一事项的影响可能较小，但一系列事项或组合事项的影响可能更为显著。如果风险可能影响多个业务单元，那么管理层可以将它们归入共同的事项类别，并且首先按业务单元考虑，然后在企业范围内把它们放在一起考虑。事项的性质及其是否相关可能影响评估技术的选择。例如，当评估可能产生极端影响的单一事项时，管理层可以使用压力测试；当评估多个事项的影响时，管理层可能会发现模拟或情景分析更有用。关注风险的可能性和影响之间的相关性是管理层的重要职责。有效的企业风险管理要求风险评估考虑固有风险，并且在采取风险应对措施后再次进行评估。

六、风险应对

评估相关风险后，管理层就要确定风险应对措施。风险应对措施包括风险规避、风险降低、风险分担和风险承受。在考虑风险应对措施的过程中，管理层要评估其对风险的可能性和影响的效果，以及成本与效益，并选择一种能够把剩余风险控制在期望的风险容忍度范围内的应对措施。管理层识别所有可能存在的机会，从企业整体或业务组合的角度审视风险，判断总体剩余风险是否在企业的风险偏好范围内。

1.风险应对的类型

风险应对措施可以分为以下几种类型：

（1）风险规避，即退出产生风险的活动，比如退出某项业务、拒绝拓展至新的地区，或出售一个部门。

（2）风险降低，即采取行动以降低风险的可能性或影响，或者同时降低两者，这几乎涉及各种日常的经营决策。

（3）风险分担，即通过转移或以其他方式分担部分风险，从而降低风险的可能性或影响。常见的方式包括购买保险产品、进行套期保值交易或外包某项业务活动。

（4）风险承受，即不采取任何行动去干预风险的可能性或影响。

风险规避意味着企业没有找到能把风险的影响和可能性降低到可接受水平的其他措施，风险降低和风险分担会把剩余风险降低到与期望的风险容量一致的水平，风险承受则表明固有风险已经在风险容忍度范围内。

在确定风险应对方式时，管理层应考虑以下因素：

（1）备选的应对方式对风险的可能性和影响的效果，即哪些应对措施与企业的风险容忍度一致；

（2）备选的应对方式的成本与效益；

（3）可能实现企业目标的机会，而不仅仅是应对特定风险。

2.评估可能的风险应对

分析固有风险并评估应对方式的目的在于使剩余风险水平与企业的风险容忍度一致。有时候，几种应对方式中的任何一种都可以使剩余风险与风险容忍度一致；有时候，应对方式的组合可以带来最优的效果；有时候，一种应对方式可能影响多重风险，在这种情况下，管理层可能需要决定不采取额外行动来应对特定风险。

在遴选风险应对方案时，管理层要考虑其对风险的可能性和影响的效果。管理层可以考虑过去发生的事件和历史趋势，以及潜在的未来情景。在评估备选的应对方式时，管理层通常要使用与相关目标相同或适合的度量单位来确定其潜在效果。

企业还必须考虑各种风险应对方案的成本与效益，而对成本与效益的计量精确度存在差异。一般来说，成本计量比较容易，因为成本在很多情况下可以被精确量化。企业通常会考虑与实施风险应对相关的所有直接成本以及可以实际计量的间接成本。一些企业还将与使用资源相关的机会成本也纳入考虑之中。但是，在某些情况下，人们很难量化风险应对的成本，量化的挑战可能出现在估算与特定应对方式相关的时间和工作量时，例如收集有关客户偏好变化、竞争对手活动等外部信息。应对方式的效益通常涉及更多的主观评价。例如，有效培训计划的好处通常是显而易见的，但难以量化。不过，在许多情况下，可以通过了解相关目标的实现情况来评估风险应对的效益。在考虑成本与效益的关系时，人们往往把风险视为相关的，这有助于管理层综合运用风险降低和风险分担方式。例如，当通过保险分担风险时，将风险合并到一个保单下可能更有利，因为在将多重风险暴露在一种融资安排下进行投保时，价格通常更低。

在考虑风险应对时，也可能识别出机会。风险应对所考虑的不仅是降低已经识别出来的风险，还应考虑给企业带来的新的机会。当现有的风险应对方案达到有效性的极限时，进一步的改进可能只会对风险的影响或可能性产生微小的变化，机会就可能出现。

3.选定应对方式

在评估替代风险应对方式后，管理层应决定如何管理风险，选择一种应对方式或应对方式组合，目的是将风险控制在风险容忍度范围内。这种应对方式或应对方式组合不一定要达到最低剩余风险，但如果风险应对导致剩余风险超过风险容忍度，管理层就要重新审视并修订应对方式。在特定情形下，管理层要重新考虑既定的风险容忍度。因此，风险与风险容忍度的平衡可能涉及一个迭代过程。

在评估固有风险的替代应对方式时，管理层需要考虑应对方式可能产生的额外风险。这也可能引发一个迭代过程，在管理层做出决策之前要考虑这些额外风险，包括那些可能不会立即显现出来的风险。管理层一旦选定应对方式，就要制订应对方案的实施计划。实施计划的一个关键部分是确定控制活动，以确保风险应对方案得以实施。之所以总会存在一定程度的剩余风险，不仅是因为资源有限，而且缘于未来存在不确定性且活动具有固有局限。

4.组合视角

企业风险管理要求管理层从企业整体或组合的角度考虑风险。管理层通常采取的方法是首先从各个业务单元、部门或职能机构的角度考虑风险，让负责人对本业务单元进行综合风险评估，反映该业务单元与其目标和风险容忍度相关的剩余风险状况。

在了解各业务单元的风险后，企业的高级管理层能够从组合视角判断企业的剩余风险状况和与其目标相关的整体风险偏好是否一致。不同业务单元的风险可能处于各自的风险容忍度范围内，但综合起来可能超过该企业的整体风险偏好。在这种情况下，需要采取不同的或额外的风险应对方式，以便将风险控制在企业的风险偏好范围内。相反，企业范围内的风险可能会自然而然地相互抵消。例如，某些业务单元风险较高，而其他业务单元风险较低，使得整体风险处于企业的风险偏好范围内，因而无须采取额外的风险应对方式。

风险的组合视角可以通过多种方式来描述。通过关注各业务单元的重大风险或事项类别，或运用风险调整资本或风险资本等指标衡量企业的整体风险，由此可以获得组合视角。在衡量与收益、增长以及其他绩效指标（有时与已配置的或可利用的资本相关）的目标相对应的风险时，这种综合衡量方式尤其有用。这种组合视角的衡量方式能够为在业务单元之间重新配置资本和修改战略方向提供有用的信息。

当从组合视角审视风险时，管理层可以判断是否维持既定的风险偏好。此外，管理层还可以重新评估所愿意承担的风险的性质和类型。如果从组合视角来看风险显著低于企业的风险偏好，管理层就可以激励个别业务单元的经理在目标领域内承担更大的风险，努力提升企业的整体增长和回报。

七、控制活动

控制活动是执行管理层确定的风险应对措施的规章制度和程序，用于确保风险应对措施的实施。程序是指人们直接或通过技术应用执行规章制度的行动。控制活动贯穿于组织各层级和各项职能，包括审批、授权、验证、对账、经营绩效审查、资产安全和职责分离等。控制活动可以根据与其相关的企业目标的性质进行分类，即战略、运营、报告和合规。尽管某些控制活动仅与一个类别相关，但通常存在重叠。根据具体情况，特定的控制活动可能有助于满足多个类别的企业目标。

1.与风险应对相结合

在选定风险应对策略后，管理层要确定用来确保这些风险应对策略得以适当和及时实施所需的控制活动。目标、风险应对和控制活动具有紧密的关联性。

在选择控制活动时，管理层要考虑控制活动是如何彼此关联的。有时候，单一控制活动可能涉及多种风险应对策略；有时候，需要多项控制活动来应对单一风险；有时候，管理层可能发现现有的控制活动足以确保新的风险应对策略得以有效执行。尽管控制活动一般是用来确保风险应对策略得以恰当实施的，但是对于某些目标而言，控制活动本身就是风险应对策略。

管理层在选择或审查控制活动时应考虑其与风险应对和相关目标的相关性与适用性。管理层既可以单独考虑控制活动的合理性，也可以综合把握风险应对措施和相关控制活动进而考虑剩余风险。控制活动是企业致力于实现其经营目标的重要组成部分。控制活动的实施并非仅仅出于自身目的，也不仅仅因为这似乎是"正确或恰当"的事情。

2.控制活动的类型

控制活动一般包括规章制度和程序两个要素。规章制度用于确定应该做什么，程序用于实施规章制度。控制活动可以分为预防性控制、检测性控制、手工控制、计算机控制和管理控制等，还可以根据特定的控制目标进行分类。常见的控制活动包括：

（1）高层审查。高层管理者审查实际绩效与预算、预测、前期数据和竞争对手的对比情况。

（2）直接职能或活动管理。职能机构或活动的负责人审查绩效报告。

（3）信息处理。执行多种控制措施以检查交易的准确性、完整性和授权情况。输入的数据要经过在线编辑检查，或与经批准的控制文件相匹配。

（4）实物控制。对设备、存货、证券、现金和其他资产进行保管，定期盘点，并与控制记录上显示的数量相比较。

（5）绩效指标。将不同的数据（经营或财务）彼此联系起来，并对相互关系进行分析，采取调查和纠正措施，构成一项控制活动。

（6）职责分离。将不同的职责分配给不同的人，以便降低错误或舞弊的风险。

通常情况下，要执行一系列控制措施来实施相关的风险应对策略。

3.信息系统控制

出于对信息系统在经营企业和实现报告与合规目标方面的普遍依赖，管理者需要对重要的系统进行控制。信息系统控制主要包括两类：一是一般控制，适用于大多数应用系统，确保系统持续稳定运行；二是应用控制，包括应用软件中对处理过程进行控制的计算机自动化步骤。一般控制和应用控制在必要的时候与人工实施的控制相结合，共同确保信息的完整性、准确性和有效性。

（1）一般控制。

一般控制包括对信息技术管理、信息技术基础架构、安全管理，以及软件获取、开发和维护等方面的控制，适用于所有系统。

①信息技术管理。这是指指导委员会对信息技术活动和改进计划进行监督、监控和报告。

②信息技术基础架构。这是指将控制应用于系统定义、获取、安装、配置、集成和维护。控制可能包括建立和强化系统性能的服务级别协议，维护系统可用性的业务持续性计划，跟踪网络性能以防止操作失败，以及安排计算机运行的进程。信息技术基础架构中的系统软件组件可能包括以下控制：管理层或指导委员会对重要的新获取信息的审查和批准，限制对系统配置和操作系统软件的访问，自动调整从中间设备软件存取的数据，以及对通信错误的奇偶校验位进行检测。系统软件控制还包括突发事件追踪、系统日志，以及对详细说明数据更改工具使用情况的报告的审查。

③安全管理。这是指逻辑访问控制（如安全密码）在网络、数据库和应用层限制访问。用户账户及相关访问权限控制有助于将授权用户限制在其完成工作所需的应用程序或应用功能范围内。互联网防火墙和虚拟私人网络能够保护数据免受未经授权的外部访问。

④软件获取、开发和维护。这是指对软件获取和执行的控制被纳入一个既定的流程中，用于管理变更事项，包括文件要求、用户验收测试、压力测试和项目风险评估。对源代码的访问要通过代码库加以控制。软件开发人员仅在隔离的开发与测试环境中工作，并且无权访问生产环境。对系统变更的控制包括变更请求所必需的授权，对变更、批准、文件记录和测试的审核，变更对其他信息技术组件的影响，压力测试结果，以及执行协议。

（2）应用控制。

应用控制直接关注数据获取和处理的完整性、准确性、授权及有效性。它有助于确保在需要时能获取或生成数据，支持应用程序的正常运行，并快速检测接口错误。应用控制的重要目标之一是防止错误进入系统，以及在错误出现后快速发现并予以纠正。为此，应用控制通常涉及在开发过程中植入应用程序的计算机自动化编辑检查，包括格式、存在性、合理性和其他数据检查。如果设计恰当，应用控制就能对进入系统的数据进行控制。

常见的应用控制包括：

①平衡控制活动。这是指通过手动或自动方式将输入的数据与控制总和进行对照，以检测数据获取是否存在错误。

② 校验位。这是指通过计算验证数据。例如，公司的零部件编号包含校验位，用于检测并纠正来自供应商的不准确订单。

③ 预定义数据列表。这是指为用户提供预定义的可接收数据列表。例如，公司的内部网站包含可供购买的产品下拉列表。

④ 数据合理性测试。这是指将获取的数据与现有的或学到的合理性模式进行比较。例如，一家家居装修零售店向供应商订购异常大量的木材，触发了审查。

⑤ 逻辑测试。逻辑测试包括使用范围限制或数值、字母测试。例如，政府机构通过检查所有输入的数字是否为九位数字来检测社会保障号码中是否存在潜在错误。

八、信息与沟通

识别和获取相关信息，并以适当的形式、在适当的时机进行沟通，有助于人们履行职责。信息系统利用内部生成的数据和外部信息，为管理风险和做出与目标相关的决策提供信息。有效的沟通在组织内部自上而下、横向以及自下而上地流动。所有员工都会从高层管理者那里收到明确的信息，即必须担负起企业风险管理的责任。他们了解自己在企业风险管理中的职责，以及个人活动与其他人员的工作之间的联系。他们必须有自下而上沟通重要信息的渠道，同时与外部利益相关方（如客户、供应商、监管机构和股东）也要保持有效的沟通。

每个企业都会识别并收集与管理该企业相关的各类信息，这些信息既涉及外部事项与活动，也涉及内部事项与活动。这些信息被以某种形式、在某个时间点传递给相关人员，使他们能够履行企业风险管理等职责。

1.信息

组织中的各个层级都要获取信息，用于识别、评估和应对风险，以及日常运营和实现组织目标。这些信息涵盖了与一个或多个目标类别相关的内容。来自内部和外部来源的运营信息（包括财务和非财务的）与多个经营目标相关。信息来自内部和外部的多种来源，以定量或定性的形式呈现，有助于应对变化的条件。难点在于管理层如何建立一套信息系统基础架构，用于获取、处理、分析和报告相关数据，并从大量数据中提炼有用的信息。信息系统可能是正式的，也可能是非正式的。

随着人们对复杂信息系统、数据驱动的自动化决策系统与流程的依赖性与日俱增，数据的可靠性变得至关重要，不准确的数据可能导致未识别的风险或评估不佳和不良的管理决策。管理层要确定以下内容：①内容是否适当，信息的详细程度是否适当？②信息是否及时，是否在需要时可用？③信息是否最新？④信息是否准确，数据是否正确？⑤信息是否易于获取，是否易于被需要它的人取得？

为了提高数据的质量，企业要建立整个企业范围的数据管理计划，包括相关信息的获取、维护和分发。如果没有这些计划，信息系统可能无法提供管理层和其他人员所需的信息。为了应对这些挑战，管理层要制订一套战略计划，明确对数据完整性的职责，并定期进行数据质量评估。

2.沟通

沟通是信息系统的内在组成部分。信息系统应当向适当人员提供信息，以便他们能履行经营、报告和合规职责。与此同时，沟通的内容要更宽泛，涉及期望、个人和团队的责任以及其他重要事项。

（1）内部沟通。

管理层提供具体的且有针对性的沟通，内容涉及行为期望和人员责任，包括对企业的风险管理理念和方法的清晰表述以及明确授权。有关流程和程序的沟通应与期望的文化一致并为后者提供支持。沟通应有效传递以下信息：①有效的企业风险管理的重要性和相关性；②企业的目标；③企业的风险偏好和风险容忍度；④通用的风险语言；⑤员工在实施和支持企业风险管理的构成要素中的职责。

所有员工，尤其是那些承担重要经营职责或财务管理职责的人员，需要从高层管理者那里收到明确的信息，即企业风险管理必须得到严格推行。信息的明确性及沟通的有效性都很重要。员工需要知道他们的活动与其他人的工作有何关联。这种认知对于识别问题、确定问题产生的原因及采取纠正措施很有必要。此外，他们还要知道哪些行为被认为是可以接受的，哪些行为是不可接受的。

每天处理关键运营问题的一线员工通常最有可能在问题甫一出现就立即识别出来，沟通渠道应确保员工能在各业务单元、流程或职能机构之间横向及自下而上地沟通风险信息。要报告此类信息，必须有畅通的沟通渠道和愿意倾听的态度。员工必须相信他们的上级真正想知道问题并将有效处理问题。在大多数情况下，组织中的正常报告路径就是适当的沟通渠道。但在某些情况下，需要单独的沟通渠道，以作为正常渠道失效时的备用路径。如果没有畅通的沟通渠道和愿意倾听的态度，信息的向上流动就可能会被阻塞。重要的是，员工应该知晓，报告相关信息不会受到任何报复。通过建立鼓励员工报告涉嫌违反企业行为准则的机制，以及对报告人员的妥善对待，能够向员工传递明确的信号。相关且全面的行为准则，加上员工培训课程以及持续的企业沟通和反馈机制，再加上高层管理者通过行动树立的正确榜样，可以强化这些重要信息。

在所有关键的沟通渠道中，高层管理者与董事会之间的沟通最为重要。管理层必须让董事会了解绩效、风险和企业风险管理的运作情况，以及其他相关事件或问题。沟通越充分，董事会就越能有效地履行其监督职责——作为管理层在关键问题上的反馈渠道，监控其活动并提供建议、咨询和指导。同样，董事会应向管理层传递信息需求，并提供反馈和指导。

（2）外部沟通。

不仅要在企业的内部进行适当的沟通，还要与外部各方进行沟通。通过畅通的外部沟通渠道，客户和供应商可以就产品或服务的设计或质量提供非常重要的反馈，从而使企业能够应对不断变化的客户需求或偏好。

有关企业的风险偏好和风险容忍度的开放沟通十分重要，对于通过供应链与其他企业联系在一起的企业或电子商务企业而言更是如此。在这种情况下，管理层要考虑如何使其风险偏好和风险容忍度与业务伙伴相协调，确保企业不会因为业务伙伴不经意地承受过大的风险。与利益相关者、监管者、财务分析师和其他外部各方的沟通提供了与他们的需求相关的信息，这样他们就能够快速地了解企业所面临的情形和风险。这些沟通应该是有意义的、相关的、及时的，并且符合法律和监管的要求。管理层对外部各方的沟通承诺——无论是开放的、主动的沟通，还是在后续行动中严肃的沟通——也会向整个组织传递信息。

（3）沟通方式。

沟通可以采取类似制度手册、备忘录、电子邮件、公告板通知、网络直播和视频消息等方式。管理层与员工打交道的方式能传递强有力的消息。管理者应该牢记"行胜于言"。而他们的行为又受到企业历史和文化的深刻影响，这种影响源自过去他们对前辈在类似情形下的处理方式的观察。一家诚信经营、企业文化被全体员工充分理解的企业，很可能在传达信息方面不会遇到太多的困难，而没有这种传统的企业就需要在沟通方式上倾注更多的努力。

九、监督

企业风险管理随着时间而变化，曾经有效的风险应对可能失效；控制活动可能效果不佳甚至不再被执行，企业的目标也可能发生变化。管理层需要随时对企业风险管理构成要素的存在和运行进行评估，从而监督企业风险管理的有效性，通常通过持续监督活动、单独评价或者两者相结合来实施监督。持续监督活动是管理层日常活动的一部分。单独评价的范围和频率主要取决于对风险的评估和持续监督程序的有效性。关于企业风险管理的缺陷应报告给上级，严重的问题应报告给高级管理层和董事会。

1.持续监督活动

持续监督是嵌入企业日常、重复的运营活动中的，是实时进行的，能够动态地对变化条件做出反应，并且植根于企业之中，因此比单独评估更有效。在企业日常运营过程中，许多活动可以监督企业风险管理的有效性。这些活动源于常规管理活动，可能涉及差异分析、多源信息比较、意外事件处理。持续监督活动通常由一线运营管理人员或职能支持经理执行，他们会对收到的信息进行深入分析，关注这些信息所包含的意义，如相互之间的关联、不一致等，进而提出问题，并在必要时与其他人员跟进，以确定是否需要采取纠正措施或其他措施。持续监督活动与业务规程所要求执行的控制活动不同。常见的持续监督活动包括管理者复核经营报告、管理者与员工讨论问题等，而作为信息系统或会计流程中必要步骤的交易审批、对账以及对主存储器进行更改的准确性验证应归入控制活动。

2.单独评价

单独评价直接关注企业风险管理的有效性，评估持续监督程序的有效性。

（1）评价范围和频率。

企业风险管理的评价范围和频率取决于风险的重要性以及风险应对措施及相关控制在风险管理中的重要性。对于优先级高的风险领域及应对措施往往需要更频繁地进行评估。对企业风险管理的整体评估通常比对特定部分的评估频率更低，这可能是由多种原因触发的，比如重大战略或管理变化、收购或处置、经济或政治条件的变化，以及运营或信息处理方式的变化。当决定对企业进行全面风险管理评估时，应关注其在战略制定以及重大活动中的应用。评估范围还取决于要涵盖的目标类别，即战略、运营、报告和合规目标。

（2）评价主体。

评价通常以自我评估的形式开展，也就是特定业务单元或职能机构的负责人针对自身开展的企业风险管理活动的有效性进行评估。例如，分部的总负责人评估与战略选择和高级目标相关的风险管理活动以及内部环境要素；而分部内各运营活动的负责人评估与其职责范围相关的企业风险管理构成要素的有效性，如一线经理专注于经营和合规目标，财务主管专注于报告目标。该分部的自我评估结果会与其他分部的自我评估结果一同被提交给高级管理层进行综合考虑。

内部审计师通常会在履行常规职责的过程中开展评估，或应高级管理层、董事会或子公司、分部高管的具体要求进行评估。管理层在考虑企业风险管理的有效性时，可以参考外部审计师的意见。企业在开展管理层认为必要的评估程序时，可以采取多种活动相结合的方式。

（3）评价过程。

评价企业风险管理本身是一个过程。尽管方法或技术各有不同，但也应引入一定的规范，并且该过程应包含某些基本要素。评估者必须了解企业的各项活动以及正在评估的每个企业风险管理构成要素。评估者首先应关注企业风险管理的预期运行方式（有时被称为系统或流程设计），其次应明确系统实际上是如何运行的。评估者要分析企业风险管理流程设计和测试结果。这种分析的前提条件是管理层为每个组成部分设定了标准，最终目的是确定该流程是否为实现既定目标提供了合理保证。

（4）评价方法。

有多种评价方法和工具可供选择，包括清单、问卷和流程图技术。作为评价方法的一部分，一些企业会将自身的企业风险管理流程与其他企业进行比较，或以其他企业的企业风险管理作为标杆。有些企业可以提供比较信息，有些行业中的同业复核机构可以帮助企业了解企业风险管理的同业比较情况。

（5）文档记录。

企业风险管理的文档化程度因企业的规模、经营复杂性等因素而异。大型组织通常有书面制度手册、正式的组织结构图、书面职位描述、操作说明、信息系统流程图等，而小型企业通常书面化程度较低。

企业风险管理的许多方面是非正式的且不成文的，但仍然正常执行且非常有效。这些活动可以通过与明文规定相同的方式进行测试。企业风险管理要素未形成文字并不意味着它们无效，也不意味着不能对它们进行评估。不过，适当数量的明文规定通常可以使评估更有效且效率更高。评估者也可能会亲自记录评估过程本身。

3.报告缺陷

企业风险管理的缺陷可能来自持续监督程序、单独评价和外部方面。缺陷是企业风险管理中值得关注的状况，可能代表感知到的、潜在的或实际的不足，或者是一个机会，可以通过加强企业风险管理来增加企业目标实现的可能性。

所有影响企业战略制定、实施及目标设定和实现能力的企业风险管理缺陷，都应被报告给能采取必要行动的人员。除了报告缺陷外，还应报告识别出的增加企业目标实现可能性的机会。在运营活动中收集的信息通常通过正常渠道报告给直接上级，他们可能会再向上级汇报或进行横向沟通，以使信息最终到达能够且应该采取行动的人员那里。企业还应设置其他沟通渠道，用于报告敏感信息，如非法行为或不当行为。企业风险管理缺陷通常不仅应被报告给所涉及职能或活动的负责人，还应被报告给至少比该负责人高一级的管理层，为其采取纠正措施提供所需的支持或进行监督，并且要与组织内其他可能受到影响的人员进行沟通。如果发现的问题超出组织边界，则应跨级汇报并呈交给足够高的层级，以确保管理层能采取适当措施处理问题。

本节讨论题
1.什么是企业风险管理？
2.COSO企业风险管理的构成要素有哪些？如何理解它们之间的关系？

第三节　企业风险管理与内部控制的关系

COSO企业风险管理与内部控制联系紧密，二者在内涵、目标、内容、构成要素、职能与责任方面既有共性，也有差异。

一、内涵界定

从内涵来看，内部控制被涵盖在企业风险管理之内，是其不可分割的一部分。企业风险管理比内部控制在内涵上更广泛，拓展和细化了内部控制，形成了一个从战略角度、更全面地关注风险、更加合理的概念。《内部控制——整合框架》本身对于那些着眼于内部控制的企业和其他方面仍然有效。

二、目标分类

从目标分类来看，内部控制框架（1992）明确了经营、报告和合规三类目标。内部控制框架（1992）中的报告目标仅与公开财务报表的可靠性有关，内部控制框架（2013）将其拓展到对内、对外财务和非财务报告，与企业风险管理框架基本一致。企业风险管理明确了三个类似的目标类别，即经营、报告和合规。其中，报告包括企业编制的对内报告和对外报告，比如管理层使用的内部报告以及那些向外部各方发布的报告，如监管申报材料和提供给其他利益相关者的报告。报告的内容也从财务报表拓展至更加广泛的财务信息以及非财务信息。企业风险管理框架增加了另一类目标，即战略目标，它处于比其他目标更高的层次。战略目标来自一个企业的使命或愿景，经营、报告和合规目标必须与其一致。

三、风险管理的内容

从风险管理内容来看，企业风险管理框架引入了"风险偏好"和"风险容忍度"这两个概念。风险偏好是企业在追求使命或愿景时愿意承受的总体风险水平，它在战略制定和相关目标的选择中起到指向标的作用。风险容忍度是相对于目标的实现而言所能接受的偏离程度。在确定风险容忍度的过程中，管理层要考虑相关目标的相对重要性，并使风险容忍度与风险偏好一致。在风险容忍度以内经营为管理层提供了关于企业保持在其风险偏好范围内的更大保证，进而为企业的目标实现提供了更大的可能性。内部控制框架中没有的一个概念是"风险的组合视角"，企业风险管理除了在实现企业目标的过程中关注风险，还从组合的视角考虑复合风险。

四、构成要素

从构成要素来看，企业风险管理框架通过更为关注风险，拓展了内部控制框架的风险评估要素，形成目标设定（在内部控制中是先决条件）、事项识别、风险评估和风险应对四个构成要素。

1.内部环境

在讨论环境要素时，企业风险管理框架讨论了企业的风险管理理念，这是一整套共同的信念和态度，它决定着企业如何考虑风险、反映了企业的价值观，并影响其文化和经营风格。该框架包含"风险偏好"的概念，这一概念由更具体的风险容忍度所支撑。

鉴于董事会及其构成的重要性，企业风险管理框架拓展了内部控制框架中关于独立董事数量的要求，指出为了使企业风险管理有效，董事会中必须有占多数的独立外部董事。

2.事项识别

企业风险管理和内部控制框架都承认风险发生在企业的各个层次上，并且来源于许多内部和外部因素。此外，两个框架都以对目标实现的潜在影响为背景来考虑风险识别。

企业风险管理框架讨论了"潜在事项"的概念，将事项定义为源于内部或外部的、影响战略实施或目标实现的事故或事件。具有正面影响的潜在事项意味着机会，具有负面影响的潜在事项意味着风险。企业风险管理涉及运用各种技术的组合来识别潜在事项，这些技术既考虑过去的情况，也关注新出现的趋势以及引发这些事项的因素。

3.风险评估

尽管内部控制和企业风险管理框架都要求从某一风险发生的可能性及潜在影响的角度来评估风险，但企业风险管理框架建议从一个更敏锐的视角来开展风险评估。风险应从固有风险和剩余风险两个方面进行评估，并且最好采用与相关目标所构建的计量单位相同的单位来表述风险。评估风险的时间范围应与企业的战略和目标的时间范围一致，并且在可能的情况下，应与可观测的数据一致。企业风险管理框架还要求关注相互关联的风险，描述一个单独的事项可能会产生多重风险。

企业风险管理涵盖管理层需要从企业整体层面形成风险组合视角的必要性。在业务单元、职能机构、流程或其他活动的负责人对各自负责部分的风险进行综合评估后，企业层面的管理层将从"组合"的视角来考虑风险。

4.风险应对

企业风险管理框架明确了四类风险应对方式，即规避、降低、分担和承受。作为企业风险管理的一部分，管理层从这些类别中考虑潜在的应对措施，并以达到与企业的风险容忍度一致的剩余风险水平为目的来评估这些应对措施。在对风险应对措施进行单独或整体考虑之后，管理层还会评估风险应对措施在整个企业范围内的综合效果。

5.控制活动

两个框架均引入控制活动，以确保管理层的风险应对措施得以实施。企业风险管理框架明确指出，在某些情况下，控制活动本身也起到了风险应对的作用。

6.信息与沟通

企业风险管理框架拓展了信息与沟通要素，强调对过去、现在和未来事项的数据的关注。历史数据使企业能够对照目标、计划和期望来追踪实际业绩，了解企业在不同历史条件下的绩效表现。现在或当前状态的数据提供了重要的补充信息，而关于未来事项的数据及基础因素的数据则使信息分析更加完善。信息系统基础架构获取和收集与企业识别事项、评估和应对风险以及处于风险偏好范围内相符的数据。

五、职能与责任

两个框架均聚焦于作为内部控制和企业风险管理的一部分或为其提供重要信息的各项职能与责任。企业风险管理框架描述了风险负责人的职能与责任，并扩展了企业董事会的职能。

本节讨论题

1.COSO企业风险管理与内部控制在目标方面有哪些联系和区别？

2.COSO企业风险管理与内部控制在构成要素上有哪些联系和区别？

第四节　COSO《企业风险管理——与战略和绩效整合》

2017年9月，COSO发布了《企业风险管理——与战略和绩效整合》，在风险管理理念、框架、构成要素和原则以及企业风险管理与价值、战略、绩效、决策之间的关系等多个方面进行了重大调整和更新，并结合社会经济、技术环境的变化展望了企业风险管理未来的发展趋势。

一、企业风险管理的相关概念

COSO发布的《企业风险管理——与战略和绩效整合》重新界定了企业风险管理的相关概念。

（一）企业风险管理的前提

企业风险管理的基本前提是：无论是营利性组织，还是政府和非营利组织，存在的目的都是为利益相关者提供价值。

企业风险管理的其他前提如下：

（1）所有组织在追求价值的过程中都面临风险。

（2）风险影响组织实现战略和经营目标的能力，因此管理层要确定组织可接受的风险量。

（3）有效的企业风险管理有助于董事会和管理层优化结果，目标是增强创造、保持和最终实现价值的能力。

（二）企业风险管理与价值

组织价值主要由管理层决策（从总体战略决策到日常决策）决定。这些决策决定了价值的创造、保持、侵蚀或实现。

（1）创造价值。如果从所配置的资源中获得的收益超过这些资源的成本，就创造了价值。例如，如果一款新产品成功设计出来并上市销售，取得正的边际利润，就创造了价值。所配置的资源可以是人力资源、财务资本、技术、流程和市场地位（品牌）。

（2）保持价值。如果日常经营中配置的资源能够维持已创造出来的收益，价值就得到了保持。例如，如果生产能力足以支撑企业持续提供优质的产品和服务，从而获得满意且忠诚的顾客和利益相关者，价值就得到了保持。

（3）侵蚀价值。如果管理层实施的战略未能达到预期结果，或未能执行日常任务，价值就被侵蚀了。例如，如果大量资源被用于开发新产品，随后又不得不放弃该产品的上市，就导致价值被侵蚀。

（4）实现价值。当利益相关者从组织创造的价值中获益时，价值得以实现。这些收益可以是货币形式的，也可以是非货币形式的。

（三）使命、愿景、核心价值观和战略

使命、愿景和核心价值观决定了组织目标及业务开展方式，它们向利益相关者传递了组织的目的。

（1）使命。这是组织的核心目的，确定了组织希望实现的目标及组织存在的理由。

（2）愿景。这是组织对其未来状态的愿望，或其在未来希望实现的目标。

（3）核心价值观。这是组织关于什么是好的或坏的、可接受或不可接受的信念和理念，它们会影响组织的行为。

战略是组织为实现使命和愿景、围绕组织的核心价值观制订的计划。它涉及资源的有效配置和有效决策，还为在整个组织内设定经营目标提供了路线图。企业风险管理并不直接决定组织的战略制定，但会对其产生影响。

（四）企业风险管理与其他方面的整合

企业风险管理实践与经营的其他方面整合，包括治理、绩效管理和内部控制实践。

（1）治理。治理是指职能、权力和责任在利益相关者、董事会和管理层之间的分配。治理的某些方面超出了企业风险管理的范畴（例如董事会成员的招聘和评价，确立主体的使命、愿景和核心价值观）。

（2）绩效管理。绩效涉及实现或超越主体的战略和经营目标的活动、任务和职能。绩效管理致力于有效配置资源。它涉及将这些活动、任务和职能依据预设目标（短期和长期）进行衡量，并确定这些目标是否实现。

（3）内部控制实践。企业风险管理包含内部控制的部分概念。内部控制是组织为实现目标而实施的流程。内部控制帮助组织识别和分析实现目标的风险以及如何管理这些风险。它使管理层专注于努力实现企业的经营和绩效目标，同时遵守相关法律法规。企业风险管理的一些相关概念在内部控制中未被考虑，比如风险偏好、容忍度，战略和目标等概念是在企业风险管理中设定的，但在内部控制中被视为前提条件。

（五）企业风险管理

企业风险管理是文化、能力和实践与战略设定及绩效的整合，使组织得以管理价值创造、价值保持和价值实现中存在的风险。文化是关于风险的态度、行为和理解，包括积极的和消极的，它们影响管理层和员工的决策，并反映组织的使命、愿景和核心价值观。实践是主体内配置的与管理风险相关的措施和方法。

对企业风险管理的深入理解强调其通过以下方式管理风险：

1. 认知文化

企业各层级的人员通过他们的言行塑造企业文化。正是这些人员确定了企业的使命、战略和业务目标，并开展企业风险管理实践。同样，企业风险管理影响人们的决策和行动。每个人都有一个独特的参照点，这影响了他们识别、评估和应对风险的方式。企业风险管理有助于人们在理解文化塑造具有重要作用的前提下做出决策。

2. 发展能力

企业追求各种竞争优势以创造价值。企业风险管理提升了组织成员实现使命和愿景所需的技能，并预见可能阻碍成功的挑战。适应能力强的企业更具韧性，能够更好地突破市场和资源的约束，并抓住发展机遇。

3. 应用实践

企业风险管理不是静态的，也不是业务的附属品，而是持续应用于企业经营活动的全过程，包括特殊项目和新举措。它是企业各个层级管理决策的一部分。

企业风险管理实践从企业的最高层级开始，并贯穿于部门、业务单元和职能。这些实践旨在帮助企业内的人员更好地理解战略、设定的业务目标、存在的风险、可接受的风险量、风险如何影响绩效，以及他们预期如何管理风险。反过来，这种认知为各层级管理者进行决策提供支持，并有助于减少组织偏见。

4. 与战略制定和绩效整合

组织制定的战略与使命和愿景一致并为它们提供支撑。组织还会设定从战略中衍生的业务目标，这些目标被逐级传递到企业的业务单元、部门和职能。在最高层级，企业风险管理与战略制定整合，管理层了解企业的整体风险概况以及替代战略对风险概况的影响。管理层特别关注因创新和新业务活动而产生的各种新机会。此外，通过将企业风险管理融入组织的核心运营，管理层更有可能发现新的业务拓展机会。企业风险管理还会与其他管理流程整合。通过将企业风险管理实践与企业的运营活动整合，并了解风险如何潜在地影响整个企业而不仅仅是某一领域，企业风险管理可以变得更有效。

5. 管理战略和经营目标的风险

企业风险管理是执行战略和实现业务目标的重要组成部分。设计良好的企业风险管理实践为管理层和董事会提供了合理预期，即他们可以实现企业的整体战略和业务目标。拥有合理的预期意味着实现战略和业务目标的风险量对该企业而言是适当的，也意味着管理层和董事会认识到没有人能精确地预测风险。

6. 与价值衔接

组织必须在与其风险偏好相关的战略和业务目标的前提条件下管理风险，即确定在追求价值的过程中组织愿意在总体上接受的风险类型和数量。企业的使命和愿景是风险偏好的首要表达。不同的战略将使企业暴露于不同类型的风险或同一风险的不同风险量。

二、企业风险管理的框架与构成要素

新的企业风险管理框架强调了企业风险管理在战略规划中的重要性，以及全面嵌入组织的必要性，这是因为风险会影响部门和职能的战略与绩效。新框架未采用以往立方体框架的表示方式，而是以五条色带表示五个相互关联的要素，如图7-2所示①。战略和目标设定、执行、审核和纠正三条色带（图7-2左边下方起）代表一般流程；治理和文化，信息、沟通和报告两条色带（图7-2左边上方起）代表企业风险管理的支持方面。

企业风险管理

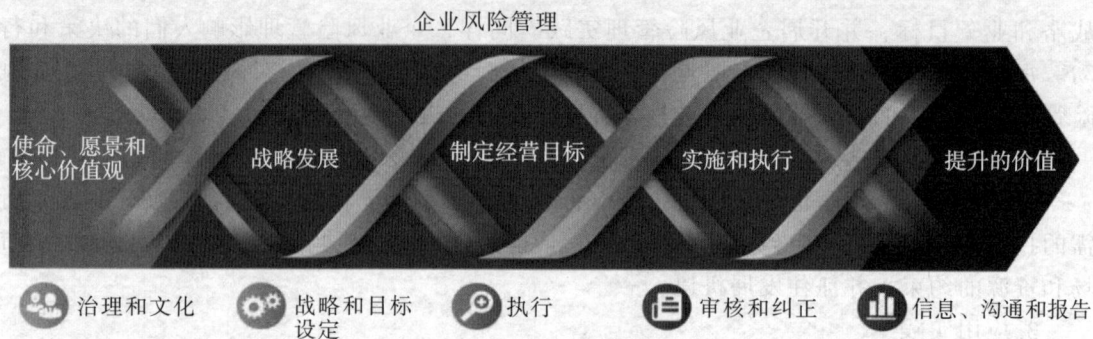

使命、愿景和核心价值观　　战略发展　　制定经营目标　　实施和执行　　提升的价值

治理和文化　　战略和目标设定　　执行　　审核和纠正　　信息、沟通和报告

图7-2　企业风险管理的框架

1.治理和文化

治理和文化共同构成企业风险管理其他要素的基础。治理设定了组织的基调，强化了企业风险管理的重要性，并确立了对其进行监督的职责；文化涉及组织内的道德价值观、期望的行为和对风险的理解，这些因素会体现在决策中。

2.战略和目标设定

企业风险管理通过设定战略和经营目标的流程融入企业的战略规划。借助对经营环境的了解，组织能够洞察内部和外部因素及其对风险的影响。组织要结合战略制定过程设定其风险偏好。经营目标要由战略付诸实施，并决定企业的日常经营和优先事项。

3.执行

企业要识别和评估可能影响其实现战略和经营目标能力的风险，在此过程中，企业要进一步识别并评估可能影响战略和经营目标实现的风险。企业要根据风险的严重性以及自身的风险偏好对风险进行排序，然后选择相应的风险应对策略，并监督风险状况的变化。通过这种方式，企业会构建一个风险组合视图，以反映其在追求战略和整体经营目标过程中所承担的风险总量。

4.审核和纠正

通过审核企业的风险管理能力和实践，以及相对于其目标的绩效表现，企业可以考虑其风险管理能力和实践在多大程度上随着时间的推移增加价值，并在面对重大变化时继续推动价值增长。

5.信息、沟通和报告

沟通是持续、反复的信息获取和信息在企业内分享的过程。管理层使用内部和外部来源的相关信息以支持企业风险管理。组织利用信息系统获取、处理与管理数据和信息。通过运用适用于所有要素的信息，组织形成关于风险、文化和绩效的报告。

三、企业风险管理的原则

企业风险管理的五个构成要素由一套原则支撑，如图7-3所示。

---

①　参见COSO《企业风险管理——与战略和绩效整合》（2017）。

企业风险管理

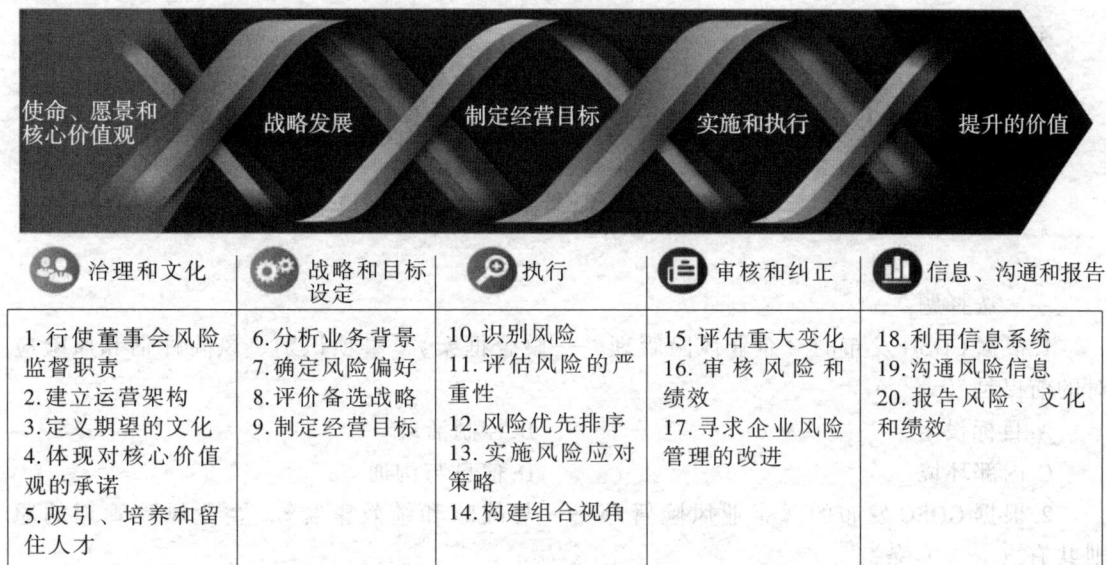

治理和文化	战略和目标设定	执行	审核和纠正	信息、沟通和报告
1.行使董事会风险监督职责 2.建立运营架构 3.定义期望的文化 4.体现对核心价值观的承诺 5.吸引、培养和留住人才	6.分析业务背景 7.确定风险偏好 8.评价备选战略 9.制定经营目标	10.识别风险 11.评估风险的严重性 12.风险优先排序 13.实施风险应对策略 14.构建组合视角	15.评估重大变化 16.审核风险和绩效 17.寻求企业风险管理的改进	18.利用信息系统 19.沟通风险信息 20.报告风险、文化和绩效

图7-3 企业风险管理的原则

（1）行使董事会风险监督职责。董事会监督战略制定并履行治理职责，支持管理层实现战略和运营目标。

（2）建立运营架构。为实现战略和经营目标，组织要建立运营架构。

（3）定义期望的文化。组织要定义反映其期望的文化的行为规范。

（4）体现对核心价值观的承诺。组织要体现对其核心价值观的承诺。

（5）吸引、培养和留住人才。组织致力于根据战略和经营目标获取人力资本。

（6）分析业务背景。组织要考虑业务背景对风险概况的潜在影响。

（7）确定风险偏好。组织要在创造、保持和实现价值的前提下确定风险偏好。

（8）评价备选战略。组织要评价备选战略及其对风险概况的潜在影响。

（9）制定经营目标。组织在制定各个层次的目标时考虑风险，以确保这些目标与战略一致并支持战略。

（10）识别风险。组织要识别影响战略目标和经营目标实现的风险。

（11）评估风险的严重性。组织要评估风险的严重性。

（12）风险优先排序。组织要对风险进行排序，作为选择风险应对策略的基础。

（13）实施风险应对策略。组织要识别并选择风险应对措施。

（14）构建组合视角。组织要构建并评估风险组合视角。

（15）评估重大变化。组织要识别并评估对战略和经营目标产生重大影响的变化。

（16）审核风险和绩效。组织要审核绩效，并考虑风险。

（17）寻求企业风险管理的改进。组织要致力于改进企业风险管理。

（18）利用信息系统。组织要利用信息和技术系统支持企业风险管理。

（19）沟通风险信息。组织要利用沟通渠道支持企业风险管理。

（20）报告风险、文化和绩效。组织要在多个层级和企业范围内报告风险、文化和绩效。

本节讨论题

1.如何理解COSO发布的《企业风险管理——与战略和绩效整合》（2017）的内涵？
2.COSO发布的《企业风险管理——与战略和绩效整合》（2017）的构成要素有哪些？

本章测试题

一、选择题

1.根据COSO发布的《企业风险管理——整合框架》，事项识别、风险评估和风险应对的前提是（　　）。

A.目标设定　　　　　　　　　　B.控制活动

C.内部环境　　　　　　　　　　D.信息与沟通

2.根据COSO发布的《企业风险管理——与战略和绩效整合》，企业风险管理的原则共有（　　）条。

A.18　　　　　　B.19　　　　　　C.20　　　　　　D.21

3.根据COSO发布的《企业风险管理——整合框架》，企业风险管理的构成要素包括（　　）。

A.内部环境　　　B.目标设定　　　C.事项识别　　　D.控制活动

4.根据COSO发布的《企业风险管理——整合框架》，企业风险管理的目标包括（　　）。

A.战略目标　　　B.经营目标　　　C.报告目标　　　D.合规目标

5.根据COSO发布的《企业风险管理——与战略和绩效整合》，企业风险管理的构成要素包括（　　）。

A.治理和文化　　　　　B.战略和目标设定　　　　　C.实施

D.审核和纠正　　　　　E.信息、沟通与报告

6.根据COSO发布的《企业风险管理——整合框架》，事项识别要评估的内容包括（　　）。

A.可能性　　　　B.影响　　　　C.风险偏好　　　D.风险容忍度

二、判断题

1.根据COSO的概念框架，企业风险管理包括企业内部控制。　　　　　　（　　）

2.根据COSO的概念框架，组织的内部环境对企业风险管理的持续实施和有效发挥作用具有重大影响。　　　　　　　　　　　　　　　　　　　　　　　　（　　）

3.根据COSO的风险管理概念框架，目标应设定在战略层次，它为经营、报告和合规目标奠定了基础。　　　　　　　　　　　　　　　　　　　　　　　　（　　）

4.根据COSO的风险管理概念框架，战略、经营、报告和合规目标是同一层次的目标。　　　　　　　　　　　　　　　　　　　　　　　　　　　　　　（　　）

本章作业题

1. 在COSO于2017年和2004年发布的企业风险管理框架中，企业风险管理的内涵和构成要素有哪些不同？

2. 总结COSO企业内部控制与风险管理的发展趋势和特点。

第八章　主要业务流程与控制活动

本章学习目标

1.理解和掌握内部控制各构成要素的主要内容；

2.熟悉和掌握企业主要业务流程及其控制活动。

第一节　组织架构、发展战略、人力资源

一、组织架构

（一）目标

促进企业实现发展战略，优化治理结构、管理体制和运行机制，建立现代企业制度。

（二）主要风险

企业至少应当关注组织架构设计与运行中的下列风险：

（1）治理结构形同虚设，缺乏科学决策、良性运行机制和执行力，可能导致企业经营失败，难以实现发展战略。

（2）内部机构设计不科学，权责分配不合理，可能导致机构重叠、职能交叉或缺失、推诿扯皮，运行效率低下。

（三）主要流程与控制措施

1.组织架构的设计

（1）董事会、监事会、经理层的职责与权限。

（2）"三重一大"事项的集体决策、审批或者联签制度。

（3）内部职能机构设置。

（4）岗位权限设置。

（5）组织架构制度或文件（例如组织架构图、职责说明书、岗位说明书等）。

2.组织架构的运行

（1）治理结构和内部机构设置梳理。

（2）投资管控制度。

（3）定期全面评估。

二、发展战略

（一）目标

促进企业增强核心竞争力和可持续发展能力。

（二）主要风险

企业制定与实施发展战略至少应当关注下列风险：

（1）缺乏明确的发展战略或发展战略实施不到位，可能导致企业盲目发展，难以形成竞争优势，丧失发展机遇和动力。

（2）发展战略过于激进，脱离企业实际能力或偏离主业，可能导致企业过度扩张，甚至经营失败。

（3）发展战略因主观原因频繁变动，可能导致资源浪费，甚至危及企业的生存和持续发展。

（三）主要流程与控制措施

1.发展战略的制定

（1）制定发展目标。

（2）制定战略规划。

（3）战略委员会及其职责和运行机制（例如制定公司战略规划，定期召开会议，审议重大战略事项）。

（4）董事会审议。

2.发展战略的实施

（1）年度工作计划及全面预算。

（2）发展战略的宣传。

（3）发展战略实施情况的监督。

（4）发展战略调整（例如当外部环境发生重大变化或内部条件发生显著变化时，应及时调整发展战略，并履行相应的审批程序）。

三、人力资源

（一）目标

促进企业加强人力资源建设，充分发挥人力资源对实现企业发展战略的重要作用。

（二）主要风险

企业人力资源管理至少应当关注下列风险：

（1）人力资源缺乏或过剩、结构不合理、开发机制不健全，可能导致企业发展战略难以实现。

（2）人力资源激励约束制度不合理、关键岗位人员管理不完善，可能导致人才流失、经营效率低下，或关键技术、商业秘密和国家机密泄露。

（3）人力资源退出机制不当，可能导致法律诉讼或企业声誉受损。

（三）主要流程与控制措施

1.人力资源的引进与开发

（1）人力资源总体规划。

（2）年度人力资源需求计划。

（3）明确各岗位职责权限、任职条件和工作要求。

（4）签订劳动合同与保密协议。

（5）试用期和岗前培训制度。

（6）人力资源开发与培训（例如新员工入职培训、岗位技能培训、职业发展培训等）。

2.人力资源的使用与退出

（1）人力资源激励约束机制与考核。

（2）薪酬制度。

（3）定期轮岗制度。

（4）员工退出机制。

（5）人力资源计划执行情况评估。

本节讨论题

1.企业组织架构方面的主要风险有哪些？采取的控制程序与方法是什么？

2.企业发展战略方面的主要风险有哪些？采取的控制程序与方法是什么？

第二节　社会责任、企业文化、资金活动

一、社会责任

（一）目标

促进企业履行社会责任，实现企业与社会的协调发展。

（二）主要风险

企业至少应当关注在履行社会责任方面的下列风险：

（1）安全生产措施不到位，责任不落实，可能导致企业发生安全事故。

（2）产品质量低劣，侵害消费者利益，可能导致企业巨额赔偿、形象受损，甚至破产。

（3）环境保护投入不足，资源耗费大，造成环境污染或资源枯竭，可能导致企业巨额赔偿、缺乏发展后劲，甚至停业。

（4）促进就业和员工权益保护不够，可能导致员工积极性受挫，影响企业发展和社会稳定。

（三）主要流程与控制措施

1.安全生产

（1）安全生产管理体系、部门和监督机构。

（2）安全生产投入。

（3）强化安全意识与岗位培训（例如通过安全教育和岗位培训增强员工的安全意识和操作技能）。

（4）安全事故处理与应急预案。

2.产品质量

（1）按产品质量要求生产。

（2）产品质量控制和检验。

（3）产品售后服务与投诉处理。

3.环境保护与资源节约

（1）环境保护与资源节约制度。

（2）生态保护、清洁生产、废料回收和循环利用。

（3）开发利用可再生资源。

（4）技术开发与产业改造，低投入、低消耗、低排放和高效率。

（5）环境保护和资源节约监督制度。

（6）紧急、重大污染事件应急机制。

4.促进就业与员工权益保护

（1）保护员工合法权益。

（2）签订并履行劳动合同，建立薪酬制度和激励机制。

（3）员工社会保险。

（4）按照规定做好健康管理工作。

（5）非职业性健康监护和职业性健康监护。

（6）劳动时间和休息休假制度。

（7）职工代表大会和工会组织建设。

（8）尊重员工，杜绝歧视。

（9）创建实习基地，支持人才培养。

（10）社会公益责任和义务。

二、企业文化

（一）目标

加强企业文化建设，发挥企业文化在企业发展中的重要作用。

（二）主要风险

加强企业文化建设至少应当关注下列风险：

（1）缺乏积极向上的企业文化，可能导致员工丧失对企业的信心和认同感，企业缺乏凝聚力和竞争力。

（2）缺乏开拓创新、团队协作和风险意识，可能导致企业发展目标难以实现，影响可持续发展。

（3）缺乏诚实守信的经营理念，可能导致舞弊事件的发生，造成企业损失，影响企业信誉。

（4）忽视企业间的文化差异和理念冲突，可能导致并购重组失败。

（三）主要流程与控制措施

1.企业文化的建设

（1）培育企业特色文化。

（2）培育发展愿景、价值观、经营理念、企业精神以及团队协作和风险防范意识。

（3）企业文化规范建设。

（4）董事、监事和高级管理层的主导和垂范。

（5）文化建设沟通与宣传。

（6）文化建设融入生产经营（例如将企业文化建设与生产经营活动相结合，通过企业文化活动提升员工的凝聚力和归属感）。

（7）文化教育和熏陶。

2.企业文化的评估

（1）企业文化评估制度。

（2）实施企业文化评估（例如通过问卷调查、员工访谈、文化活动参与度等方法，评估企业文化的实施效果）。

（3）重视企业文化评估的结果。

三、资金活动

（一）目标

促进企业正常组织资金活动，防范和控制资金风险，保证资金安全，提高资金使用效益。

（二）主要风险

企业资金活动至少应当关注下列风险：

（1）筹资决策不当，引发资本结构不合理或无效融资，可能导致企业筹资成本过高或债务危机。

（2）投资决策失误，引发盲目扩张或丧失发展机遇，可能导致资金链断裂或资金使用效益低下。

（3）资金调度不合理、营运不畅，可能导致企业陷入财务困境或资金冗余。

（4）资金活动管控不严，可能导致资金被挪用、侵占、抽逃或遭受欺诈。

（三）主要流程与控制措施

1.筹资

（1）筹资目标和规划。

（2）全面预算与筹资方案。

（3）科学论证与可行性报告。

（4）严格审批与集体决策。

（5）按照权限和程序筹集资金。

（6）按照筹资方案确定的用途使用资金。

（7）债务偿还和股利支付管理（例如建立债务偿还和股利支付的预算和计划，确保按时足额支付）。

（8）会计系统控制。

2.投资

（1）投资目标和规划。

（2）投资项目与投资方案。

（3）可行性研究。

（4）决策与审批。

（5）投资合同或协议。

（6）项目跟踪管理与投资效益分析。

（7）会计系统控制。

（8）投资收回和处置控制。

3.营运

（1）全过程管理，协调资金需求。

（2）全面预算管理，协调资金调度。

（3）资金预算执行综合分析。

（4）会计系统控制。

本节讨论题

1.企业社会责任方面的主要风险有哪些？采取的控制程序与方法是什么？

2.企业资金活动方面的主要风险有哪些？采取的控制程序与方法是什么？

第三节   资产管理、研究与开发、工程项目

一、资产管理

（一）目标

提高资产使用效能，保证资产安全。

（二）主要风险

企业资产管理至少应当关注下列风险：

（1）存货积压或短缺，可能导致流动资金占用过量、存货价值贬损或生产中断。

（2）固定资产更新改造不够、使用效能低下、维护不当、产能过剩，可能导致企业缺乏竞争力、资产价值贬损、安全事故频发或资源浪费。

（3）无形资产缺乏核心技术、权属不清、技术落后、存在重大技术安全隐患，可能导致企业法律纠纷、缺乏可持续发展能力。

（三）主要流程与控制措施

1.存货

（1）先进的存货管理技术和方法。

（2）存货管理岗位责任制。

（3）存货验收制度。

（4）存货保管制度。

（5）存货发出和领用审批。

（6）存货记录与核对。

（7）合理确定采购日期和数量，确保最佳库存。

（8）存货盘点清查（例如定期进行存货盘点，采用实地盘点法和永续盘存法相结合，确保存货账实相符）。

2.固定资产

（1）固定资产维护和更新改造。

（2）固定资产目录。

（3）固定资产维护保养。

（4）关键设备运转监控。

（5）固定资产升级。

（6）固定资产投保。

（7）固定资产抵押管理。

（8）固定资产清查制度。

（9）固定资产处置控制。

3.无形资产

（1）无形资产管理办法和无形资产管理责任制。

（2）无形资产权益保护。

（3）无形资产评估。

（4）品牌建设和商誉管理（例如通过品牌推广和商誉维护，提升企业无形资产的价值）。

二、研究与开发

（一）目标

促进企业自主创新，增强核心竞争力，有效控制研发风险，实现发展战略。

（二）主要风险

企业开展研发活动至少应当关注下列风险：

（1）研究项目未经科学论证或论证不充分，可能导致创新不足或资源浪费。

（2）研发人员配备不合理或研发过程管理不善，可能导致研发成本过高、舞弊或研发失败。

（3）研究成果转化应用不足、保护措施不力，可能导致企业利益受损。

（三）主要流程与控制措施

1.立项与研究

（1）研发计划。

（2）立项申请与可行性研究。

（3）审批。

（4）研究过程管理。

（5）合作研究管理。

（6）研究成果验收。

（7）核心研究人员管理。

2.开发与保护

（1）研究成果的开发与自主创新机制（例如建立研究成果的转化机制，鼓励员工创新，设立创新奖励基金）。

（2）研究成果保护。

（3）研发活动评估。

三、工程项目

（一）目标

加强工程项目管理，提高工程质量，保证工程进度，控制工程成本，防范商业贿赂等舞弊行为。

（二）主要风险

企业工程项目至少应当关注下列风险：

（1）立项缺乏可行性研究或者可行性研究流于形式，决策不当，盲目上马，可能导致难以实现预期效益或项目失败。

（2）项目招标暗箱操作，存在商业贿赂，可能导致中标人实际上难以承担工程项目、中标价格失实及相关人员涉案。

（3）工程造价信息不对称，技术方案不落实，概预算脱离实际，可能导致项目投资失控。

（4）工程物资质次价高，工程监理不到位，项目资金不落实，可能导致工程质量低劣，进度延迟或中断。

（5）竣工验收不规范，最终把关不严，可能导致工程交付使用后存在重大隐患。

（三）主要流程与控制措施

1.工程立项

（1）专门机构归口管理。

（2）项目建议书与可行性研究。

（3）项目论证与评审。

（4）工程项目决策（例如工程项目决策应经过可行性研究、风险评估、投资回报分析等环节）。

（5）取得工程项目相关许可。

2.工程招标

（1）公开招标，择优选择。

（2）依法发标、开标、评标和定标。

（3）组建评标委员会。

（4）保密。

（5）确定中标人。

3.工程造价

（1）设计概算和施工图预算编制方法及审核批准。

（2）初步设计与施工图设计。

（3）设计变更管理。

（4）概预算审核与批准。

4.工程建设

（1）工程建设过程监控与概预算管理。

（2）工程物资管理。

（3）工程监理。

（4）工程价款结算。

（5）工程变更管理

5.工程验收

（1）竣工决算。

（2）竣工决算审核与审计。

（3）竣工验收与交付。

（4）工程项目档案（例如建立工程项目档案，包括项目立项文件、设计文件、施工记录、验收报告等）。

（5）完工项目后评估。

本节讨论题

1.企业资产管理方面的主要风险有哪些？采取的控制程序与方法是什么？

2.企业工程项目方面的主要风险有哪些？采取的控制程序与方法是什么？

第四节　采购业务、担保业务、业务外包

一、采购业务

（一）目标

促进企业合理采购，满足生产经营需要，规范采购行为，防范采购风险。

（二）主要风险

企业采购业务至少应当关注下列风险：

（1）采购计划安排不合理，市场变化趋势预测不准确，造成库存短缺或积压，可能导致企业生产停滞或资源浪费。

（2）供应商选择不当，采购方式不合理，招投标或定价机制不科学，授权审批不规范，可能导致采购物资质次价高，出现舞弊或遭受欺诈。

（3）采购验收不规范，付款审核不严，可能导致采购物资、资金损失或信用受损。

（三）主要流程与控制措施

1.购买

（1）集中采购。

（2）定期轮岗，集体决策和审批。

（3）采购申请制度。

（4）供应商评估和准入。

（5）采购方式选择。

（6）采购物资定价机制。

（7）采购合同。

（8）采购验收制度。

（9）采购供应过程管理与记录。

2.付款

（1）采购付款管理。

（2）预付账款和定金管理（例如预付账款和定金应经过严格的审批流程，确保资金安全）。

（3）会计系统控制。

（4）退货管理。

二、担保业务

（一）目标

加强企业担保业务管理，防范担保业务风险。

（二）主要风险

企业办理担保业务至少应当关注下列风险：

（1）对担保申请人的资信状况调查不深，审批不严或越权审批，可能导致企业担保决策失误或遭受欺诈。

（2）对被担保人出现财务困难或经营陷入困境等状况监管不力，应对措施不当，可能导致企业承担法律责任。

（3）担保过程中存在舞弊行为，可能导致经办审批等相关人员涉案或企业利益受损。

（三）主要流程与控制措施

1.调查评估与审批

（1）资信调查和风险评估。

（2）担保授权和审批制度。

（3）子公司担保业务的统一监控。

（4）担保变更管理。

2.执行与监控

（1）担保合同。

（2）担保合同日常管理（例如建立担保合同的跟踪和监控机制，定期评估担保风险）。

（3）会计系统控制。

（4）反担保财产管理。

（5）担保业务责任追究制度。

（6）担保合同到期与终止。

（7）担保合同档案管理。

三、业务外包

（一）目标

加强业务外包管理，规范业务外包行为，防范业务外包风险。

（二）主要风险

企业业务外包至少应当关注下列风险：

（1）外包范围和价格确定不合理，承包方选择不当，可能导致企业遭受损失。

（2）业务外包监控不严、服务质量低劣，可能导致企业难以发挥业务外包的优势。

（3）业务外包存在商业贿赂等舞弊行为，可能导致企业相关人员涉案。

（三）主要流程与控制措施

1.业务外包方式选择

（1）业务外包管理制度。

（2）业务外包实施方案与审核批准。

（3）承包方选择。

（4）外包价格确定。

（5）业务外包合同。

（6）保密义务和责任。

2.业务外包实施

（1）业务对接、沟通与协调。

（2）外包业务核算、监督与外包费用结算。

（3）持续评估履约能力（例如通过定期检查和绩效评估，持续评估承包方的履约能力）。

（4）外包业务验收。

本节讨论题

1.企业采购业务的主要风险有哪些？采取的控制程序与方法是什么？

2.企业外包业务的主要风险有哪些？采取的控制程序与方法是什么？

第五节　销售业务、全面预算、合同管理

一、销售业务

（一）目标

促进企业销售稳定增长，扩大市场份额，规范销售行为，防范销售风险。

（二）主要风险

企业销售业务至少应当关注下列风险：

（1）销售政策和策略不当，市场预测不准确，销售渠道管理不当等，可能导致销售不畅、库存积压、经营难以为继。

（2）客户信用管理不到位，结算方式选择不当，账款回收不力等，可能导致销售款项不能收回或遭受欺诈。

（3）销售过程存在舞弊行为，可能导致企业利益受损。

（三）主要流程与控制措施

1.销售

（1）销售定价与客户信用管理（例如建立客户信用评估体系，根据客户信用状况制定销售策略）。

（2）销售政策与策略。

（3）业务谈判与合同签订。

（4）销售通知、审核与发货。

（5）销售发票管理。

（6）销售退回管理。

（7）销售记录。

（8）客户服务和跟踪。

2.收款

（1）应收款项管理。

（2）商业票据管理。

（3）会计系统控制。

（4）应收款项坏账管理。

二、全面预算

（一）目标

促进企业实现发展战略，发挥全面预算的管理作用。

（二）主要风险

企业实行全面预算管理，至少应当关注下列风险：

（1）不编制预算或预算不健全，可能导致企业经营缺乏约束或盲目经营。

（2）预算目标不合理、编制不科学，可能导致企业资源浪费或发展战略难以实现。

（3）预算缺乏刚性、执行不力、考核不严，可能导致预算管理流于形式。

（三）主要流程与控制措施

1.预算编制

（1）预算管理委员会。

（2）预算编制工作制度。

（3）预算编制。

（4）预算方案研究论证。

（5）董事会审核与批准。

2.预算执行

（1）预算执行责任制。

（2）预算分解。

（3）预算执行与控制。

（4）预算监控与反馈。

（5）预算执行情况分析。

（6）预算调整（例如预算调整应经过严格的审批流程，确保预算的严肃性和灵活性）。

3.预算考核

（1）预算执行考核制度。

（2）预算执行情况考核。

（3）预算执行考核记录。

三、合同管理

（一）目标

促进企业加强合同管理，维护企业合法权益。

（二）主要风险

企业合同管理至少应当关注下列风险：

（1）未订立合同、未经授权对外订立合同、合同对方主体资格未达到要求、合同内容存在重大疏漏和欺诈，可能导致企业合法权益受到侵害。

（2）合同未全面履行或监控不当，可能导致企业诉讼失败、经济利益受损。

（3）合同纠纷处理不当，可能损害企业利益、信誉和形象。

（三）主要流程与控制措施

1.合同的订立

（1）合同谈判。

（2）合同文本拟定。

（3）合同文本审核。

（4）合同签署。

（5）合同专用章保管。

（6）合同信息安全保密。

2.合同的履行

（1）合同履行监控（例如通过定期检查和绩效评估，确保合同履行的进度和质量）。

（2）合同变更与解除。

（3）合同纠纷管理。

（4）业务结算。

（5）合同登记管理。

（6）合同履行情况评估。

（7）合同管理考核与责任追究。

本节讨论题

1.企业销售业务的主要风险有哪些？采取的控制程序与方法是什么？

2.企业实现全面预算管理的主要风险有哪些？采取的控制程序与方法是什么？

第六节　财务报告、内部信息传递、信息系统

一、财务报告

（一）目标

规范企业财务报告，保证财务报告的真实、完整。

（二）主要风险

企业编制、对外提供和分析利用财务报告，至少应当关注下列风险：

（1）编制财务报告违反会计法律法规和国家统一的会计准则制度，可能导致企业承担法律责任和声誉受损。

（2）提供虚假财务报告，误导财务报告使用者，造成决策失误，干扰市场秩序。

（3）不能有效利用财务报告，难以及时发现企业经营管理中存在的问题，可能导致企业财务和经营风险失控。

（三）主要流程与控制措施

1.财务报告的编制

（1）重大交易和事项会计处理的审批。

（2）资产清查、减值测试、债权债务核实（例如定期进行资产清查，采用账面价值与市场价值对比的方法进行减值测试）。

（3）按照准则和会计账簿记录编制财务报告。

（4）资产、负债、所有者权益真实可靠。

（5）如实列示收入、费用和利润。

（6）划分现金流量界限。

（7）编制财务报告附注。

（8）编制合并财务报表。

（9）应用信息技术。

2.财务报告的对外提供

（1）依法依规，及时提供。

（2）装订成册，签名盖章。

（3）出具审计报告。

（4）整理归档，妥善保管。

3.财务报告的分析利用

（1）定期财务分析会议。

（2）偿债能力和营运能力分析。

（3）盈利能力和发展能力分析。

（4）现金流分析。

（5）财务分析报告（例如财务分析报告应包括偿债能力、营运能力、盈利能力和发展能力的分析，为管理层决策提供依据）。

二、内部信息传递

（一）目标

促进企业生产经营管理信息在内部各管理层级之间的有效沟通和充分利用。

（二）主要风险

企业内部信息传递至少应当关注下列风险：

（1）内部报告系统缺失、功能不健全、内容不完整，可能影响生产经营有序运行。

（2）内部信息传递不通畅、不及时，可能导致决策失误、相关政策措施难以落实。

（3）内部信息传递中泄露商业秘密，可能削弱企业的核心竞争力。

（三）主要流程与控制措施

1.内部报告的形成

（1）内部报告指标体系。

（2）内部报告流程。

（3）关注外部信息（例如关注行业动态、市场变化、政策法规等外部信息，为内部决策提供参考）。

（4）内部报告渠道。

（5）反舞弊机制建设。

2.内部报告的使用

（1）用于管理和指导生产经营活动。

（2）用于进行风险评估。

（3）内部报告保密制度。

（4）内部报告评估制度。

三、信息系统

（一）目标

促进企业有效实施内部控制，提高企业现代化管理水平，减少人为因素。

（二）主要风险

企业利用信息系统实施内部控制，至少应当关注下列风险：

（1）信息系统缺乏或规划不合理，可能造成信息孤岛或重复建设，导致企业经营管理效率低下。

（2）系统开发不符合内部控制要求，授权管理不当，可能导致无法利用信息技术实施有效控制。

（3）系统运行维护和安全措施不到位，可能导致信息泄露、损坏或丢失，系统无法正常运行。

（三）主要流程与控制措施

1.信息系统的开发

（1）信息系统建设整体规划。

（2）项目系统建设方案。

（3）信息系统开发管理。

（4）业务流程、控制点和处理规则的嵌入。

（5）不相容职责。

（6）数据检查与校验。

（7）操作监控。

（8）操作日志与跟踪处理机制（例如操作日志应记录系统操作的时间、用户、操作内容等信息，用于系统监控和问题追踪）。

（9）开发全过程的跟踪管理。

（10）验收测试。

（11）系统上线准备。

2.信息系统的运行与维护

（1）信息系统工作程序、信息管理制度及具体操作规范。

（2）信息系统变更管理。

（3）信息授权使用制度。

（4）信息系统安全保密和泄密责任追究制度。

（5）用户管理制度。

（6）网络安全管理。

（7）系统数据定期备份制度。

（8）信息设备管理制度。

本节讨论题

1.企业财务报告业务的主要风险有哪些？采取的控制程序与方法是什么？

2.企业信息系统方面的主要风险有哪些？采取的控制程序与方法是什么？

本章作业题

1.分析所选择的上市公司的资金活动。根据《企业内部控制基本规范》及相应配套指引，分析所选择的上市公司的资金活动，完成以下工作：

（1）总结识别与评估相关风险的方法；

（2）识别主要风险；

（3）总结、分析和评估主要控制政策、程序和方法的优缺点。

2.分析所选择的上市公司的销售活动。根据《企业内部控制基本规范》及相应配套指引，分析所选择的上市公司的销售活动，完成以下工作：

（1）总结识别与评估相关风险的方法；

（2）识别主要风险；

（3）总结、分析和评估主要控制政策、程序和方法的优缺点。

3.分析所选择的上市公司的采购活动。根据《企业内部控制基本规范》及相应配套指引，分析所选择的上市公司的采购活动，完成以下工作：

（1）总结识别与评估相关风险的方法；

（2）识别主要风险；

（3）总结、分析和评估主要控制政策、程序和方法的优缺点。

4.分析所选择的上市公司的财务报告活动。根据《企业内部控制基本规范》及相应配套指引，分析所选择的上市公司的财务报告活动，完成以下工作：

（1）总结识别与评估相关风险的方法；

（2）识别主要风险；

（3）总结、分析和评估主要控制政策、程序和方法的优缺点。

第九章　企业内部控制评价

本章学习目标

1.理解和掌握企业内部控制评价的含义与要求；

2.理解和掌握控制缺陷的识别与评估；

3.理解和掌握企业内部控制评价的方法与模式；

4.理解和掌握企业内部控制评价的内容；

5.理解和掌握企业内部控制评价报告的内容与编制。

第一节　企业内部控制评价简介

一、企业内部控制评价的含义及原则

根据《企业内部控制评价指引》，内部控制评价是指企业董事会或类似权力机构对内部控制的有效性进行全面评价、形成评价结论、出具评价报告的过程。

企业实施内部控制评价至少应当遵循下列原则：

1.全面性原则

评价工作应当包括内部控制的设计与运行，涵盖企业及其所属单位的各种业务和事项。

2.重要性原则

评价工作应当在全面评价的基础上，关注重要业务单位、重大业务事项和高风险领域。

3.客观性原则

评价工作应当准确地揭示经营管理的风险状况，如实反映内部控制设计与运行的有效性。通过独立的评价机构和科学的评价方法，确保评价结果的客观性和公正性。

企业应当根据《企业内部控制评价指引》，结合内部控制设计与运行的实际情况，制定具体的内部控制评价办法，规定评价的原则、内容、程序、方法和报告形式等，明确相关机构或岗位的职责权限，落实责任制，按照规定的办法、程序和要求，有序开展内部控制评价工作。

企业董事会应当对内部控制评价报告的真实性负责。

关于内部控制评价结果，根据中国证监会、财政部2014年第1号公告《公开发行证券的公司信息披露编报规则第21号——年度内部控制评价报告的一般规定》第十二条的规定，内部控制评价结论应当分别披露对财务报告内部控制有效性的评价结论，以及是

否发现非财务报告内部控制重大缺陷，并披露自内部控制评价报告基准日至内部控制评价报告发出日之间是否发生影响内部控制有效性评价结论的因素。

二、企业内部控制评价的范围

1.基于目标确定企业内部控制评价范围

企业内部控制评价的范围可以从内部控制的目标、构成要素或内容等不同维度进行划分，以便更系统、准确地评估内部控制的有效性。根据企业内部控制的目标，可将评价范围分为战略、经营、报告、合规和资产保护目标的内部控制；根据构成要素划分，可将评价范围分为控制环境、风险评估、控制活动、信息与沟通、监督等；根据业务内容，可将评价范围分为销售、采购、生产、研发等。从理论和实务要求来看，企业内部控制评价主要是评价企业内部控制整体的有效性，即通过综合评估内部控制的设计与运行情况，判断其是否能够合理保证企业目标的实现，而不是单纯判断某个要素或业务的控制是否有效。因此，根据目标划分内部控制评价范围，将某一目标的内部控制作为评价对象才是较为恰当的分类，因为这样适合企业实际应用，直接关联企业战略目标和风险管理需求，更能体现内部控制的整体性。

企业内部控制不同目标的侧重点不一样，影响因素不同，面临的风险也不同，尽管也存在某些控制可以同时应对多个目标的风险，但整体上所需要的控制手段或措施往往存在很大差异，因此，把不同目标的内部控制放在一起进行评价通常是不可行的。从国际主要资本市场的要求来看，上市公司内部控制评价主要集中在财务报告内部控制，即与确保财务报告可靠性有关的内部控制，而对于与经营效率和效果、合规以及战略目标相关的内部控制，通常没有强制性要求。关于财务报告内部控制以及非财务报告内部控制，美国的PCAOB、中国证监会等都给出了明确的定义。

2.基于风险确定企业内部控制评价范围

企业不仅要基于目标确定评价范围，还要基于风险明确具体评价对象。企业应当遵循全面性、重要性、客观性原则，重点关注重要业务单位、重大事项和高风险业务。

重要业务单位通常以资产、收入、利润等作为判定标准，主要包括总部以及资产占合并资产总额比例较高的分公司和子公司、营业收入占合并营业收入比例较高的分公司和子公司，以及利润占合并利润比例较高的分公司和子公司等。

重大事项通常包括重大投资决策项目，兼并重组、资产调整、产权转让项目，期权、期货等金融衍生业务，融资、担保项目，重大的生产经营安排，重要设备和技术引进，采购大宗物资和购买服务，重大工程建设项目，年度预算内大额度资金调动和使用，以及其他大额度资金运作事项等。

高风险业务一般是指经过风险评估后确定为较高或高风险的业务，也包括特殊行业及特殊业务、国家法律法规有特殊管制或监管要求的业务等。

三、企业内部控制评价的内容

在明确评价范围后，企业应进一步确定内部控制评价的具体内容，《企业内部控制评价指引》对内部控制评价的内容做出了原则性要求。企业应当根据《企业内部控制基本规范》《企业内部控制应用指引》以及本企业的内部控制制度，围绕内部环境、风险评估、控制活动、信息与沟通、内部监督等要素，确定内部控制评价的具体内容，对内部控制设计与运行情况进行全面评价。

企业组织开展内部环境评价，应当以组织架构、发展战略、人力资源、企业文化、社会责任等应用指引为依据，结合本企业的内部控制制度，对内部环境的设计及实际运行情况进行认定和评价。

企业组织开展风险评估机制评价，应当以《企业内部控制基本规范》有关风险评估的要求，以及各项应用指引中所列主要风险为依据，结合本企业的内部控制制度，对日常经营管理过程中的风险识别、风险分析、应对策略等进行认定和评价。

企业组织开展控制活动评价，应当以《企业内部控制基本规范》和各项应用指引中的控制措施为依据，结合本企业的内部控制制度，对相关控制措施的设计和运行情况进行认定和评价。

企业组织开展信息与沟通评价，应当以内部信息传递、财务报告、信息系统等相关应用指引为依据，结合本企业的内部控制制度，对信息收集、处理和传递的及时性，反舞弊机制的健全性，财务报告的真实性，信息系统的安全性，以及利用信息系统实施内部控制的有效性等进行认定和评价。

企业组织开展内部监督评价，应当以《企业内部控制基本规范》有关内部监督的要求，以及各项应用指引中有关日常管控的规定为依据，结合本企业的内部控制制度，对内部监督机制的有效性进行认定和评价，重点关注监事会、审计委员会、内部审计机构等是否在内部控制设计和运行中有效发挥监督作用。

此外，内部控制评价工作应当形成工作底稿，详细记录企业执行评价工作的内容，包括评价要素、主要风险点、采取的控制措施、有关证据资料以及认定结果等。评价工作底稿应当设计合理、证据充分、简便易行、便于操作。

四、企业内部控制评价的组织

企业内部控制评价的组织是指评价的主体或主导者。内部控制评价是企业董事会或类似权力机构对内部控制有效性进行全面评价、形成评价结论、出具评价报告的过程，是企业内部涉及业务面广、专业性强的工作，包括日常检查评价和专项检查评价。

企业可以授权内部审计机构具体实施内部控制有效性的定期评价工作。内部审计机构在企业内部相对独立，其工作内容、性质和人员的业务专长与内部控制评价工作密切相关，因此可以承担内部控制评价的具体实施工作。

企业也可以成立专门的内部控制机构，负责组织协调内部控制的建立、实施及日常管理，直接向董事会或类似权力机构负责。内部控制机构可以组织实施内部控制评价工作，组织审计、财务、生产管理等专业人员，对内部控制进行全面或专项检查评价；也可以对认定的重大风险进行专项监督，定期出具内部控制评价报告，报董事会或类似权力机构审核。

企业还可以根据自身特点，成立非常设内部控制评价机构，例如抽调内部审计、内部控制等相关机构的人员组成评价小组，具体组织实施内部控制评价工作。

此外，企业也可以委托具备相应资质的外部中介机构实施内部控制评价。

五、企业内部控制评价的程序

企业应当按照内部控制评价办法规定的程序，有序开展内部控制评价工作。内部控制评价的程序一般包括以下环节：制定评价工作方案，组成内部控制评价工作组，实施现场测试，认定控制缺陷，汇总评价结果，编报评价报告（这里对前三个环节进行简要介绍）。企业可以授权内部审计部门或专门机构（即内部控制评价部门）负责内部控制评价的具体实施工作。

1.制定评价工作方案

企业内部控制评价部门应当拟订评价工作方案，明确评价范围、工作任务、人员组织、进度安排和费用预算等相关内容，报经董事会或其授权机构审批后实施。

2.组成内部控制评价工作组

企业内部控制评价部门应当根据经批准的评价方案，组成内部控制评价工作组，具体实施内部控制评价工作。评价工作组应当吸收企业内部相关机构熟悉情况的业务骨干参加。评价工作组成员对本部门的内部控制评价工作应当实行回避制度。

企业可以委托中介机构实施内部控制评价。为企业提供内部控制审计服务的会计师事务所不得同时为同一企业提供内部控制评价服务。

3.实施现场测试

内部控制评价工作组应当对被评价单位进行现场测试，综合运用个别访谈、调查问卷、专题讨论、穿行测试、实地查验、抽样和比较分析等方法，充分收集被评价单位内部控制设计和运行是否有效的证据，按照评价的具体内容，如实填写评价工作底稿，研究分析内部控制缺陷。

六、企业内部控制评价的形式

企业的内部控制会随着时间变化，曾经有效的控制程序可能变得不相关，控制活动可能变得无效，或者不再被执行。因此，为了确保企业内部控制的持续有效运行，在企业内部控制框架中，要有一个负责评估内部控制运行质量的构成要素——监督，通过监督来确保内部控制系统的持续有效运行。监督主要以持续监督活动和单独评价两种不同的方式或形式进行。此外，监管部门要求对上市公司的内部控制进行年度评价，企业的管理层或内部审计部门也会进行内部控制自我评价。这些不同形式的企业内部控制评价存在一定的区别，服务于不同的目的，但它们彼此之间也相互联系。因此，在不同的企业以及同一企业的不同时段，企业内部控制评价可能呈现不同的形式。为了提高内部控制评价的效率，这些评价形式应进行协调和整合，形成统一的评价体系。

（一）持续监督活动

持续监督活动发生在企业日常管理过程中，包括日常管理和监督活动，以及员工在履行职责时对内部控制执行质量的检查。与单独评价相比，持续监督活动包含在企业日常的、反复发生的活动中。持续监督活动是实时执行的，它动态应对环境变化，并融入企业日常运营。因此，持续监督活动比单独评价更有效，能够更迅速地识别问题。

在企业日常经营过程中，许多管理活动可以监督内部控制的有效性。这些活动源于日常管理，一般包括偏差分析、不同来源信息的比较和处理意外事件。常见的持续监督活动包括：

（1）在实施日常管理活动时，负责经营的管理层获取内部控制持续发挥职能的证据；

（2）与外部各方沟通，印证内部信息或揭示问题；

（3）适当的组织结构和监督活动提供对控制职能和识别控制缺陷的监督；

（4）把信息系统记录的数据与实物资产进行定期核对；

（5）内部和外部审计师定期提出加强内部控制的建议；

（6）培训讨论、规划会以及其他会议向管理层提供有关内部控制是否有效的重要反馈；

（7）定期询问员工，要求其明确说明是否理解并遵守了公司的行为规范。

持续监督活动在监督日常内部控制活动的有效运行方面比较有效，适合用来监督内部控制的有效性，但不适用于评价内部控制系统的整体有效性，不适宜于对整体有效性形成结论。但是，持续监督活动可以为年度内部控制有效性的评价提供支持证据，从而提高评价效率和成本效益。

（二）单独评价

与持续监督活动不同，单独评价是对内部控制有效性进行的直接评价，是独立于控制活动之外的定期评估行为。单独评价从评价主体上分为自我评价和外部单独评价。单独评价采用自我评价的形式，就是指负责某一单位或职责的人员或内部审计人员对内部控制及其自身活动的有效性进行定期评价。外部单独评价通常是自愿或法规要求委托注册会计师对内部控制的有效性进行评价或审计，并独立地发表意见。单独评价可根据时间周期分为年度单独评价、季度单独评价等。内部控制的年度单独评价就是上市公司每年对内部控制的有效性进行评价，并将评价结论以报告的形式与年度财务报告一起对外公布，简称为内部控制年度评价。相应地，上市公司内部控制每年经注册会计师审计并发表审计意见，以审计报告的形式与年度财务报告一起对外发布，这也是一种外部单独评价。总的来说，年度单独评价、季度单独评价以及外部单独评价都属于单独评价，它们只是在评价主体、时间或频率等方面有所不同。

评价内部控制的有效性是一个过程，尽管评价方法各有不同，但主要涉及两个方面：内部控制的设计，即内部控制系统发挥其职能的方式；内部控制的运行，即内部控制系统实际运行的方式。单独评价需要分别关注内部控制的设计有效性和运行有效性。单独评价主要包括计划、实施、报告和纠正三个阶段。

1. 计划

计划阶段的工作主要有：规定评价的目标和范围，确定一个具有管理该评价所需权力的主管人员，确定评价小组、辅助人员和主要业务单元联系人，规定评价方法、时间表和实施步骤，就评价计划达成一致意见等。

2. 实施

实施阶段的工作主要有：获得对业务单元或业务流程活动的了解；了解业务单元或业务流程的内部控制过程是如何设计并运作的；应用一致同意的方法来评价风险管理过程；通过与公司内部审计标准的比较来分析结果，并在必要时采取后续措施；记录缺陷和被提议的纠正措施；与适当人员复核和验证调查结果等。

3.报告和纠正

报告和纠正阶段的工作主要有：与业务单元或业务流程以及其他适当的管理人员复核结果，从业务单元或业务流程的管理人员处获得说明和纠正计划，把管理反馈写入最终的评价报告等。

单独评价可以采用以下评价程序：询问、观察、检查、再执行等。同时，可以采用以下工具：核对清单、问卷、流程图等。单独评价的范围和频率取决于风险评估结果及持续监督程序的有效性。

（三）控制自我评估

控制自我评估（control self assessment，CSA）是一种在西方发达国家广泛使用的内部审计技术和工具，它是由管理层或业务人员直接参与的、考查和评估内部控制效果的过程，可为管理层内部控制年度有效性评价提供支持和证据。

1.控制自我评估的发展及特征

1987年，加拿大海湾资源有限公司的内部审计人员在常规内部控制审计前设计了一套新方法，他们召集由员工和经理组成的小组，举行为期一天的内部控制专题讨论会。会上，各小组针对与他们日常工作直接相关的内部控制问题进行了讨论、评价，并提出了改进建议。这一方法被称为控制自我评估。控制自我评估的应用带来了意想不到的结果：内部审计效率得到提高，参与人员接受了内部控制方面的教育，内部控制改进措施得到了积极回应，组织管理层对内部控制的了解更为清晰、深入和及时。

20世纪90年代中期，控制自我评估已成为许多企业内部审计实务的一部分。在国际内部审计师协会2002年的调查中，控制自我评估被列为"当前内部审计最佳实务"中的第二位，并在"未来将愈加重要的实务"中排名第一。同时，这种方法的应用已从内部审计扩展到其他领域。组织管理层以此为基础，发展出风险自我评估、道德自我评估、管理自我评估等新的管理工具。控制自我评估已跨出内部审计领域，成为一种新型管理工具。

控制自我评估的显著特征在于"自我"，即评估主体是对内部控制的建立和执行负有责任的管理人员。现代内部控制的范围越来越广，变革的步伐也不断加大，要对内部控制做出相对准确的评价，实施此项任务的人员就要具备各类知识和专业技术，因此，由对内部控制的建立和执行负有责任的管理人员进行评估，可以提供更多有价值的信息。

2.控制自我评估的内容

控制自我评估的对象是内部控制，这个范围很大，包含很多方面，既可以针对某个职能部门具体的控制措施进行，也可以针对整个组织范围的控制环境因素进行。在此之外，还可以延伸到更大的范围，如风险的识别分析、流程的简化与设计等。一般情况下，控制自我评估的主要内容包括：确定组织整体或职能部门的目标，识别主要风险；评估组织内部控制的适当性、合法性及有效性；确认内部控制重要缺陷或存在重大风险的业务环节；评估组织非正式的控制及其有效性；评估组织的业务流程及其运作效率；对控制自我评估中发现的问题提出改进建议。

3.控制自我评估的程序

控制自我评估通常按照以下程序进行：计划-沟通-执行-反馈。执行是指组织相关管理人员进行评估，记录讨论内容和结果；反馈是指将评估结果反馈给相关管理人员，并提出改进建议。

（1）计划。

控制自我评估法的应用要有详细的计划，计划阶段需要明确评估的主体、内容、方法及形式、参与对象、时间、地点等。管理层可根据管理需要、法规要求等确认评估主体和内容，结合组织所属行业的特性、文化、管理风格、员工素质等因素，灵活选用适当的方法，确定参与对象，并选择合适的时间和地点，制订完整的控制自我评估计划。控制自我评估计划的内容通常包括：具体问题清单、评估地点安排、评估步骤和程序及相应的时间安排、参与对象名单、所需设施等。计划的充分性和适当性是评估成败的关键。

（2）沟通。

在控制自我评估开始前，组织者或内部审计人员应积极与参与评估的相关管理人员进行沟通，使其了解控制自我评估的目的、内容及程序。对于首次参与的人员，事前沟通尤为重要。通过沟通，可以营造轻松、坦诚的氛围，推动评估顺利进行。必要时，可以在组织第一次进行控制自我评估前进行较长时间的宣传、推介，甚至对参与人员进行适当培训。

（3）执行。

在评估过程中，组织者应按照计划召集相关管理人员进行评估，确保评估过程有序进行。如果采用专题讨论会方式，组织者应制定会议议程，将其分发给与会人员，在会议中承担主持人、协调人、记录人的职责。主持人在开始时应简要介绍此次会议的议程，并就控制自我评估的目的、内容、程序向与会人员做出简要说明，主持人应营造轻松、坦诚、开放式的氛围，鼓励与会者畅所欲言。简要介绍后，专题讨论即开始，此时组织者应当充当听众及记录人，耐心聆听并记录讨论内容，不应对任何发言进行评论或限制，以充分激发管理人员的思维。在讨论过程中，如果出现严重跑题或由于观点的不同有冲突倾向时，组织者应出面协调，避免影响会议氛围。

在这个过程中，如果是内部审计机构组织的控制自我评估，那么主持人、协调人及记录人就应当由内部审计人员担任。如果管理层自行组织控制自我评估，那么内部审计机构应当凭借其在控制方面的知识与控制自我评估方法方面的熟练技能协助管理层开展工作，并根据管理层的需要承担相应的职责。

（4）反馈。

控制自我评估结束后的反馈是很重要的一个程序。评估结束后，记录人应将控制自我评估过程中相关管理人员对内部控制的意见、建议以及评估结论等记录于工作底稿中。为了及时收集信息，可在专题讨论会上采用电子投票等方式及时汇总投票情况及讨论意见。有些企业会根据该结果展开下一步有针对性的讨论，再次表决并形成结论。专题讨论会后，内部审计人员可以根据这些汇总的意见，提出有针对性的内部控制改进措施，编制控制自我评估报告，并及时反馈给参与内部控制评估的相关管理人员。必要时，也可以提交给董事会或最高管理层，以便其及时采取有效措施，改善经营活动和内部控制。

4.控制自我评估的主要方法

控制自我评估主要有以下三种方法：专题讨论会法、问卷调查法和管理分析法。从方法应用的效果上看，专题讨论会法是最好的，能够达到目的，但是这种方法的成本是最大的，遇到的困难也是最多的。具体采用什么方法应主要依据行业特性、组织文化、管理风格、员工素质等，专题讨论会法对这些方面的要求是最高的。

（1）专题讨论会法。

当采用专题讨论会法时，组织文化应鼓励员工进行坦诚的开放式交流。若缺乏这种氛围，参与者可能因顾虑或随大流的心态而无法充分表达意见，导致评估结果缺乏价值。同时，管理层应注重听取民主意见，避免过于强调权威，否则这种方法可能失效。另外，专题讨论会法对参与者的素质要求较高，参与者应熟悉岗位经营活动及内部控制，并具备思考、分析和表达能力。因此，在选择专题讨论会法时，必须充分考虑组织文化、管理风格和参与者素质等条件是否具备。

专题讨论会法通常有以下四种形式：以目标为基础展开讨论，以风险为基础展开讨论，以控制为基础展开讨论，以流程为基础展开讨论。这四种形式分别对应控制自我评估的不同内容，具体采用哪种形式应根据评估的主体和目的选择。

①以目标为基础的形式，即围绕实现目标的最佳方式展开讨论，评价现有内部控制是否能促进组织目标的实现。这种形式通常用于新领域、新部门或新业务的评估，比如对新建立的事业部进行目标基础的控制自我评估。

②以风险为基础的形式，即强调识别影响目标实现的各种风险，并确定现有风险管理过程是否适当、有效，这种形式也称为风险自我评估，通常用于风险管理中的风险识别步骤。这种风险识别可以针对整个组织层面的风险，也可以仅针对某个职能部门、某项业务甚至是某个岗位的风险。

③以控制为基础的形式，即讨论现有内部控制的运行情况，评估其有效性。这是目前常用的控制自我评估形式，可为管理层评估内部控制提供信息，也可为内部控制审计提供有用信息。

④以流程为基础的形式，即对组织业务流程的各个环节进行讨论和分析，提出改善或简化流程的建议。根据企业再造理论，重新审视和变革流程，可提升组织的核心竞争力。这种形式的控制自我评估对组织的流程再造过程帮助很大。

（2）问卷调查法。

问卷调查法是通过书面问卷形式，针对内部控制的特定方面或过程向组织相关管理人员收集意见的一种方法。与专题讨论会相比，问卷调查法可在节约时间和成本的同时，收集到管理人员对内部控制的更多意见。为了确保该方法的效果，采用调查问卷法时，同样需要进行事先计划、沟通以及事后反馈。事先计划的关键在于问卷设计，要确保其科学合理性。必要的沟通可促使管理人员认真对待调查问卷，确保调查问卷的结果能真实反映管理人员对内部控制的看法。调查问卷的结果汇总之后，要将结果及内部控制改进建议反馈给相关人员。

问卷调查法的局限性主要在于以下三点：第一，评估的内部控制受限于问题的设计；第二，调查问卷结果的可靠性可能因管理人员敷衍填写问卷而受影响；第三，分公司或职能部门负责人可能隐瞒现有内部控制问题。

（3）管理分析法。

管理分析法是内部审计人员通过询问、面谈等方式就内部控制的特定方面或过程向相关管理人员收集信息，并与其他来源（如观察、检查书面文件等）的信息进行综合分析的一种方法。管理分析法介于专题讨论会和问卷调查法之间，成本较低，但信息收集较为被动，适用于组织文化不适合开放式讨论或员工素质较低的情况。管理分析法介于传统内部控制审计与完全以管理人员为主体的专题讨论会之间，是一种较为节约成本的控制自我评估方法。但是，由于管理人员在这种方法中相对被动和消极，因此无法提供太多有用信息，尤其是内部审计人员意料之外的有价值信息。

如果组织文化不适合开放式集体讨论，或员工不适合参与专题讨论并发表意见，那么内部审计人员在进行控制自我评估时更适合采用问卷调查法和管理分析法。然而，只有专题讨论会法才能最大限度地发挥控制自我评估的优势，这也是内部审计实务发展的趋势。

5.控制自我评估的时间

组织应根据自身规模、所属行业特点及内部控制审计需求，合理安排控制自我评估的频率，一般每季度进行一次，以便对内部控制进行持续监督。

本节讨论题

1.我国上市公司内部控制评价有哪些要求？

2.企业内部控制评价有哪些形式？这些形式之间有什么区别和联系？

第二节　有效的内部控制与内部控制的有效性

一、有效的内部控制

很多组织和机构（如COSO）通常通过制定一个内部控制的概念框架阐述有效内部控制体系（或系统）应当备的要素和内容。根据COSO《内部控制——整合框架》（2013），内部控制是一个由主体的董事会、管理层和其他人员实施的过程，旨在为经营、报告、合规等相关目标的实现提供合理保证。有效的内部控制体系为主体目标的实现提供合理保证，也就是将主体目标没有实现的风险降低到一个可以接受的水平。

（一）有效的内部控制的含义

有效内部控制应同时满足设计有效和运行有效两个条件。如果某项控制由拥有有效执行控制所需的授权和专业胜任能力的人员按规定的程序和要求执行，能够合理保证实现控制目标，从而有效地防止或发现并纠正可能导致财务报表发生重大错报的错误或舞弊，则表明该项控制的设计是有效的。如果某项控制正在按照设计运行，执行人员拥有执行控制所需的授权和专业胜任能力，能够合理保证实现控制目标，则表明该项控制的运行是有效的。

有效的内部控制系统为主体目标的实现提供的是合理保证。之所以是合理保证而不是绝对保证，是因为内部控制的固有局限：人们在决策过程中考虑问题可能有疏漏，建立内部控制需要考虑相关的成本和效益，个人失误可能导致故障的发生，控制可能因为两个或多个人员的串通而被规避，管理层可能凌驾于内部控制系统之上等。

　　有效的内部控制不是一个点，而是一个区间。众所周知，绝对保证是指100%的保证，而有效的内部控制提供的是合理保证，并非绝对的100%的保证。合理保证不同于绝对保证，美国《证券交易法》条款13（b）（7）将"合理保证"定义为"使谨慎的高级职员在处理自身事务时感到满意的保证程度"。虽然难以精确地确定合理保证的具体水平，但可以确定的是，合理保证和绝对保证之间存在一个区间。因此，COSO对有效内部控制的界定是设定有效内部控制的一个下限，而非上限。有效的内部控制是指能够为内部控制目标的实现提供合理或者更高水平保证的内部控制，或者说，有效的内部控制不是一个点，而是一个区间 $[P_0, 1)$。其中，1为区间的上限（即100%的绝对保证）；P_0 为区间的下限，是一个不确定的数值（取决于企业的风险偏好和判断），如图9-1所示。

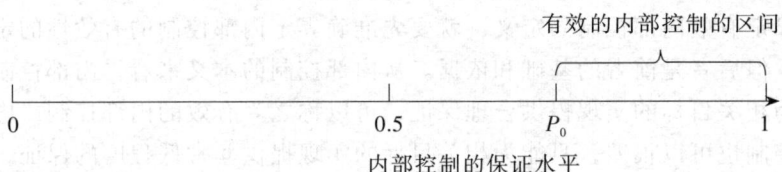

图 9-1　有效的内部控制的区间

　　（二）有效的内部控制的条件

　　如果内部控制系统为主体目标的实现提供合理保证，或者说把主体目标没有实现的风险降低到一个可以接受的水平，这就意味着内部控制是有效的。根据COSO《内部控制——整合框架》，内部控制有效需要满足以下条件：第一，五个构成要素及相关原则都存在并发挥作用；第二，五个构成要素以整合的方式共同运行。从内部控制的设计与运行的角度来看，内部控制有效就必须同时满足设计有效和运行有效；从内部控制缺陷评估的角度来看，内部控制有效就必须没有重大缺陷。

　　（三）有效的内部控制对不同目标的含义

　　由于实现不同内部控制目标的影响因素不同，所以，有效的内部控制对于不同的目标来说，含义是不同的，合理保证的内容是不一样的。对于财务报告的可靠性、遵循相关法律法规这两个目标来说，企业内部控制可以合理保证它们的实现，因为影响这两个目标实现的因素都处于企业的控制范围之内，并且取决于企业相关控制活动的完成情况。

　　然而，对于经营目标和战略目标来说，情况有所不同。企业内部控制无法防止糟糕的判断或决策，也无法控制那些能够导致经营业务没有达到经营目标的外部事项。因此，企业经营目标和战略目标的实现不仅受到内部因素的影响，还受到外部因素的影响，不完全在企业控制范围之内。所以，企业内部控制虽然能提高管理层做出更好决策的可能性，但无法合理保证经营目标和战略目标的实现。除非这些外部不可控因素对目标不会有重大影响，或者企业能够有效控制这些外部风险；否则，有效的内部控制只能合理保证管理层和董事会及时了解目标的实现程度，即经营得以有效管理的程度。因此，有效的内部控制对于财务报告目标和合规目标来说，指的是能够合理保证财务报告的可靠性、遵循相关法律法规；而对于经营目标和战略目标来说，指的是能够合理保证管理层和董事会及时了解目标的实现程度，或者说经营得以有效管理的程度。

　　正如COSO在其报告中指出的那样，如果一个内部控制系统被确定为有效，针对不同的目标和情形，高级管理层和董事会可以获得不同的合理保证。针对经营目标来说，当外部事项被认为不可能对目标的实现有重要影响或组织能够合理预测外部事项的性质和时间并将其影响减轻到可以接受的水平时，合理保证组织可以实现有效的（effective and efficient）运营；当外部事项可能对目标的实现有重要影响或组织不能够合理预测外部事项的性质和时间并将其影响减轻到可以接受的水平时，合理保证组织了解经营得以有效（effectively and efficiently）管理的程度。对于报告目标来说，合理保证组织按照适用的规则、制度和准则或主体指定的报告目标编制报告。对于合规目标来说，合理保证组织遵守适用的法律、法规、制度和外部准则。

二、企业内部控制的有效性

要准确界定有效内部控制的定义，就要先准确界定内部控制的有效性的定义，二者是不同的概念，但后者是前者的基础和依据。从内部控制的本义来看，内部控制的效果可以很好，能够为相关目标的实现提供合理保证，可以称之为有效的内部控制或内部控制是有效的；内部控制也可以很差，只能为相关目标的实现提供非常低程度的保证，甚至无法提供保证。因此，内部控制的有效性可以理解为内部控制为相关目标的实现提供的保证程度或水平，其变动范围在理论上是从 0 到 1，如图 9-2 所示。

内部控制的有效性的变动范围

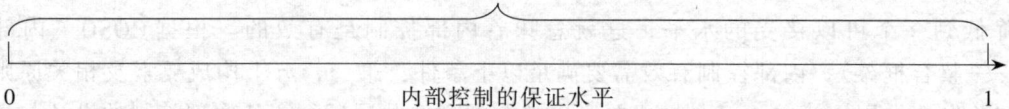

内部控制的保证水平

0　　　　　　　　　　　　　　　　　　　　　　　　　　　　　　　　　1

图 9-2　内部控制的有效性的变动范围

根据《企业内部控制评价指引》，内部控制评价是指企业董事会或类似权力机构对内部控制的有效性进行全面评价、形成评价结论、出具评价报告的过程。虽然企业内部控制为相关目标的实现提供的保证水平或者说企业内部控制的有效性的变动范围在理论上可以是（0，1），但从内部控制的本义来看，企业内部控制只能分为有效和无效两种。因此，企业内部控制有效性的整体评价结果也应仅为有效或无效，划分出更多类别的评价结果就割裂了内部控制的本义和风险管理的内涵。

从企业内部控制的本义来看，评价企业内部控制的有效性，实质上是判断企业内部控制为相关目标的实现提供的保证水平是否达到或超过合理保证的水平，或者说评价企业内部控制是否可以将相关目标实现的风险降低到一个适当的水平。因此，如果内部控制为相关目标的实现提供的保证水平达到或超过合理保证的水平，则内部控制是有效的；如果内部控制为相关目标的实现提供的保证水平低于合理保证的水平，则内部控制是无效的。从风险管理的角度来看，评价企业内部控制的有效性，就是判断内部控制是否将相关目标的风险降低到一个可以接受的水平。如果已经降低到一个可以接受的水平，内部控制是有效的；反之，则内部控制是无效的。

因此，评价企业内部控制的有效性，就演变为评估企业内部控制整体上为相关目标的实现提供的保证水平，或者把相关目标实现的风险降低到一定的水平。如果经过评估，企业内部控制为相关目标的实现提供的保证水平达到或者超过合理保证的水平，落入有效的内部控制的区间，内部控制就是有效的；反之，如果企业内部控制为相关目标的实现提供的保证水平低于合理保证的水平，那么它就是无效的，如图9-3所示。

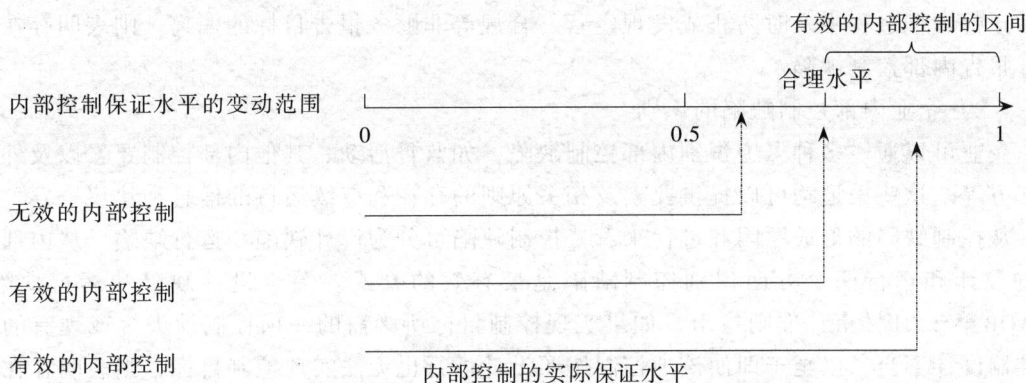

图 9-3　有效的内部控制与无效的内部控制

内部控制的有效性从设计和运行两个角度分为设计有效性和运行有效性，因此，评价内部控制的有效性，需要分别评价其设计有效性和运行有效性。

此外，从风险管理与内部控制的性质来看，内部控制的有效性是某一特定时点内部控制应对风险的状态，是一个时点的概念。因此，监管要求的内部控制审计与评价通常针对内部控制在某一基准日的有效性。实务中，人们也希望评估内部控制在一定期间内的有效性。例如注册会计师在财务报表审计中测试和评估内部控制时，希望基于内部控制在整个会计期间的有效性来识别和评估重大错报风险。而内部控制的时点有效性与期间有效性并非完全等同。评价内部控制在某一特定时点是否有效和在某个期间是否有效，二者既有区别又有联系。从逻辑上说，评价内部控制在某一特定时点是否有效，不能仅评价内部控制在这个时点的设计和运行，还必须考虑相关期间的设计和运行。而内部控制在某个期间有效，则意味着内部控制在该期间内的每个时点都有效。因此，评价内部控制在某个期间是否有效，就意味着必须直接或间接评价内部控制在该期间内每个时点的有效性。

本节讨论题

1.什么样的内部控制才是有效的内部控制？有效的内部控制应当具备哪些条件？

2.如何理解内部控制的有效性？

第三节　内部控制缺陷的识别与评估

一、企业内部控制缺陷及其识别

（一）企业内部控制缺陷

COSO在其报告中指出，企业内部控制缺陷是与一个或多个企业内部控制要素和原则相关，可能导致企业偏离控制目标的缺陷。

基于监管要求，内部控制缺陷分为财务报告内部控制缺陷和非财务报告内部控制缺陷。关于财务报告内部控制缺陷，可参考PCAOB第2201号审计准则的定义：如果一项控制的设计或运行没有使管理层或员工在行使所赋予职责的正常过程中及时防止或发现错报，就表明存在一项财务报告内部控制缺陷。关于非财务报告内部控制缺陷，对于经营、合规等非财务报告目标的内部控制来说，如果某项控制的设计或者运行未能使管理层或员工在正常履职过程中及时防止或发现经营、合规等非财务报告目标的偏离，则表明存在非财务报告内部控制缺陷。

（二）企业内部控制缺陷的识别

企业可以通过多种渠道识别内部控制缺陷，如监督活动、其他内部控制要素以及外部第三方等。这些渠道均可以提供要素及相关原则的存在和持续运行的信息和建议。

从控制缺陷的形成原因和过程来看，控制缺陷可分为设计缺陷和运行缺陷。从内部控制的设计和运行两个方面识别控制缺陷是最有效的方式。关于设计缺陷和运行缺陷，PCAOB第2201号审计准则指出，如果实现控制目标所必需的一项控制缺失，或现有的一项控制设计不当，以至于即使该项控制按照设计运行也无法实现控制目标，则表明存在一项设计缺陷；如果一项设计适当的控制没有按照设计运行，或实施该项控制的人员不具备有效实施该项控制所必需的权力或能力，则表明存在一项运行缺陷。《企业内部控制审计指引实施意见》给出了类似的定义，设计缺陷是指缺少为实现控制目标所必需的控制，或现有控制设计不适当，即使正常运行也难以实现预期的控制目标；运行缺陷是指现有设计适当的控制没有按设计意图运行，或执行人员没有获得必要的授权或缺乏胜任能力，无法有效地实施内部控制。

企业可以通过多种方法了解内部控制设计和运行情况，从而识别控制缺陷。根据《企业内部控制评价指引》第十五条，内部控制评价工作组应当对被评价单位进行现场测试，综合运用个别访谈、调查问卷、专题讨论、穿行测试、实地查验、抽样和比较分析等方法，充分收集被评价单位内部控制设计和运行是否有效的证据，按照评价的具体内容，如实填写评价工作底稿，研究分析内部控制缺陷。

二、企业内部控制缺陷的评估

企业内部控制缺陷的评估是对识别出的控制缺陷的严重性进行综合评估，判断是否构成重大缺陷，从而确定内部控制是否有效。

（一）控制缺陷的评估标准

根据《企业内部控制评价指引》，企业对内部控制缺陷的认定应以日常监督和专项监督为基础，结合年度内部控制评价，由内部控制评价部门进行综合分析后提出认定意见，并按规定的权限和程序进行审核后予以最终认定。

查找并纠正企业内部控制设计和运行中的缺陷是企业内部控制评价的一项重要工作，也是不断完善企业内部控制的重要手段。由于企业所处行业、经营规模、发展阶段和风险偏好等存在差异，理论上不存在通用的内部控制缺陷认定标准。COSO内部控制框架、《企业内部控制基本规范》及其配套指引也未进行统一规定。企业应根据《企业内部控制基本规范》及其配套指引，结合企业规模、行业特征和风险水平等因素，制定适合本企业的内部控制重大缺陷、重要缺陷和一般缺陷的具体认定标准。企业确定的内部控制缺陷标准应从定性和定量两个角度综合考虑，并保持相对稳定。

（二）控制缺陷的评估

COSO认为，一项或多项内部控制缺陷的组合可能导致企业严重偏离控制目标，即构成重大缺陷。重大缺陷是内部控制缺陷的子集，一项重大缺陷一定是内部控制缺陷。如果管理层确定某个内部控制要素及相关原则不存在或未持续运行，或相关要素未共同运行，则内部控制体系存在重大缺陷。若存在重大缺陷，企业就不能得出其已满足有效内部控制体系所有要求的结论。

《企业内部控制评价指引》指出，企业在日常监督、专项监督和年度评价工作中，应充分发挥内部控制评价工作组的作用。内部控制评价工作组应根据现场测试获取的证据，对内部控制缺陷进行初步认定，并按其影响程度分为重大缺陷、重要缺陷和一般缺陷。

（1）重大缺陷，是指一项控制缺陷或多项控制缺陷的组合可能导致企业严重偏离控制目标。

（2）重要缺陷，是指一项控制缺陷或多项控制缺陷的组合，其严重程度和经济后果低于重大缺陷，但仍有可能导致企业偏离控制目标。

（3）一般缺陷，是指除重大缺陷、重要缺陷之外的其他缺陷。

企业应根据上述要求，结合自身规模、行业特征和风险水平，自行确定重大缺陷、重要缺陷和一般缺陷的具体认定标准。

对于财务报告内部控制缺陷，PCAOB第2201号审计准则将其分为重大缺陷和重要缺陷，中国注册会计师协会发布的《企业内部控制审计指引实施意见》将其分为重大缺陷、重要缺陷和一般缺陷。

根据FRC《国际审计准则第265号——向治理层和管理层传达内部控制缺陷》，内部控制重要缺陷（significant deficiency）是指一项内部控制缺陷或多项内部控制缺陷的组合，根据审计师的执业判断，其重要性足以值得那些负责治理的人关注。一项内部控制缺陷或一个内部控制缺陷的组合的严重性不仅取决于一项错报是否实际已经发生，还取决于错报可能发生的概率及潜在大小。因此，即使审计师在审计过程中未识别出错报，重要缺陷也可能存在。在确定一项内部控制缺陷或多项内部控制缺陷的组合是否构成重要缺陷时，审计师需要考虑以下事项：

（1）缺陷导致财务报表未来发生重大错报的概率。

（2）相关资产或负债损失或舞弊的敏感性。

（3）确定估计数额的主观性和复杂性，例如公允价值会计估计。

（4）暴露于控制缺陷的财务报表金额。

（5）已发生或可能发生在暴露于控制缺陷的账户余额或交易类别中的活动数量。

（6）控制对财务报告流程的重要性，例如一般监督控制（如对管理层的监督）、防止和发现舞弊的控制、重要会计政策选择和应用的控制、重要关联方交易的控制、常规业务流程之外的重要交易的控制、期末财务报告流程的控制（如对非常规日记账分录的控制）。

（7）因控制缺陷而发现例外的原因和频率。

（8）该内部控制缺陷与其他内部控制缺陷的相互作用。

根据控制缺陷的严重性无论将控制缺陷分为两类还是三类，从风险评估的角度来看，判断依据主要是两个方面：控制缺陷导致的潜在后果和潜在后果发生的可能性。因此，评估控制缺陷的严重性时，需要综合考虑控制缺陷导致的潜在后果的大小和潜在后果发生的可能性，以判断是否构成重大缺陷，进而确定内部控制是否有效。由于被评价企业的规模、风险偏好或容忍度等存在差异，因此需要根据企业实际情况确定潜在后果和发生概率的分界线或阈值。如图9-4所示，横轴表示潜在后果的大小，纵轴表示发生概率。企业需要根据实际情况确定P0、M0、P1和M1的具体值。一般来说，控制缺陷的评估结果分为：重大缺陷（区域1）、重要缺陷（区域2）、一般缺陷（区域3）。此外，从广义风险概念及等效用的角度来看，区域4和区域5的情形也可视为重大缺陷。

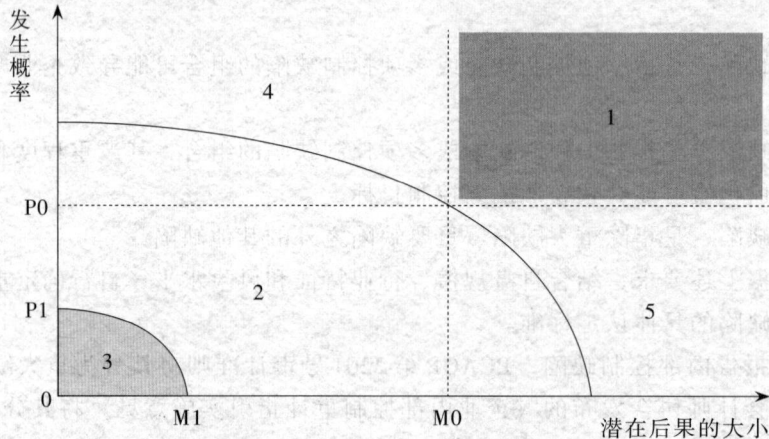

图9-4 控制缺陷严重性的评估

三、企业内部控制缺陷的报告与整改

根据《企业内部控制评价指引》，企业内部控制评价工作组应建立评价质量交叉复核制度。评价工作组负责人应当对评价工作底稿进行严格审核，并对认定的评价结果签字确认后，提交企业内部控制评价部门。

根据《企业内部控制评价指引》，企业内部控制评价部门应编制内部控制缺陷认定汇总表，结合日常监督和专项监督发现的内部控制缺陷及其持续改进情况，对内部控制缺陷及其成因、表现形式和影响程度进行综合分析和全面复核，提出认定意见，并以适当的形式向董事会、监事会或者经理层报告。重大缺陷应当由董事会予以最终认定。

对于设计缺陷，应从企业内部的管理制度入手查找原因，需要更新、调整、废止的制度要及时进行处理，并同时改进内部控制体系的设计，弥补设计缺陷的漏洞。对于运行缺陷，则应分析出现的原因，查清责任人，并有针对性地进行整改。

对于重大缺陷，应当由董事会予以最终认定，企业要及时采取应对策略，切实将风险控制在可承受度之内。对于重要缺陷和一般缺陷，企业应当及时采取措施，避免发生损失。对于因内部控制缺陷造成经济损失的，企业应当查明原因，追究相关部门和人员的责任。

本节讨论题

1.如何识别内部控制缺陷？

2.如何评估内部控制缺陷？

第四节　企业内部控制评价的方法

出于不同的评价目的和需求以及理论逻辑，企业内部控制评价在实务中存在多种方法，总体上可分为定性评价方法和定量评价方法。

一、内部控制评价方法的适当性

不存在适合所有公司的通用内部控制评价方法，企业管理层应运用自己的经验和判断，设计适合自身的评估过程，记录、评价和测试与经营、风险和流程相关的控制。无论是对内部控制评价方法进行规范，还是企业自主选择评价方法，都要考虑评价方法的适当性。从理论上讲，适当的内部控制评价方法应满足以下条件：

1.评价结论的可靠性

根据这种方法对内部控制的有效性进行评价形成的结论，应具有一定的可靠性，至少达到合理的水平，也就是对内部控制有效性的判断出现错误的风险要足够低，这是适当的评价方法必须具备的条件。评价结论的可靠性不够高，或者说不能达到合理水平，则该评价方法所形成的评价结论是难以被认可的。

2.评价的成本效益性

不仅内部控制本身存在成本效益问题，评价内部控制的有效性也存在成本效益问题。要选择适当的企业内部控制评价方法，就必须考虑成本效益问题，必须考虑所需要的时间，确保符合成本效益原则，提高效率。

3.广泛的适用性和灵活性

不但不同企业的内部控制各不相同，而且评价内部控制有效性的方法也往往因企业而异，这取决于公司的特定情况和控制的重要性。评价方法应当具有广泛的适用性和灵活性，以适应不同规模、处于不同行业和不同类型的企业。统一的内部控制评价指南或规范更要考虑评价方法对不同规模、不同行业和不同类型企业的适用性，要允许企业根据自己内部控制的特定情况灵活调整具体的评价方法、评价程序和评价内容，还要允许公司管理层应用自己的经验和基于可靠信息的判断来设计一个满足公司需要并为评估结果提供合理保证的评价过程。

4.评价的全面性

评价内容和程序应全面，既要评价内部控制设计的合理性，又要测试其运行的有效性，企业内部控制评价的结论应是基于设计有效性和运行有效性的评价结果。

5.合理的支持证据

适当的文档记录是内部控制有效运行的必要条件。对于内部控制评价而言，适当的评价方法应为内部控制有效性的评价结果（包括测试）提供合理的文档记录支持。这不仅确保了评价结论的可信性，还为其他人员评价或审计内部控制保留了必要的痕迹。

这些条件是适当的评价方法所必须具备的，也是判断评价方法是否适当的标准。此外，由于不同目标的内部控制受到不同因素的影响，有效内部控制合理保证的内容也有所不同。因此，评价不同目标内部控制的有效性时，采用的具体方法也会存在差异。

二、COSO 的"原则-要素-整体"评价方法

企业内部控制的定性评价主要是 COSO 基于内部控制构成要素和原则的定性评价方法以及以此为基础衍生出的各种定性评价方法。COSO 的内部控制框架不仅明确了内部控制的构成要素，还进一步明确了各构成要素的原则性要求和关注点，为内部控制评价提供了定性依据。企业在进行内部控制评价时，需要根据企业的风险情况和内部控制情况，评估其内部控制是否达到了这些原则性要求，从而评估内部控制的整体有效性。

COSO 认为，要衡量内部控制体系是否有效，管理层应运用判断评估内部控制各要素及相关原则是否存在并发挥作用以及是否以整合的方式运行。基于这一理念，COSO 提出了从原则评价到要素评价再到整体评价的定性评价方法。

1.COSO "原则-要素-整体"评价方法的思路

在判断各要素及相关原则是否存在并持续运行时，管理层可以考虑对各原则有影响的相关控制。在设计、实施和执行内部控制及评估其有效性时，管理层应当在相关法律法规、制度及标准所限定的范围内考虑以下关键事项：

（1）应用与目标相关的内部控制要素；

（2）在主体架构内应用内部控制要素及原则；

（3）明确适用的目标及子目标，并评估影响目标实现的风险；

（4）选择、执行及部署必要的控制，以增强原则的有效性；

（5）评估内部控制要素是否存在、持续运行并共同发挥作用；

（6）评估内部控制原则是否适用于主体，以及是否存在并持续运行；

（7）依据适用的法律法规、制度及外部标准或框架的要求，评估一项或多项内部控制缺陷的严重程度。

与某个要素相关的重大缺陷并不能因另一个要素的存在并持续运行而改变。同样，与某条原则相关的重大缺陷也不能因其他原则的存在并持续运行而改变。

由政策和程序构成的控制是嵌入内部控制流程中的。政策明确了管理层及董事会为实现有效控制的具体措施，而程序则是确保政策落实的一系列行动。组织应建立并执行要素中的控制，以使相关原则有效。控制之间是相互关联的，能支持多个目标及原则。管理层应考虑以下因素来判断控制是否可以使原则有效：

（1）企业所适用的法律法规、规章及标准；

（2）企业的业务性质及所处市场环境；

（3）管理运行模式的范围及性质；

（4）内部控制责任人员的胜任能力；

（5）对技术的使用及依赖程度；

（6）管理层对所评估风险的应对。

COSO 基于内部控制构成要素和原则提出的评估流程[1]如图9-5所示。

---

① 参见 COSO《内部控制——整合框架》（2013）。

内部控制体系的整体评估

要素的评估（5）　每个要素的评估结果汇总

更新内部控制缺陷的严重程度

原则的评估（17）　每条原则的评估结果汇总

记录内部控制缺陷　内部控制缺陷汇总

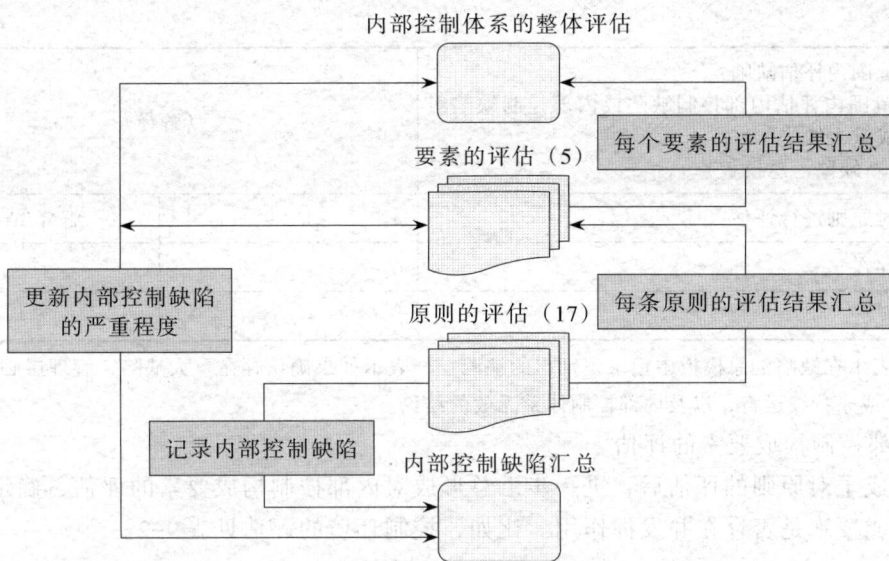

图 9-5　COSO基于原则和要素的内部控制评估流程

2.内部控制原则的评估

对内部控制原则的评估就是要评估企业的内部控制是否达到内部控制5个构成要素的17条原则的要求，识别相关控制，并初步确定内部控制缺陷及其严重程度。例如，控制环境第1条原则的评估见表9-1。

表 9-1　　　　　　　　　　**控制环境第1条原则的评估**

原则评估——控制环境

原则1：展现对诚信与道德价值观的承诺——企业应展现对诚信和道德价值观的承诺

关注点：
- 确定高层基调
- 建立行为准则
- 评价对行为准则的遵守情况
- 及时处理行为偏差
- （其他针对特定企业的关注点）

使原则1有效的控制汇总：

		适用于原则1的各项缺陷		
		初步评估缺陷的严重程度（考虑使本原则有效的其他控制是否能弥补该控制缺陷）		列举与其他原则相关但可能对本内部控制缺陷造成影响的内部控制缺陷
识别编码	内部控制缺陷描述	初步评估严重程度——该内部控制缺陷是否为重大缺陷（是/否）	注释/补偿性控制	

在本原则范围内评估缺陷：* 在本原则范围内评估内部控制缺陷或内部控制缺陷组合是否构成重大缺陷** （必要时更新缺陷汇总模板）	（解释）	
运用判断对原则进行评估**	是/否	解释/结论
原则是否存在		
原则是否运行		

注：*表示在缺陷汇总模板中记录识别出的缺陷。**表示如果确认存在重大缺陷，管理层必须得出该原则不存在或未持续运行，以及内部控制体系无效的结论。

3. 内部控制构成要素的评估

在完成了对原则的评估后，进一步汇总形成对内部控制构成要素的评估，确定内部控制每个构成要素是否存在并发挥作用。比如，控制环境的评估见表9-2。

表9-2　　　　　　　　　　　　控制环境的评估

要素评估——控制环境			
	是否存在 （是/否）	是否持续运行 （是/否）	解释/结论
原则1：展现对诚信与道德价值观的承诺——企业应展现对诚信和道德价值观的承诺			
识别编码	内部控制缺陷描述	评估内部控制缺陷的严重程度 （考虑是否本要素内或跨要素间存在其他原则的控制能弥补该缺陷）	
		内部控制缺陷是否为重大缺陷（是/否）	注释/补偿性控制
	是否存在（是/否）	是否持续运行（是/否）	解释/结论
原则2：行使监督职责——董事会要展现出对管理层的独立性，并对内部控制的开发和执行实施监督			
识别编码	内部控制缺陷描述	评估内部控制缺陷的严重程度 （考虑是否本要素内或跨要素间存在其他原则的控制能弥补该缺陷）	
		内部控制缺陷是否为重大缺陷（是/否）	注释/补偿性控制

		是否存在（是/否）	是否持续运行（是/否）	解释/结论
原则3：确定组织架构、权力与职责——管理层要在董事会的监督下建立追求目标的结构、报告路线和适当的授权与职责				
识别编码	内部控制缺陷描述	评估内部控制缺陷的严重程度（考虑是否本要素内或跨要素间存在其他原则的控制能弥补该缺陷）		
		内部控制缺陷是否为重大缺陷（是/否）	注释/补偿性控制	
		是否存在（是/否）	是否持续运行（是/否）	解释/结论
原则4：对胜任能力的要求——企业要展现出一种吸引、开发和留用符合企业目标的人才的承诺				
识别编码	内部控制缺陷描述	评估内部控制缺陷的严重程度（考虑是否本要素内或跨要素间存在其他原则的控制能弥补该缺陷）		
		内部控制缺陷是否为重大缺陷（是/否）	注释/补偿性控制	
		是否存在（是/否）	是否持续运行（是/否）	解释/结论
原则5：实施问责机制——企业应让个人在追求目标过程中对其内部控制责任负责				
识别编码	内部控制缺陷描述	评估内部控制缺陷的严重程度（考虑是否本要素内或跨要素间存在其他原则的控制能弥补该缺陷）		
		内部控制缺陷是否为重大缺陷（是/否）	注释/补偿性控制	

续表

	是否存在（是/否）	是否持续运行（是/否）	解释/结论
跨要素评估缺陷：* 跨要素评估内部控制缺陷或缺陷组合是否构成重大缺陷**	解释/结论		
根据原则及控制缺陷，运用判断对要素进行评估**	是/否	解释/结论	
要素是否存在			
要素是否持续运行			

注：*表示在缺陷汇总模板中记录识别出的缺陷。**表示如果确认存在重大缺陷，管理层必须得出该原则不存在或未持续运行，以及内部控制体系无效的结论。

4.内部控制体系有效性的整体评估

在完成了对构成要素的评估后，进一步汇总形成对内部控制体系有效性的整体评估，具体内容见表9-3。

表9-3　　　　　　　　　**内部控制体系有效性的整体评估**

内部控制体系整体评估			
需要进行评估的主体、分部、业务单元或职能部门			
评估内部控制范围考虑的目标	对管理层风险承受度的考虑		
经营目标			
报告目标			
	是否存在（是/否）	是否持续运行（是/否）	解释/结论
控制环境			
风险评估			
控制活动			
信息与沟通			
监督活动			
各要素是否以整合的方式一起运行 评估跨要素的多个内部控制缺陷组合是否构成重大缺陷* （必要时更新缺陷汇总表）			
内部控制体系整体是否有效*（是/否）			
结论的依据			

注：*表示如果确认存在重大缺陷，管理层必须得出内部控制体系无效的结论。

5.内部控制缺陷的汇总

在评估的各个阶段，都要记录识别出的所有内部控制缺陷，从而评估相关要素和原则，并进一步评估内部控制缺陷的累积影响。因此，需要汇总内部控制的缺陷，具体内容见表9-4。

表 9-4   内部控制缺陷的汇总

识别编码	内部控制缺陷的来源		内部控制缺陷描述	对严重程度的考虑	内部控制缺陷是否为重大缺陷（是/否）	责任人	整改计划和日期	对存在/持续运行的影响	列举其他原则内可能对本内部控制缺陷造成影响的所有内部控制缺陷
	要素	原则							

三、企业内部控制的定量评价方法

企业内部控制评价还会基于内部控制框架和构成要素采用定量方法，这些定量评价方法又因为评价逻辑的差异分为基于构成要素的加权评价法、基于目标实现程度的加权评价法以及基于目标实现和构成要素的加权评价法。

（一）基于构成要素的加权评价法

自2010年起，一些学者和机构借鉴国内外通用的评估方法，结合我国实际情况，从内部控制构成要素的角度构建了一套内部控制评价体系，陆续提出了多个上市公司内部控制指数，比如深圳市迪博企业风险管理技术有限公司和陈汉文教授提出的上市公司内部控制指数。这些指数旨在全面客观地评价我国上市公司内部控制现状，为监管和决策提供参考。

1.迪博公司提出的上市公司内部控制指数

该上市公司内部控制指数最初是根据《企业内部控制基本规范》的五大要素和具体细则，制定了包括内部环境、风险评估、控制活动、信息与沟通和内部监督在内的五大一级指标及63个二级指标。从评分规则来看，若公司披露了二级指标的相关内控信息，得1分，否则为0。总体评价的满分为63分，将上市公司内部控制的水平分为高、中、低三个等级，高分组为得分大于等于42的公司，低分组为得分小于21的公司，其他公司则为中分组。后来，该上市公司内部控制指数对相关指标、权重以及计分方法和标准进行了调整，但总体思路和模式保持不变。

2.陈汉文教授提出的上市公司内部控制指数

该上市公司内部控制指数基于《企业内部控制基本规范》及其配套指引，综合考虑相关法律法规，借鉴国内外已有的内部控制评价研究，确定了内部环境、风险评估、控制活动、信息与沟通、内部监督5个一级评价指标、25个二级评价指标、35个三级评价指标、158个四级评价指标的四级指标体系。它采用层次分析法（AHP）和变异系数法确定各指标权重，并对每个指标进行加权平均，从而得到内部控制评价指数。其5个一级评价指标的得分分别构成内部环境指数、风险评估指数、控制活动指数、信息与沟通指数和内部监督指数。该上市公司内部控制指数采用百分制，分值区间［90，100］、［80，90)、［70，80)、［60，70)、［50，60) 和［0，50) 分别对应Ⅰ、Ⅱ、Ⅲ、Ⅳ、Ⅴ、Ⅵ六个内部控制等级水平。

这两个上市公司内部控制指数均采用基于要素的加权评价法，基本上是以内部控制的构成要素为基础进行指标细化，依据自设的量化标准进行量化，然后加权平均，从而形成内部控制总体的得分。

（二）基于目标实现的加权评价法

一些学者和机构基于内部控制目标的实现程度，构建了上市公司内部控制指数，通过量化评估战略、经营、报告、合规和资产安全五大目标的实现情况，形成综合评价体系。例如中国上市公司内部控制指数研究课题组（2011）和林斌（2014)[①]设计的内部控制指数。

中国上市公司内部控制指数研究课题组认为，企业内部控制体系的有效性可以通过战略、经营、报告、合规和资产安全五大目标的实现程度来衡量。该课题组以企业内部控制基本框架为基础，基于战略、经营、报告、合规和资产安全五大目标的实现程度设计了内部控制基本指数，并将内部控制重大缺陷作为修正指标，对基本指数进行补充和修正。其内部控制指数体系如图9-6所示。

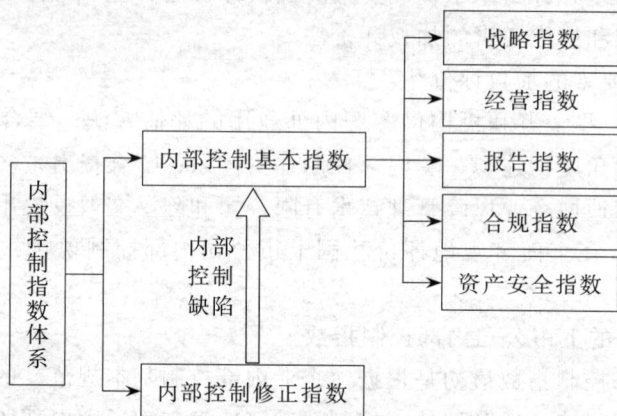

图9-6 内部控制指数体系

内部控制基本指数分为两个层次：第一层次为内部控制五大目标指数（战略、经营、报告、合规、资产安全），第二层次为各目标指数下的分类变量，如图9-7所示。

内部控制修正指数的设定以内部控制缺陷为基础，内部控制缺陷是评价内部控制有效性的负向维度。如果内部控制的设计或运行无法合理保证内部控制目标的实现，就意味着存在内部控制缺陷。该方法选取可能导致企业严重偏离控制目标的重大缺陷作为修正指标。

① 林斌，林东杰，胡为民，等. 目标导向的内部控制指数研究［J］. 会计研究，2014（8）：16-24，96.

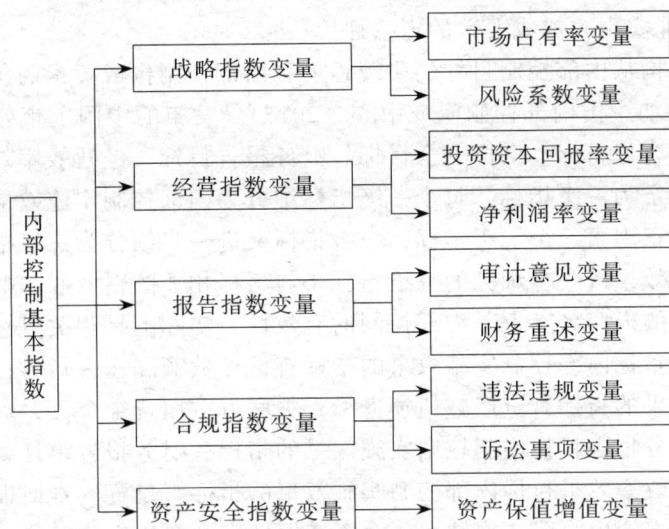

图 9-7　内部控制基本指数层次

该方法利用标准化法对战略指数变量、经营指数变量、报告指数变量、合规指数变量和资产安全指数变量进行无量纲化，使得各变量之间具有可比性，并采用算术平均法为各变量赋予权重。依据选取的内部控制指数变量、内部控制指数变量无量纲化的结果以及各变量的权重，建立内部控制指数模型，计算得出的上市公司内部控制指数满分为 1 000 分。

林斌（2014）从实践检验标准出发，以内部控制的"结果"为基础，围绕内部控制目标的实现程度设计内部控制指数。如果企业内部控制指数较高，表明该企业的内部控制目标实现程度较高，从而推论企业的内部控制水平较高。该研究将内部控制五大目标划分为基础层级、经营层级和战略层级，三个层级呈现由单一内涵向综合内涵递进的关系。基础层级的目标包括合法合规、资产安全和报告可靠，经营层级的目标包括企业经营效率和效果目标，战略层级的目标是实现企业发展战略。

基础层级的合法合规目标主要选取违法违规、立案调查和公司诉讼三个指标衡量其实现程度，基础层级的资产安全目标主要选取资产减值、投资损失和调整的营业外支出三个方面来衡量其实现程度，基础层级的报告可靠目标主要选取财务报表审计意见、财务报表重述、盈余质量三个角度来衡量其实现程度。经营层级的经营效率和效果目标选择总资产周转率衡量企业效率、人均营业收入衡量企业效果、净资产收益率衡量企业效益，综合反映企业的效率和效果。战略层级的目标选取经营计划、竞争优势、系统风险三个方面，分别从事前、事中和事后三个维度刻画企业战略目标的实现程度。

内部控制缺陷是评价内部控制有效性的负向维度。重要缺陷和重大缺陷可能导致企业严重偏离内部控制目标，具体表现包括：内部控制审计报告被出具保留意见、否定意见，企业披露内部控制存在重要缺陷、重大缺陷，企业财务报表被出具否定意见或无法表示意见等。内部控制重要缺陷和重大缺陷被作为内部控制评价的修正指标。

目标导向内部控制指数由基础层级指数、经营层级指数、战略层级指数和修正指数构成，共 16 个指标；将三个层级的得分进行加权平均，得到上市公司内部控制指数，满分为 1 000 分。如果存在重大缺陷或重要缺陷，则对指数进行修正。

（三）基于目标实现和构成要素的定量评价法

一些学者和机构从内部控制目标的实现程度和内部控制构成要素的角度构建了上市公司内部控制指数，如中国内部控制研究中心（2017）[①]发布的中国上市公司内部控制指数等。该方法将合法合规目标、资产安全目标、财务报告目标、经营效率效果目标、战略管理目标五大目标设定为一级指标，每个一级指标细分为内部控制实施效果、内部控制设计情况与内部控制修正因素三个二级指标，二级指标又进一步细分为三级指标。

内部控制实施效果进一步细分的三级指标是与目标相关的财务和非财务指标，从具体的指标来看，衡量的内容名义上是内部控制的有效性，实际上是相关目标的实现情况。比如，衡量合法合规目标内部控制实施效果的指标有诉讼数额和违规行为；衡量资产安全目标内部控制实施效果的指标有资产减值损失率，关联方占用资金金额，资产盘亏、毁损和对外担保；衡量财务报告目标内部控制实施效果的指标有财务报告审计意见和是否发生财务重述；衡量经营效率效果目标内部控制实施效果的指标有投资资本回报率、盈利现金保障倍数、存货周转率、应收账款周转率、总资产周转率和净资产收益率；衡量战略管理目标内部控制实施效果的指标有可持续增长率、市场占有率、销售增长率、资产规模、系统风险。

内部控制设计情况分为内部环境、风险评估、控制活动、信息与沟通、内部监督五个三级指标。每个三级指标根据每个内部控制构成要素的主要内容进一步细化为若干个四级指标。内部环境包含管理者胜任能力、企业文化建设的重视程度、薪酬业绩考核效果、公司治理、人力资源建设的重视程度、培训的重视程度六个四级指标，风险评估包含风险识别、风险分析、风险应对三个四级指标，控制活动包含资金活动、资产管理、工程项目、担保业务、合同管理、采购业务、销售业务、研究与开发、业务外包、全面预算管理十个四级指标，信息与沟通包含是否重视信息系统的优化和维护、是否建立与不同利益相关者的沟通渠道两个四级指标，内部监督包含管理层是否对内部控制建设进行积极整改或完善、专业人员胜任能力、是否具有内审机构三个四级指标。四级指标主要依据有无、是否、词频分析、类别数进行赋值。

内部控制修正因素分为内部控制自我评价报告与内部控制审计报告两个三级指标。内部控制自我评价报告下设"内部控制缺陷"一个四级指标；内部控制审计报告下设"内部控制审计意见"一个四级指标。总体而言，该上市公司内部控制指数包含五个一级指标、15个二级指标、54个三级指标、130个四级指标。

该方法采用变异系数法和专家打分法确定各变量的权重，并将标准化后的指标与相应权重相乘后加总，得到综合指标。首先计算四级指标的得分，其次计算三级指标的得分和二级指标的得分，再次计算内部控制五大目标的一级指标得分，最终将五个一级指标的得分相加得出综合反映五大目标内部控制得分的综合指数。综合指数满分为100分。

本节讨论题

1. 如何评估内部控制评价方法的适当性？
2. 内部控制定量评价方法的优点和缺点分别是什么？

---

① 参见中国内部控制研究中心2017年6月发布的《中国上市公司内部控制指数》。

第五节　企业内部控制评价的模式

监管部门提出了内部控制评价的要求，相关机构通过制定企业内部控制框架或规范，提供了一个有效内部控制系统的参考模式，这也常被视为评价内部控制的标准。然而，这些内部控制框架大多是基于原则要求的概念框架，对于评价一个公司的内部控制是否有效，并未直接提供具体的评价标准或逻辑。因此，在理论和实务中，内部控制评价存在多种选择，形成了多种评价方法和模式。

一、企业内部控制评价的模式及分类

尽管COSO并未明确定义有效的内部控制，但从结果的角度指出，有效的内部控制体系可以为主体目标的实现提供合理保证，或将影响目标实现的风险降低至可接受的水平，还提出这需要内部控制框架五要素中的每个要素以及相关原则必须同时存在并发挥作用，而且五要素要以整合的方式共同运行。因此，评价企业内部控制是否有效，本质上就变成评价内部控制能否为相关目标的实现提供合理保证（尽管对于不同类别的目标来说，这种合理保证的含义有所差别），或能否将相关目标的风险降低至可接受的水平。理论和实务界在评价内部控制方面也基本达成共识：既要评价内部控制设计的有效性又要评价内部控制运行的有效性。这一点无论是在美国COSO的报告、SEC的评价指引中，还是在PCAOB的内部控制审计准则中都有提及，更是被其他国家的机构和组织广泛借鉴。

但是，实施企业内部控制评价依然存在三个方面的问题：第一，判断内部控制是否有效是基于标准或框架，还是基于风险应对的效果？第二，判断内部控制是否有效是基于事前和风险，还是基于事后和目标实现程度？第三，是否需要对内部控制体系进行多目标的综合评价以及如何从内部控制体系的单目标评价转向多目标综合评价？从国内外内部控制评价理论与实务的发展来看，人们评价内部控制时，在这三个方面做出了不同选择，从而形成了不同的评价模式。

从第一个方面来看，评价模式分为两种：一种模式是基于标准（框架）的评价，即根据企业实际的内部控制是否符合既定的内部控制标准（或关键控制活动）来判断内部控制是否有效。另一种模式是风险基础的评价，即根据企业内部控制能否将相关目标的风险降低至可以接受的水平来判断内部控制是否有效。

从第二个方面来看，评价模式分为三种：一种模式是基于事前和风险应对的评价，在评价内部控制是否有效时只考虑内部控制能否在事前将目标的风险降低到可以接受的水平，并不考虑事后目标的实际实现情况如何。另一种模式是基于事后和目标实际实现情况的评价，在评价内部控制是否有效时单纯从结果的角度考虑事后目标的实现情况。从内部控制理论以及内部控制评价的实务来看，大多数是采用基于事前和风险应对的评价模式，几乎不存在完全的基于事后和目标实现的评价模式。还有一种模式，就是一些机构和组织制定和发布的内部控制评价制度在基于事前和风险应对的评价模式基础上考虑了相关目标的实现情况，进一步融合了基于事后和目标实现的评价模式，二者相结合，可以称为基于风险和目标实现的综合评价模式。

从第三个方面来看，评价模式分为两种：一种模式是根据监管的要求和管理的实际需求评价经营、报告、合规、保护资产、战略等某一具体目标的内部控制。另一种模式是目标内部控制的整体评价，一些组织、机构和学者进行了评价多目标内部控制整体有效性的研究，这类研究涵盖了目前已知的所有内部控制目标分类，目的是对企业内部控制进行综合性评价，可以称为多目标内部控制的整体评价模式。

二、基于标准（框架）的评价模式及其应用

1.基于标准（框架）的评价模式

自从COSO于1992年发布《内部控制——整合框架》后，内部控制理论和实务的发展就进入了整合框架阶段，随后，其他机构和组织也相继制定和发布了类似的框架或规范。这些框架或规范统一和明确了内部控制的内涵、目标和构成要素。COSO在此基础上进一步明确了内部控制五个构成要素的17条原则和每条原则的关注点，并指出构成要素和原则都存在并以整合的方式发挥作用，内部控制才是有效的。

人们在评价企业内部控制时，总是希望找到一个具体标准作为参照物，内部控制框架或规范的出现为此提供了便利，很多人把内部控制框架或规范视为有效的内部控制的标准，并在内部控制构成要素的基础上进一步细化成更具体的内容和指标，如关键控制活动列表等。在评价企业内部控制时，根据企业实际的内部控制是否与这些内部控制标准（或关键控制活动）一致来判断内部控制是否有效，这就是所谓的基于标准（框架）的内部控制评价模式。基于经验和习惯，或者基于标杆或者样板企业，或者基于模板对内部控制进行建设和评价，都自觉或不自觉地应用了这种评价模式。

在这样的背景下，很多企业、事务所和咨询机构都习惯于采用这种模式。综合起来看，这种模式的基本程序包括三个步骤：首先，将企业实际的内部控制与既定的内部控制标准（框架）进行对比，根据内部控制标准（框架）的构成要素以及相应的关键控制活动，识别控制缺失或不当，从而识别设计缺陷；其次，测试企业既有的内部控制，从而识别运行缺陷；最后，汇总、评估控制缺陷，确定是否构成重大缺陷。如果构成重大缺陷，则内部控制无效；如果不构成重大缺陷，则内部控制有效。基于标准（框架）的评价模式的逻辑和程序如图9-8所示。

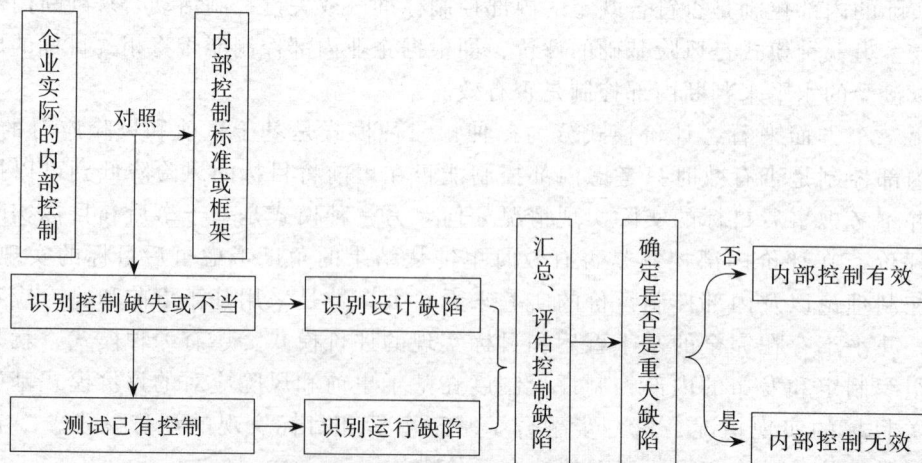

图9-8　基于标准（框架）的评价模式

这种模式得到了企业、事务所和咨询机构的广泛应用，主要得益于以下特点：

（1）内部控制标准（框架）易于获取且实用。这种模式的关键在于将企业实际的内部控制与特定企业内部控制标准（框架）进行对比，而这个企业内部控制标准（框架）尽管在理论上不存在，但在现实中容易找到，比如标杆企业、样板企业的内部控制制度。一些事务所和咨询机构还开发了一些内部控制制度的模板。无论是内部控制建设还是内部控制评价，这些内部控制标准（框架）相对而言更加具体，实务操作性更强。

（2）简单易行。将企业实际的内部控制与一个具体的企业内部控制标准（框架）进行对比，简单易行，可以用核对表等简单的表格工具，并不需要多么复杂的专业判断和知识。

但是，这种模式也存在一些内在缺陷，主要包括：

（1）评价结果偏离了内部控制评价的本义。在这种模式下，评价结果实质上反映的是企业实际的内部控制与特定的内部控制标准（框架）的一致程度，即企业内部控制的设计和运行是否符合所选标准的要求。因此，这种一致性并不是企业内部控制真正的有效性，也未能衡量内部控制是否为相关目标的实现提供了合理保证。

（2）忽略了内部控制的整体性，导致评价结果的可靠性存疑。这种评价模式无一例外地会借鉴一个内部控制的概念框架，无论是COSO的内部控制整合框架还是其他类似的框架。而COSO一再强调内部控制的原则与要素要存在并发挥作用，还要以整合的方式运行，内部控制才是有效的，这种基于细化的标准（框架）的简单比较式评价是很难充分考虑内部控制原则和要素之间的系统整合性的，也就忽略了内部控制构成要素、原则以及控制活动之间的有机联系，这必然会影响评价结果的可靠性。

（3）评价结果未能充分反映风险管理的效果。这种评价模式由于未充分考虑企业自身特定的环境与风险，据此得出的评价结果既不能有效衡量内部控制对相关目标风险的应对效果，也不能可靠衡量对相关目标的实现提供的保证程度，从而未能充分反映风险管理的效果。

（4）效率低，成本高。虽然企业内部控制标准（框架）是相对容易获取，但实际上并不存在这样一个适用于所有企业的通用内部控制标准，尤其是这个标准要非常详细和具体的时候。所以，实际应用中，这个标准对大多数企业来说必然是过于烦琐和复杂，对某一个特定企业来说，其针对性和适用性并不好。因此，在这种评价模式下，一方面，既会识别出不必要的设计缺陷，也会遗漏应当识别出的设计缺陷；另一方面，这会导致评价运行有效性时不必要地扩大了控制测试范围，也可能识别出不必要的运行缺陷。这两个方面的问题可能直接导致评价效率降低、评价成本提高，还会影响评价结果的可靠性。

从内部控制建设的角度看，基于这种评价模式的评价结果来建立健全内部控制，必然会导致很多问题：

（1）控制活动不必要的冗余烦琐；

（2）内部控制的成本不必要地提高；

（3）内部控制可能导致某些业务活动运行效率降低；

（4）内部控制不能有效地、有针对性地控制风险。

2.基于标准（框架）的评价模式的应用

这种模式主要用于各种上市公司内部控制指数，例如迪博公司以及浙江大学提出的上市公司内部控制指数。这些上市公司内部控制指数大多声称依据COSO框架或我国企业内部控制规范，采用多级指标体系进行量化评价。它们通常根据内部控制的构成要素，确定内部环境、风险评估、控制活动、信息与沟通、内部监督等若干个一级评价指标，然后在一级指标的基础上细分出若干个二级指标，再在二级指标的基础上细分出若干个三级指标，或继续细分出若干个四级指标；确定每一级指标各自的权重；对最低一级指标给出量化评价的标准，并进行量化评价；对每级指标的量化评价加权平均，并逐级汇总，即得到上市公司内部控制各构成要素的指数以及总指数。这些上市公司内部控制指数通常采用百分制（或千分制），并按照分值区间（如［90，100］、［80，90）、［70，80）、［60，70）、［50，60）和［0，50）分别对应不同的等级水平（如Ⅰ、Ⅱ、Ⅲ、Ⅳ、Ⅴ和Ⅵ六个等级）。

基于标准（框架）的评价模式在上市公司内部控制指数上的这种应用除了存在一般的缺陷之外，还存在更为具体的其他问题：

（1）内部控制是一个完整的系统，各要素之间相互影响、相互协作，而非完全独立的关系，各要素细化，然后分别量化评价和加权平均，割裂了系统性和整合性。

（2）内部控制各要素之间存在一定的逻辑关系，其重要性也有所不同，比如采用自上而下方法的时候，首先考虑的是主体层面的控制，然后再考虑活动层面的控制，而各要素得分的简单平均或加权平均无法充分体现这种逻辑和相对重要性。

（3）内部控制是否有效取决于能否为相关目标的实现提供合理保证。能提供合理保证，则为有效的内部控制；不能提供合理保证，则为无效的内部控制。从风险管理的角度来看，内部控制的评价结果分为有效和无效足矣；而按照评价得分划分为多个评价结果或多个等级，其实际含义将难以解释。

三、自上而下、风险基础的评价模式

企业内部控制评价的另一种模式是基于风险应对的效果，即根据企业内部控制能否将相关目标的风险降低至可以接受的水平，或企业内部控制能否为相关目标的实现提供合理保证，来判断内部控制是否有效。

1.自上而下、风险基础评价模式的基本思路和程序

（1）明确企业内部控制的目标，清晰界定内部控制范围，明确是战略、经营、报告、合规还是资产安全目标的内部控制，避免笼统模糊和界限不清。

（2）从固有风险的角度识别和评估与内部控制目标相关的风险。

（3）识别和评估企业实际内部控制体系中能够应对这些风险的相关控制，识别设计缺陷，评估内部控制的设计有效性。识别相关控制时，可参考内部控制概念框架，采用"自上而下"的策略，即先识别企业层面的相关控制，再识别业务活动层面的相关控制。

（4）测试识别出的相关控制，识别运行缺陷，评估内部控制运行有效性。

（5）汇总并评估控制缺陷的严重性，确定是否构成重大缺陷。如果构成重大缺陷，则内部控制无效；如果没有构成重大缺陷，则内部控制有效。

自上而下、风险基础评价模式的逻辑和程序如图9-9所示。

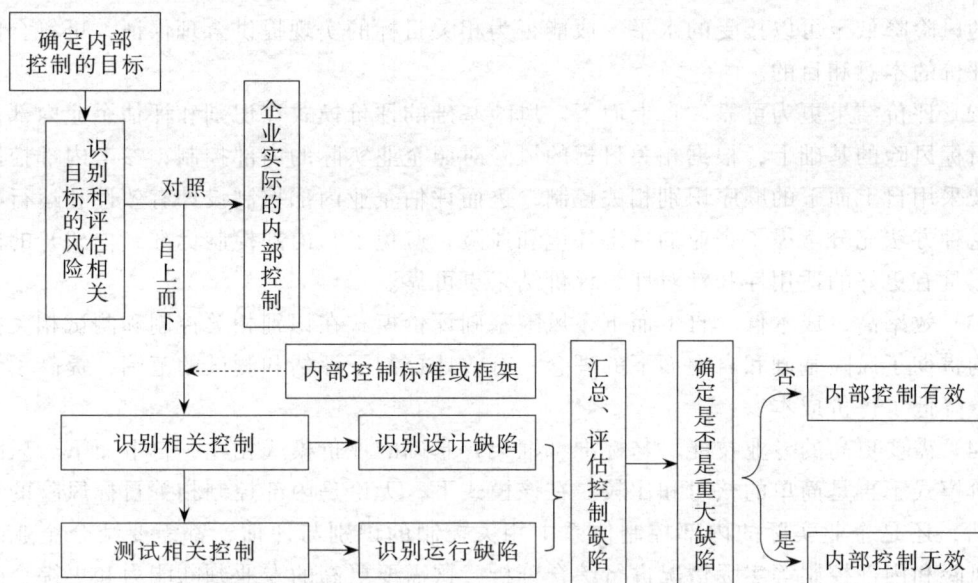

图 9-9　自上而下、风险基础评价模式的逻辑和程序

2.自上而下、风险基础评价模式的理念

这种模式充分体现了目标导向、风险基础和自上而下的理念。

（1）目标导向。企业内部控制旨在为经营、报告和合规等目标的实现提供保证，评价其有效性就要明确和清晰界定内部控制的具体目标，从而明确内部控制评价的范围，确定风险评估的前提。内部控制的目标应尽可能明确和具体，一方面，不能笼统地描述为经营、报告、合规三个目标，或者四个、五个目标；另一方面，应聚焦于某一个具体目标，进行多个目标内部控制的综合评估往往是不适当的。

（2）风险基础。该理念主要体现在：以识别和评估内部控制目标的风险为基础、以企业实际的内部控制对这些风险的应对效果为标准，评估内部控制设计的有效性；根据风险评估结果，确定需要获取的证据和测试的场所，仅测试企业实际的内部控制体系中能够充分应对风险的相关控制；评价结果衡量的是企业实际的内部控制对相关目标风险的应对效果，即企业实际的内部控制能否将相关目标的风险降低至可以接受的水平，或能否为相关目标的实现提供合理保证。

（3）自上而下。该理念主要体现在：在识别内部控制目标时，从内部控制总体目标开始，逐步细化到更具体的目标；在识别和评估内部控制目标的风险时，从内部控制总体目标的风险识别和评估入手，逐步细化到具体目标的风险；在识别相关的控制时，从公司层面的控制开始，逐步深入业务活动层面的控制。美国SEC发布的《关于管理层报告财务报告内部控制的指引》和PCAOB发布的《审计准则第2201号——与财务报表审计相整合的财务报告内部控制审计》均采用了这一思路。

3.自上而下、风险基础评价模式的特点

自上而下、风险基础评价模式与标准（框架）基础评价模式的区别类似财务报表的风险基础审计模式与详细审计模式的区别，该模式的特点主要体现在以下几个方面：

（1）评价结果直接反映风险管理的效果。自上而下、风险基础评价模式的评价结果衡量了企业实际的内部控制对实际风险的应对效果，反映了企业实际的内部控制能否将相关目标的风险降低至可以接受的水平，或能否为相关目标的实现提供合理保证，更符合内部控制评价的本意和目的。

（2）评价结果更为可靠。自上而下、风险基础的评价模式在识别和评估企业内部控制相关目标风险的基础上，根据相关目标的风险对照企业实际的内部控制，参考内部控制概念框架采用自上而下的顺序识别相关控制，进而评估企业内部控制设计有效性和运行有效性。这种方法充分考虑了企业的特定环境和风险，避免了与内部控制标准（框架）的简单核对，具有更好的适用性和针对性，评价结果更可靠。

（3）效率高，成本低。自上而下、风险基础评价模式在识别相关控制和测试相关控制时，均贯彻了风险基础和自上而下的理念，有效地控制了评估和测试的范围，提高了评价效率，降低了评价成本。

（4）需要更高的专业技能。与标准（框架）基础的评价模式相比，自上而下、风险基础评价模式不再是简单的核对和比较。在该模式下，无论是内部控制相关目标风险的识别与评估，还是企业实际的内部控制体系中相关控制的识别与评估，都需要结合企业的环境、风险和内部控制等实际情况进行综合分析，这需要更高的专业判断能力和更综合的专业知识。风险评估是该模式的基础、起点和核心，评价人员贯彻风险基础的理念，就要在企业内外部环境以及战略、经营、报告、合规等目标的内部控制与风险管理方面具备丰富的专业知识和较强的判断能力，以便可靠地完成相关风险的识别和评估，有效地完成后续评价工作。

四、基于目标实现程度的评价模式

有的上市公司内部控制指数采用了基于目标实现程度的评价模式。该评价模式相当于将内部控制视为一个"黑箱"，内部控制预定的目标经过了内部控制的处理之后就产生了实际的结果，通过比较预定目标和实际结果来计算目标的实现程度，从而量化评价内部控制的整体有效性。这种模式彻底放弃了对内部控制设计和运行的定性和定量评价，通常会选择若干个和若干层级的财务指标或非财务指标来衡量内部控制目标，通过这些财务指标或非财务指标的完成情况来衡量内部控制的有效性，通过加权平均来形成内部控制整体有效性的指数。然而，从内部控制的本义来看，评价内部控制的有效性应当是基于风险管理的角度，从而应当基于事前；若要基于事后，也应当基于大样本和概率的角度来评估目标的实现情况。如果只是以事后某次或某一期间目标的实现程度为依据来判断内部控制是否有效，既有悖于内部控制评价的本义，也会导致评价结论的不可靠、不可信。因为有效的内部控制并不是把目标的风险降到零；内部控制有效，也并不表示目标能够绝对实现；内部控制无效，也不表示控制目标绝对实现不了。某次或某一期间目标能否实现以及实现的程度与内部控制是否有效并不具有内在一致性，而且在内部控制无效时，这种不一致更为严重。此外，从当前各国监管要求的实际情况来看，评价内部控制的有效性都是基于特定基准日，评价的是内部控制在某一个时点（基准日）的有效性，因此，用期间目标的实现程度来衡量内部控制在某个时点的有效性是不恰当的。如果说用目标实现程度衡量的是期间内部控制的有效性，但用一个指标的实现程度来衡量内部控制在某个期间的有效性，似乎又不够充分，所以，这种衡量的效度和信度都不能令人信服。

《商业银行内部控制评价试行办法》提出的评价模式似乎既考虑了风险的控制过程，

也考虑了目标实现的结果。该模式将内部控制评价过程分为过程评价和结果评价两部分，过程评价主要是评估内部控制设计和运行的有效性，结果评价主要是评估内部控制目标的实现情况，最终通过加权平均形成综合评价结果，并划分为五个等级。

1.内部控制的过程评价

内部控制的过程评价主要是评价内部控制环境、风险识别与评估、内部控制措施、信息交流与反馈、监督评价与纠正五个要素的充分性（过程和风险是否已被充分识别）、合规性（过程和风险的控制措施是否遵循相关要求、得到明确规定并得以实施和保持）、有效性（控制措施是否有效）和适宜性（控制措施是否适宜）。内部控制的过程评价的标准分为500分，其中内部控制环境100分，风险识别与评估100分，内部控制措施100分，信息交流与反馈100分，监督评价与纠正100分。上述五个要素的评价得分加总后除以5，就得到内部控制的过程评价实际得分。

2.内部控制的结果评价

内部控制的结果评价主要是评价内部控制目标的实现情况，量化指标主要包括资本利润率、资产利润率、成本收入比、大额风险集中度指标、关联方交易指标、资产质量指标、不良贷款拨备覆盖率、资本充足指标、流动性指标、案件指标等。内控结果的结果评价的标准分为500分，转化为百分制后得出实际得分。

3.综合评价与评级

根据内部控制的过程评价和结果评价，综合确定内部控制体系的总分。其中，过程评价的权重为70%，结果评价的权重为30%。两项得分加总后得出综合评价总分。

根据综合评价总分，将被评价机构的内部控制体系分为五个等级：

一级：综合评分90分以上（含90分，下同）。这是指被评价机构有健全的内部控制体系，在各个环节均能有效执行内部控制措施，能对所有风险进行有效识别和控制，无任何风险控制盲点，控制措施适宜，经营效果显著。

二级：综合评分80～89分。这是指被评价机构内部控制体系比较健全，在各个环节能够较好地执行内部控制措施，能对主要风险进行识别和控制，控制措施基本适宜，经营效果较好。

三级：综合评分70～79分。这是指被评价机构内部控制体系一般，虽建立了大部分内部控制，但缺乏系统性和连续性，在内部控制措施执行方面缺乏一贯的合规性，存在少量重大风险，经营效果一般。

四级：综合评分60～69分。被评价机构内部控制体系较差，内部控制体系不健全或重要的内部控制措施没有贯彻执行或无效，管理方面存在重大问题，业务经营安全性差。

五级：综合评分60分以下（不含60分）。被评价机构内部控制体系很差，内部控制体系存在严重缺失或内部控制措施明显无效，存在明显的管理漏洞，经营业务失控，存在重大金融风险隐患。

4.评级调整

若被评价机构在评价期内发生重大责任事故，应在上述评级的基础上下调一级。重大责任事故包括：

（1）因安全防范措施不当，发生金融诈骗、盗窃、抢劫、爆炸等案件，造成重大影响或损失。

（2）因经营管理不善发生挤提事件。

（3）业务系统故障，造成重大影响或损失。

（4）经查实的重大信访事件。

这种模式的过程评价部分如果采用风险基础评价模式，其结果还是相对可靠的，但从其评价内容来看，似乎更接近基于标准（框架）的评价模式，那么，基于标准（框架）的评价模式所具有的优点和缺点就都将不可避免。这种模式的结果评价部分如果采用的是基于目标实现程度的评价模式，那就不可避免地存在该评价模式的固有缺陷。此外，把过程评价和结果评价的结果加权平均得到的内部控制评价结果，其含义比较模糊，既涉及过程又涉及结果，难以明确其具体含义，概念衡量的效度较差。

五、多目标内部控制的整体评价模式

COSO 的《内部控制——整合框架》将企业内部控制的目标分为经营、报告和合规三类，我国的《企业内部控制基本规范》将企业内部控制的目标分为合规、报告、资产安全、经营和战略五类。这些目标既相互独立又不可避免地有所重叠，每一类目标的内部控制体系都专注于该类目标，因此，对单一目标的内部控制进行有效性评价是可行的。针对内部控制的多类目标，一些机构和学者，比如中国上市公司内部控制指数研究课题组（2011）、林斌（2014）、中国内部控制研究中心（2017），将多类目标的内部控制视为一个整体进行评价，试图评估其整体有效性。

这种多目标内部控制整体有效性评价的做法主要是：首先，分别评价每个目标内部控制的有效性。其具体方法有所不同，有的基于标准（框架），有的基于目标实现程度，还有的基于标准（框架）和目标实现程度。其次，在每个目标内部控制评价的基础上，通过加权平均得出多目标内部控制整体有效性的评价结果，但在确定加权平均权重的方法上有所差异。

总的来看，这种多目标加权综合评价内部控制整体有效性的方法其实是存在诸多问题的。

单目标内部控制评价无论采用哪种模式，如前所述，其固有的局限性都不可避免。从内部控制目标来看，战略、经营、报告、合规、资产安全是比较常见的一种划分方法，然而，无论是从 COSO 的报告来看，还是从一般的管理理论来看，很多学者和文献资料将其并列，而这些目标并非处于一个层次上。其中，战略是高层次目标；经营、报告、合规和资产安全是次一层次目标，在 COSO 的报告中称之为相关目标，是为战略目标提供支撑的。此外，众所周知，战略目标是相对长期的目标，经营、报告、合规和资产安全等相关目标是相对短期的目标，或者说是一个经营周期或更短期间的目标。所以，战略目标和这些相关目标不但在逻辑上不在一个等级，而且在期间上也是不匹配的。对不同层次目标的内部控制分别进行评价后加权平均，从而得出所谓的内部控制整体有效性，其含义是很难理解和解释的。

抛开战略目标，即使假定经营、报告、合规和资产安全等目标处于同一层次，分别对这些目标的内部控制进行评价后加权平均，得出所谓的内部控制整体有效性是否可行呢？尽管内部控制理论和实务都列出了这些目标，有些控制措施可以服务于多个控制目标，但是不同的控制目标面临不同的风险，相关控制的设计首先考虑的是特定目标的风险，内部

控制是否有效首先针对特定目标来讲才有意义。所以，不同目标内部控制的有效性并不具有完全的内在的一致性。比如，一个公司的财务报告内部控制可能是有效的，它提供了可靠的财务报告，但其经营目标的内部控制较差，可能管理不到位、经营效率低下以及成本费用失控。在这种情形下，分别评价财务报告内部控制和经营目标的内部控制，然后加权平均，得出所谓的整体内部控制有效性或内部控制指数，那么，这个所谓的有效性表示什么？如何理解其含义？对处于同一层次目标的内部控制分别进行评价后加权平均，得出所谓的多目标内部控制整体有效性，在逻辑上是不可行的，其结果的含义也是难以确定和理解的。

六、单目标内部控制风险基础评价的思路

尽管内部控制为不同目标（如报告、合规、经营和战略目标）提供的合理保证不同，但从理论上讲，风险基础法都可适用于这些目标内部控制的评价。

（一）报告目标内部控制的评价

报告目标内部控制的评价并非直接评价内部控制能否为报告的可靠性提供合理保证，而是评价内部控制是否存在重大缺陷。评价方法从基于标准（框架）转向风险基础评价法。报告包括对内和对外的财务报告与非财务报告，对外财务报告的内部控制通常称为财务报告内部控制。

1.财务报告内部控制评价的思路

对于财务报告内部控制，有效的内部控制可以合理保证财务报告的可靠性。评价财务报告内部控制的有效性就是确定财务报告内部控制能否为财务报告的可靠性提供合理保证。如果提供的保证水平达到或超过合理保证水平，则财务报告内部控制有效；如果提供的保证水平低于合理保证水平，则财务报告内部控制无效。在实际评价中，并非直接评价财务报告内部控制为财务报告的可靠性提供保证的水平，而是评价一个等价的命题：财务报告内部控制能否将财务报告发生重大错报的风险降低到一个适当的水平，即财务报告内部控制是否有重大缺陷。为此，需要定义四个术语：重大错报、可靠的财务报告、财务报告风险、重大缺陷。

（1）重大错报，是指能够影响财务报表使用者判断和决策的错报，从数量或性质上来看比较严重，超过重要性水平。

（2）可靠的财务报告，是指不存在重大错报的财务报告。

（3）财务报告风险，是指财务报告存在错报的风险。

（4）重大缺陷，是指财务报告内部控制的一项控制缺陷，或多项控制缺陷的组合，它导致内部控制未能及时防止或发现公司年度或中期财务报表的一个重大错报的可能性达到了相当概率（reasonable possibility，RP）。

假定合理保证水平的下限为P_0，内部控制提供合理保证或有效内部控制存在一个判定区间$[P_0, 1)$。只有当内部控制提供的保证水平大于P_0时，内部控制才有效，或者说，只有把可靠财务报告的风险降低到小于（$1-P_0$）的水平，报告目标的内部控制才有效；如果小于P_0，则内部控制无效。因此，假定财务报告发生重大错报的风险为RMP，内部控制有效应满足RMP<（$1-P_0$）；如果RMP>（$1-P_0$），则财务报告内部控制无效。因此，单纯从评价财务报告内部控制是否有效的角度看，RP的变动范围为（$1-P_0$，1]，即只要内部

控制未能及时防止或及时发现重大错报的概率超过（$1-P_0$），就表明报告目标的内部控制存在重大缺陷；只要存在重大缺陷，那么，内部控制就无效。反之，只要财务报告内部控制未能及时防止或发现公司年度或中期财务报表的一个重大错报的可能性低于（$1-P_0$），就能够合理保证财务报告的可靠性。这一等价转化的逻辑如图9-10所示。

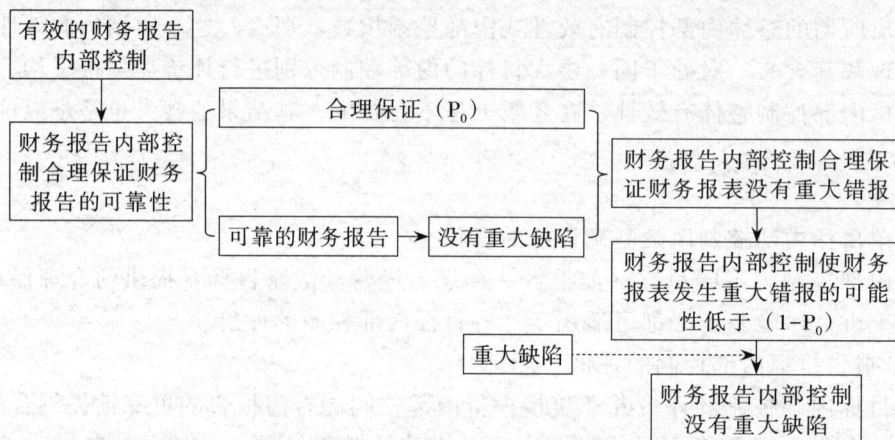

图9-10　财务报告内部控制评价的逻辑

2.财务报告内部控制评价的程序与内容

采用自上而下、风险基础的评价方法评价财务报告内部控制，主要评价程序和内容包括：

（1）识别和评估财务报告风险。

管理层应首先根据企业经营管理以及适用会计准则的具体情况，识别影响财务报告可靠性的事项，评估财务报告发生错报的风险（财务报告风险）。

（2）识别应对财务报告风险的控制。

根据财务报告风险的评估结果，针对企业现有财务报告内部控制，识别能够充分应对财务报告风险的控制，这些控制通常称为相关控制。在识别财务报告风险的相关控制时，不必识别出企业应对财务报告风险的所有控制，只需识别出能够充分应对财务报告风险的控制（相关控制）即可。如果企业现有的内部控制足够健全，管理层能够识别出充分应对财务报告风险的控制，则财务报告内部控制的设计有效；如果企业现有的内部控制不够健全，管理层未能识别出充分应对财务报告风险的控制，则财务报告内部控制存在设计缺陷。识别和评估财务报告风险以及能够充分应对财务报告风险的控制时，都要遵循自上而下的顺序，先考虑主体层面的控制，再考虑活动层面的控制。

（3）获取相关控制运行的证据，评价运行的有效性。

管理层要根据财务报告风险和相关控制失败的风险确定所需要的证据，通过企业的持续监督活动和直接的控制测试来获取相关的证据，管理层要评价收集到的证据，确定相关控制的运行是否有效。

如果相关控制在多个场所或业务单元运行，要根据单个场所或业务单元财务报告控制的风险确定需要的证据以及是否需要直接测试。

（4）控制缺陷的评价与结论。

为了确定是否构成财务报告内部控制重大缺陷，要对注意到的每一项控制缺陷进行评价。首先，控制缺陷的评价是基于公司是否未能及时防止或发现一个错报，不是根据错报是否实际已经发生；其次，控制缺陷的评价要从定量和定性两个方面进行；最后，控制缺陷的评价还要考虑其他补偿控制的影响。

采用这种方法评价财务报告内部控制，充分体现了自上而下、风险基础的理念，其基本程序和内容如图9-11所示。

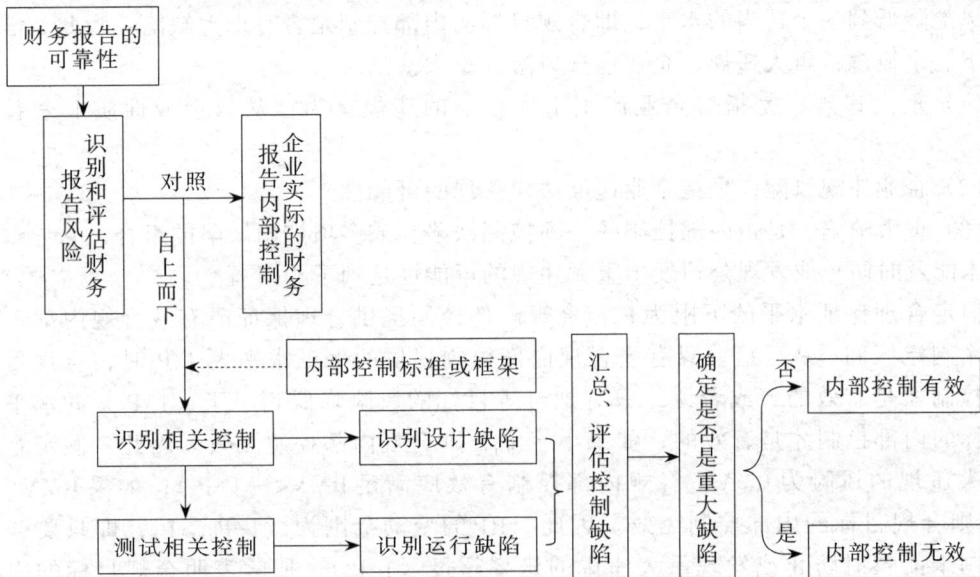

图 9-11　财务报告内部控制的评价程序和内容

3.内部报告内部控制的评价

评价内部报告内部控制的思路和方法与评价财务报告内部控制类似，但需要重新界定相关术语。

（1）重大错报，是指能够影响内部报告使用者判断和决策的错报，从数量或性质上来看比较严重。

（2）可靠的内部报告，是指没有重大错报的内部报告。

（3）内部报告风险，是指内部报告发生错报的风险。

（4）重大缺陷，是指内部报告内部控制的一项控制缺陷，或多项控制缺陷的组合，它导致内部控制未能及时防止或发现内部报告的一个重大错报的可能性达到了相当概率。

（二）合规目标内部控制的评价

评价合规目标内部控制的有效性并形成结论，目前还没有成为一种强制性要求。合规目标的内部控制与报告目标的内部控制具有相似的特性，即都能合理保证相应内部控制目标的实现，所以，评价其有效性从技术上来讲是可行的，从加强企业管理的角度来看也是非常必要的。由于合规目标与财务报告目标具有相同的特性，即其影响因素基本上都在企业可控范围内，只要企业有效地实施了相关内部控制，就能合理保证其实现。因此，评价合规目标内部控制的有效性可以采用与评价财务报告内部控制的有效性相似的方法，即自上而下、风险基础的方法。

1.评价方法的设计

对于合规目标的内部控制，有效的内部控制可以合理保证企业遵守相关的法律法规，评价合规目标内部控制的有效性就是确定合规目标的内部控制是否能够为企业遵守相关的法律法规提供合理的保证。如果提供的保证水平达到或超过合理保证水平，合规目标的内部控制是有效的；如果提供的保证水平低于合理保证水平，则合规目标的内部控制是无效的。然而，在实际评价时，并非直接评价合规目标的内部控制为企业遵守相关的法律法规提供的保证水平，而是评价一个等价的命题：合规目标的内部控制能否将企业发生重大违规的风险降低到一个适当的水平，即合规目标的内部控制是否有重大缺陷。为此，需要界定以下三个概念：重大违规、企业违规风险、重大缺陷。

（1）重大违规，是指对企业产生重大影响的违规行为，从数量或性质上来看比较严重。

（2）企业违规风险，是指企业违反法律法规的可能性。

（3）重大缺陷，是指内部控制的一项控制缺陷，或多项控制缺陷的组合，它导致内部控制未能及时防止或发现公司发生重大违规的可能性达到了相当概率。

假定合理保证水平的下限为 P_0，合规内部控制提供合理保证或有效合规内部控制存在一个判定区间 $[P_0, 1)$。只有当合规内部控制提供的保证水平大于 P_0 时，合规目标的内部控制才是有效的，或者说，只有把合规目标的风险降低到小于 $(1-P_0)$ 的水平，合规目标的内部控制才是有效的；如果小于 P_0，则合规内部控制无效。因此，假定企业发生重大违规的风险为 RMV，合规内部控制有效应满足 RMV< $(1-P_0)$；如果 RMV> $(1-P_0)$，则合规目标的内部控制无效。因此，RP 的变动范围为 $(1-P_0, 1]$，即只要合规内部控制未能及时防止或发现重大违规的概率超过 $(1-P_0)$，那就表明合规目标的内部控制存在重大缺陷；只要存在重大缺陷，那么合规内部控制就是无效的。反之，只要合规内部控制未能及时防止或发现重大违规的可能性低于 $(1-P_0)$，就能够合理保证企业遵循相关的法律法规。

2. 评价程序和内容

采用自上而下、风险基础评价方法评价合规目标内部控制，其评价的程序和内容包括：

（1）识别和评估违规风险。

管理层应首先根据企业经营管理以及适用相关法律法规的具体情况，识别可能的违规事项，评估企业发生违规的风险（企业违规风险）。

（2）识别应对违规风险的控制。

根据企业违规风险的评估结果，针对企业现有的合规内部控制，识别能够充分应对企业违规风险的控制，这些控制通常称为相关控制。在识别违规风险的相关控制时，不必识别出企业应对违规风险的所有控制，只需要识别出能够充分应对企业违规风险的控制（相关控制）即可。如果企业现有的合规内部控制足够健全，管理层能够识别出充分应对企业违规风险的控制，则合规目标内部控制的设计有效；如果企业现有的内部控制不够健全，管理层未能识别出充分应对企业违规风险的控制，则合规目标内部控制存在设计缺陷。识别和评估违规风险以及能够充分应对违规风险的控制时，都要遵循自上而下的顺序，先考虑主体层面的控制，再考虑活动层面的控制。

（3）获取相关控制运行的证据，评价运行的有效性。

管理层要根据企业违规风险和相关控制失败的风险确定所需要的证据，并通过企业的持续监督活动和直接的控制测试来获取相关的证据，管理层要评价收集到的证据，确定相关控制的运行是否有效。

如果相关控制运行在多个场所或业务单元，要根据单个场所或业务单元合规控制的风险确定需要的证据以及是否需要直接测试。

（4）控制缺陷的评价与结论。

为确定是否构成合规目标内部控制重大缺陷，要对注意到的每一项控制缺陷进行评价。首先，控制缺陷的评价是基于公司是否未能及时防止或发现违规，不是根据违规是否实际已经发生；其次，控制缺陷的评价要从定量和定性两个方面进行；最后，控制缺陷的评价还要考虑其他补偿控制的影响。

3.评价思路与方法

采用自上而下、风险基础的评价方法，应结合企业实际情况，识别和评估合规风险，识别相关控制，并评价其设计和运行有效性，其基本思路和方法如图9-12所示。

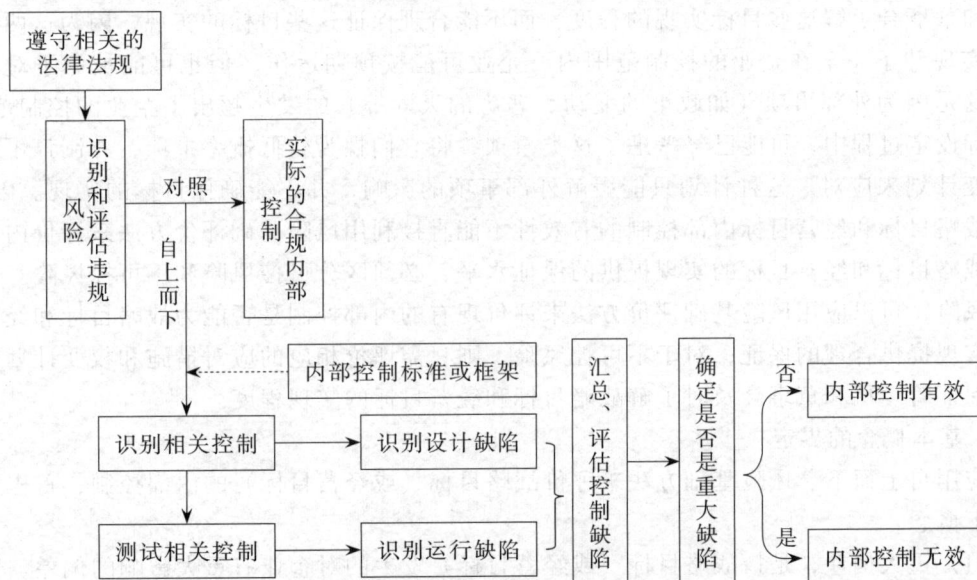

图9-12　评价合规目标内部控制的思路和方法

采用自上而下、风险基础评价方法评价合规目标的内部控制，其思路与采用自上而下、风险基础评价方法评价财务报告内部控制的思路和方法基本相同，但需要重新定义相关术语，而且在定义这些术语时面临更大的不确定性，需要管理层根据企业实际情况做出更高水平的判断。

（1）重大违规的界定。由于财务报表审计经过多年发展，在理论和实务方面已经相对成熟，重大错报是针对财务报表使用者的判断和决策来界定的，所采用的重大错报的概念和确定方法也比较成熟。而对于合规目标内部控制来说，重大违规尽管也可以从定性和定量两个方面来界定，但如何界定就需要管理层运用自己的经验并结合企业适用法律法规的具体情况来进行，无论是概念还是方法都不够成熟，只能基于判断根据违规对企业的影响来确定。

（2）内部控制重大缺陷的界定。一方面，重大违规的界定比重大错报的界定需要更高水平的判断；另一方面，对重大违规概率的容忍区间和对严重性的容忍度也相对低一些。

理论上，财务报告存在一些小的差错是不会影响报表使用者的判断和决策的，在这种情况下可以认为它是可靠的；而违规则不同，即使是较小的违规也很难容忍，因此，对违规行为的容忍度往往比对财务报表错报的容忍度小，即RP的下限较低。

（三）战略目标和经营目标内部控制的评价

美国SEC只要求评价财务报告内部控制的有效性，但要求给出内部控制是否有效的明确结论；英国要求评价战略目标和经营目标的内部控制，但不要求对内部控制是否有效给出明确的结论。因此，一方面，战略目标和经营目标的内部控制是需要评价的，这一点毋庸置疑；另一方面，战略目标和经营目标的内部控制是可以进行评价的，因为很多企业已经在经营管理中进行了相关评价，英国监管机构已经对上市公司提出了相关要求。当前的问题是：评价战略目标和经营目标的内部控制是否可以对其有效性形成明确的结论？

根据COSO的观点，对于经营目标和战略目标来说，有效的内部控制只能合理保证管理层和董事会了解这些目标实现的程度，而不能合理保证这些目标的实现，因为这两类目标的实现并不完全在企业的控制范围内。企业可能按预期运作，但也可能被竞争对象超越。这是因为外部事项（如政策的变动、恶劣的天气等）的发生超出了企业的控制范围。在目标设定过程中，可能已经考虑了这类事项，将它们视为较低概率事项，并制订了相应的权变计划来应对。这种计划只能缓解外部事项的影响，并不能确保目标的实现。因此，评价战略目标和经营目标内部控制的有效性不能直接利用风险基础评价方法来评价内部控制为战略目标和经营目标的实现提供的保证水平，必须区分可控风险和不可控风险。对于可控风险，可以应用风险基础评价方法来评价现有的内部控制是否能为战略目标和经营目标的实现提供合理的保证；对于不可控风险，则只需评价相应的应对措施和权变计划能否合理保证管理层和董事会及时了解战略目标和经营目标的实现程度。

1.基本概念的界定

应用自上而下、风险基础方法来评价战略目标（或经营目标）的内部控制，首先要界定以下概念：

（1）重大偏差，是指战略目标（或经营目标）发生的对企业有重大影响的偏差。

（2）战略目标（或经营目标）风险，是指战略目标（或经营目标）发生偏差的可能性。

（3）重大缺陷，是指内部控制的一个控制缺陷，或多个控制缺陷的组合，它导致内部控制未能及时防止或发现公司战略目标（或经营目标）重大偏差的可能性达到了相当概率。

2.基本思路

利用自上而下、风险基础方法评价战略目标（或经营目标）内部控制的基本思路如下：

（1）识别和评估战略目标（或经营目标）的风险。

（2）按照企业对风险因素的可控性，将战略目标（或经营目标）的风险分为可控的战略目标（或经营目标）风险和不可控的战略目标（或经营目标）风险。

（3）对于不可控风险，主要评价应对措施和权变计划的合理性和适当性，判断能否合理保证管理层和董事会及时了解不可控的风险对战略目标（或经营目标）实现的影响。如果应对措施和权变计划能够合理保证管理层和董事会及时了解不可控的风险对战略目标（或经营目标）实现的影响，则内部控制在应对不可控的风险方面有效；否则，无效。

（4）对于可控的战略目标（或经营目标）风险，采用风险基础评价方法。首先，识别能够充分应对可控的风险的控制，评价其设计的有效性，识别设计缺陷；其次，评价相关控制运行的有效性，识别运行缺陷；最后，汇总并评价控制缺陷，评估企业内部控制是否将可控的战略目标（或经营目标）风险降低到（$1-P_0$）以下，或者评价企业内部控制未能及时防止或发现战略目标（或经营目标）发生重大偏差的可能性是否达到了一个相当的概率，即是否存在重大缺陷。如果存在重大缺陷，则内部控制在应对可控的风险方面无效；否则，有效。

战略目标（或经营目标）内部控制的评价思路和方法如图9-13所示。

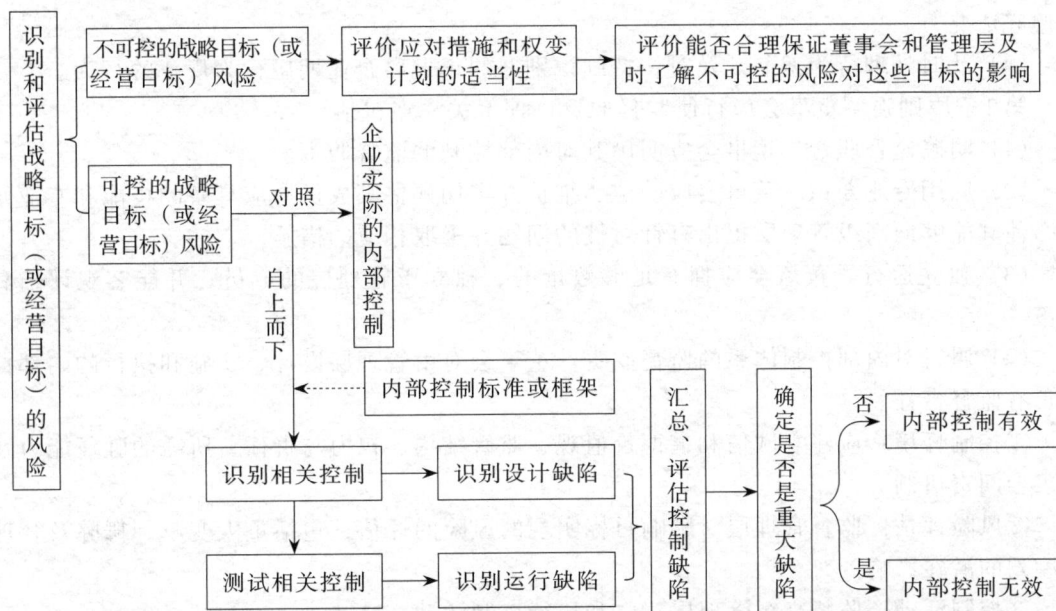

图 9-13　战略目标（或经营目标）内部控制的评价思路和方法

本节讨论题

1. 自上而下、风险基础的评价模式与基于标准（框架）的评价模式有何差异？
2. 基于目标实现程度的内部控制评价模式有什么缺陷？

第六节　COSO企业内部控制评价的内容

企业内部控制评价的内容是在评价逻辑的基础上对评价对象的细化，我国《企业内部控制评价指引》以《企业内部控制基本规范》和《企业内部控制应用指引》为基础，明确了内部控制评价的内容。COSO在《内部控制——整合框架》中以要素、原则和关注点的形式，列出了控制环境、风险评估、控制活动、信息与沟通、监督活动五个要素的原则及关注点，作为内部控制评价的内容。

一、控制环境的原则及关注点

控制环境是内部控制的基础，其原则和关注点是评价内部控制有效性的重要起点。控制环境的原则共有 5 条，涉及 20 个具体关注点。

第 1 条原则强调企业应展现对诚信和道德价值观的承诺，评价关注点包括[①]：

（1）确定高层基调。董事会和各级管理层应通过指令、行动和行为展现诚信和道德价值观的重要性，以支持内部控制系统持续发挥职能。

（2）制定行为规范。董事会和高级管理层应在企业行为规范中明确对诚信和道德价值观的期望，并使企业各层级、外包服务提供商和业务伙伴了解该规范。

（3）评估对行为规范的遵守情况。建立流程，评估个人和团队对企业期望的行为规范的遵守情况。

（4）及时处理行为偏差。及时、持续识别并纠正偏离企业期望行为规范的行为。

第 2 条原则强调董事会应行使监督职责，评价关注点包括：

（1）明确监督职责。董事会应明确其对内部控制的监督职责。

（2）应用专业知识。董事会应确定、维护并定期评估其成员所应具备的技能和专业知识，使其能够向高级管理层提出有针对性的问题并采取相应的措施。

（3）独立运行。董事会应拥有足够数量的、独立于管理层的成员，并能客观评估和决策。

（4）履行对内部控制体系的监督职责。董事会对由管理层设计、实施和执行的内部控制负有监督责任。

①控制环境：应建立诚信和道德价值观、监管结构、权力与责任、所需的胜任能力及董事会问责机制。

②风险评估：监督管理层对影响目标实现的风险的评估，包括重大变革、舞弊及管理层凌驾的潜在影响。

③控制活动：监督高级管理层建立和执行控制活动。

④信息与沟通：分析并讨论影响企业目标实现的相关信息。

⑤监督活动：评估和监控监督活动的性质和范围，以及管理层对缺陷的评价与纠正措施。

第 3 条原则强调明确组织架构、权力与责任，评价关注点包括：

（1）考虑企业的所有架构。管理层和董事会应考虑采用多种架构（包括业务单元、法人主体、分销商和外包服务提供商），以支持目标实现。

（2）设计报告路线。管理层应设计和评估每个主体组织架构的报告路线，使权力和职责能够得到履行，使信息能够流动，从而管理主体的活动。

（3）确定、分配和限制权力与责任。管理层和董事会应在组织的不同层级授权、明确与分配责任，并根据情况分离职责。

①董事会：保留重大决策权，并审核管理层对权力和职责的分配与限制。

②高级管理层：制定指令、指引和控制措施，使管理层和其他人员能够了解并履行其

---

① 参见 COSO《内部控制——整合框架》（2013）。

内部控制职责。

③管理层：指导并推动高级管理层的指令在主体及下属单位得以执行。

④员工：应了解主体的行为规范、评估的目标相关风险、与所在层级相关的控制活动、期望的信息与沟通流程，以及与其目标实现相关的监督活动。

⑤外包服务提供商：遵守管理层对所有签约的非雇员确定的权利与责任。

第4条原则强调对胜任能力的要求，评价关注点包括：

（1）制定政策和实践。政策和实践应反映组织对支持目标实现所需胜任能力的要求。

（2）评估胜任能力并处理不足。董事会和管理层应根据已制定的政策和实践，对整个组织及外包服务提供商的胜任能力进行评估，并采取必要的行动处理不足。

（3）吸引、培养和留用人才。为支持目标的实现，组织应提供必要的指导和培训，以吸引、培养和留用足够数量的、有胜任能力的员工和外包服务提供商。

（4）计划和后续准备。高级管理层和董事会应针对内部控制的重要职责制订人才应急计划。

第5条原则强调实施问责机制，评价关注点包括：

（1）通过组织架构、权力和职责强化问责机制。管理层和董事会应建立机制，沟通并要求员工对内部控制职责的履行效果承担责任，在必要时实施纠正措施。

（2）建立绩效衡量、激励和奖励机制。管理层和董事会应建立适合各层级职责的绩效衡量、激励和其他奖励机制，要反映绩效和期望行为规范的适当度量，兼顾实现短期目标和长期目标。

（3）评估绩效衡量、激励和奖励的持续相关性。管理层和董事会应将激励和奖励与目标实现中内部控制职责的履行情况挂钩。

（4）考虑过度的压力。管理层和董事会在分配职责、建立绩效衡量和评价绩效时，应评估和调整与目标实现相关的压力。

（5）评价绩效并实施奖惩。管理层和董事会应评价内部控制职责的履行情况（包括对行为规范的遵守和期望的胜任能力），并酌情实施奖励或惩戒措施。

二、风险评估的原则及关注点

风险评估是内部控制评价的重要组成部分，其原则和关注点是识别与应对潜在风险的关键。风险评估的原则共有4条，涉及27个具体关注点。

第6条原则强调企业应明确适当的目标，评价关注点包括：

1.经营目标

（1）反映管理层的选择。经营目标应反映管理层对架构、行业特点以及主体绩效的选择。

（2）明确风险容忍度。管理层应明确实现经营目标时可接受的偏离程度。

（3）明确经营和财务绩效目标。组织应在经营目标内明确期望的经营和财务绩效水平。

（4）形成资源配置的依据。管理层应将经营目标作为分配资源以实现期望的经营和财务绩效的依据。

2.报告目标

（1）外部财务报告目标。

①遵守适用的会计准则。财务报告目标应与主体适用的会计原则一致，所选用的会计原则应适应主体的环境。

②考虑重要性。管理层应考虑财务报表列报中的重要性。

③反映主体的活动。外部报告应反映各种基础性交易和事项，以体现交易和事项的质量特征及相关会计认定。

（2）外部非财务报告目标。

①遵守外部机构制定的标准和框架。管理层设定的目标应确保与法律法规、公认的外部机构所发布的标准和框架相一致。

②考虑所需的精确程度。管理层应满足信息使用者对精确性和准确性的要求，并遵守第三方对非财务报告的相关标准。

③反映主体的活动。外部报告应在合理范围内反映各种基础性交易和事项。

（3）内部报告目标（财务、非财务）。

①反映管理层的选择。内部报告应为管理层提供决策所需的准确、完整信息以及组织管理所需的信息。

②考虑所需精确程度。管理层应在非财务报告目标中体现信息使用者对精确性和准确性的要求，并在财务报告目标中体现重要性。

③反映主体的活动。内部报告应在合理范围内反映各种基础性交易和事项。

3.合规目标

（1）反映外部法律法规及规章。外部法律法规及规章规定了最低行为标准，主体应将其纳入合规目标。

（2）明确风险容忍度。管理层应明确实现合规目标时可以接受的偏离程度。

第7条原则强调风险识别与分析，评价关注点包括：

（1）涵盖主体、子公司、分部、业务单元和职能部门。组织应在主体、子公司、分部、业务单元和职能部门各层面识别和评估与目标实现相关的风险。

（2）分析内外部因素。风险识别应考虑内外部因素及其对目标实现的影响。

（3）涵盖适当层级的管理层。组织应实施有效的风险评估机制，涵盖适当层级的管理层。

（4）评估识别的风险的严重性。通过风险评估流程分析识别出的风险，包括评估风险潜在的严重性。

（5）确定如何应对风险。风险评估应包括考虑风险的管理方式，以及是否接受、规避、降低或分担风险。

第8条原则强调评估舞弊风险，评价关注点包括：

（1）考虑舞弊发生的各种可能方式。评估舞弊风险时，应考虑虚假报告、可能的资产损失以及各种方式的舞弊和不当行为导致的腐败。

（2）评估动机和压力。舞弊风险的评估应考虑各种动机和压力。

（3）评估机会。舞弊风险的评估应考虑未经授权获取、使用或处置资产，更改主体的报告记录或实施其他不当行为的机会。

(4) 评估态度和合理化因素。舞弊风险的评估应考虑管理层和其他员工是如何参与不当行为或为此找到正当借口的。

第9条原则强调识别和分析重大变化，评价关注点包括：

(1) 评估外部环境的变化。风险识别流程应考虑主体经营中监管、经济和物理环境的变化。

(2) 评估商业模式的变化。组织应考虑新业务线、现有业务线剧烈的结构变化，收购或剥离的业务经营活动对内部控制系统的潜在影响，对外国地理位置和新技术变化的依赖性，以及企业经营所处自然环境的变化。

(3) 评估管理层的变化。组织应考虑管理层的变动及其对内部控制系统的态度和理念变化。

三、控制活动的原则及关注点

控制活动是实现内部控制目标的关键环节，其原则和关注点是确保内部控制有效运行的重要保障。控制活动的原则共有3条，涉及16个具体关注点。

第10条原则强调选择和设计控制活动，评价关注点包括：

(1) 与风险评估相结合。控制活动应有助于风险应对措施的实施，以管理和降低风险。

(2) 考虑主体的特定因素。管理层应考虑主体经营的环境、复杂性、性质和范围，以及组织的具体特征对选择和开发控制活动的影响。

(3) 确定相关的业务流程。管理层应确定哪些相关业务流程需要控制活动。

(4) 评估多种控制活动类型的组合。控制活动包括多种不同类型的控制，需要通过平衡这些控制来形成控制活动组合，以降低风险，如同时采取人工控制和自动化控制，以及预防性控制和检查性控制相结合的方式。

(5) 考虑控制活动的应用层级。管理层应考虑主体不同层级的控制活动。

(6) 实施职责分离。管理层应分离不相容的职责；如果无法实施职责分离，管理层要选择和开发替代控制措施。

第11条原则强调选择和开发对技术的一般控制，评价关注点包括：

(1) 确定业务流程中应用的技术与对技术的一般控制之间的依赖性。管理层应了解并确定业务流程、自动化控制活动和技术一般控制之间的依赖性和联系。

(2) 建立与技术基础设施相关的控制活动。管理层应选择和开发与技术基础设施相关的控制活动，以确保技术处理的完整性、准确性和可用性。

(3) 建立安全管理流程相关的控制活动。管理层应选择和开发控制活动，仅授予与工作职责相符的技术接触权限，以保护主体资产免受外部威胁。

(4) 建立技术采购、开发和维护流程相关的控制活动。管理层应选择和开发与技术及其基础设施的采购、开发和维护相关的控制活动，以实现其目标。

第12条原则强调通过政策和程序来实施控制活动，关注点包括：

(1) 制定政策和程序以支持管理层指令的实施。管理层应通过制定期望的政策和将政策付诸实施的程序，在业务流程和员工日常活动中实施控制活动。

(2) 明确执行政策和程序的职能和责任。管理层应明确相关风险所在业务单元或职能部门的管理层（或其他指定人员）对控制活动的职能和责任。

（3）及时执行。承担相应职责的人员应按照政策和程序的规定及时执行控制活动。

（4）采取整改措施。承担相应职责的人员应对实施控制活动所发现的事项进行调查并采取相应措施。

（5）选用胜任的人员。有胜任能力的人员在充分授权的情况下，应勤勉并持续关注控制活动的执行。

（6）政策和程序的再评估。管理层应定期检查控制活动，以确保其持续相关性，并在必要时进行更新。

四、信息与沟通的原则及关注点

信息与沟通是内部控制的重要组成部分，其原则和关注点是确保信息准确传递与有效沟通的关键。信息与沟通的原则共有3条，涉及14个具体关注点。

第13条原则强调利用相关信息，评价关注点包括：

（1）明确信息需求。组织应建立流程，以识别支持内部控制其他要素发挥作用和实现主体目标所需要的信息。

（2）收集内外部数据。信息系统应收集内外部数据。

（3）把相关数据转化为信息。信息系统应处理相关数据，转化为所需信息。

（4）在处理过程中确保质量。信息系统应提供及时、准确、完整的信息，确保信息可获取、受保护、可验证和可备份，并对信息进行复核，以评估其支持内部控制要素的相关性。

（5）考虑成本效益。所沟通信息的性质、数量和精确度应与目标相匹配，并促进目标的实现。

第14条原则强调内部沟通，评价关注点包括：

（1）沟通内部控制信息。建立信息沟通机制，使所有人员了解并履行其内部控制职责。

（2）与董事会沟通。管理层和董事会之间应进行沟通，以便双方都能获得履行主体目标相关职责所需的信息。

（3）提供单独的沟通线路。建立单独的沟通渠道（如举报热线）作为故障自动防护机制，以便在正常渠道失效或无效时可以进行匿名或保密沟通。

（4）选择相关的沟通方式。沟通方式的确定应考虑沟通时机、受众和信息的性质。

第15条原则强调外部沟通，评价关注点包括：

（1）与外部沟通。应建立与外部相关各方（如股东、合伙人、所有者、监管机构、客户、财务分析师等）及时沟通相关信息的流程。

（2）应能从外部输入沟通。开放的沟通渠道应使客户、消费者、供应商、外部审计师、监管机构、财务分析师和其他外部各方能够为管理层和董事会提供相关信息。

（3）与董事会沟通。应与董事会沟通外部评估所获得的相关信息。

（4）提供单独的沟通线路。建立单独的沟通渠道（比如举报热线）作为故障自动防护机制，以便在正常渠道失效或无效时可以进行匿名或保密沟通。

（5）选择相关的沟通方式。沟通方式的选择应考虑沟通时机、受众、信息的性质以及法律法规和受托人的要求与期望。

五、监督活动的原则及关注点

监督活动是确保内部控制持续有效的关键环节，其原则和关注点是保障内部控制有效运行的重要基础。监督活动的原则共有 2 条，涉及 10 个具体关注点。

第 16 条原则强调的是进行持续评价和（或）单独评价，评价关注点包括：

（1）考虑持续评价和单独评价的组合。管理层应考虑持续评价和单独评价的均衡。

（2）考虑变化频率。管理层在选择和开发持续评价和单独评价时，应考虑业务和业务流程的变化频率。

（3）建立基准了解。将内部控制系统的设计和当前状态作为设定持续评价和单独评价的基准。

（4）选用有专业知识的人员。实施持续评价和单独评价的评价人员应具备充分的专业知识，理解被评价事项。

（5）与业务流程整合。持续评价应嵌入业务流程，并根据情况的变化做出调整。

（6）调整范围和频率。管理层应依据风险调整单独评价的范围和频率。

（7）客观评价。应定期实施单独评价，以提供客观的反馈。

第 17 条原则强调评估与沟通缺陷，评价关注点包括：

（1）评估结果。管理层和董事会应酌情评估持续评价和单独评价的结果。

（2）沟通缺陷。向负责采取整改措施的各方沟通缺陷信息，必要时还应与高级管理层以及董事会进行沟通。

（3）监督整改措施。管理层应持续跟踪缺陷，确定其是否得到及时整改。

本节讨论题

1.控制环境各原则的关注点有哪些？

2.如何应用COSO的内部控制构成要素的原则和关注点评价企业内部控制？

第七节　企业内部控制评价报告

一、企业内部控制评价报告的编制要求

企业应当根据《企业内部控制基本规范》、相关应用指引和《企业内部控制评价指引》，设计内部控制评价报告的种类、格式和内容，明确编制程序和要求，按照规定的权限报经批准后对外报出。企业应当根据年度内部控制评价结果，结合内部控制评价工作底稿和内部控制缺陷汇总表等资料，按照规定的程序和要求，及时编制内部控制评价报告。

根据《公开发行证券的公司信息披露编报规则第21号——年度内部控制评价报告的一般规定》，公司应以内部控制评价工作获取的测试、评价证据为基础，如实编制和对外提供年度内部控制评价报告，不得含有虚假的信息或者隐瞒重要事实。公司董事会及全体董事应保证提供的年度内部控制评价报告不存在虚假记载、误导性陈述或重大遗漏，并就年度内部控制评价报告的真实性、准确性、完整性承担个别和连带法律责任。

二、企业内部控制评价报告的内容

根据《企业内部控制评价指引》，内部控制评价报告应当分别内部环境、风险评估、控制活动、信息与沟通、内部监督等要素进行设计，对内部控制评价过程、内部控制缺陷认定及整改情况、内部控制有效性的结论等相关内容进行披露。

根据《企业内部控制评价指引》，内部控制评价报告至少应当披露下列内容：（1）董事会对内部控制报告真实性的声明。（2）内部控制评价工作的总体情况。（3）内部控制评价的依据。（4）内部控制评价的范围。（5）内部控制评价的程序和方法。（6）内部控制缺陷及其认定情况。（7）内部控制缺陷的整改情况及重大缺陷拟采取的整改措施。（8）内部控制有效性的结论。

对于公开发行证券的上市公司，《公开发行证券的公司信息披露编报规则第21号——年度内部控制评价报告的一般规定》也对上市公司年度内部控制评价报告提出了具体要求，其内容与《企业内部控制评价指引》的要求基本一致。

根据中国证监会、财政部2014年第1号公告《公开发行证券的公司信息披露编报规则第21号——年度内部控制评价报告的一般规定》，公司年度内部控制评价报告应包括以下要素：

1.标题

标题统一为"××股份有限公司××年度内部控制评价报告"。

2.收件人

收件人统一为"××股份有限公司全体股东"。

3.引言段

引言段应说明评价工作的主要依据、内部控制评价报告基准日等内部控制评价基本信息。

4.重要声明

重要声明应当说明董事会、监事会及董事、监事、高级管理人员对内部控制及年度内部控制评价报告的相关责任，以及内部控制的目标和固有的局限性。

5.内部控制评价结论

内部控制评价结论应当分别披露对财务报告内部控制有效性的评价结论，以及是否发现非财务报告内部控制重大缺陷，并披露自内部控制评价报告基准日至内部控制评价报告发出日之间是否发生影响内部控制有效性评价结论的因素。

公司对财务报告内部控制有效性的评价结论与注册会计师对财务报告内部控制有效性的审计意见存在差异的，以及公司与注册会计师对非财务报告内部控制重大缺陷的披露存在差异的，公司应在年度报告内部控制的相关章节中予以说明，并解释差异原因。

6.内部控制评价工作情况

内部控制评价工作情况应当披露内部控制评价范围、内部控制评价工作依据及内部控制缺陷认定标准，以及内部控制缺陷认定及整改情况。

内部控制评价范围应当从纳入评价范围的主要单位、业务和事项、高风险领域三个方面进行披露，并对评价范围是否存在重大遗漏形成明确结论。如果评价范围存在重大遗漏或法定豁免，则应当披露评价范围重大遗漏的具体情况及对评价结论产生的影响，以及法定豁免的相关情况。

内部控制评价工作依据及缺陷认定标准应当披露公司开展内部控制评价工作的具体依据以及进行缺陷认定的具体标准及其变化情况。公司应当区分财务报告内部控制和非财务报告内部控制，分别披露重大缺陷、重要缺陷和一般缺陷的认定标准。

内部控制缺陷认定及整改情况应当区分财务报告内部控制和非财务报告内部控制，分别披露报告期内部控制重大缺陷和重要缺陷的认定结果及缺陷的性质、影响、整改情况、整改计划等内容。

7.其他内部控制相关重大事项说明

公司应当在其他内部控制相关重大事项说明段中披露可能对投资者理解内部控制评价报告、评价内部控制情况或进行投资决策产生重大影响的其他内部控制信息。

三、企业内部控制评价报告的审批

根据《企业内部控制评价指引》，内部控制评价报告应当报经董事会或类似权力机构批准后对外披露或报送相关部门。企业应当以12月31日作为年度内部控制评价报告的基准日。企业内部控制评价部门应当关注自内部控制评价报告基准日至内部控制评价报告发出日之间是否发生影响内部控制有效性的因素，并根据其性质和影响程度对评价结论进行相应调整。

根据《公开发行证券的公司信息披露编报规则第21号——年度内部控制评价报告的一般规定》，公司编制的年度内部控制评价报告经董事会审议通过，并按定期报告相关要求审核后，与年度报告一并对外披露。

四、企业内部控制评价报告的披露

根据《企业内部控制评价指引》，企业内部控制审计报告应当与内部控制评价报告同时对外披露或报送。内部控制评价报告应于基准日后4个月内报出。

《公开发行证券的公司信息披露编报规则第21号——年度内部控制评价报告的一般规定》规定，公司内部控制评价结论认定公司于内部控制评价报告基准日存在内部控制重大缺陷，或者公司内部控制被会计师事务所出具了非标准内部控制审计报告，以及标准内部控制审计报告披露了非财务报告内部控制重大缺陷的，公司应当在年度报告"重要提示"中对以上情况做出声明，并提示投资者注意阅读年度报告内部控制相关章节中内部控制评价和审计的相关信息。凡对投资者投资决策有重大影响的内部控制信息，公司均应充分披露。

如果在对内部控制出具了评价报告之后获知财务报告发生了一个重大错报，企业应当考虑其最初的披露是否还适当，是否应当修改和补充。此外，企业还应当考虑其有关财务报告内部控制有效性的结论是否需要修改或补充。

如果因为重要业务流程外包等原因无法对其内部控制的有效性进行评价，又无法以替代的方式确定该业务流程控制的有效性，那么，企业要充分考虑该流程以及该流程相关控制的重要性，确定其对内部控制整体有效性评价的影响。

五、上市公司年度内部控制评价报告的一般格式

根据中国证监会、财政部2014年第1号公告《公开发行证券的公司信息披露编报规则第21号——年度内部控制评价报告的一般规定》，上市公司年度内部控制评价报告披露的一般格式如下：

××股份有限公司××年度内部控制评价报告

××股份有限公司全体股东：

根据《企业内部控制基本规范》及其配套指引的规定和其他内部控制监管要求（以下简称企业内部控制规范体系），结合本公司（以下简称公司）内部控制制度和评价办法，在内部控制日常监督和专项监督的基础上，我们对公司20××年12月31日（内部控制评价报告基准日）的内部控制有效性进行了评价。

一、重要声明

按照企业内部控制规范体系的规定，建立健全和有效实施内部控制，评价其有效性，并如实披露内部控制评价报告是公司董事会的责任。监事会对董事会建立和实施内部控制进行监督。经理层负责组织领导企业内部控制的日常运行。公司董事会、监事会及董事、监事、高级管理人员保证本报告内容不存在任何虚假记载、误导性陈述或重大遗漏，并对报告内容的真实性、准确性和完整性承担个别及连带法律责任。

公司内部控制的目标是合理保证经营管理合法合规、资产安全、财务报告及相关信息真实完整，提高经营效率和效果，促进实现发展战略。由于内部控制存在的固有局限性，故仅能为实现上述目标提供合理保证。此外，情况的变化可能导致内部控制变得不恰当，或对控制政策和程序遵循的程度降低，根据内部控制评价结果推测未来内部控制的有效性具有一定的风险。

二、内部控制评价结论

根据公司财务报告内部控制重大缺陷的认定情况，于内部控制评价报告基准日，不存在财务报告内部控制重大缺陷〔由于存在财务报告内部控制重大缺陷〕，董事会认为，公司已按照企业内部控制规范体系和相关规定的要求在所有重大方面保持了有效的财务报告内部控制〔公司未能按照企业内部控制规范体系和相关规定的要求在所有重大方面保持有效的财务报告内部控制〕。

根据公司非财务报告内部控制重大缺陷认定情况，于内部控制评价报告基准日，公司未发现〔发现×个〕非财务报告内部控制重大缺陷。

自内部控制评价报告基准日至内部控制评价报告发出日之间未发生影响内部控制有效性评价结论的因素。〔若发生影响内部控制有效性评价结论的因素，则需描述相关因素的性质、对评价结论的影响及董事会拟采取的应对措施。〕

三、内部控制评价工作情况

（一）内部控制评价范围

公司按照风险导向原则确定纳入评价范围的主要单位、业务和事项以及高风险领域。纳入评价范围的主要单位包括：〔若单位或级次众多，可以考虑按照层级、业务分部、板块等形式披露〕，纳入评价范围单位资产总额占公司合并财务报表资产总额的×%，营业收入合计占公司合并财务报表营业收入总额的×%；纳入评价范围的主要业务和事项包括：

〔具体描述纳入评价范围的主要业务和事项〕；重点关注的高风险领域主要包括：〔具体描述重点关注的高风险领域〕。

上述纳入评价范围的单位、业务和事项以及高风险领域涵盖了公司经营管理的主要方面，不存在重大遗漏。〔如存在重大遗漏〕公司本年度由于〔原因〕未能对构成内部控制重要方面的〔具体描述应纳入而未纳入评价范围的主要单位/业务/事项/高风险领域的名称〕进行内部控制评价，由于上述评价范围的重大遗漏，〔描述对内部控制评价范围完整性及对评价结论的影响〕。〔如存在法定豁免〕本年度，公司根据〔法律法规的相关豁免规定〕，未将〔具体描述未纳入评价范围的缘由及涉及单位/业务/事项/高风险领域的名称〕纳入内部控制评价范围。

（二）内部控制评价工作依据及内部控制缺陷认定标准

公司依据企业内部控制规范体系及〔具体描述除企业内部控制规范体系之外的其他内部控制评价的依据〕组织开展内部控制评价工作。

公司董事会根据企业内部控制规范体系对重大缺陷、重要缺陷和一般缺陷的认定要求，结合公司规模、行业特征、风险偏好和风险承受度等因素，区分财务报告内部控制和非财务报告内部控制，研究确定了适用于本公司的内部控制缺陷具体认定标准，并与以前年度保持一致〔做出调整的，应描述调整原因、具体调整情况以及调整后的标准〕。公司确定的内部控制缺陷认定标准如下：

1.财务报告内部控制缺陷认定标准

公司确定的财务报告内部控制缺陷评价的定量标准如下：

〔按照重大缺陷、重要缺陷和一般缺陷分别描述公司财务报告内部控制缺陷的定量标准，若定量标准包括多个量化指标，需指出具体如何应用这些指标，如孰低原则或分别情形适用。〕

公司确定的财务报告内部控制缺陷评价的定性标准如下：

〔按照重大缺陷、重要缺陷和一般缺陷分别描述公司财务报告内部控制缺陷的定性标准。〕

2.非财务报告内部控制缺陷认定标准

公司确定的非财务报告内部控制缺陷评价的定量标准如下：

〔按照重大缺陷、重要缺陷和一般缺陷分别描述公司非财务报告内部控制缺陷的定量标准，若定量标准包括多个量化指标，需指出具体如何应用这些指标，如孰低原则或分别情形适用。〕

公司确定的非财务报告内部控制缺陷评价的定性标准如下：

〔按照重大缺陷、重要缺陷和一般缺陷分别描述公司非财务报告内部控制缺陷的定性标准。〕

（三）内部控制缺陷认定及整改情况

1.财务报告内部控制缺陷认定及整改情况

根据上述财务报告内部控制缺陷的认定标准，报告期内公司存在〔不存在〕财务报告内部控制重大缺陷〔数量×个〕、重要缺陷〔数量×个〕〔若适用〕（含上年度末未完成整改的财务报告内部控制重大缺陷、重要缺陷）。

具体的重大和重要缺陷分别为〔若适用，重大缺陷与重要缺陷分别披露〕：

缺陷1:

（1）缺陷性质及影响。

〔具体描述重大缺陷的具体内容、缺陷分类（设计缺陷/运行缺陷）、发生时间、产生原因及对实现控制目标的影响。〕

（2）缺陷整改情况。

〔整改开始时间、已采取的整改措施、整改后运行时间、整改后运行有效性的评价结论。〕

（3）整改计划（适用于内部控制评价报告基准日未完成整改的情况）。

〔拟采取的具体整改计划、整改责任人、预计完成时间。〕

经过上述整改，于内部控制评价报告基准日，公司发现〔未发现〕未完成整改的财务报告内部控制重大缺陷〔数量×个〕、重要缺陷〔数量×个〕。

2.非财务报告内部控制缺陷认定及整改情况

根据上述非财务报告内部控制缺陷的认定标准，报告期内发现〔未发现〕公司非财务报告内部控制重大缺陷〔数量×个〕、重要缺陷〔数量×个〕〔若适用〕（含上年度末未完成整改的非财务报告内部控制重大缺陷、重要缺陷）。

具体的重大和重要缺陷分别为〔若适用，重大缺陷与重要缺陷分别披露〕:

缺陷1:

（1）缺陷性质及影响。

〔具体描述重大缺陷的具体内容、缺陷分类（设计缺陷/运行缺陷）、发生时间、产生原因及对实现控制目标的影响。〕

（2）缺陷整改情况。

〔整改开始时间、已采取的整改措施、整改后运行时间、整改后运行有效性的评价结论。〕

（3）整改计划（适用于内部控制评价报告基准日未完成整改的情况）。

〔拟采取的具体整改计划、整改责任人、预计完成时间。〕

经过上述整改，于内部控制评价报告基准日，公司存在〔不存在〕未完成整改的非财务报告内部控制重大缺陷〔数量×个〕、重要缺陷〔数量×个〕。

四、其他内部控制相关重大事项说明

〔若适用，需披露可能对投资者理解内部控制评价报告、评价内部控制情况或进行投资决策产生重大影响的其他内部控制信息。与内部控制无关的重大事项不需要在此披露。〕

董事长（已经董事会授权）:〔签名〕

〔公司签章〕

××股份有限公司

20××年××月××日

本节讨论题

1.企业内部控制评价报告主要包括哪些内容?

2.内部控制评价报告中如何披露内部控制评价的范围?

第八节　专题讨论：企业内部控制评价的现状与问题

本节主要探讨内部控制评价方法和评价模式，分析当前企业内部控制评价的现状以及存在的问题。

一、企业内部控制评价的现状
（一）企业内部控制年度评价与审计
企业内部控制年度评价与审计的相关指引和规定主要有：
1.《企业内部控制评价指引》
2.《企业内部控制审计指引》
3.《公开发行证券的公司信息披露编报规则第21号——年度内部控制评价报告的一般规定》
（二）上市公司内部控制指数
上市公司内部控制指数主要有：
1.上市公司内部控制指数：厦门大学
2.上市公司内部控制指数：迪博企业风险管理技术有限公司
3.上市公司内部控制指数：东北财经大学
4.民营上市公司内部控制指数：浙江大学
（三）我国银行的内部控制评价
我国银行内部控制评价的相关指引主要有：
1.2004年12月，中国银行业监督管理委员会《商业银行内部控制评价试行办法》
2.2007年7月，中国银行业监督管理委员会《商业银行内部控制指引》
3.2014年9月，中国银行业监督管理委员会《商业银行内部控制指引》
（四）COSO的原则–要素–整体评价模式
1.COSO内部控制的要素
2.COSO内部控制的原则
3.COSO内部控制的原则–要素–整体评价模式

二、企业内部控制评价报告的现状
1.名称：上市公司内部控制年度评价报告
2.评价内容：以评价财务报告内部控制的有效性为主，兼顾非财务报告内部控制重大缺陷
3.评价方法：自上而下、风险基础的方法，或基于标准（框架）的评价方法
4.形式类似，做法各异，问题较多
（1）评价报告相似度很高；
（2）评价范围不尽一致；
（3）评价方法表述相似；

（4）报告内容表述不够准确、不够完整；

（5）相关结论和意见表述不尽相同：评价，审核，审计，鉴证；

（6）内容与结论不一致，有重大缺陷，依然声称有效；

（7）其他问题。

三、企业内部控制评价的问题

（一）问题1：基于要素评价加权平均的内部控制指数

1.内部控制是一个完整的系统，各要素之间相互影响、相互协作，并不是完全独立的关系

（1）自上而下方法的应用：从主体层面控制到活动层面控制。

（2）各要素分别评分是否存在问题？各要素得分加权平均表示什么？

2.内部控制是否有效取决于能否为相关目标的实现提供合理保证

（1）有效的内部控制与无效的内部控制。

（2）多个评价结果表示什么？是否过了60分就算有效？

（二）问题2：基于目标实现的内部控制评价

内部控制的有效性评价是基于风险管理的角度，是基于事前，而不是取决于某一次的实际结果。

（1）内部控制不能把风险降到零。

（2）内部控制有效，并不表示目标能够绝对实现。

（3）内部控制无效，也不表示肯定会出现问题。

（4）基于结果/目标实现的评价，其实际含义是什么？

（5）把过程评价和结果评价加权表示什么？其实际含义是什么？

（三）问题3：基于多目标内部控制评价的整体评价

1.不同等级目标的内部控制

（1）战略目标与经营目标、报告目标和合规目标不是同一等级的目标。

（2）经营目标、报告目标、合规目标为战略目标的相关目标，为战略目标提供支持。

（3）不同等级目标的内部控制是否可以进行加权综合评估？

2.同一等级不同目标的内部控制

（1）不同目标面临不同的风险，相关控制的设计首先要考虑特定目标的风险。

（2）不同目标内部控制是否有效只针对相应目标有意义。

（3）不同目标内部控制是否可以进行加权综合评估？

四、讨论

1.不同评价方法和模式下，评价结论或结果的实际含义是什么？与最初的定义是否一致？

2.不同评价方法和模式下，评价结论的可靠性如何？是否真正衡量了内部控制的有效性？

本节讨论题

1.当前企业内部控制评价有哪些形式？它们有何区别？

2.当前企业内部控制评价存在哪些主要问题？对评价结论的可靠性有什么影响？

本章测试题

一、选择题

1.我国上市公司内部控制评价报告的基准日为（　　　）。

A.12月31日　　　　　B.6月30日　　　　　C.1月1日　　　　　D.4月30日

2.内部控制评价工作应当在全面评价的基础上，关注重要业务单位、重大业务事项和高风险领域，这体现的是（　　　）。

A.全面性原则　　　B.重要性原则　　　C.客观性原则　　　D.成本效益原则

3.根据相关法律法规，内部控制评价的范围无须进行披露的是（　　　）。

A.高风险领域　　　B.主要单位　　　C.主要业务和事项　　D.高盈利单位

4.根据《企业内部控制评价指引》，从缺陷严重性角度，控制缺陷可以分为（　　　）。

A.重大缺陷　　　　B.重要缺陷　　　　C.一般缺陷　　　　D.运行缺陷

5.我国上市公司内部控制评价范围应当披露纳入评价范围的（　　　）。

A.主要单位　　　　　　　　　　B.主要业务和事项

C.主要区域　　　　　　　　　　D.高风险领域

6.有效的内部控制的必要条件包括（　　　）。

A.五个构成要素的每一个及相关原则都存在并发挥作用

B.有书面的制度

C.五个要素以整合的方式一起运行

D.采用IT技术

7.有效的内部控制包括（　　　）。

A.设计有效　　　　B.运行有效　　　　C.管理有效　　　　D.制度有效

8.企业内部控制的评价方法可以分为（　　　）。

A.基于标准的评价方法　　　　　B.控制测试法

C.符合性测试法　　　　　　　　D.风险基础的评价方法

9.企业内部控制评价的原则包括（　　　）。

A.重要性原则　　　　　　　　　B.全面性原则

C.客观性原则　　　　　　　　　D.成本效益原则

10.根据《企业内部控制评价指引》，内部环境评价的内容包括（　　　）。

A.组织架构　　　B.发展战略　　　C.人力资源　　　D.企业文化

二、判断题

1.根据《企业内部控制评价指引》，企业董事会应当对内部控制评价报告的真实性负责。　　　　　　　　　　　　　　　　　　　　　　　　　　（　　　）

2.根据《公开发行证券的公司信息披露编报规则第21号——年度内部控制评价报告的一般规定》，公司应当区分财务报告内部控制和非财务报告内部控制，分别披露重大缺陷、重要缺陷和一般缺陷的认定标准。　　　　　　　　　　　　　　　　（　　）

3.根据《企业内部控制评价指引》，企业管理层应当对内部控制评价报告的真实性负责。　　　　　　　　　　　　　　　　　　　　　　　　　　　　　（　　）

4.根据《企业内部控制评价指引》，企业不可以委托中介机构实施内部控制评价。　　　　　　　　　　　　　　　　　　　　　　　　　　　　　　　（　　）

5.财务报表实际没有发生重大错报，内部控制不一定是有效的内部控制。（　　）

6.内部控制的评价是基于事前和风险，并不是基于某一次的实际的结果。（　　）

7.上市公司内部控制指数衡量了财务报告内部控制的有效性。　　　　（　　）

本章作业题

1.根据所选择上市公司的相关资料，采用自上而下、风险基础的方法评价其内部控制，识别存在的缺陷。

2.根据识别出的控制缺陷，评估缺陷的严重程度，形成评价结论，提出改进对策。

第十章　企业内部控制审计

本章学习目标

1. 理解和掌握企业内部控制审计的含义与要求；
2. 理解和掌握企业内部控制审计的过程；
3. 理解和掌握企业内部控制审计报告的内容与编制。

第一节　企业内部控制审计简介

一、企业内部控制审计的定义及要求

根据《企业内部控制审计指引》，内部控制审计是指会计师事务所接受委托，对特定基准日内部控制设计与运行的有效性进行审计。

建立健全和有效实施内部控制、评价内部控制的有效性是企业董事会的责任。按照《企业内部控制审计指引》的要求，在实施审计工作的基础上对内部控制的有效性发表审计意见，是注册会计师的责任。

注册会计师执行内部控制审计工作，应当获取充分、适当的证据，为发表内部控制审计意见提供合理保证。注册会计师应当对财务报告内部控制的有效性发表审计意见，并对内部控制审计过程中注意到的非财务报告内部控制的重大缺陷，在内部控制审计报告中增加"非财务报告内部控制重大缺陷描述段"予以披露。

注册会计师可以单独进行内部控制审计，也可将内部控制审计与财务报表审计整合进行。在整合审计中，注册会计师应当对内部控制设计与运行的有效性进行测试，以同时实现下列目标：

（1）获取充分、适当的证据，以支持其在内部控制审计中对内部控制有效性发表的意见。

（2）获取充分、适当的证据，以支持其在财务报表审计中对控制风险的评估结果。

二、企业内部控制审计的前提条件

开展企业内部控制审计，应当满足一些前提条件。根据《企业内部控制审计指引实施意见》，只有当内部控制审计的前提条件得到满足，并且会计师事务所符合独立性要求、具备专业胜任能力时，会计师事务所才能接受或保持内部控制审计业务。

在确定内部控制审计的前提条件是否满足时，注册会计师应当：

（1）确定被审计单位采用的内部控制标准是否适当；

（2）就被审计单位认可并理解其责任与治理层和管理层达成一致意见。

被审计单位的责任包括：

（1）按照适用的内部控制标准，建立健全和有效实施内部控制，以使财务报表不存在舞弊或错误导致的重大错报；

（2）对内部控制的有效性进行评价，并编制内部控制评价报告；

（3）为注册会计师提供必要的工作条件，包括允许注册会计师接触与内部控制审计相关的所有信息（如记录、文件和其他事项等），允许注册会计师在获取审计证据时不受限制地接触其认为必要的内部人员和其他相关人员等。

三、企业内部控制审计业务约定书

企业内部控制审计业务约定书是审计工作的重要组成部分。如果决定接受或保持内部控制审计业务，会计师事务所应当与被审计单位签订单独的内部控制审计业务约定书。审计业务约定书应至少包括以下内容：

（1）内部控制审计的目标和范围；

（2）注册会计师的责任；

（3）被审计单位的责任；

（4）指出被审计单位采用的内部控制标准；

（5）提及注册会计师拟出具的内部控制审计报告的形式和内容，以及对在特定情况下出具的内部控制审计报告可能不同于预期形式和内容的说明；

（6）审计收费。

本节讨论题

1.我国上市公司内部控制审计的具体要求有哪些？

2.企业内部控制审计的前提条件有哪些？

第二节　企业内部控制审计的过程

企业内部控制审计的过程主要包括计划审计工作、实施审计工作、评价控制缺陷的严重性、完成审计工作和记录审计工作。

一、计划审计工作

注册会计师应当贯彻风险导向审计的思路，恰当地计划内部控制审计工作，制订总体审计策略和具体审计计划，配备具有专业胜任能力的项目组，并对助理人员进行适当的督导。

（一）风险评估

在计划审计工作时，注册会计师应评估以下事项对内部控制、财务报表及审计工作的影响：

（1）与企业相关的风险；

（2）相关法律法规及行业概况；

（3）企业组织结构、经营特点及资本结构等重要事项；

（4）企业内部控制近期变化的程度；

（5）与企业沟通的内部控制缺陷；

（6）重要性、风险等与确定内部控制重大缺陷相关的因素；

（7）对内部控制有效性的初步判断；

（8）可获取的与内部控制有效性相关的证据类型和范围。

注册会计师应以风险评估为基础，选择拟测试的控制，确定测试所需收集的证据。内部控制的特定领域存在重大缺陷的风险越高，对该领域的审计关注就越多。

（二）总体审计策略

注册会计师应当在总体审计策略中明确以下内容：

（1）确定内部控制审计业务特征，以明确审计范围；

（2）明确内部控制审计业务的报告目标，以规划审计的时间安排和所需沟通的性质；

（3）根据职业判断，考虑指导项目组工作方向的重要因素；

（4）考虑初步业务活动的结果，以及对被审计单位执行其他业务时获得的经验是否与内部控制审计业务相关（如适用）；

（5）确定执行内部控制审计业务所需资源的性质、时间安排和范围。

（三）具体审计计划

注册会计师应当在具体审计计划中明确以下内容：

（1）了解和识别内部控制的程序的性质、时间安排及范围；

（2）测试控制设计有效性的程序的性质、时间安排及范围；

（3）测试控制运行有效性的程序的性质、时间安排及范围。

（四）对应对舞弊风险的考虑

在计划和实施内部控制审计工作时，注册会计师应考虑财务报表审计中对舞弊风险的评估结果。在识别和测试企业层面控制以及选择其他控制进行测试时，注册会计师应评价被审计单位的内部控制是否足以应对识别出的、舞弊导致的重大错报风险，并评价为应对管理层和治理层凌驾于控制之上的风险而设计的控制。

被审计单位为应对这些风险可能设计的控制包括：

（1）针对重大非常规交易的控制，尤其是针对导致会计处理延迟或异常的交易的控制；

（2）针对期末财务报告流程中编制的分录和做出的调整的控制；

（3）针对关联方交易的控制；

（4）与管理层的重大估计相关的控制；

（5）能够减弱管理层和治理层伪造或不当操纵财务结果的动机和压力的控制。

（五）利用其他人的工作

注册会计师应当对企业内部控制自我评价工作进行评估，判断是否利用企业内部审计人员、内部控制评价人员和其他相关人员的工作以及可利用的程度，相应减少可能本应由注册会计师执行的工作。注册会计师利用企业内部审计人员、内部控制评价人员和其他相关人员的工作时，应当对其专业胜任能力和客观性进行充分评价。与某项控制相关的风险越高，可利用程度就越低，注册会计师应当更多地对该项控制亲自进行测试。注册会计师应当对发表的审计意见独立承担责任，其责任不因为利用企业内部审计人员、内部控制评价人员和其他相关人员的工作而减轻。

（六）风险基础、自上而下的审计模式

企业内部控制审计总体上采用风险基础、自上而下的思路，具体如图10-1所示。

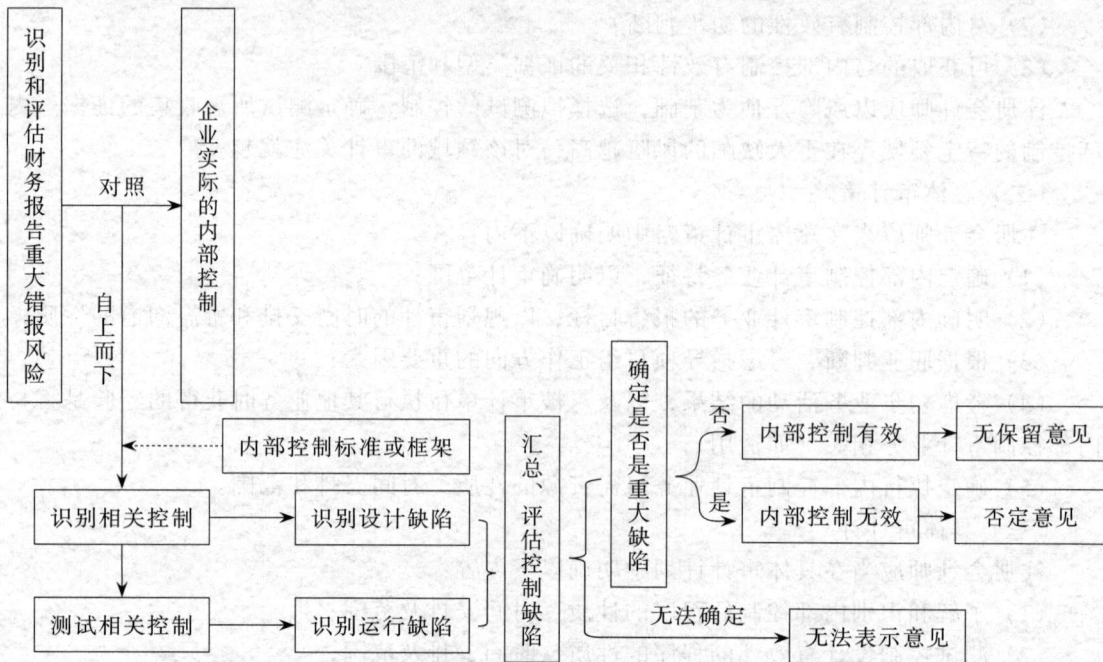

图10-1　风险基础、自上而下的企业内部控制审计模式

二、实施审计工作

（一）自上而下的方法

注册会计师应采用自上而下的方法选择拟测试的控制。从财务报表层次开始，初步了解内部控制整体风险，重点关注企业层面的控制，并逐步深入到相关账户、列报①及其相关认定。随后，验证对被审计单位业务流程中风险的了解，并选择能够应对每个相关认定重大错报风险的控制进行测试。

自上而下的方法主要涉及以下内容：

（1）从财务报表层次初步了解内部控制整体风险；

（2）识别、了解和测试企业层面控制；

（3）识别相关账户、列报及其相关认定；

（4）了解潜在错报的来源；

（5）选择拟测试的控制。

注册会计师采用自上而下的方法识别风险与要测试的控制，这是一个连续的思考过程，不一定是审计程序的实施顺序。

---

① 为了与审计准则保持一致，把"重要账户、列报"改为"相关账户、列报"。

（二）识别相关账户、列报及其相关认定

注册会计师应基于财务报表层次识别相关账户、列报及其相关认定。

1.相关账户、列报及其相关认定

如果某账户或列报可能存在一个错报，该错报单独或连同其他错报将导致财务报表发生重大错报，则该账户或列报为相关账户或列报。判断某账户或列报是否重要，应当依据其固有风险，而不应考虑相关控制的影响。

如果某财务报表认定可能存在一个或多个错报，这些错报将导致财务报表发生重大错报，则该认定为相关认定。判断某项认定是否为相关认定，应当依据其固有风险，而不应考虑相关控制的影响。

2.错报风险因素的评价

为识别相关账户、列报及其相关认定，注册会计师应从以下方面评价财务报表项目及附注的错报风险因素：

（1）账户的规模和构成；

（2）易发生错报的程度；

（3）账户或列报中反映的交易的业务量、复杂性及同质性；

（4）账户或列报的性质；

（5）与账户或列报相关的会计处理及报告的复杂程度；

（6）账户发生损失的风险；

（7）账户或列报中反映的活动引起重大或有负债的可能性；

（8）账户记录中是否涉及关联方交易；

（9）账户或列报的特征与前期相比发生的变化。

（三）了解潜在错报的来源

注册会计师应当实现以下目标，以进一步了解潜在错报的来源，并为选择拟测试的控制奠定基础：

（1）了解与相关认定有关的交易的处理流程，包括这些交易如何生成、批准、处理及记录；

（2）验证注册会计师识别出的业务流程中可能发生重大错报（包括舞弊导致的错报）的环节；

（3）识别被审计单位用于应对这些错报或潜在错报的控制；

（4）识别被审计单位用于及时防止或发现并纠正未经授权的、导致重大错报的资产取得、使用或处置的控制。

（四）选择拟测试的控制

注册会计师应针对每一相关认定获取控制有效性的审计证据，以便对内部控制整体的有效性发表意见，但没有责任对单项控制的有效性发表意见。注册会计师应对被审计单位的控制是否足以应对评估的每个相关认定的错报风险形成结论。因此，注册会计师应选择对形成这一评价结论具有重要影响的控制进行测试。在确定是否测试某项控制时，注册会计师应考虑该项控制单独或连同其他控制是否足以应对评估的某项相关认定的错报风险，而不论该项控制的分类和名称如何。

1.企业层面的控制

注册会计师应识别、了解和测试对内部控制有效性有重要影响的企业层面控制。注册会计师测试企业层面控制，应当把握重要性原则，至少应当关注：

（1）与内部环境相关的控制。

（2）针对董事会、经理层凌驾于控制之上的风险而设计的控制。

（3）企业的风险评估过程。

（4）对内部信息传递和财务报告流程的控制。

（5）对控制有效性的内部监督和自我评价。

此外，集中化的处理和控制（包括共享的服务环境）、监控经营成果的控制以及针对重大经营控制及风险管理实务的政策也属于企业层面控制。

2.业务层面的控制

注册会计师测试业务层面控制，应把握重要性原则，结合企业实际、企业内部控制各项应用指引的要求和企业层面控制的测试情况，重点对企业生产经营活动中的重要业务与事项的控制进行测试。注册会计师应关注信息系统对内部控制及风险评估的影响。

注册会计师在测试企业层面控制和业务层面控制时，应评价内部控制是否足以应对舞弊风险。

（五）测试控制的有效性，识别控制缺陷

注册会计师应测试内部控制设计与运行的有效性，识别控制缺陷。

1.控制设计的有效性与运行的有效性

如果某项控制由具备有效执行控制所需的授权和专业胜任能力的人员按规定的程序和要求执行，能够实现控制目标，从而有效地及时防止或发现并纠正可能导致财务报表发生重大错报的错误或舞弊，则表明该项控制的设计是有效的。如果某项控制正在按照设计运行，执行人员具备有效执行控制所需的授权和专业胜任能力，能够实现控制目标，则表明该项控制的运行是有效的。

内部控制缺陷按成因分为设计缺陷和运行缺陷。设计缺陷是指缺少为实现控制目标所必需的控制，或现有控制设计不当，即使正常运行也难以实现预期的控制目标。运行缺陷是指现有设计适当的控制没有按设计意图运行，或执行人员没有获得必要授权或缺乏胜任能力，无法有效实施内部控制。

注册会计师获取的有关控制运行有效性的审计证据包括：

（1）控制在所审计期间的相关时点是如何运行的；

（2）控制是否得到一贯执行；

（3）控制由谁或以何种方式执行。

2.控制测试的程序

注册会计师应根据与内部控制相关的风险，确定拟实施审计程序的性质、时间安排和范围，获取充分、适当的证据。与内部控制相关的风险越高，注册会计师需要获取的证据应越多。测试控制有效性的程序，其性质在很大程度上取决于拟测试控制的性质。某些控制可能存在反映控制有效性的文件记录，而另外一些控制，如管理理念和经营风格，可能没有书面的运行证据。

注册会计师在测试控制设计与运行的有效性时，应综合运用询问适当人员、观察经营活动、检查相关文件、穿行测试和重新执行等方法。询问本身并不足以提供充分、适当的证据。

3.控制测试覆盖的期间与时间安排

控制有效性测试覆盖的期间越长，提供的控制有效性的审计证据越多。单就内部控制审计业务而言，注册会计师应当获取内部控制在基准日之前一段足够长的期间内有效运行的审计证据。在整合审计中，控制测试所覆盖的期间应当尽量与财务报表审计中拟信赖内部控制的期间保持一致。

控制有效性测试的实施时间越接近基准日，提供的控制有效性的审计证据越有力。注册会计师在确定测试的时间安排时，应在以下两个因素之间做出平衡，以获取充分、适当的证据：（1）尽量在接近企业内部控制自我评价基准日实施测试；（2）实施的测试需要覆盖足够长的期间。

整改后的内部控制需要在基准日之前运行足够长的时间，注册会计师才能得出整改后的内部控制是否有效的结论。

4.控制测试的范围

注册会计师在测试控制的运行有效性时，应当在考虑与控制相关的风险的基础上，确定测试的范围（样本规模）。注册会计师确定的测试范围应足以使其获取充分、适当的审计证据，为基准日内部控制是否不存在重大缺陷提供合理保证。

在测试人工控制时，如果采用检查或重新执行程序，注册会计师测试的最小样本量区间见表10-1，根据控制运行频率和总次数确定测试的最小样本量。

表10-1　　　　　　　　　**测试人工控制的最小样本量区间**

控制运行频率	控制运行总次数	测试的最小样本量区间
每年1次	1	1
每季1次	4	2
每月1次	12	2~5
每周1次	52	5~15
每天1次	250	20~40
每天多次	大于250次	25~60

在运用表10-1时，注册会计师应注意以下事项：

（1）测试的最小样本量是指所需测试的控制运行次数。

（2）注册会计师应当根据与控制相关的风险，基于最小样本量区间确定具体的样本规模。

（3）假设控制的运行偏差率预期为零。如果预期偏差率不为零，注册会计师应当扩大样本规模。

（4）如果注册会计师不能确定控制运行频率，但是知道控制运行总次数，仍可根据

"控制运行总次数"一列确定测试的最小样本规模。

在测试自动化应用控制时，由于信息技术处理具有内在一贯性，在信息技术一般控制有效的前提下，除非系统发生变动，注册会计师只要对自动化应用控制的运行测试一次，即可得出所测试自动化应用控制是否运行有效的结论。

注册会计师对于内部控制运行偏离设计的情况（即控制偏差），应当确定该偏差对相关风险评估、需要获取的证据以及控制运行有效性结论的影响。

在连续审计中，注册会计师在确定测试的性质、时间安排和范围时，应考虑以前年度执行内部控制审计时了解的情况。

三、评价控制缺陷的严重性

（一）控制缺陷按照严重性的分类

内部控制缺陷按其严重程度分为重大缺陷、重要缺陷和一般缺陷。

重大缺陷是指内部控制中存在的、导致未能及时防止或发现并纠正财务报表出现重大错报的一项控制缺陷或多项控制缺陷的组合。

重要缺陷是指内部控制中存在的、其严重程度不如重大缺陷但足以引起负责监督被审计单位财务报告的人员（如审计委员会或类似机构）关注的一项控制缺陷或多项控制缺陷的组合。

一般缺陷是指内部控制中存在的、除重大缺陷和重要缺陷之外的控制缺陷。

（二）控制缺陷的评价

注册会计师应评价识别的内部控制缺陷的严重程度，以确定这些缺陷单独或组合起来是否构成重大缺陷。

控制缺陷的严重程度取决于以下两点：

（1）控制未能及时防止或发现并纠正账户或列报发生错报的可能性的大小；

（2）因一项或多项控制缺陷导致的潜在错报的金额大小。

控制缺陷的严重程度与错报是否发生无关，而是取决于控制未能及时防止或发现并纠正错报的可能性。

在评价一项控制缺陷或多项控制缺陷的组合是否可能导致账户或列报发生错报时，注册会计师应考虑的风险因素包括：

（1）所涉及的账户、列报及其相关认定的性质；

（2）相关资产或负债易发生损失或舞弊的可能性；

（3）确定相关金额时所需判断的主观程度、复杂程度和范围；

（4）该项控制与其他控制的相互作用或关系；

（5）控制缺陷之间的相互作用；

（6）控制缺陷在未来可能产生的影响。

评价控制缺陷是否可能导致错报时，注册会计师无须将错报发生的概率量化为特定百分比或区间。

在评价因一项或多项控制缺陷导致的潜在错报金额大小时，注册会计师应考虑的因素包括：

（1）受控制缺陷影响的财务报表金额或交易总额；

（2）在本期或预计的未来期间受控制缺陷影响的账户余额或各类交易涉及的交易量。

在评价潜在错报的金额时，账户余额或交易总额的最大多报金额通常是已记录的金额，但其最大少报金额可能超过已记录的金额。通常情况下，小金额错报比大金额错报发生的概率更高。

在确定一项内部控制缺陷或多项内部控制缺陷的组合是否构成重大缺陷时，注册会计师应评价补偿性控制（替代性控制）的影响。

（三）存在重大缺陷的迹象

以下迹象可能表明内部控制存在重大缺陷：

（1）注册会计师发现董事、监事和高级管理人员的任何舞弊；

（2）企业更正已经公布的财务报表；

（3）注册会计师发现当期财务报表存在重大错报，而内部控制在运行过程中未能发现该错报；

（4）企业审计委员会和内部审计机构对内部控制的监督无效。

四、完成审计工作

（一）获取书面声明

注册会计师完成审计工作后，应取得经被审计单位签署的书面声明。书面声明应当包括以下内容：

（1）被审计单位董事会认可其对建立健全和有效实施内部控制负责；

（2）被审计单位已对内部控制进行了评价，并编制了内部控制评价报告；

（3）被审计单位没有利用注册会计师在内部控制审计和财务报表审计中执行的程序及其结果作为评价的基础；

（4）被审计单位根据内部控制标准评价内部控制有效性得出的结论；

（5）被审计单位已向注册会计师披露识别出的所有内部控制缺陷，并单独披露其中的重大缺陷和重要缺陷；

（6）被审计单位已向注册会计师披露导致财务报表发生重大错报的所有舞弊，以及其他不会导致财务报表发生重大错报但涉及管理层、治理层和其他在内部控制中具有重要作用的员工的所有舞弊；

（7）注册会计师在以前年度审计中识别出的且已与被审计单位沟通的重大缺陷和重要缺陷是否已经得到解决，以及哪些缺陷尚未得到解决；

（8）在基准日后，内部控制是否发生变化，或者是否存在对内部控制产生重要影响的其他因素，包括被审计单位针对重大缺陷和重要缺陷采取的所有纠正措施。

企业如果拒绝提供或以其他不当理由回避书面声明，注册会计师应将其视为审计范围受到限制，解除业务约定或出具无法表示意见的内部控制审计报告。

（二）沟通相关事项

注册会计师应与企业沟通审计过程中识别的所有控制缺陷。对于其中的重大缺陷和重要缺陷，应以书面形式与董事会和经理层沟通。注册会计师认为审计委员会和内部审计机构对内部控制的监督无效的，应就此以书面形式直接与董事会和经理层沟通。书面沟通应在注册会计师出具内部控制审计报告之前进行。

（三）形成审计意见

注册会计师应当评价从各种来源获取的审计证据，包括对控制的测试结果、财务报表审计中发现的错报以及已识别的所有控制缺陷，形成对内部控制有效性的意见。在评价审计证据时，注册会计师应当查阅本年度涉及内部控制的内部审计报告或类似报告，并评价这些报告中指出的控制缺陷。

（四）出具审计报告

注册会计师应在完成内部控制审计和财务报表审计后，分别对内部控制和财务报表出具审计报告，并签署相同的日期。

五、记录审计工作

注册会计师应当按照《中国注册会计师审计准则第1131号——审计工作底稿》的规定，编制内部控制审计工作底稿，完整记录审计工作情况。

注册会计师应当在审计工作底稿中记录下列内容：

（1）内部控制审计计划及重大修改情况。

（2）相关风险评估和选择拟测试的内部控制的主要过程及结果。

（3）测试内部控制设计与运行有效性的程序及结果。

（4）对识别的控制缺陷的评价。

（5）形成的审计结论和意见。

（6）其他重要事项。

本节讨论题

1.如何协调财务报表审计与内部控制审计的目标？

2.如何采用风险基础、自上而下的方法审计内部控制？

第三节　企业内部控制审计报告

注册会计师在完成内部控制审计工作后，应当出具内部控制审计报告。

一、企业内部控制审计报告的内容

标准内部控制审计报告一般包括下列要素：

1.标题

标题通常为"内部控制审计报告"。

2.收件人

收件人通常为"××股份有限公司全体股东"。

3.引言段

说明审计的范围，通常表述为"按照《企业内部控制审计指引》及中国注册会计师执业准则的相关要求，我们审计了××股份有限公司（以下简称××公司）××年×月×日的财务报告内部控制的有效性"。

4.企业对内部控制的责任段

说明企业对内部控制的责任，通常表述为"按照《企业内部控制基本规范》《企业内部控制应用指引》《企业内部控制评价指引》的规定，建立健全和有效实施内部控制，并评价其有效性是企业董事会的责任"。

5.注册会计师的责任段

说明注册会计师在内部控制审计中的责任，通常表述为"我们的责任是在实施审计工作的基础上，对财务报告内部控制的有效性发表审计意见，并对注意到的非财务报告内部控制的重大缺陷进行披露"。

6.内部控制固有局限性的说明段

说明内部控制的固有局限性，通常表述为"内部控制具有固有局限性，存在不能防止和发现错报的可能性。此外，情况的变化可能导致内部控制变得不恰当，或对控制政策和程序遵循的程度降低，根据内部控制审计结果推测未来内部控制的有效性具有一定风险"。

7.财务报告内部控制审计意见段

说明审计师对财务报告内部控制的审计意见。财务报告内部控制的审计意见分为无保留意见、否定意见和无法表示意见。

无保留意见通常表述为"我们认为，××公司按照《企业内部控制基本规范》和相关规定在所有重大方面保持了有效的财务报告内部控制"。

否定意见通常表述为"我们认为，由于存在上述重大缺陷及其对实现控制目标的影响，××公司未能按照《企业内部控制基本规范》和相关规定在所有重大方面保持有效的财务报告内部控制"。

无法表示意见通常表述为"由于审计范围受到上述限制，我们未能实施必要的审计程序以获取发表意见所需的充分、适当的证据，因此，我们无法对××公司财务报告内部控制的有效性发表意见"。

8.非财务报告内部控制重大缺陷描述段

说明在内部控制审计过程中关注到的非财务报告内部控制重大缺陷，对重大缺陷的性质及其对实现相关控制目标的影响程度进行披露，提示内部控制审计报告使用者注意相关风险。

9.注册会计师的签名和盖章

10.会计师事务所的名称、地址及盖章

11.报告日期

非标准内部控制审计报告除了上述要素外，还需要在此基础上进行调整。带强调事项段的无保留意见审计报告需要在"非财务报告内部控制重大缺陷描述段"后面增加强调事项段，描述强调事项的性质及对内部控制的重大影响。否定意见审计报告需要在财务报告内部控制审计意见段前面增加说明段，描述重大缺陷的定义，指出注册会计师已识别出的重大缺陷，并说明重大缺陷的性质及对财务报告内部控制的影响程度。无法表示意见的审计报告需要在此基础上删除注册会计师责任段，同时在财务报告审计意见段前面增加说明段，说明审计范围受到限制的具体情况；如果注册会计师在已执行的有限程序中发现财务报告内部控制存在重大缺陷，还应当在财务报告内部控制审计意见段后增加"识别的财务报告内部控制重大缺陷段"，对重大缺陷做出详细说明。

二、企业内部控制审计报告的类型

企业内部控制审计报告可以分为无保留意见、带强调事项段的无保留意见、否定意见和无法表示意见四种类型。

1.无保留意见的内部控制审计报告

无保留意见的内部控制审计报告又称为标准内部控制审计报告。符合下列所有条件的，注册会计师应当对财务报告内部控制出具无保留意见的内部控制审计报告：

（1）企业按照《企业内部控制基本规范》《企业内部控制应用指引》《企业内部控制评价指引》以及企业自身内部控制制度的要求，在所有重大方面保持了有效的内部控制。

（2）注册会计师已经按照《企业内部控制审计指引》的要求计划和实施审计工作，在审计过程中未受到限制。

2.带强调事项段的无保留意见的审计报告

如果注册会计师认为财务报告内部控制虽不存在重大缺陷，但仍有一个或者多个重大事项需要提请内部控制审计报告使用者注意，应当在内部控制审计报告中增加强调事项段予以说明。注册会计师应当在强调事项段中指明，该段内容仅用于提醒内部控制审计报告使用者关注，并不影响对财务报告内部控制发表的审计意见。

如果确定企业内部控制评价报告对要素的列报不完整或不恰当，注册会计师应当在内部控制审计报告中增加强调事项段，说明这一情况并解释得出该结论的理由。

3.否定意见的内部控制审计报告

注册会计师认为财务报告内部控制存在一项或多项重大缺陷的，除非审计范围受到限制，应当对财务报告内部控制发表否定意见。注册会计师出具否定意见的内部控制审计报告，还应当包括下列内容：

（1）重大缺陷的定义。

（2）重大缺陷的性质及对财务报告内部控制的影响程度。

如果重大缺陷尚未包含在企业内部控制评价报告中，注册会计师应当在内部控制审计报告中说明重大缺陷已经识别，但没有包含在企业内部控制评价报告中。如果企业内部控制评价报告中包含了重大缺陷，但注册会计师认为这些重大缺陷未在所有重大方面得到公允反映，注册会计师应当在内部控制审计报告中说明这一结论，并公允表达有关重大缺陷的必要信息。此外，注册会计师还应当就这些情况以书面形式与治理层沟通。

如果对内部控制的有效性发表否定意见，注册会计师应当确定该意见对财务报表审计意见的影响，并在内部控制审计报告中予以说明。

4.无法表示意见的内部控制审计报告

注册会计师只有实施了必要的审计程序，才能对内部控制的有效性发表意见。如果注册会计师的审计范围受到限制，应当解除业务约定或出具无法表示意见的内部控制审计报告，并就审计范围受到限制的情况，以书面形式与董事会进行沟通。

如果法律法规的相关豁免规定允许被审计单位不将某些实体纳入内部控制的评价范围，注册会计师可以不将这些实体纳入内部控制审计的范围。这种情况不构成审计范围受到限制，但注册会计师应当在内部控制审计报告中增加强调事项段或者在注册会计师的责任段中，就这些实体未被纳入评价范围和内部控制审计范围这一情况，做出与被审计单位类似的恰当陈述。注册会计师应当评价相关豁免是否符合法律法规的规定，以及被审计单位针对该项豁免做出的陈述是否恰当。如果认为被审计单位有关该项豁免的陈述不恰当，注册会计师应当提请其做出适当修改。如果被审计单位未做出适当修改，注册会计师应当在内部控制审计报告的强调事项段中说明被审计单位的陈述需要修改的理由。

注册会计师在出具无法表示意见的内部控制审计报告时，应当在内部控制审计报告中指明审计范围受到限制，无法对内部控制的有效性发表意见，并单设段落说明无法表示意见的实质性理由。注册会计师不应在内部控制审计报告中指明所执行的程序，也不应描述内部控制审计的特征，以避免报告使用者对无法表示意见的误解。注册会计师在已执行的有限程序中发现财务报告内部控制存在重大缺陷的，应当在内部控制审计报告中对重大缺陷做出详细说明。

只要认为审计范围受到限制将导致无法获取发表审计意见所需的充分、适当的审计证据，注册会计师不必执行任何其他工作即可对内部控制出具无法表示意见的内部控制审计报告。在这种情况下，内部控制审计报告的日期应为注册会计师已就该报告中陈述的内容获取充分、适当的审计证据的日期。

在因审计范围受到限制而无法表示意见时，注册会计师应当就未能完成整个内部控制审计工作的情况，以书面形式与管理层和治理层沟通。

5.非财务报告内部控制重大缺陷

注册会计师对在审计过程中注意到的非财务报告内部控制缺陷，应当区别具体情况予以处理：

（1）注册会计师认为非财务报告内部控制缺陷为一般缺陷的，应当与企业进行沟通，提醒企业加以改进，但无须在内部控制审计报告中说明。

（2）注册会计师认为非财务报告内部控制缺陷为重要缺陷的，应当以书面形式与企业董事会和经理层沟通，提醒企业加以改进，但无须在内部控制审计报告中说明。

（3）注册会计师认为非财务报告内部控制缺陷为重大缺陷的，应当以书面形式与企业董事会和经理层沟通，提醒企业加以改进；同时，应当在内部控制审计报告中增加非财务报告内部控制重大缺陷描述段，对重大缺陷的性质及其对实现相关控制目标的影响程度进行披露，提示内部控制审计报告使用者注意相关风险。

6.期后事项

在企业内部控制自我评价基准日并不存在，但在该基准日之后至审计报告日之前（期后期间）内部控制可能发生变化，或出现其他可能对内部控制产生重要影响的因素，注册会计师应当询问是否存在这类变化或影响因素，并获取企业关于这些情况的书面声明。

注册会计师应当针对期后期间，询问并检查下列信息：

（1）在期后期间出具的内部审计报告或类似报告；

（2）其他注册会计师出具的涉及被审计单位内部控制缺陷的报告；

（3）监管机构发布的涉及被审计单位内部控制的报告；

（4）注册会计师在执行其他业务中获取的、有关被审计单位内部控制有效性的信息。

此外，注册会计师还应当考虑获取期后期间的其他文件，并按照《中国注册会计师审计准则第1332号——期后事项》的规定，对其进行检查。

注册会计师知悉对企业内部控制自我评价基准日内部控制有效性有重大负面影响的期

后事项的，应当对财务报告内部控制发表否定意见。注册会计师不能确定期后事项对内部控制有效性的影响程度的，应当出具无法表示意见的内部控制审计报告。

如果管理层在评价报告中披露了基准日之后采取的整改措施，注册会计师应当在内部控制审计报告中指明不对这些信息发表意见。

注册会计师可能知悉在基准日并不存在，但在期后期间发生的事项。如果这类期后事项对内部控制有重大影响，注册会计师应当在内部控制审计报告中增加强调事项段，描述该事项及其影响，或提醒内部控制审计报告使用者关注企业内部控制评价报告中披露的该事项及其影响。

在出具内部控制审计报告后，如果知悉在审计报告日已存在的、可能对审计意见产生影响的情况，注册会计师应当按照《中国注册会计师审计准则第 1332 号——期后事项》第四章第二节和第三节的规定办理。如果被审计单位更正以前公布的财务报表，注册会计师应当按照《中国注册会计师审计准则第 1332 号——期后事项》第四章第三节的规定重新考虑以前发表的内部控制审计意见的适当性。

7.其他信息

如果企业内部控制评价报告中除包括法定要求的信息外，还包括其他信息，且该报告的使用者有理由认为该报告包括这些其他信息，注册会计师应当在内部控制审计报告中指明不对这些其他信息发表意见。

如果认为其他信息含有对事实的重大错报，注册会计师应当就此与管理层进行讨论。如果讨论后仍认为存在对事实的重大错报，注册会计师应当以书面形式将其看法告知管理层和治理层。

如果其他信息未包含在企业内部控制评价报告中，而是包含在年度财务报告中，注册会计师无须在内部控制审计报告中指明不对其发表意见，但是，如果注册会计师认为其他信息中存在对事实的重大错报，应当按照上述要求办理。

三、企业内部控制审计报告的格式

标准内部控制审计报告、带强调事项段的无保留意见内部控制审计报告、否定意见的内部控制审计报告、无法表示意见的内部控制审计报告的格式如下：

（一）标准内部控制审计报告

内部控制审计报告

××股份有限公司全体股东：

按照《企业内部控制审计指引》及中国注册会计师执业准则的相关要求，我们审计了××股份有限公司（以下简称××公司）××××年×月×日的财务报告内部控制的有效性。

一、企业对内部控制的责任

按照《企业内部控制基本规范》《企业内部控制应用指引》《企业内部控制评价指引》的规定，建立健全和有效实施内部控制，并评价其有效性是企业董事会的责任。

二、注册会计师的责任

我们的责任是在实施审计工作的基础上，对财务报告内部控制的有效性发表审计意见，并对注意到的非财务报告内部控制的重大缺陷进行披露。

三、内部控制的固有局限性

内部控制具有固有局限性，存在不能防止和发现错报的可能性。此外，情况的变化可能导致内部控制变得不恰当，或对控制政策和程序遵循的程度降低，根据内部控制审计结果推测未来内部控制的有效性具有一定风险。

四、财务报告内部控制审计意见

我们认为，××公司按照《企业内部控制基本规范》和相关规定在所有重大方面保持了有效的财务报告内部控制。

五、非财务报告内部控制的重大缺陷

在内部控制审计过程中，我们注意到××公司的非财务报告内部控制存在重大缺陷［描述该缺陷的性质及其对实现相关控制目标的影响程度］。由于存在上述重大缺陷，我们提醒本报告使用者注意相关风险。需要指出的是，我们并不对××公司的非财务报告内部控制发表意见或提供保证。本段内容不影响对财务报告内部控制有效性发表的审计意见。

××会计师事务所　　　　　　　　　　中国注册会计师：×××（签名并盖章）。

　（盖章）　　　　　　　　　　　　　中国注册会计师：×××（签名并盖章）

　中国××市　　　　　　　　　　　　××××年×月×日

（二）带强调事项段的无保留意见内部控制审计报告

内部控制审计报告

××股份有限公司全体股东：

按照《企业内部控制审计指引》及中国注册会计师执业准则的相关要求，我们审计了××股份有限公司（以下简称××公司）××××年×月×日的财务报告内部控制的有效性。

一、企业对内部控制的责任

按照《企业内部控制基本规范》《企业内部控制应用指引》《企业内部控制评价指引》的规定，建立健全和有效实施内部控制，并评价其有效性是企业董事会的责任。

二、注册会计师的责任

我们的责任是在实施审计工作的基础上，对财务报告内部控制的有效性发表审计意见，并对注意到的非财务报告内部控制的重大缺陷进行披露。

三、内部控制的固有局限性

内部控制具有固有局限性，存在不能防止和发现错报的可能性。此外，情况的变化可能导致内部控制变得不恰当，或对控制政策和程序遵循的程度降低，根据内部控制审计结果推测未来内部控制的有效性具有一定风险。

四、财务报告内部控制审计意见

我们认为，××公司按照《企业内部控制基本规范》和相关规定在所有重大方面保持了有效的财务报告内部控制。

五、非财务报告内部控制的重大缺陷

在内部控制审计过程中，我们注意到××公司的非财务报告内部控制存在重大缺陷［描述该缺陷的性质及其对实现相关控制目标的影响程度］。由于存在上述重大缺陷，我们提醒本报告使用者注意相关风险。需要指出的是，我们并不对××公司的非财务报告内

部控制发表意见或提供保证。本段内容不影响对财务报告内部控制有效性发表的审计意见。

六、强调事项

我们提醒内部控制审计报告使用者关注，（描述强调事项的性质及其对内部控制的重大影响）。本段内容不影响已对财务报告内部控制发表的审计意见。

××会计师事务所　　　　　　　　　中国注册会计师：×××（签名并盖章）。

（盖章）　　　　　　　　　　　　中国注册会计师：×××（签名并盖章）

中国××市　　　　　　　　　　　　　　　　×××年×月×日

（三）否定意见的内部控制审计报告

内部控制审计报告

××股份有限公司全体股东：

按照《企业内部控制审计指引》及中国注册会计师执业准则的相关要求，我们审计了××股份有限公司（以下简称××公司）×××年×月×日的财务报告内部控制的有效性。

一、企业对内部控制的责任

按照《企业内部控制基本规范》《企业内部控制应用指引》《企业内部控制评价指引》的规定，建立健全和有效实施内部控制，并评价其有效性是企业董事会的责任。

二、注册会计师的责任

我们的责任是在实施审计工作的基础上，对财务报告内部控制的有效性发表审计意见，并对注意到的非财务报告内部控制的重大缺陷进行披露。

三、内部控制的固有局限性

内部控制具有固有局限性，存在不能防止和发现错报的可能性。此外，情况的变化可能导致内部控制变得不恰当，或对控制政策和程序遵循的程度降低，根据内部控制审计结果推测未来内部控制的有效性具有一定风险。

四、导致否定意见的事项

重大缺陷，是指一个或多个控制缺陷的组合，可能导致企业严重偏离控制目标。

［指出注册会计师已识别出的重大缺陷，并说明重大缺陷的性质及其对财务报告内部控制的影响程度。］

有效的内部控制能够为财务报告及相关信息的真实完整提供合理保证，而上述重大缺陷使××公司内部控制失去这一功能。

五、财务报告内部控制审计意见

我们认为，由于存在上述重大缺陷及其对实现控制目标的影响，××公司未能按照《企业内部控制基本规范》和相关规定在所有重大方面保持有效的财务报告内部控制。

六、非财务报告内部控制的重大缺陷

在内部控制审计过程中，我们注意到××公司的非财务报告内部控制存在重大缺陷［描述该缺陷的性质及其对实现相关控制目标的影响程度］。由于存在上述重大缺陷，我们提醒本报告使用者注意相关风险。需要指出的是，我们并不对××公司的非财务报告内部控制发表意见或提供保证。本段内容不影响对财务报告内部控制有效性发表的审计意见。

    ××会计师事务所   中国注册会计师：×××（签名并盖章）。

     （盖章）   中国注册会计师：×××（签名并盖章）

     中国××市   ××××年×月×日

（四）无法表示意见的内部控制审计报告

内部控制审计报告

××股份有限公司全体股东：

我们接受委托，对××股份有限公司（以下简称××公司）××××年×月×日的财务报告内部控制进行审计。

一、企业对内部控制的责任

按照《企业内部控制基本规范》《企业内部控制应用指引》《企业内部控制评价指引》的规定，建立健全和有效实施内部控制，并评价其有效性是企业董事会的责任。

二、内部控制的固有局限性

内部控制具有固有局限性，存在不能防止和发现错报的可能性。此外，情况的变化可能导致内部控制变得不恰当，或对控制政策和程序遵循的程度降低，根据内部控制审计结果推测未来内部控制的有效性具有一定风险。

三、导致无法表示意见的事项

［描述审计范围受到限制的具体情况。］

四、财务报告内部控制审计意见

由于审计范围受到上述限制，我们未能实施必要的审计程序以获取发表意见所需的充分、适当的证据，因此，我们无法对××公司财务报告内部控制的有效性发表意见。

五、识别的财务报告内部控制重大缺陷

（如在审计范围受到限制前，执行有限程序未能识别出重大缺陷，则应删除本段。）

重大缺陷，是指一个或多个控制缺陷的组合，可能导致企业严重偏离控制目标。

尽管我们无法对××公司财务报告内部控制的有效性发表意见，但在我们实施有限程序的过程中，发现了以下重大缺陷：

［指出注册会计师已识别出的重大缺陷，并说明重大缺陷的性质及其对财务报告内部控制的影响程度。］

有效的内部控制能够为财务报告及相关信息的真实完整提供合理保证，而上述重大缺陷使××公司内部控制失去这一功能。

六、非财务报告内部控制的重大缺陷

在内部控制审计过程中，我们注意到××公司的非财务报告内部控制存在重大缺陷［描述该缺陷的性质及其对实现相关控制目标的影响程度］。由于存在上述重大缺陷，我们提醒本报告使用者注意相关风险。需要指出的是，我们并不对××公司的非财务报告内部控制发表意见或提供保证。本段内容不影响对财务报告内部控制有效性发表的审计意见。

    ××会计师事务所   中国注册会计师：×××（签名并盖章）

     （盖章）   中国注册会计师：×××（签名并盖章）

     中国××市   ××××年×月×日

本节讨论题

1. 企业内部控制审计报告主要包括哪些内容？

2. 出具不同内部控制审计意见的条件有什么不同？

第四节　专题讨论：内部控制审计意见

一、企业内部控制审计意见及出具条件

（一）企业内部控制审计意见确定的依据

企业内部控制审计意见的选择主要依据以下两个方面：

（1）企业内部控制是否有重大缺陷。

（2）审计范围是否受到限制。

（二）标准无保留意见及其条件

注册会计师对财务报告内部控制出具无保留意见需要满足以下条件：

（1）企业按照《企业内部控制基本规范》《企业内部控制应用指引》《企业内部控制评价指引》以及企业自身内部控制制度的要求，在所有重大方面保持了有效的内部控制，或者说内部控制没有重大缺陷。

（2）注册会计师已经按照《企业内部控制审计指引》的要求计划和实施审计工作，在审计过程中未受到限制，或者说收集到了充分、适当的审计证据。

（三）否定意见及其条件

注册会计师对财务报告内部控制发表否定意见需要满足以下条件：

（1）财务报告内部控制存在一项或多项重大缺陷。

（2）审计范围没有受到限制，或者说收集到了充分、适当的审计证据。

（四）无法表示意见及其条件

如果注册会计师审计范围受到限制，应当解除业务约定或出具无法表示意见的内部控制审计报告，并就审计范围受到限制的情况，以书面形式与董事会进行沟通。

二、讨论：企业内部控制审计可以出具保留意见吗

（一）内部控制审计能否出具保留意见

（1）内部控制审计可以出具保留意见，原因是什么？

（2）内部控制审计不可以出具保留意见，原因是什么？

（二）比照财务报表审计出具保留意见的两种情形，分析内部控制审计能否出具保留意见

1. 财务报表出具保留意见的两种情形

（1）错报对财务报表影响重大，但不具有广泛性。

（2）审计范围受限，无法获取充分、适当的审计证据，但注册会计师认为未发现的错报对财务报表影响重大，但不具有广泛性。

2.内部控制审计的两种类似情形

（1）存在非重大控制缺陷。

（2）审计范围受限。

（三）基于上述分析，探讨内部控制审计与财务报表审计的不同

（1）业务性质的差异。

（2）审计对象的特点。

（3）审计程序的差异。

本节讨论题

1.内部控制审计意见的选择依据有哪些？

2.财务报告内部控制审计意见为什么没有保留意见？

第五节　专题讨论：财务报表审计意见与内部控制审计意见的关系

一、财务报表审计意见与内部控制审计意见

（一）财务报表审计意见的种类

（1）无保留意见：财务报表在所有重大方面公允地反映了企业的财务状况、经营成果和现金流量。

（2）否定意见：财务报表存在重大错报，且错报对财务报表的影响具有广泛性，未能公允反映企业的财务状况、经营成果和现金流量。

（3）保留意见：财务报表存在重大错报，但错报对财务报表的影响不具有广泛性，或审计范围受到局部限制。

（4）无法表示意见：审计范围受到限制，无法获取充分、适当的审计证据，无法判断财务报表的公允性。

（二）内部控制审计意见的种类

（1）无保留意见：内部控制在所有重大方面有效，能够合理保证财务报告的可靠性。

（2）否定意见：内部控制存在一项或多项重大缺陷，未能合理保证财务报告的可靠性。

（3）无法表示意见：审计范围受到限制，无法对内部控制的有效性发表意见。

二、讨论：财务报表审计意见与内部控制审计意见有何关系

（一）财务报表审计的目标与内部控制审计的目标

（1）财务报表审计的目标：判断财务报表是否合法、公允地反映了企业的财务状况、经营成果和现金流量。

（2）内部控制审计的目标：判断财务报告内部控制在所有重大方面是否有效，能否为财务报告的可靠性提供合理保证。

（二）审计模式

（1）财务报表审计：采用风险基础的审计模式，重点关注财务报表的重大错报风险。

（2）内部控制审计：采用自上而下、风险基础的审计模式，从企业层面控制入手，逐步深入到业务流程层面，评估内部控制设计与运行的有效性。

（三）主要判断依据

（1）财务报表审计的主要判断依据：财务报表是否有重大错报？

（2）内部控制审计的主要判断依据：是否有重大缺陷？

（四）财务报表审计意见与内部控制审计意见之间的关系

结合表10-2，在财务报表审计与内部控制审计整合的背景下，讨论财务报表审计意见与内部控制审计意见之间的关联性，分析当财务报表被分别出具无保留意见、否定意见、保留意见和无法表示意见时，内部控制可能被出具何种审计意见，其可能性是高还是低。

表10-2　　　　　　　　　　财务报表审计意见与内部控制审计意见之间的关系

财务报表审计意见	内部控制审计意见
无保留意见	无保留？否定？无法表示？
否定意见	无保留？否定？无法表示？
保留意见	无保留？否定？无法表示？
无法表示意见	无保留？否定？无法表示？

本节讨论题

1.财务报表审计意见的类型是否要与内部控制审计意见的类型一致？

2.财务报表审计意见与内部控制审计意见存在什么样的制约关系？

第六节　专题讨论：财务报表审计与内部控制审计的整合

一、财务报表审计与内部控制审计能否整合

财务报表审计与内部控制审计能否整合需综合考虑以下关键因素：

（1）审计目标的相关性：如果二者的目标高度相关，那么，整合可以提高效率并减少重复工作。

（2）审计流程的一致性：对二者进行整合需要统一的流程设计，避免不同审计流程之间的冲突。

（3）审计模式的相关性：二者均采用风险基础审计模式，为整合奠定基础。

（4）审计程序相同或相近：相似的审计程序可以简化工作，减少资源浪费。

（5）成本效益的考虑：对二者进行整合是否能够降低总体审计成本，提高审计效率。

二、财务报表审计与内部控制审计如何整合

财务报表审计与内部控制审计如何整合，需要综合考虑下列因素：

（1）审计目标的整合。

（2）审计流程的整合（重点）。

（3）审计程序的整合。

（4）审计报告的整合。

三、讨论：如何整合财务报表审计与内部控制审计的流程

（一）业务承接

（1）承接财务报表审计业务。

（2）承接内部控制审计业务。

（二）审计计划

（1）总体审计策略。

（2）具体审计计划（重要性水平，重大错报风险的初步评估，审计程序的性质、时间安排和范围）。

（三）重大错报风险的识别与评估

1.固有风险的识别与评估

分析固有风险，确定重点关注领域。

2.控制风险的识别与评估

（1）评估内部控制设计有效性：识别相关控制和设计缺陷（缺乏必要的控制，控制设计不当）。

（2）评估控制风险。

3.重大错报风险的评估

（四）风险应对

1.控制测试

（1）测试相关控制。

（2）识别和评价运行缺陷（没有按照设计运行，实施控制的人缺乏必要的权力和能力）。

2.评估控制缺陷的严重性

3.财务报表审计的实质性程序

本节讨论题

1.财务报表审计如何与内部控制审计进行流程整合？

2.财务报表审计如何与内部控制审计进行程序整合？

本章测试题

一、选择题

1.注册会计师识别风险、选择拟测试控制的基本思路是（　　　）。

A.自上而下　　　　B.风险基础　　　　C.自下而上　　　　D.上下结合

2.财务报表审计与内部控制审计共同采用的审计模式是（　　　）。

A.详细审计　　　　　　　　　　　B.风险基础审计

C.内控导向审计　　　　　　　　　D.制度基础审计

3.企业层面的控制包括（　　　）。

A.与内部环境相关的控制

B.风险评估过程

C.对内部信息传递和财务报告流程的控制

D.对控制有效性的内部监督和自我评价

4.内部控制审计意见的类型包括（　　　）。

A.否定意见　　　　　　　　　　　B.无保留意见

C.无法表示意见　　　　　　　　　D.保留意见

5.注册会计师对内部控制出具无保留意见的条件包括（　　　）。

A.企业在所有重大方面保持了有效的内部控制

B.企业做出了充分的保证

C.注册会计师实施了充分适当的审计程序

D.企业对内部控制采取了适当的纠正措施

6.在整合审计中，注册会计师应当对内部控制设计与运行的有效性进行测试，同时实现的目标包括（　　　）。

A.获取充分、适当的证据，支持其在内部控制审计中对内部控制有效性发表的意见

B.获取充分、适当的证据，支持其在财务报表审计中对控制风险的评估结果

C.查找错报

D.查找舞弊

二、判断题

1.内部控制审计是会计师事务所接受委托，对特定会计年度内部控制设计与运行的有效性进行审计。　　　　　　　　　　　　　　　　　　　　　　　　　（　　　）

2.根据《企业内部控制审计指引》，建立健全和有效实施内部控制，评价内部控制的有效性是企业董事会的责任。　　　　　　　　　　　　　　　　　　　　（　　　）

3.根据《企业内部控制审计指引》，在实施审计工作的基础上对内部控制的有效性发表审计意见，是注册会计师的责任。　　　　　　　　　　　　　　　　　　（　　　）

4.根据《企业内部控制审计指引》，注册会计师应当对财务报告内部控制的有效性发表审计意见，并对内部控制审计过程中注意到的非财务报告内部控制的重大缺陷，在内部控制审计报告中增加"非财务报告内部控制重大缺陷描述段"予以披露。　（　　　）

5.注册会计师认为非财务报告内部控制缺陷为重要缺陷的，应当与企业进行沟通，提醒企业加以改进，但无须在内部控制审计报告中说明。　　　　　　　　　　（　　　）

6.注册会计师认为非财务报告内部控制缺陷为一般缺陷的，应当以书面形式与企业董事会和经理层沟通，提醒企业加以改进，但无须在内部控制审计报告中说明。（　　　）

本章作业题

1.内部控制审计为什么没有保留意见？

2.内部控制审计意见与财务报表审计意见有哪些内在的联系？

3.财务报表审计如何与内部控制审计进行整合？

4.根据所选择上市公司的相关资料，在识别和评估控制缺陷的基础上，分析和判断应当出具的审计意见类型。

第十一章　行政事业单位内部控制

本章学习目标

1. 理解和掌握行政事业单位内部控制的含义、目标与构成内容；
2. 理解和掌握行政事业单位内部控制评价的程序与方法；
3. 理解和掌握行政事业单位内部控制评价报告的内容与编制。

第一节　行政事业单位内部控制简介

一、行政事业单位内部控制的发展

（一）《行政事业单位内部控制规范（试行）》

2012年12月，为了进一步提高行政事业单位内部管理水平，规范内部控制，加强廉政风险防控机制建设，根据《中华人民共和国会计法》《中华人民共和国预算法》等法律法规和相关规定，财政部制定了《行政事业单位内部控制规范（试行）》（财会〔2012〕21号），自2014年1月1日起施行。

（二）《关于全面推进行政事业单位内部控制建设的指导意见》

2015年12月，财政部发布的《关于全面推进行政事业单位内部控制建设的指导意见》（财会〔2015〕24号）指出，党的十八届四中全会通过的《中共中央关于全面推进依法治国若干重大问题的决定》为行政事业单位加强内部控制建设指明了方向。

指导思想是：高举中国特色社会主义伟大旗帜，认真贯彻落实党的十八大和十八届三中、四中、五中全会精神，深入贯彻习近平总书记系列重要讲话精神，全面推进行政事业单位内部控制建设，规范行政事业单位内部经济和业务活动，强化对内部权力运行的制约，防止内部权力滥用，建立健全科学高效的制约和监督体系，促进单位公共服务效能和内部治理水平不断提高，为实现国家治理体系和治理能力现代化奠定坚实基础，提供有力支撑。其基本原则包括：坚持全面推进；坚持科学规划；坚持问题导向；坚持共同治理。

总体目标是：以单位全面执行《单位内控规范》为抓手，以规范单位经济和业务活动有序运行为主线，以内部控制量化评价为导向，以信息系统为支撑，突出规范重点领域、关键岗位的经济和业务活动运行流程、制约措施，逐步将控制对象从经济活动层面拓展到全部业务活动和内部权力运行，到2020年，基本建成与国家治理体系和治理能力现代化相适应的，权责一致、制衡有效、运行顺畅、执行有力、管理科学的内部控制体系，更好发挥内部控制在提升内部治理水平、规范内部权力运行、促进依法行政、推进廉政建设中的重要作用。

主要任务包括：（1）健全内部控制体系，强化内部流程控制；（2）加强内部权力制衡，规范内部权力运行；（3）建立内控报告制度，促进内控信息公开；（4）加强监督检查工作，加大考评问责力度。

（三）《关于开展行政事业单位内部控制基础性评价工作的通知》

2016年6月，财政部发布的《关于开展行政事业单位内部控制基础性评价工作的通知》（财会〔2016〕11号）指出，在行政事业单位范围内全面开展内部控制建设工作，是贯彻落实党的十八届四中全会通过的《中共中央关于全面推进依法治国若干重大问题的决定》的一项重要改革举措。按照中央提出的以钉钉子精神抓好改革落实的要求，为进一步指导和促进各单位有效开展内部控制建立与实施工作，切实落实好《关于全面推进行政事业单位内部控制建设的指导意见》，财政部决定以量化评价为导向，开展单位内部控制基础性评价工作。

通过开展内部控制基础性评价工作，一方面，明确单位内部控制的基本要求和重点内容，使各单位在内部控制建设过程中能够做到有的放矢、心中有数，围绕重点工作开展内部控制体系建设；另一方面，旨在发现单位现有内部控制基础的不足之处和薄弱环节，有针对性地建立健全内部控制体系，通过"以评促建"的方式，推动各单位于2016年底前如期完成内部控制建立与实施工作。基本原则包括：（1）坚持全面性原则；（2）坚持重要性原则；（3）坚持问题导向原则；（4）坚持适应性原则。

（四）《行政事业单位内部控制报告管理制度（试行）》

2017年1月，为贯彻落实党的十八届四中全会通过的《中共中央关于全面推进依法治国若干重大问题的决定》的有关精神，进一步加强行政事业单位内部控制建设，规范行政事业单位内部控制报告的编制、报送、使用及报告信息质量的监督检查等工作，促进行政事业单位内部控制信息公开，提高行政事业单位内部控制报告质量，根据财政部《关于全面推进行政事业单位内部控制建设的指导意见》（财会〔2015〕24号）和《行政事业单位内部控制规范（试行）》（财会〔2012〕21号）等，财政部制定了《行政事业单位内部控制报告管理制度（试行）》（财会〔2017〕1号），组织各级行政事业单位开展内部控制报告编报工作，通过"以报促建"的方式促进单位加强内部控制建设。

行政事业单位内部控制报告，是指行政事业单位在年度终了，结合本单位实际情况，依据财政部《关于全面推进行政事业单位内部控制建设的指导意见》和《行政事业单位内部控制规范（试行）》，按照《行政事业单位内部控制报告管理制度》的规定编制的能够综合反映本单位内部控制建立与实施情况的总结性文件。

（五）《关于进一步加强财会监督工作的意见》

2023年2月，中共中央办公厅、国务院办公厅印发的《关于进一步加强财会监督工作的意见》明确提出，各单位要加强对本单位经济业务、财务管理、会计行为的日常监督，结合自身实际建立权责清晰、约束有力的内部财会监督机制和内部控制体系，明确内部监督的主体、范围、程序、权责等，落实单位内部财会监督主体责任。内部控制作为财会监督的重要手段，将制衡机制、授权审批等控制措施有效纳入单位日常管理活动之中，可以实现"控制关口"前移，有助于发现问题、纠正偏差，具有事前事中事后全过程监督的特点。

（六）《中华人民共和国会计法》

2024年6月，十四届全国人大常委会第十次会议表决通过了《关于修改〈中华人民共和国会计法〉的决定》，首次明确将内部控制纳入会计法的范畴。《中华人民共和国会计法》第二十五条规定，各单位应当建立健全本单位内部会计监督制度，并将其纳入本单位内部控制制度。单位内部会计监督制度应当符合下列要求：（1）记账人员与经济业务事项和会计事项的审批人员、经办人员、财物保管人员的职责权限应当明确，并相互分离、相互制约；（2）重大对外投资、资产处置、资金调度和其他重要经济业务事项的决策和执行的相互监督、相互制约程序应当明确；（3）财产清查的范围、期限和组织程序应当明确；（4）对会计资料定期进行内部审计的办法和程序应当明确；（5）国务院财政部门规定的其他要求。这既为各单位建立健全内部控制体系奠定了坚实的法律基础，也有助于提高单位内部管理水平，加强廉政风险防控机制建设，推进国家治理体系和治理能力现代化。

二、行政事业单位内部控制的含义、目标与原则

（一）行政事业单位内部控制的含义与目标

根据《行政事业单位内部控制规范（试行）》，内部控制是指单位为实现控制目标，通过制定制度、实施措施和执行程序，对经济活动的风险进行防范和管控。

单位是指各级党的机关、人大机关、行政机关、政协机关、审判机关、检察机关、各民主党派机关、人民团体和事业单位。

单位内部控制的目标主要包括合理保证单位经济活动合法合规、资产安全和使用有效、财务信息真实完整，有效防范舞弊和预防腐败，提高公共服务的效率和效果。行政事业单位内部控制的目标如图11-1所示。

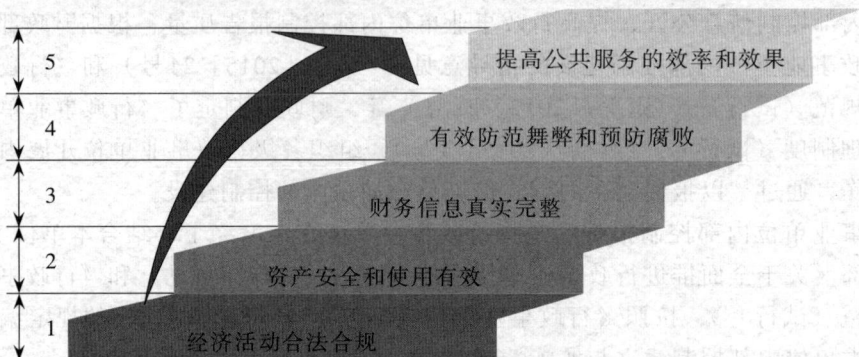

图11-1　行政事业单位内部控制的目标

（二）行政事业单位建立与实施内部控制的原则

单位建立与实施内部控制，应当遵循下列原则：

（1）全面性原则。内部控制应当贯穿单位经济活动的决策、执行和监督全过程，实现对经济活动的全面控制。

（2）重要性原则。在全面控制的基础上，内部控制应当关注单位重要经济活动和经济活动的重大风险。

（3）制衡性原则。内部控制应当在单位内部的部门管理、职责分工、业务流程等方面形成相互制约和相互监督。

（4）适应性原则。内部控制应当符合国家有关规定和单位的实际情况，并随着外部环境的变化、单位经济活动的调整和管理要求的提高，不断修订和完善。

单位负责人对本单位内部控制的建立健全和有效实施负责。

单位应当建立适合本单位实际情况的内部控制体系，并组织实施。具体工作包括梳理单位各类经济活动的业务流程，明确业务环节，系统分析经济活动风险，确定风险点，选择风险应对策略，在此基础上根据国家有关规定建立健全单位各项内部管理制度并督促相关工作人员认真执行。

三、行政事业单位加强内部控制建设的意义

内部控制是各类单位规范各项活动、防范内外部风险、提升管理效率和效果、保障单位目标实现的重要机制，行政事业单位加强内部控制建设具有重要意义。①

1.加强内部控制建设是贯彻落实党中央依法治国的重要举措

党的十八届四中全会审议通过的《中共中央关于全面推进依法治国若干重大问题的决定》提出，"对财政资金分配使用、国有资产监管、政府投资、政府采购、公共资源转让、公共工程建设等权力集中的部门和岗位实行分事行权、分岗设权、分级授权，定期轮岗，强化内部流程控制，防止权力滥用"。党的十九届四中全会强调，"坚持权责法定，健全分事行权、分岗设权、分级授权、定期轮岗制度，明晰权力边界，规范工作流程，强化权力制约"。各单位通过建立健全并有效实施内部控制，一方面对单位的制度、流程、岗位进行系统梳理，明确了岗位职责、业务流程和权力运行清单，形成了科学有效的权力制约和协调机制；另一方面，对权力运行的制约嵌入组织的各个层级、各个流程、各个岗位，规范了权力运行，把权力关进了制度的笼子。

2.加强内部控制建设是落实财会监督要求的重要手段

党和国家监督体系是党在长期执政条件下实现自我净化、自我完善、自我革新、自我提高的重要制度保障。十九届中央纪委四次全会首次将财会监督纳入党和国家监督体系，2023年2月中共中央办公厅、国务院办公厅印发的《关于进一步加强财会监督工作的意见》明确提出"建立权责清晰、约束有力的内部财会监督机制和内部控制体系"。同时，各单位通过明确职责、优化流程、强化监督等控制措施，有助于推动形成不敢腐、不能腐、不想腐的有效机制，进而发挥内部控制在全面从严治党中的重要作用。

3.加强内部控制建设是推进国家治理体系和治理能力现代化的内在要求

党的二十大报告和党的二十届三中全会《中共中央关于进一步全面深化改革、推进中国式现代化的决定》明确提出，到2035年基本实现国家治理体系和治理能力现代化。各级政府部门和企事业单位的内部治理是我国国家治理体系的重要基础，其经营管理效率效果和提供公共服务效能的高低，直接影响国家治理体系和治理能力现代化水平。内部控制是完善权力运行制约监督机制、提高单位内部治理水平的长效保障机制，通过建立健全内部控制体系，各单位能够规范和优化内部运作流程，有效配置资源，降低内外部风险，进而助推国家治理体系和治理能力现代化。

---

① 财政部会计司.强化企业和行政事业单位内部控制建设 助推国家治理体系和治理能力现代化［EB/OL］.（2024-08-09）［2025-01-21］.https://kjs.mof.gov.cn/zhengcejiedu/202408/t20240809_3941445.htm.

本节讨论题

1.行政事业单位内部控制的目标有哪些？
2.加强行政事业单位内部控制有哪些重要意义？

第二节　行政事业单位内部控制的构成内容

行政事业单位内部控制的构成内容主要涉及：风险评估和控制方法；单位层面的内部控制；业务层面的内部控制；评价与监督（如图11-2所示）。

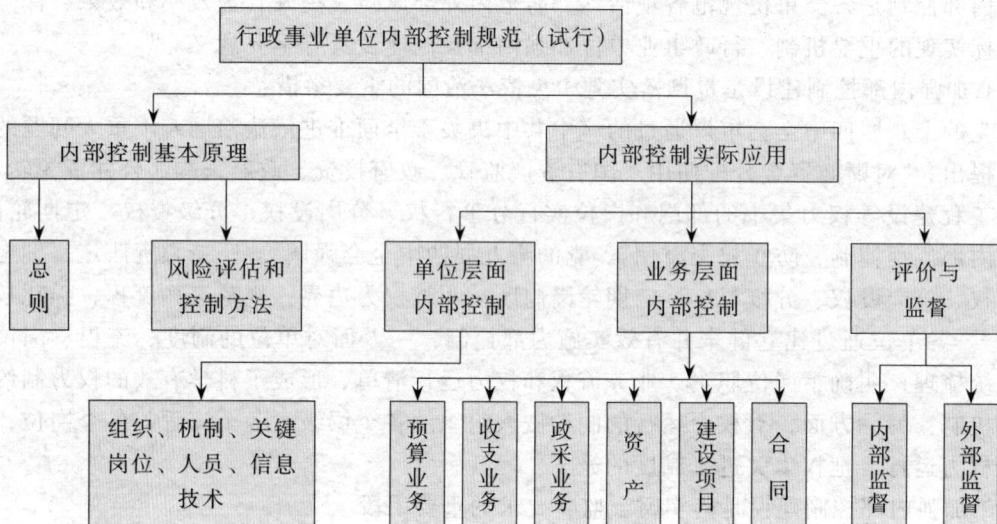

图11-2　行政事业单位内部控制的构成内容

一、风险评估和控制方法

（一）经济活动风险定期评估机制

单位应当建立经济活动风险定期评估机制，对经济活动存在的风险进行全面、系统和客观的评估。经济活动风险评估每年至少进行一次；外部环境、经济活动或管理要求等发生重大变化的，应及时对经济活动风险进行重估。

单位开展经济活动风险评估应当成立风险评估工作小组，由单位领导担任组长。经济活动风险评估结果应当形成书面报告并及时提交单位领导班子，作为完善内部控制的依据。

（二）单位层面的风险评估

进行单位层面的风险评估时，应重点关注以下方面：

1.内部控制工作的组织情况。这包括是否明确内部控制职能部门或牵头部门，是否建立单位各部门在内部控制中的沟通协调和联动机制。

2.内部控制机制的建设情况。这包括经济活动的决策、执行、监督是否实现有效分离，权责是否对等，是否建立健全议事决策机制、岗位责任制、内部监督等机制。

3.内部管理制度的完善情况。这包括内部管理制度是否健全、执行是否有效。

4.内部控制关键岗位工作人员的管理情况。这包括是否建立工作人员的培训、评价、轮岗等机制，工作人员是否具备相应的资格和能力。

5.财务信息的编报情况。这包括是否按照国家统一的会计制度对经济业务事项进行账务处理，是否按照国家统一的会计制度编制财务会计报告。

6.其他情况。

（三）业务层面的风险评估

进行经济活动业务层面的风险评估时，应当重点关注以下方面：

1.预算管理情况。这包括在预算编制过程中单位内部各部门间沟通协调是否充分，预算编制与资产配置是否相结合、与具体工作是否相对应；是否按照批复的额度和开支范围执行预算，进度是否合理，是否存在无预算、超预算支出等问题；决算编报是否真实、完整、准确、及时。

2.收支管理情况。这包括收入是否实现归口管理，是否按照规定及时向财会部门提供收入的有关凭据，是否按照规定保管和使用印章和票据等；发生支出事项时，是否按照规定审核各类凭据的真实性、合法性，是否存在使用虚假票据套取资金的情形。

3.政府采购管理情况。这包括是否按照预算和计划组织政府采购业务，是否按照规定组织政府采购活动和执行验收程序，是否按照规定保存政府采购业务相关档案。

4.资产管理情况。这包括是否实现资产归口管理并明确使用责任；是否定期对资产进行清查盘点，对账实不符的情况及时进行处理；是否按照规定处置资产。

5.建设项目管理情况。这包括是否按照概算投资，是否严格履行审核审批程序，是否建立有效的招投标控制机制，是否存在截留、挤占、挪用、套取建设项目资金的情形，是否按照规定保存建设项目相关档案并及时办理移交手续。

6.合同管理情况。这包括是否实现合同归口管理；是否明确应签订合同的经济活动范围和条件；是否有效监控合同履行情况，是否建立合同纠纷协调机制。

7.其他情况。

（四）控制方法

单位内部控制的控制方法通常包括：

1.不相容岗位相互分离。合理设置内部控制关键岗位，明确划分职责权限，实施相应的分离措施，形成相互制约、相互监督的工作机制。

2.内部授权审批控制。明确各岗位办理业务和事项的权限范围、审批程序和相关责任，建立重大事项集体决策和会签制度。相关工作人员应当在授权范围内行使职权、办理业务。

3.归口管理。根据本单位实际情况，按照权责对等的原则，采取成立联合工作小组并确定牵头部门或牵头人员等方式，对有关经济活动实行统一管理。

4.预算控制。强化对经济活动的预算约束，使预算管理贯穿于单位经济活动的全过程。

5.财产保护控制。建立资产日常管理制度和定期清查机制，采取资产记录、实物保管、定期盘点、账实核对等措施，确保资产安全完整。

6.会计控制。建立健全本单位财会管理制度，加强会计机构建设，提高会计人员业务水平，强化会计人员岗位责任制，规范会计基础工作，加强会计档案管理，明确会计凭证、会计账簿和财务会计报告处理程序。

7.单据控制。单位要根据国家有关规定和单位的经济活动业务流程，在内部管理制度中明确界定各项经济活动所涉及的表单和票据，要求相关工作人员按照规定填制、审核、归档、保管单据。

8.信息内部公开。建立健全经济活动相关信息内部公开制度，根据国家有关规定和单位的实际情况，确定信息内部公开的内容、范围、方式和程序。

二、单位层面内部控制

（一）内部控制职能部门

单位应当单独设置内部控制职能部门或者确定内部控制牵头部门，负责组织协调内部控制工作。同时，应当充分发挥财会、内部审计、纪检监察、政府采购、基建、资产管理等部门或岗位在内部控制中的作用。

（二）职责分离与决策机制

单位经济活动的决策、执行和监督职能应当相互分离。

单位应当建立健全集体研究、专家论证和技术咨询相结合的议事决策机制。

重大经济事项的内部决策应当由单位领导班子集体研究决定。重大经济事项的认定标准应当根据有关规定和本单位实际情况确定，一经确定，不得随意变更。

（三）关键岗位责任制

单位应当建立健全内部控制关键岗位责任制，明确岗位职责及分工，确保不相容岗位相互分离、相互制约和相互监督。

单位应当实行内部控制关键岗位工作人员轮岗制度，明确轮岗周期。不具备轮岗条件的单位应当采取专项审计等控制措施。

内部控制关键岗位主要包括预算业务管理、收支业务管理、政府采购业务管理、资产管理、建设项目管理、合同管理以及内部监督等经济活动的关键岗位。

内部控制关键岗位工作人员应当具备与其工作岗位相适应的资格和能力。单位应当加强内部控制关键岗位工作人员的业务培训和职业道德教育，不断提升其业务水平和综合素质。

（四）会计机构

单位应当根据《中华人民共和国会计法》的规定建立会计机构，配备具有相应资格和能力的会计人员。

单位应当根据实际发生的经济业务事项，按照国家统一的会计制度及时进行账务处理、编制财务会计报告，确保财务信息真实、完整。

（五）信息系统

单位应当充分运用现代科学技术手段加强内部控制。对信息系统建设实施归口管理，将经济活动及其内部控制流程嵌入单位的信息系统中，减少或消除人为操纵因素，保护信息安全。

三、业务层面内部控制

（一）预算业务控制

1.预算管理制度

单位应当建立健全预算编制、审批、执行、决算与评价等预算内部管理制度。

单位应当合理设置岗位，明确相关岗位的职责权限，确保预算编制、审批、执行、评价等不相容岗位相互分离。

2.预算编制

单位的预算编制应当做到程序规范、方法科学、编制及时、内容完整、项目细化、数据准确。

（1）单位应当正确把握预算编制的有关政策，确保预算编制相关人员及时全面掌握相关规定。

（2）单位应当建立内部预算编制、预算执行、资产管理、基建管理、人事管理等部门或岗位的沟通协调机制，按照规定进行项目评审，确保预算编制部门及时取得和有效运用与预算编制相关的信息，根据工作计划细化预算编制，提高预算编制的科学性。

3.预算分解

单位应当根据内设部门的职责和分工，对批复的预算在单位内部进行指标分解、审批下达，规范内部预算追加调整程序，发挥预算对经济活动的管控作用。

4.预算执行

单位应当根据批复的预算安排各项收支，确保预算得到严格有效执行。

单位应当建立预算执行分析机制。定期通报各部门预算执行情况，召开预算执行分析会议，研究解决预算执行中存在的问题，提出改进措施，提高预算执行的有效性。

5.预算决算管理

单位应当加强决算管理，确保决算真实、完整、准确、及时，加强决算分析工作，强化决算分析结果运用，建立健全单位预算与决算相互反映、相互促进的机制。

6.预算绩效管理

单位应当加强预算绩效管理，建立"预算编制有目标、预算执行有监控、预算完成有评价、评价结果有反馈、反馈结果有应用"的全过程预算绩效管理机制。

（二）收支业务控制

1.收入管理制度

单位应当建立健全收入内部管理制度。单位应当合理设置岗位，明确相关岗位的职责权限，确保收款、会计核算等不相容岗位相互分离。

单位的各项收入应当由财会部门归口管理并进行会计核算，严禁设立账外账。业务部门应当在涉及收入的合同协议签订后及时将合同等有关材料提交财会部门作为账务处理依据，确保各项收入应收尽收，及时入账。财会部门应当定期检查收入金额是否与合同约定相符；对应收未收项目应当查明情况，明确责任主体，落实催收责任。

有政府非税收入收缴职能的单位，应当按照规定项目和标准征收政府非税收入，按照规定开具财政票据，做到收缴分离、票款一致，并及时、足额上缴国库或财政专户，不得以任何形式截留、挪用或者私分。

2.票据管理制度

单位应当建立健全票据管理制度。财政票据、发票等各类票据的申领、启用、核销、销毁均应履行规定手续。单位应当按照规定设置票据专管员，建立票据台账，做好票据的保管和序时登记工作。票据应当按照顺序号使用，不得拆本使用，做好废旧票据管理。负责保管票据的人员要配置单独的保险柜等保管设备，并做到人走柜锁。

单位不得违反规定转让、出借、代开、买卖财政票据、发票等票据，不得擅自扩大票据适用范围。

3.支出管理制度

单位应当建立健全支出内部管理制度，确定单位经济活动的各项支出标准，明确支出报销流程，按照规定办理支出事项。单位应当合理设置岗位，明确相关岗位的职责权限，确保支出申请和内部审批、付款审批和付款执行、业务经办和会计核算等不相容岗位相互分离。

单位应当按照支出业务的类型，明确内部审批、审核、支付、核算和归档等支出各关键岗位的职责权限。实行国库集中支付的，应当严格按照财政国库管理制度的有关规定执行。

（1）加强支出审批控制。明确支出的内部审批权限、程序、责任和相关控制措施。审批人应当在授权范围内审批，不得越权审批。

（2）加强支出审核控制。全面审核各类单据。重点审核单据来源是否合法，内容是否真实、完整，使用是否准确，是否符合预算，审批手续是否齐全。支出凭证应当附反映支出明细内容的原始单据，并由经办人员签字或盖章；超出规定标准的支出事项，应由经办人员说明原因并附审批依据，确保与经济业务事项相符。

（3）加强支付控制。明确报销业务流程，按照规定办理资金支付手续。签发的支付凭证应当登记。使用公务卡结算的，应当按照公务卡使用和管理有关规定办理业务。

（4）加强支出的核算和归档控制。由财会部门根据支出凭证及时准确登记账簿，与支出业务相关的合同等材料应当提交财会部门作为账务处理的依据。

4.债务管理制度

根据国家规定可以举借债务的单位应当建立健全债务内部管理制度，明确债务管理岗位的职责权限，不得由一人办理债务业务的全过程。大额债务的举借和偿还属于重大经济事项，应当进行充分论证，并由单位领导班子集体研究决定。

单位应当做好债务的会计核算和档案保管工作。加强债务的对账和检查控制，定期与债权人核对债务余额，进行债务清理，防范和控制财务风险。

（三）政府采购业务控制

1.政府采购管理制度

单位应当建立健全政府采购预算与计划管理、政府采购活动管理、验收管理等政府采购内部管理制度。

单位应当明确相关岗位的职责权限，确保政府采购需求制定与内部审批、招标文件准备与复核、合同签订与验收、验收与保管等不相容岗位相互分离。

2.政府采购预算与计划

单位应当加强对政府采购业务预算与计划的管理。建立预算编制、政府采购和资产管理等部门或岗位之间的沟通协调机制。根据本单位实际需求和相关标准编制政府采购预算，按照已批复的预算安排政府采购计划。

3.政府采购过程管理

单位应当加强对政府采购活动的管理。对政府采购活动实施归口管理，在政府采购活动中建立政府采购、资产管理、财会、内部审计、纪检监察等部门或岗位相互协调、相互制约的机制。

单位应当加强对政府采购申请的内部审核，按照规定选择政府采购方式、发布政府采购信息。对政府采购进口产品、变更政府采购方式等事项，应当加强内部审核，严格履行审批手续。

4.政府采购的验收

单位应当加强对政府采购项目验收的管理。根据规定的验收制度和政府采购文件，由指定部门或专人对所购物品的品种、规格、数量、质量和其他相关内容进行验收，并出具验收证明。

5.政府采购投诉管理

单位应当加强对政府采购业务质疑投诉答复的管理。指定牵头部门负责、相关部门参加，按照国家有关规定做好政府采购业务质疑投诉答复工作。

6.政府采购记录控制

单位应当加强对政府采购业务的记录控制。妥善保管政府采购预算与计划、各类批复文件、招标文件、投标文件、评标文件、合同文本、验收证明等政府采购业务相关资料。定期对政府采购业务信息进行分类统计，并在内部通报。

7.政府采购保密

单位应当加强对涉密政府采购项目安全保密的管理。对于涉密政府采购项目，单位应当与相关供应商或采购中介机构签订保密协议或者在合同中设定保密条款。

（四）资产控制

1.资产管理制度

单位应当对资产实行分类管理，建立健全资产内部管理制度。

单位应当合理设置岗位，明确相关岗位的职责权限，确保资产安全和有效使用。

2.货币资金管理岗位责任制

单位应当建立健全货币资金管理岗位责任制，合理设置岗位，不得由一人办理货币资金业务的全过程，确保不相容岗位相互分离。

（1）出纳不得兼管稽核、会计档案保管和收入、支出、债权、债务账目的登记工作。

（2）严禁一人保管收付款项所需的全部印章。财务专用章应当由专人保管，个人名章应当由本人或其授权人员保管。负责保管印章的人员要配置单独的保管设备，并做到人走柜锁。

（3）按照规定应当由有关负责人签字或盖章的，应当严格履行签字或盖章手续。

3.银行账户管理

单位应当加强对银行账户的管理，严格按照规定的审批权限和程序开立、变更和撤销银行账户。

4.货币资金核查控制

单位应当加强货币资金核查控制。指定不办理货币资金业务的会计人员定期或不定期抽查盘点库存现金，核对银行存款余额，抽查银行对账单、银行存款日记账及银行存款余额调节表，核对是否账实相符、账账相符。对调节不符、可能存在重大问题的未达账项，应当及时查明原因，并按照相关规定处理。

5.实物资产和无形资产管理

单位应当加强对实物资产和无形资产的管理，明确相关部门和岗位的职责权限，强化对配置、使用和处置等关键环节的管控。

（1）对资产实施归口管理。明确资产使用和保管责任人，落实资产使用人在资产管理中的责任。贵重资产、危险资产、有保密等特殊要求的资产应当指定专人保管、专人使用，并规定严格的接触限制条件和审批程序。

（2）按照国有资产管理的相关规定，明确资产的调剂、租借、对外投资、处置的程序、审批权限和责任。

（3）建立资产台账，加强资产的实物管理。单位应当定期清查盘点资产，确保账实相符。财会、资产管理、资产使用等部门或岗位应当定期对账；发现不符的，应当及时查明原因，并按照相关规定处理。

（4）建立资产信息管理系统，做好资产的统计、报告、分析工作，实现对资产的动态管理。

6.对外投资管理

单位应当根据国家有关规定，加强对对外投资的管理。

（1）合理设置岗位，明确相关岗位的职责权限，确保对外投资的可行性研究与评估、对外投资决策与执行、对外投资处置的审批与执行等不相容岗位相互分离。

（2）单位对外投资，应当由单位领导班子集体研究决定。

（3）加强对投资项目的追踪管理，及时、全面、准确地记录对外投资的价值变动和投资收益情况。

（4）建立责任追究制度。对在对外投资中出现重大决策失误、未履行集体决策程序和不按规定执行对外投资业务的部门及人员，应当追究相应的责任。

（五）建设项目控制

1.建设项目管理制度

单位应当建立健全建设项目内部管理制度。

单位应当合理设置岗位，明确内部相关部门和岗位的职责权限，确保项目建议书和可行性研究与项目决策、概预算编制与审核、项目实施与价款支付、竣工决算与竣工审计等不相容岗位相互分离。

2.建设项目决策

单位应当建立与建设项目相关的议事决策机制，严禁任何个人单独决策或者擅自改变集体决策意见。决策过程及各方面意见应当形成书面文件，与相关资料一同妥善归档保管。

3.建设项目审核

单位应当建立与建设项目相关的审核机制。项目建议书、可行性研究报告、概预算、竣工决算报告等应当由单位内部的规划、技术、财会、法律等相关工作人员或者根据国家有关规定委托具有相应资质的中介机构进行审核，出具评审意见。

4.建设项目招标

单位应当依据国家有关规定组织建设项目招标工作，并接受有关部门的监督。

单位应当采取签订保密协议、限制接触等必要措施，确保标底编制、评标等工作在严格保密的情况下进行。

5.建设项目资金管理

单位应当按照审批单位下达的投资计划和预算对建设项目资金实行专款专用，严禁截留、挪用和超批复内容使用资金。

财会部门应当加强与建设项目承建单位的沟通，准确掌握建设进度，加强价款支付审核，按照规定办理价款结算。实行国库集中支付的建设项目，单位应当按照财政国库管理制度的相关规定支付资金。

6.建设项目档案管理

单位应当加强对建设项目档案的管理。做好相关文件、材料的收集、整理、归档和保管工作。

7.建设项目概算调整与设计变更

经批准的投资概算是工程投资的最高限额，如有调整，应当按照国家有关规定报经批准。

单位建设项目工程洽商和设计变更应当按照有关规定履行相应的审批程序。

8.建设项目竣工决算

建设项目竣工后，单位应当按照规定的时限及时办理竣工决算，组织竣工决算审计，并根据批复的竣工决算和有关规定办理建设项目档案和资产移交等工作。

建设项目已实际投入使用但超时限未办理竣工决算的，单位应当根据对建设项目的实际投资暂估入账，转作相关资产管理。

（六）合同控制

1.合同管理制度

单位应当建立健全合同内部管理制度。

单位应当合理设置岗位，明确合同的授权审批和签署权限，妥善保管和使用合同专用章，严禁未经授权擅自以单位名义对外签订合同，严禁违规签订担保、投资和借贷合同。

单位应当对合同实施归口管理，建立财会部门与合同归口管理部门的沟通协调机制，实现合同管理与预算管理、收支管理相结合。

2.合同订立管理

单位应当加强对合同订立的管理，明确合同订立的范围和条件。对于影响重大、涉及较高专业技术或法律关系复杂的合同，应当组织法律、技术、财会等工作人员参与谈判，必要时可聘请外部专家参与相关工作。谈判过程中的重要事项和参与谈判人员的主要意见，应当予以记录并妥善保管。

3.合同履行管理

单位应当对合同履行情况实施有效监控。在合同履行过程中，因对方或单位自身原因导致可能无法按时履行的，应当及时采取应对措施。单位应当建立合同履行监督审查制度。对合同履行中签订补充合同或变更、解除合同等，应当按照国家有关规定进行审查。

财会部门应当根据合同履行情况办理价款结算和进行账务处理。未按照合同条款履约的，财会部门应当在付款之前向单位有关负责人报告。

4.合同登记管理

合同归口管理部门应当加强对合同登记的管理，定期对合同进行统计、分类和归档，详细登记合同的订立、履行和变更情况，实行对合同的全过程管理。与单位经济活动相关的合同应当同时提交财会部门作为账务处理的依据。

单位应当加强合同信息安全保密工作，未经批准，不得以任何形式泄露合同订立与履行过程中涉及的国家秘密、工作秘密或商业秘密。

5.合同纠纷管理

单位应当加强对合同纠纷的管理。合同发生纠纷的，单位应当在规定时效内与对方协商谈判。合同纠纷协商一致的，双方应当签订书面协议；合同纠纷经协商无法解决的，经办人员应向单位有关负责人报告，并根据合同约定选择仲裁或诉讼方式解决。

四、评价与监督

（一）内部监督检查

单位应当建立健全内部监督制度，明确各相关部门或岗位在内部监督中的职责权限，规定内部监督的程序和要求，对内部控制建立与实施情况进行内部监督检查和自我评价。内部监督应当与内部控制的建立和实施保持相对独立。

内部审计部门或岗位应当定期或不定期检查单位内部管理制度和机制的建立与执行情况，以及内部控制关键岗位及人员设置情况等，及时发现内部控制存在的问题并提出改进建议。

单位应当根据本单位实际情况确定内部监督检查的方法、范围和频率。单位负责人应指定专门部门或专人负责对单位内部控制的有效性进行评价并出具单位内部控制自我评价报告。

（二）外部监督检查

国务院财政部门及其派出机构和县级以上地方各级人民政府财政部门应当对单位内部控制的建立与实施情况进行监督检查，有针对性地提出检查意见和建议，并督促单位进行整改。

国务院审计机关及其派出机构和县级以上地方各级人民政府审计机关对单位进行审计时，应当调查了解单位内部控制建立和实施的有效性，揭示相关内部控制的缺陷，有针对性地提出审计处理意见和建议，并督促单位进行整改。

本节讨论题

1.行政事业单位内部控制的方法有哪些？
2.行政事业单位业务层面控制和单位层面控制有哪些？

第三节　行政事业单位内部控制的评价与报告

一、行政事业单位内部控制的评价

为规范行政事业单位内部控制评价工作，促进内部控制的持续改进，不断提升内部控制有效性，根据《中华人民共和国会计法》及中共中央办公厅、国务院办公厅《关于进一步加强财会监督工作的意见》，以及《行政事业单位内部控制规范（试行）》（财会〔2012〕21号）、《关于全面推进行政事业单位内部控制建设的指导意见》（财会〔2015〕24号）等法律法规和相关规定，财政部制定了《行政事业单位内部控制评价办法（征求意见稿）》。

（一）行政事业单位内部控制评价的含义、原则与要求

根据《行政事业单位内部控制评价办法（征求意见稿）》，内部控制评价包括单位内部控制自我评价和部门内部控制评价两种方式。单位内部控制自我评价是指各单位对内部控制建立与实施情况进行全面综合评价、形成评价结果、出具评价报告的过程。部门内部控制评价是指各部门对本部门内部控制建立与实施整体情况进行评价、出具评价报告的过程。

单位，是指各部门本级及所属行政事业单位。部门，是指与本级政府财政部门直接发生预算缴拨款关系的国家机关、政党组织、事业单位、社会团体和其他单位。

内部控制评价应当遵循以下基本原则：

（1）全面性原则。评价工作应当贯穿内部控制建立与实施的各个环节，涵盖单位各类经济活动、相关业务活动和内部权力运行，综合反映单位的内部控制水平。

（2）重要性原则。评价工作应当在全面评价的基础上，重点关注重要经济和业务事项及高风险领域，特别是权力集中、资金密集、资源富集的重点领域和关键岗位。

（3）客观性原则。评价工作应当以国家法律法规、制度规范以及单位内部管理制度等为依据，结合单位实际情况，如实反映内部控制建立与实施情况，采用定性和定量相结合的方式，客观公正地评价单位内部控制水平。

（4）持续性原则。评价工作应当形成定期评价、问题整改、优化提升的管理闭环，不断提升单位内部控制水平。

各单位应当根据内部控制评价办法和上级主管部门的有关要求，结合单位内部控制建立与实施实际情况，制定具体的内部控制评价工作方案，明确相关机构或岗位的职责权限，按照规定的程序、方法和要求，有序开展内部控制评价工作。单位负责人对内部控制评价报告的真实性、完整性负责。

各部门应当按照管理权限，逐级对本部门所属单位内部控制自我评价报告实施复核，并出具复核意见。同时，根据本部门实际情况，细化部门内部控制评价指标体系，对本部门内部控制建立与实施整体情况进行评价。

各级政府财政部门应当结合有关部门内部控制评价情况，每年抽取一定比例的部门，对其内部控制评价整体情况进行监督检查，督促各部门持续完善内部控制体系。

鼓励各部门、各单位采用信息化手段，开展内部控制评价相关工作。

（二）单位内部控制评价

1.评价部门

各单位应当指定内部审计部门或专门机构（以下简称内部控制评价部门）负责组织实施本单位内部控制自我评价工作。单位内部控制评价部门（岗位）应当与内部控制建设牵头部门（岗位）相互分离。

单位根据需要可以委托第三方机构协助实施内部控制评价。为单位提供内部控制建设

服务的第三方机构，不得同时为同一单位提供内部控制评价服务。

　　2.评价工作方案

　　内部控制评价部门应当制定评价工作方案，明确评价范围、工作任务、人员组织、进度安排等相关内容，报经单位负责人审批后实施。

　　3.评价内容

　　单位内部控制自我评价的主要内容包括：

　　（1）单位层面内部控制情况，包括议事决策机制、权力制衡机制、内部控制信息系统建立与实施情况，以及其他补充指标；

　　（2）业务层面内部控制情况，包括预算、收支、政府采购、资产、建设项目、合同等各类经济活动和相关业务活动内部控制制度、流程的建立与实施情况；

　　（3）内部监督情况，包括内部监督制度建立和实施情况；

　　（4）其他情况，包括单位受到各级政府财政部门、上级主管部门或其他部门内部控制相关表彰、批评等情况。

　　4.评价方法

　　单位应当根据内部控制有关要求和本单位职能职责、业务特点，综合运用询问访谈、调查问卷、专题讨论、穿行测试、实地查验、抽样和比较分析等方法，充分收集有效证据，对单位内部控制进行全面客观评价。

　　5.工作底稿

　　单位应当建立内部控制自我评价工作过程记录和档案管理制度。评价工作应当形成工作底稿，详细记录执行评价工作的过程，包括评价方法、各项评价指标的内容、得分情况、评价结果及其认定依据、评价人员等。

　　单位应当妥善保管评价的有关文件资料、工作底稿和证明材料等。

　　6.评价得分

　　单位应当根据《行政事业单位内部控制评价指标体系》，结合评价工作底稿，对每一个评价指标进行评价打分。所有评价指标的得分总和即为单位内部控制自我评价的得分。

　　7.评价结果

　　内部控制自我评价结果采取定性与定量相结合的方式，划分为优、良、中、差四个档次。90（含）至100分为"优"、80（含）至90分为"良"、60（含）至80分为"中"、60分以下为"差"。

　　内部控制自我评价结果的认定应当符合单位内部控制建立与实施实际情况。单位发生与内部控制相关的违法违纪行为的，内部控制评价结果下调一个档次。

　　8.评价报告

　　单位应当根据内部控制评价得分和评价结果等材料，参考《行政事业单位内部控制自我评价报告（参考格式）》，形成内部控制自我评价报告及相关材料。

　　9.报告基准日

　　单位应当以12月31日为年度内部控制自我评价报告的基准日，并于基准日后3个月内完成内部控制评价工作。

　　10.对外报送

　　单位应按照同级政府财政部门和上级主管部门的要求，在报送行政事业单位内部控制报告时，报送经单位负责人签字并加盖单位公章的内部控制自我评价报告，以及内部控制自我评价指标体系得分情况等相关材料。

11.主管部门复核

各部门根据平时本部门管理与监督中掌握的情况和所属单位内部控制自我评价底稿及自评得分情况，结合行政事业单位内部控制报告审核工作安排，分级组织实施对所属单位内部控制自我评价得分的复核工作。各部门复核发现所属单位内部控制自我评价过程中存在未识别的内部控制问题的，应当按照《行政事业单位内部控制自我评价指标体系》中相关评分标准，调整单位内部控制评价自评得分，形成《年度内部控制自我评价复核意见书》，并及时向被评价单位反馈相关得分调整情况。经各级主管部门复核调整后的得分，为单位内部控制评价最终得分。

行政事业单位内部控制自我评价指标体系详见表11-1。

表11-1　　　　　　　行政事业单位内部控制自我评价指标体系

评价类别	一级评价指标	二级评价指标	评价内容	分值	评分细则	得分
一、单位层面内部控制	议事决策机制	"三重一大"事项集体决策机制建立与实施	单位是否建立"三重一大"事项集体决策机制，明确重大事项的划分标准、议事规则及会议记录过程等内容，并严格执行	5	已建立健全并有效实施集体决策机制的，得满分；机制设计不完善、不明确或未严格执行的，视情况扣1~5分	
	权力制衡机制	分事行权	对经济业务活动的决策、执行、监督，单位是否明确分工、相互分离、分别行权	2	已建立健全分事行权机制并有效实施的，得满分；机制建立不完善、覆盖不全面或未严格执行的，视情况扣0.5~2分	
		分岗设权	单位是否编制岗位说明书，明确岗位责任，确保关键岗位实现不相容岗位相互分离	2	已规范建立分岗设权机制并有效实施的，得满分；机制建立不完善、覆盖不全面或未严格执行的，视情况扣0.5~2分	
		分级授权	单位是否根据不同管理层级和工作岗位，依法依规授予适当权限	2	已建立健全分级授权机制并有效执行的，得满分；每发现一处授权不当、越权办事的，扣0.5分，扣完为止	
	信息系统	内部控制信息化情况	单位是否将内部控制要求嵌入信息系统，以及信息系统是否覆盖单位全部经济活动和主要业务活动	2	信息系统全面覆盖单位经济活动和主要业务活动，且满足内部控制要求的，得满分；信息系统不满足内部控制要求的，视情况扣0.5~2分	

评价类别	一级评价指标	二级评价指标	评价内容	分值	评分细则	得分
一、单位层面内部控制	信息系统	信息系统控制情况	信息系统的开发、运行、维护是否制定并执行相应控制措施	2	已制定并执行信息系统相关控制措施的,得满分;控制措施制定不完善,或未全部执行的,视情况扣0.5~2分;未制定或未执行控制措施的,不得分	
	补充指标	补充指标……	结合内部管理实际,由单位自行补充	5	单位自行制定评分细则	
小计				20		
二、业务层面内部控制	预算业务内部控制	预算业务内部控制建立情况	单位是否依据法律法规、上级部门工作要求以及内部管理实际需要,建立涵盖预算编制、审批、执行、调整、分析、决算与评价等环节的预算业务内部控制制度	4	每发现一项应建立未建立相关制度的,扣1分,扣完为止	
		预算业务内部控制实施情况	单位预算编制主体、程序及标准是否符合单位制度要求	2	每发现一处未按照规定执行的,扣0.5分,扣完为止	
			单位是否按照批复的预算开展相关活动	1	每发现一处未按照规定执行的,扣0.5分,扣完为止	
			单位是否按照相关制度规定开展预算变更、调整申报和审核流程,是否报送相关部门审核审批备案后,再下达相关业务部门执行	1	每发现一处未按照规定执行的,扣0.5分,扣完为止	
			单位是否按照相关制度规定开展决算编制、审核和审批等程序	2	每发现一处未按照规定执行的,扣0.5分,扣完为止	
			单位是否按照相关制度规定开展项目预算绩效评价情况	1	每发现一处未按照规定执行的,扣0.5分,扣完为止	
	收支业务内部控制	收支业务内部控制建立情况	单位是否依据法律法规、上级部门工作要求以及内部管理实际需要,建立涵盖收入、票据、债务、支出等环节的收支业务内部控制制度	4	已全面建立内部控制制度体系的,得满分;每发现一项应建立未建立相关制度的,扣1分,扣完为止	

评价类别	一级评价指标	二级评价指标	评价内容	分值	评分细则	得分
二、业务层面内部控制	收支业务内部控制	收支业务内部控制实施情况	单位是否按照相关制度规定执行，确保各项收入应收尽收并及时、准确入账	2	每发现一处未按照规定执行的，扣0.5分，扣完为止	
			单位是否按照相关制度规定，开展票据的申领、启用、保管、登记、核销和销毁等程序	2	每发现一处未按照规定执行的，扣0.5分，扣完为止	
			单位是否按照相关制度规定，开展支出的审核、审批、支付和核算工作	2	每发现一处未按照规定执行的，扣0.5分，扣完为止	
			单位是否严格按照制度规定管理"三公"经费	1	每发现一处未按照规定执行的，扣0.5分，扣完为止	
			大额债务的举债是否进行充分论证，并经集体决策	1	每发现一处未按照规定执行的，扣0.5分，扣完为止	
	采购业务控制	政府采购业务内部控制建立情况	单位是否依据法律法规、上级部门工作要求和内部管理实际需要，建立涵盖政府采购预算与计划管理、政府采购需求管理、政府采购活动管理、履约验收管理等环节的政府采购业务内部控制制度	4	已全面建立内部控制制度体系的，得满分；每发现一项应建立未建立相关制度的，扣1分，扣完为止	
		政府采购业务内部控制实施情况	单位是否按照制度规定选择政府采购的模式（集中采购、分散采购）、采购方式（招标、竞争性谈判、询价、单一来源采购、框架协议采购、竞争性磋商采购、其他）	2	每发现一处未按照规定执行的，扣0.5分，扣完为止	
			单位是否按照制度规定执行采购方式变更审批程序	1	每发现一处未按照规定执行的，扣0.5分，扣完为止	
			政府采购信息公开的主体、范围、时间、内容、程序是否按照有关规定执行	2	每发现一处未按照规定执行的，扣0.5分，扣完为止	
			单位是否按照制度规定执行政府采购履约验收程序	1	每发现一处未按照规定执行的，扣0.5分，扣完为止	

评价类别	一级评价指标	二级评价指标	评价内容	分值	评分细则	得分
二、业务层面内部控制	资产业务内部控制	资产业务内部控制建立情况	单位是否依据法律法规、上级部门工作要求和内部管理实际需要，建立涵盖货币资金、银行账户、实物资产、无形资产、对外投资等经济活动的资产业务内部控制制度。	4	已全面建立内部控制制度体系的，得满分；每发现一项应建立未建立相关制度的，扣1分，扣完为止。	
		资产业务内部控制实施情况	单位是否按照制度规定管理使用印鉴及电子支付工具	1	每发现一处未按照规定执行的，扣0.5分，扣完为止	
			单位是否按照制度规定开展货币资金盘点、银行对账	2	每发现一处未按照规定执行的，扣0.5分，扣完为止	
			单位是否按照制度规定规范执行资产的调剂、租借、对外投资、处置及资产收益等程序	1	每发现一处未按照规定执行的，扣0.5分，扣完为止	
			单位是否按照制度规定对固定资产、存货等实物资产开展定期盘点、清查	2	每发现一处未按照规定执行的，扣0.5分，扣完为止	
	建设项目内部控制	建设项目内部控制建立情况	单位是否依据法律法规、上级部门工作要求和内部管理实际需要，建立涵盖建设项目立项、决策、概预算编制、合同签署、工程变更、验收、价款支付、监理、决算、审计等全部经济活动和主要业务活动的建设项目内部控制制度	4	已全面建立内部控制制度体系的，得满分；每发现一项应建立未建立相关制度的，扣1分，扣完为止	
		建设项目内部控制实施情况	单位是否严格按照制度规定开展建设项目可行性研究、决策、概预算编制与审核、项目合同签署及实施、价款支付、项目工程监理、竣工决算、竣工审计等经济业务活动	4	每发现一项未按制度执行的，扣1分，扣完为止	

评价类别	一级评价指标	二级评价指标	评价内容	分值	评分细则	得分
二、业务层面内部控制	建设项目内部控制	建设项目内部控制实施情况	项目建议书、可行性研究报告、概预算、竣工决算报告等是否经相关工作人员或根据国家有关规定委托具有相应资质的中介机构进行审核，出具评审意见	1	每发现一处未按照规定执行的，扣0.5分，扣完为止	
			单位是否按照制度规定执行工程变更审批程序	1	每发现一处未按照规定执行的，扣0.5分，扣完为止	
			单位是否按照制度规定执行修缮项目决策、招标、项目实施、资金支付、验收及移交等程序	2	每发现一处未按照规定执行的，扣0.5分，扣完为止	
	合同管理内部控制	合同管理内部控制建立情况	单位是否依据法律法规、上级部门工作要求和内部管理实际需要，建立涵盖合同订立、合同登记、履行监督审查、执行、合同纠纷处理、印章等环节的全部经济活动和主要业务活动的合同管理内部控制制度	4	已全面建立内部控制制度体系的，得满分；每发现一项应建立未建立相关制度的，扣1分，扣完为止	
		合同管理内部控制实施情况	单位是否按照制度规定开展合同订立、登记、合同履行监督审查、纠纷处理、价款结算和账务处理	3	每发现一处未按照规定执行的，扣0.5分，扣完为止	
			单位是否规范管理并使用印章（公章、合同章、财务章、人名章等）	1	每发现一处未按照规定执行的，扣0.5分，扣完为止	
	其他业务内部控制	其他业务内部控制建立情况（参考）	单位是否依据法律法规、上级部门工作要求和内部管理实际需要，建立涵盖全部经济活动和主要业务活动的内部控制制度	4	已全面建立内部控制制度体系的，得满分；每发现一项应建立未建立相关制度的，扣1分，扣完为止	
		其他业务内部控制实施情况（参考）	业务活动发起、审批、实施、监督等环节设置是否合理	8	每发现一处未按照规定执行的，扣0.5分，扣完为止	
			业务活动涉及的相关标准设置是否合理		每发现一处未按照规定执行的，扣0.5分，扣完为止	

续表

评价类别	一级评价指标	二级评价指标	评价内容	分值	评分细则	得分
二、业务层面内部控制	其他业务内部控制	其他业务内部控制实施情况（参考）	单位是否对该业务活动实施过程进行管理	8	每发现一处未按照规定执行的，扣0.5分，扣完为止	
			业务活动涉及事项的调整是否按照规定程序执行		每发现一处未按照规定执行的，扣0.5分，扣完为止	
			补充指标……			
小计				75		
三、内部监督	内部监督机制建立情况	部门分离设置	监督评价部门（岗位）是否与内部控制建设牵头部门（岗位）相互分离	3	已实现评价部门和牵头部门分离的，得满分；未实现的，不得分	
	内部监督机制实施情况	问题整改情况	本年度风险评估、外部审计、内部审计、纪检监察、巡视、内部控制评价等发现的内部控制相关问题的整改落实情况	2	每发现一处逾期未整改完成的，扣0.5分，扣完为止	
小计				5		
其他情况		受到各级政府财政部门、上级主管部门或其他部门内部控制相关表彰的，酌情加1~5分；受到批评的，酌情扣1~5分。最终得分不得超过100分				

注：若单位不涉及某类业务，导致某项指标不适用的，该项指标不得分。整体得分换算公式如下：得分=指标得分/（100分−不适用指标分值）×100。

（三）部门内部控制评价

1.评价部门

各部门应当指定内部审计机构或专门机构负责组织实施对本部门内部控制建立与实施整体情况的评价工作。未设立下属单位的部门不再开展部门内部控制评价，参照单位内部控制自我评价对本级开展评价。

2.评价内容

对本部门内部控制建立与实施整体情况实施评价，主要包括以下四个方面：

（1）部门在单位层面内部控制、业务层面内部控制、内部监督等方面的整体情况。

（2）部门本级及所属单位内部控制自我评价开展情况和内部控制评价结果应用情况。

（3）部门根据履职范围和行业特点，自行制定的评价指标。

（4）其他情况。这包括受到各级政府财政部门、上级主管部门或其他部门内部控制相关表彰、批评等情况。

3.实施评价

各部门应当在复核部门本级及所属单位内部控制自我评价结果及相关材料的基础上，

完善部门内部控制评价指标体系，形成本部门的内部控制评价指标体系，并参考单位内部控制自我评价的程序和方法，对本部门内部控制建立与实施整体情况开展评价，形成部门内部控制评价报告。

4.评价基准日

各部门应当以12月31日作为年度内部控制评价的基准日，并于基准日后5个月内完成部门内部控制评价工作。

5.对外报送

各部门应当按同级政府财政部门的要求，在报送行政事业单位内部控制报告时，报送部门内部控制评价报告、评价指标体系得分情况等相关材料。

部门内部控制评价指标体系见表11-2。

表11-2　　　　　　　　　　　部门内部控制评价指标体系

评价类别	一级评价指标	二级评价指标	评价内容	分值	评分细则	得分
一、单位层面内部控制	议事决策机制	"三重一大"事项集体决策机制建立与实施	单位是否建立"三重一大"事项集体决策机制，明确重大事项的划分标准、议事规则及会议记录过程等内容，并严格执行	3	已建立健全并有效实施集体决策机制的，得满分；每发现一处机制设计不完善、不明确或未严格执行有关规定的，扣1分	
	权力制衡机制	分事行权	对经济业务活动的决策、执行、监督，单位是否明确分工、相互分离、分别行权	1	已建立健全分事行权机制并有效实施的，得满分；每发现一处机制建立不完善、覆盖不全面或未严格执行的，视情况扣0.2分	
		分岗设权	单位内部控制关键岗位是否实现不相容岗位相互分离	1	已规范建立分岗设权机制并有效实施的，得满分；每发现一处机制建立不完善、覆盖不全面或未严格执行的，视情况扣0.2分	
		分级授权	单位是否根据不同管理层级和工作岗位，依法依规授予适当权限	1	已建立健全分级授权机制并有效实施的，得满分；每发现一处授权不当、越权办事的，扣0.2分，扣完为止	
	信息系统	内部控制信息化情况	单位是否将内部控制要求嵌入信息系统，信息系统是否覆盖单位全部经济活动或主要业务活动	1	信息系统全面覆盖单位经济活动或主要业务活动，且满足内部控制要求的，得满分；信息系统不满足内部控制要求的，视情况扣0.5~1分	
小计				7		

续表

评价类别	一级评价指标	二级评价指标	评价内容	分值	评分细则	得分
二、业务层面内部控制	预算业务内部控制	预算业务内部控制建立情况	单位是否依据法律法规和内部管理实际需要，建立健全预算业务内部控制制度	2	每发现一处应建立未建立相关制度的，扣1分，扣完为止	
		预算业务内部控制实施情况	单位是否按照批复的预算开展相关活动	1	每发现一处未按照规定执行的，扣0.5分，扣完为止	
			单位是否按照相关制度规定开展预算变更、调整申报和审核流程，是否报送相关部门审核审批备案后，再下达相关业务部门执行	1	每发现一处未按照规定执行的，扣0.5分，扣完为止	
			单位是否按照相关制度规定开展决算编制、审核和审批等程序	2	每发现一处未按照规定执行的，扣0.5分，扣完为止	
			单位是否按照相关制度规定开展项目预算绩效评价情况	1	每发现一处未按照规定执行的，扣0.5分，扣完为止	
	收支业务内部控制	收支业务内部控制建立情况	单位是否依据法律法规和内部管理实际需要，建立健全收支业务内部控制制度	2	每发现一处应建立未建立相关制度的，扣1分，扣完为止	
		收支业务内部控制实施情况	单位是否按照制度规定执行，确保各项收入应收尽收并及时、准确入账	2	每发现一处未按照规定执行的，扣0.5分，扣完为止	
			单位是否按照相关制度规定开展支出审批、审核、支付和核算等程序	2	每发现一处未按照规定执行的，扣0.5分，扣完为止	
			单位是否严格按照制度规定管理"三公"经费	1	每发现一处未按照规定执行的，扣0.5分，扣完为止	
	采购业务控制	政府采购业务内部控制建立情况	单位是否依据法律法规和内部管理实际需要，建立健全政府采购内部控制制度	2	每发现一处应建立未建立相关制度的，扣1分，扣完为止	
		政府采购业务内部控制实施情况	单位是否按照制度规定进行政府采购（集中采购、分散采购）、采购方式（招标、竞争性谈判、询价、单一来源采购、框架协议采购、竞争性磋商采购、其他）	2	每发现一处未按照规定执行的，扣0.5分，扣完为止	

评价类别	一级评价指标	二级评价指标	评价内容	分值	评分细则	得分
二、业务层面内部控制	采购业务控制	政府采购业务内部控制实施情况	申请变更采购方式的主体、程序是否按照相关规定执行	1	每发现一处未按照规定执行的，扣0.5分，扣完为止	
	资产业务内部控制	资产业务内部控制建立情况	单位是否依据法律法规和内部管理实际需要，建立健全资产业务内部控制制度	2	每发现一处应建立未建立相关制度的，扣1分，扣完为止	
		资产业务内部控制实施情况	单位是否按照制度规定规范执行资产的调剂、租借、对外投资、处置及资产收益等程序	1	每发现一处未按照规定执行的，扣0.5分，扣完为止	
			单位是否按照制度规定对固定资产、存货等实物资产进行定期盘点、清查	2	每发现一处未按照规定执行的，扣0.5分，扣完为止	
	建设项目内部控制	建设项目内部控制建立情况	单位是否依据法律法规和内部管理实际需要，建立健全建设项目内部控制制度	2	每发现一处应建立未建立相关制度的，扣1分，扣完为止	
		建设项目内部控制实施情况	单位是否严格按照制度规定开展建设项目可行性研究、项目决策、概预算编制与审核、项目合同签署及实施、工程变更、价款支付、项目工程监理、竣工决算、竣工审计等经济业务活动	3	严格按照制度执行的，得满分；每识别一项未按照制度执行的，扣1分，扣完为止	
			单位是否按照制度规定执行修缮项目决策、招标、项目实施、资金支付、验收及移交等程序	2	每发现一处未按照规定执行的，扣0.5分，扣完为止	
	合同管理内部控制	合同管理内部控制建立情况	单位是否依据法律法规和内部管理实际需要，建立健全合同管理内部控制制度	2	每发现一处应建立未建立相关制度的，扣1分，扣完为止	
		合同管理内部控制实施情况	单位是否按照制度规定开展合同订立、登记、合同履行监督审查、价款结算和账务处理	2	严格按照制度执行的，得满分；每识别一项未按照制度执行的，扣0.5分，扣完为止	
小计				35		

续表

评价类别	一级评价指标	二级评价指标	评价内容	分值	评分细则	得分
三、内部监督	内部监督机制建立情况	分离设置	监督评价部门（岗位）是否与内部控制建设牵头部门（岗位）相互分离	2	已实现评价部门（岗位）和牵头部门（岗位）分离的，得满分；未实现的，不得分	
	内部监督机制实施情况	问题整改情况	本年度风险评估、外部审计、内部审计、纪检监察、巡视、内部控制评价等内外部监督发现的内部控制相关问题的整改落实情况	1	每发现一处逾期未整改完成的，扣0.5分，扣完为止	
小计				3		
四、部门本级及所属单位内部控制评价工作	内部控制评价开展情况	内部控制评价程序开展情况	部门本级及所属单位是否开展内部控制评价工作，内部控制评价是否及时完成	6	每识别一处单位未开展内部控制评价的，扣2分；每发现一处内部控制评价未及时完成的，视情况扣1~3分，扣完为止	
		内部控制评价样本选取情况	部门本级及所属单位内部控制评价样本选取是否充分，样本选择是否存在有意规避问题样本的情况	7	每发现一处内部控制评价样本选取不充足、存在有意规避问题样本的，视情况扣1~3分，扣完为止	
		内部控制评价结果形成情况	部门本级及所属单位内部控制评价结果是否经过单位负责人审批	6	每发现一处内部控制评价结果未经单位负责人审批的，扣1~3分，扣完为止	
	内部控制评价结果应用	内部控制评价结果应用情况	部门本级及所属单位是否将上一年度内部控制评价结果作为完善内部管理制度、预算安排、绩效管理、财会监督等工作的依据	6	每发现一处内部控制评价结果未得到适当运用的，扣1~3分，扣完为止	
小计				25		
五、补充指标	补充指标	补充指标	由部门自行制定	30	部门根据履职范围和行业特点，自行制定的评价指标	
其他情况		受到各级政府财政部门、上级主管部门或其他部门内部控制相关表彰的，酌情加1~5分；受到批评的，酌情扣1~5分。最终得分不得超过100分				

注：若单位不涉及某类业务，导致某项指标不适用的，该项指标不得分。整体得分换算公式如下：得分＝指标得分／（100分－不适用指标分值）×100。

（四）财政部门内部控制评价监督检查

1.财政监督检查的主体

各级政府财政部门负责组织实施同级政府各部门内部控制评价监督检查工作。

2.财政监督检查的内容

各级政府财政部门应当在获取各部门内部控制评价结果和相关材料的基础上，对各部门内部控制评价整体情况开展监督检查，主要包括以下三个方面：

（1）核查部门内部控制评价反映的单位层面内部控制、业务层面内部控制、内部监督等方面情况；

（2）核查部门内部控制评价的组织实施情况和内部控制评价结果应用情况；

（3）核查部门落实各级政府财政部门其他内部控制有关要求的情况等。

3.监督检查范围和频率

各级政府财政部门应当结合行政事业单位内部控制报告审核工作安排，每年抽取一定比例的同级政府部门，对其内部控制评价工作开展监督检查；对于新设立的部门，应当及时纳入监督检查范围。

4.实施监督检查

各级政府财政部门应当采取查阅内部控制评价报告等资料、现场检查等方式，对有关部门内部控制评价情况进行监督检查，并向被检查部门反馈检查结果。如检查结果与内部控制评价结果不一致，可要求被检查部门调整部门内部控制评价结果。

（五）评价结果应用

1.问题整改

针对内部控制评价中反映的突出问题和薄弱环节，各单位应当认真查找问题原因，及时制定整改措施，进一步完善单位内部控制体系。各级政府财政部门、各部门应当跟踪有关单位的整改情况，督促其按要求完成整改工作。

2.结果应用

各单位、各部门应当切实加强内部控制评价结果的分析应用，将评价结果作为完善内部管理制度、预算安排、绩效管理、财会监督的依据，作为监督问责、领导干部选拔任用的参考。

3.与其他监督方式的协同

各单位、各部门应当加强内部控制评价与财会监督、巡视巡察、纪检监察、审计等监督工作有机贯通、相互协调和信息共享，形成监督合力，提高内部控制评价结果应用的效率和效果。

二、行政事业单位内部控制报告的要求

根据《行政事业单位内部控制报告管理制度（试行）》，内部控制报告是指行政事业单位在年度终了，结合本单位实际情况，依据财政部《关于全面推进行政事业单位内部控制建设的指导意见》（财会〔2015〕24号）和《行政事业单位内部控制规范（试行）》（财会〔2012〕21号），按照规定编制的能够综合反映本单位内部控制建立与实施情况的总结性文件。

行政事业单位是内部控制报告的责任主体。单位主要负责人对本单位内部控制报告的真实性和完整性负责。

地方各级财政部门负责组织实施本地区行政事业单位内部控制报告编报工作，并对本地区内部控制汇总报告的真实性和完整性负责。各行政主管部门（以下简称各部门）应当按照财政部门的要求，负责组织实施本部门行政事业单位内部控制报告编报工作，并对本部门内部控制汇总报告的真实性和完整性负责。

年度终了，行政事业单位应当按照《行政事业单位内部控制报告管理制度（试行）》的有关要求，根据本单位当年内部控制建设工作的实际情况及取得的成效，以能够反映内部控制工作基本事实的相关材料为支撑，按照财政部发布的统一报告格式编制内部控制报告，经本单位主要负责人审批后对外报送。

行政事业单位能够反映内部控制工作基本事实的相关材料一般包括内部控制领导机构会议纪要、内部控制制度、流程图、内部控制检查报告、内部控制培训会相关材料等。

行政事业单位应当在规定的时间内，向上级行政主管部门报送本单位内部控制报告及能够反映本单位内部控制工作基本事实的相关材料。

三、行政事业单位内部控制报告的内容

行政事业单位内部控制报告主要涉及单位年度内部控制自我评价报告、年度内部控制自我评价复核意见书、部门内部控制评价报告等内容。

（一）行政事业单位年度内部控制自我评价报告

行政事业单位年度内部控制自我评价报告的参考格式和内容如下：

（单位名称）

（评价年度）年度内部控制自我评价报告

报告日期： 年 月 日

一、内部控制自我评价基本情况

（一）评价工作安排情况

简要说明本年度内部控制自我评价工作安排情况，包括评价实施部门、评价人员安排、评价进度安排等。

（二）评价工作实施情况

简要说明本年度内部控制自我评价工作实施情况，包括评价周期、评价范围、评价程序和方法等。

二、内部控制自我评价的结论

（一）评价得分情况

根据《行政事业单位内部控制评价办法》的有关规定，内部控制自我评价得分为＿＿＿分。评价得分情况如下：

一级指标	二级指标	分值	自评得分
一、单位层面内部控制	1.议事决策机制	20	
	2.权力制衡机制		
	3.信息系统		
	4.补充指标		
二、业务层面内部控制	5.预算业务内部控制	75	
	6.收支业务内部控制		
	7.政府采购业务内部控制		
	8.资产业务内部控制		
	9.建设项目内部控制		
	10.合同管理内部控制		
	11.其他业务内部控制		
三、内部监督	12.内部监督机制建立情况	5	
	13.内部监督机制实施情况		
其他情况			
合计		100	

（二）评价结果认定

1.评价周期内巡视、纪检监察、外部审计等□发现/□未发现与内部控制相关的违法违纪行为。

2.按照评价结果认定的有关标准，属于：

□优；□良；□中；□差。

〔说明：90（含）~100分为"优"、80（含）~90分为"良"、60（含）~80分为"中"、60分以下为"差"。若单位存在与内部控制相关的违法违纪行为，则单位内部控制评价结果下调一个档次。〕

三、内部控制自我评价发现问题及问题整改

〔逐项列示评价发现的问题及整改情况，以下表格可单独作为附件报送。〕

序号	问题描述	认定依据	整改措施	计划完成时间	整改完成情况
1					
2					
3					

单位负责人（签字）：

单位名称（盖章）：

日期：　　　年　　　月　　　日

（二）行政事业单位年度内部控制自我评价复核意见书

行政事业单位年度内部控制自我评价复核意见书的参考格式和内容如下：

（部门名称）

（评价年度）年度内部控制自我评价复核意见书

××单位：

根据《行政事业单位内部控制评价办法》的有关规定，经部门复核后，你单位内部控制自我评价复核结果如下：

一、内部控制评价复核结果

经复核，你单位内部控制评价最终得分如下：

一级指标	二级指标	分值	自评得分	调整分	最终得分
一、单位层面内部控制	1.议事决策机制	20			
	2.权力制衡机制				
	3.信息系统				
	4.补充指标				
二、业务层面内部控制	5.预算业务内部控制	75			
	6.收支业务内部控制				
	7.政府采购业务内部控制				
	8.资产业务内部控制				
	9.建设项目内部控制				
	10.合同管理内部控制				
	11.其他业务内部控制				
三、内部监督	12.内部监督机制建立情况	5			
	13.内部监督机制实施情况				
其他情况					
合计		100			

经核实，本年度你单位□存在/□不存在与内部控制相关的违法违纪行为，最终评价结果为_____。

〔说明：90（含）~100分为"优"、80（含）~90分为"良"、60（含）~80分为"中"、60分以下为"差"。若单位存在与内部控制相关的违法违纪行为，则单位内部控制评价结果下调一个档次。〕

二、内部控制评价复核发现问题

经复核，发现你单位存在如下问题，请按照整改要求立即组织整改：

序号	问题描述	认定依据	整改要求	计划完成时间
1				
2				
3				

(三) 行政事业单位部门内部控制评价报告

行政事业单位部门内部控制评价报告的参考格式和内容如下：

（部门名称）

（评价年度）内部控制评价报告

报告日期：　年 月 日

一、部门内部控制评价基本情况

（一）评价工作安排情况

简要说明本年度部门内部控制评价工作安排情况，包括评价实施部门、评价人员安排、评价进度安排等。

（二）评价工作实施情况

简要说明本年度部门内部控制评价工作实施情况，包括评价程序和方法、评价范围、评价内容等。

二、评价得分情况

根据《行政事业单位内部控制评价办法》的有关规定，内部控制评价得分为＿＿＿分。评价得分情况如下：

一级指标	二级指标	分值	得分
一、单位层面内部控制	1.议事决策机制	7	
	2.权力制衡机制		
	3.信息系统		
二、业务层面内部控制	4.预算业务内部控制	35	
	5.收支业务内部控制		
	6.政府采购业务内部控制		
	7.资产业务内部控制		
	8.建设项目内部控制		
	9.合同管理内部控制		
三、内部监督	10.内部监督机制建立情况	3	
	11.内部监督机制实施情况		
四、部门本级及所属单位内部控制评价工作	12.内部控制评价开展情况	25	
	13.内部控制评价结果应用情况		
五、补充指标	补充指标	30	
其他情况			
合计		100	

三、评价发现的问题及整改完成情况

本节讨论题

1.行政事业单位内部控制评价具体有哪些要求？
2.如何评价行政事业单位的内部控制？

本章测试题

一、选择题

1.行政事业单位内部控制的目标包括合理保证（　　　）。

A.单位经济活动合法合规　　　　　　B.资产安全和使用有效

C.财务信息真实完整　　　　　　　　D.有效防范舞弊和预防腐败

E.提高公共服务的效率和效果

2.根据《行政事业单位内部控制基本规范》，内部控制的方法包括（　　　）。

A.不相容岗位相互分离　　　　　　　B.内部授权审批控制

C.归口管理　　　　　　　　　　　　D.预算管理

3.行政事业单位能够反映内部控制工作基本事实的相关材料一般包括（　　　）。

A.内部控制制度　　　　　　　　　　B.流程图

C.内部控制检查报告　　　　　　　　D.内部控制培训会相关材料

4.行政事业单位内部控制分为（　　　）。

A.单位层面内部控制　　　　　　　　B.业务层面内部控制

C.一般控制　　　　　　　　　　　　D.应用控制

二、判断题

1.单位总会计师对本单位内部控制的建立健全和有效实施负责。　　　　　　（　　　）

2.单位主要负责人对本单位内部控制报告的真实性和完整性负责。　　　　（　　　）

3.根据《行政事业单位内部控制规范（试行）》的规定，行政事业单位内部控制是指单位为了实现控制目标，通过制定制度、实施措施和执行程序，对业务活动的风险进行防范和管控。　　　　　　　　　　　　　　　　　　　　　　　　　　　　（　　　）

4.根据《行政事业单位内部控制规范（试行）》的规定，单位负责人对本单位内部控制的建立健全和有效实施负责。　　　　　　　　　　　　　　　　　　　　　（　　　）

本章作业题

1.行政事业单位内部控制报告主要包括哪些内容？

2.选择一个行政事业单位，描述其内部控制的现状，识别其内部控制的问题，评估其内部控制缺陷，分析其内部控制失效的原因，提出改进的对策。

第十二章　中国特色社会主义与内部控制

本章学习目标
1. 了解和熟悉我国企事业单位内部控制的内外部环境；
2. 从内部控制与风险管理的视角学习和理解习近平新时代中国特色社会主义思想。

第一节　"四个自信"与中国特色的内部控制监管制度

我国没有照搬美国等西方资本主义国家现成的制度，而是形成了具有中国特色的内部控制体系和监管制度，这充分彰显了"四个自信"。

一、"四个自信"[①]

1. 道路自信

道路自信是对发展方向和未来命运的自信。坚持道路自信就是要坚定走中国特色社会主义道路，这是实现社会主义现代化的必由之路，是为近代历史反复证明的客观真理，是党领导人民从胜利走向胜利的根本保证，也是中华民族走向繁荣富强、中国人民幸福生活的根本保证。

2. 理论自信

理论自信是对马克思主义理论特别是中国特色社会主义理论体系的科学性、真理性的自信。坚持理论自信就是要坚定对共产党执政规律、社会主义建设规律、人类社会发展规律认识的自信，就是要坚定实现中华民族伟大复兴、创造人民美好生活的自信。

3. 制度自信

制度自信是对中国特色社会主义制度具有制度优势的自信。坚持制度自信就是要相信社会主义制度具有巨大优越性，相信社会主义制度能够推动发展、维护稳定，能够保障人民群众的自由平等权利和人身财产权利。

4. 文化自信

文化自信是对中国特色社会主义文化先进性的自信。坚定文化自信就是要激发党和人民对中华优秀传统文化的历史自豪感，在全社会形成对社会主义核心价值观的普遍共识和价值认同。

二、美国上市公司的内部控制监管制度

1. 公司管理层对财务报告内部控制的有效性进行评价，对内向审计委员会报告，对外

[①]　覃正爱. 谈谈中国共产党人的"四个自信"[N]. 光明日报，2018-01-24.

发布内部控制评价报告。

2.注册会计师对财务报告内部控制进行审计，对公司财务报告内部控制的有效性发表意见。

三、中国特色的企业内部控制监管制度

1.公司董事会应当对财务报告内部控制的有效性进行评价，并对关注到的非财务报告内部控制重大缺陷进行披露，对内向监事会和股东大会报告，对外发布内部控制评价报告。

2.注册会计师对财务报告内部控制进行审计，对公司财务报告内部控制的有效性发表意见，并对关注到的非财务报告内部控制重大缺陷进行披露。

本节讨论题

1.如何坚定"四个自信"，发展中国特色社会主义政治、经济和文化？

2.如何坚定"四个自信"，发展和完善具有中国特色的企业内部控制体系和监管制度？

第二节　中国特色社会主义的总任务和主要矛盾

中国特色社会主义是我国企事业单位内部控制的宏观背景，为内部控制建设提供了制度优势。

一、中国特色社会主义的总任务

中国特色社会主义的总任务是实现社会主义现代化和中华民族伟大复兴。这一任务是在全面建成小康社会的基础上，分两步走，在本世纪中叶建成富强民主文明和谐美丽的社会主义现代化强国，以中国式现代化推进中华民族伟大复兴。

二、新时代我国社会主要矛盾

中国特色社会主义进入新时代，我国社会主要矛盾已转化为人民日益增长的美好生活需要与不平衡不充分的发展之间的矛盾。必须坚持以人民为中心的发展思想，发展全过程人民民主，推动人的全面发展、全体人民共同富裕取得更为明显的实质性进展。

三、总体布局："五位一体"

总体布局是"五位一体"，涵盖经济建设、政治建设、文化建设、社会建设和生态文明建设。

四、战略布局："四个全面"

战略布局为"四个全面"，包括全面建设社会主义现代化国家、全面深化改革、全面依法治国、全面从严治党。

五、坚定"四个自信"

坚定道路自信、理论自信、制度自信、文化自信。

本节讨论题

中国特色社会主义为内部控制建设提供了哪些制度优势?

第三节　中国特色社会主义的本质特征与加强党的领导

中国共产党的领导是中国特色社会主义最本质的特征,通过加强党的领导,完善党的组织,促进公司内部控制体系的建立健全。

一、中国特色社会主义的本质特征

1.中国特色社会主义制度的最大优势是中国共产党的领导。

2.坚持党对一切工作的领导。

3.坚持人民当家作主。

4.坚持党对人民军队的绝对领导。

二、加强党的建设

(一)上市公司治理准则

根据我国《公司法》的规定,上市公司应设立中国共产党的组织,开展党的活动。上市公司应当为党组织的活动提供必要条件。

国有控股上市公司根据我国《公司法》和有关规定,结合企业股权结构、经营管理等实际,把党建工作有关要求写入公司章程。

(二)加强国有企业党的建设

国有企业党委(党组)发挥领导核心作用,把方向、管大局、保落实,依照规定讨论和决定企业重大事项。

国有企业和集体企业中党的基层组织,围绕企业生产经营开展工作。保证监督党和国家的方针、政策在本企业的贯彻执行;支持股东会、董事会、监事会和经理(厂长)依法行使职权;全心全意依靠职工群众,支持职工代表大会开展工作;参与企业重大问题的决策;加强党组织的自身建设,领导思想政治工作、精神文明建设和工会、共青团等群团组织。

国有企业党委要切实担负起党要管党、从严治党的重大责任,要切实成为公司治理的领导核心和政治核心,要切实增强把抓好党建作为最大政绩的意识,为把国有企业做强做优做大、培育成为具有全球竞争力的世界一流企业而不懈努力。

在组织架构上,完善"双向进入,交叉任职"领导体制,全面推行党委(党组)书记、董事长由一人担任。

在决策程序上,明确党组织研究讨论是董事会、经理层决策重大问题的前置程序。

在深化改革中,要坚持和落实党的建设和国有企业改革同步谋划、党的组织及工作机构同步设置、党组织负责人及党务工作人员同步配备、党建工作同步开展，实现体制对接、机制对接、制度对接和工作对接。

本节讨论题

在公司内部控制建设中，如何完善党的组织，加强党的领导，促进公司内部控制体系的建立健全？

第四节　社会主义核心价值观与控制环境建设

社会主义核心价值观是企事业单位内部控制的外部环境，会对企事业单位的内部控制产生积极影响。

一、社会主义核心价值观

1.富强、民主、文明、和谐

这是国家层面的价值目标，是我国社会主义现代化国家的建设目标。

2.自由、平等、公正、法治

这是社会层面的价值取向，是对美好社会的生动表述。

3.爱国、敬业、诚信、友善

这是公民个人层面的价值准则，是公民的基本道德规范。

二、内部控制中的诚信与道德价值观

（一）COSO内部控制框架

1.控制环境包括组织的诚信与道德价值观。

2.组织应明确展现对诚信和道德价值观的承诺。

（二）《企业内部控制基本规范》

内部环境是企业实施内部控制的基础，一般包括治理结构、机构设置及权责分配、内部审计、人力资源政策、企业文化等。

企业应加强文化建设，培育积极向上的价值观和社会责任感，倡导诚实守信、爱岗敬业、开拓创新和团队协作精神，树立现代管理理念，强化风险意识。

董事、监事、经理及其他高级管理人员应在企业文化建设中发挥主导作用。

企业员工应当遵守员工行为守则，认真履行岗位职责。

（三）《企业内部控制应用指引第5号——企业文化》

企业文化，是指企业在生产经营实践中逐步形成的、为整体团队所认同并遵守的价值观、经营理念和企业精神，以及在此基础上形成的行为规范的总称。

本节讨论题

1.在发展中国特色社会主义民主、政治和经济过程中，如何发展和弘扬社会主义核心价值观？

2.在建立健全企业内部控制的过程中，如何弘扬社会主义核心价值观，完善控制环境，提高内部控制有效性，为企业目标的实现提供合理保证？

第五节   国家治理体系和治理能力现代化

2013年11月，党的十八届三中全会通过的《中共中央关于全面深化改革若干重大问题的决定》明确提出，全面深化改革的总目标是完善和发展中国特色社会主义制度、推进国家治理体系和治理能力现代化。通过建立健全企事业单位内部控制，为国家治理体系和治理能力现代化奠定基础，提供支撑。

一、国家治理体系和治理能力

国家治理体系和治理能力是国家制度和制度执行能力的集中体现。

国家治理体系是在党领导下管理国家的制度体系，包括经济、政治、文化、社会、生态文明和党的建设等各领域体制机制、法律法规安排，是一整套紧密相连、相互协调的国家制度。

国家治理能力则是运用国家制度管理社会各方面事务的能力，包括改革发展稳定、内政外交国防、治党治国治军等各个方面。

国家治理体系和治理能力是一个有机整体，相辅相成，有了好的国家治理体系才能提高治理能力，提高国家治理能力才能充分发挥国家治理体系的效能。

二、推进国家治理体系和治理能力现代化

我们要更好发挥中国特色社会主义制度的优越性，必须从各个领域推进国家治理体系和治理能力现代化。

推进国家治理体系和治理能力现代化，就是要适应时代变化，既改革不适应实践发展要求的体制机制、法律法规，又不断构建新的体制机制、法律法规，使各方面制度更加科学、更加完善，实现党、国家、社会各项事务治理制度化、规范化、程序化。

要更加注重治理能力建设，增强按制度办事、依法办事意识，善于运用制度和法律治理国家，把各方面制度优势转化为管理国家的效能，提高党科学执政、民主执政、依法执政水平。

坚持和完善中国特色社会主义制度，推进国家治理体系和治理能力现代化的总体目标："到我们党成立一百年时，在各方面制度更加成熟更加定型上取得明显成效；到二〇三五年，各方面制度更加完善，基本实现国家治理体系和治理能力现代化；到新中国成立一百年时，全面实现国家治理体系和治理能力现代化，使中国特色社会主义制度更加巩固、优越性充分展现。"

本节讨论题

行政事业单位如何通过建立健全内部控制体系，为国家治理体系和治理能力现代化提供支撑？

第六节　全面依法治国与合规内部控制的建设

全面依法治国是企事业单位内部控制的外部环境，而建立健全企事业单位合规内部控制体系又能为全面依法治国奠定基础，提供支撑。

一、全面依法治国

走中国特色社会主义法治道路，建设中国特色社会主义法治体系、建设社会主义法治国家。

围绕保障和促进社会公平正义，坚持依法治国、依法执政、依法行政共同推进，坚持法治国家、法治政府、法治社会一体建设，全面推进科学立法、严格执法、公正司法、全民守法。全面推进国家各方面工作法治化。

二、四个方面的工作

1. 完善以宪法为核心的中国特色社会主义法律体系。
2. 扎实推进依法行政。
3. 严格公正司法。
4. 加快建设法治社会。

三、内部控制的合规目标

1. 合规目标。企事业单位遵守相关的法律法规。
2. 相关法律法规。如公司法、民法典、税法、会计法、劳动法、环保法等。
3. 控制合规风险。合理保证企事业单位遵守相关的法律法规。

本节讨论题

1. 在建设有中国特色的社会主义民主、政治和经济过程中，如何依法治国，为企业内部控制建设创造良好的外部环境？
2. 企业如何建立健全合规目标的内部控制，为全面依法治国做出贡献？

第七节　全面从严治党与内部控制的有效性

中国特色社会主义制度的最大优势是中国共产党领导，党是最高政治领导力量。全面从严治党为企事业单位内部控制建设提供了良好的政治环境，而企事业单位健全有效的内部控制体系可以为全面从严治党奠定坚实的基础。

一、全面从严治党

全面从严治党永远在路上，党的自我革命永远在路上，决不能有松劲歇脚、疲劳厌战的情绪，必须持之以恒推进全面从严治党，深入推进新时代党的建设新的伟大工程，以党的自我革命引领社会革命。

健全全面从严治党体系，全面推进党的自我净化、自我完善、自我革新、自我提高。

完善党的自我革命制度规范体系，坚持制度治党、依规治党，健全党统一领导、全面覆盖、权威高效的监督体系，发挥政治巡视利剑作用，落实全面从严治党政治责任，用好问责利器。

坚持以严的基调强化正风肃纪，锲而不舍落实中央八项规定精神，持续深化纠治"四风"，重点纠治形式主义、官僚主义，坚决破除特权思想和特权行为。

二、有效内部控制的作用

一个有效的内部控制系统为主体目标的实现提供合理保证，或者说，一个有效的内部控制系统可以把主体目标没有实现的风险降低到一个可以接受的水平，它可以与经营、报告、合规等多类目标相关。

有效的内部控制系统可以向高级管理层和董事提供合理保证：

1.经营的效率和效果：外部事项没有重要影响或能够合理预计其性质和时间并将其影响减轻到可以接受的水平。

2.了解经营得以有效管理的程度：外部事项有重要影响或不能够合理预计性质和时间并将其影响减轻到可以接受的水平。

3.目标实现：组织按照适用的规则、制度和准则或主体指定的报告目标编制报告。

4.目标实现：遵守适用的法律、法规、制度和外部准则。

行政事业单位内部控制，是指单位为实现控制目标，通过制定制度、实施措施和执行程序，对经济活动的风险进行防范和管控。单位内部控制的目标主要包括合理保证单位经济活动合法合规、资产安全和使用有效、财务信息真实完整，有效防范舞弊和预防腐败，提高公共服务的效率和效果。

本节讨论题

1.在建设中国特色社会主义的过程中，如何通过全面从严治党营造良好的环境，为内部控制建设提供支持？

2.在建设中国特色社会主义的过程中，如何通过建立健全内部控制体系，为全面从严治党提供支持？

第八节 企业风险管理与重大风险的防范与化解

在建设中国特色社会主义的过程中，政府防范和化解风险的各种政策为企业风险管理创造了良好的外部环境，企业健全有效的风险管理和内部控制体系为国家防范和化解各种风险提供了支撑。

一、企业风险管理与国家风险管理

企业风险管理是一个过程，由企业的董事会、管理当局和其他人员实施，应用于战略制定并贯穿于企业之中，旨在识别可能影响企业目标的潜在事项，管理风险以使其在该企业风险偏好之内，并为企业目标的实现提供合理保证。

国家风险管理也可以视为一个过程，由党、政府和人民实施，应用于战略制定并贯穿于国家管理之中，旨在识别可能影响国家目标的潜在事项，管理风险以使其在国家风险偏好之内，并为国家目标的实现提供合理保证。

企业风险管理是国家风险管理的重要组成部分，二者相辅相成，共同为实现各自的目标提供保障。

二、重大风险的防范和化解

党的十八大以来，内部控制和风险管理开始进入党中央和国家治理层视野。习近平总书记在党的十八届五中全会第二次全体会议上做出重要指示，必须把防风险摆在突出位置，要加强对各种风险源的调查研判，提高动态监测、实时预警能力，推进风险防控工作科学化、精细化。党的十九大报告也明确提出，要将防范化解重大风险放在三大攻坚战之首，要增强驾驭风险本领，健全各方面风险防控机制。

党的十八大以来，面对波谲云诡的国际形势、复杂敏感的周边环境、艰巨繁重的改革发展稳定任务，以习近平同志为核心的党中央坚持底线思维，增强忧患意识，提高防控能力，着力防范化解重大风险，保持了经济持续健康发展和社会大局稳定。习近平总书记围绕防范化解重大风险发表了一系列重要论述，立意高远，内涵丰富，思想深刻，对于我们切实做好防范化解重大风险各项工作，战胜前进道路上各种艰难险阻，全面建设社会主义现代化国家，实现第二个百年奋斗目标、实现中华民族伟大复兴的中国梦，具有十分重要的意义。

1.统筹发展和安全，增强忧患意识，做到居安思危，是我们党治国理政的重大原则。

党的十八大强调指出，发展中国特色社会主义是一项长期的艰巨的历史任务，必须准备进行具有许多新的历史特点的伟大斗争。

"这就告诫全党，要时刻准备应对重大挑战、抵御重大风险、克服重大阻力、解决重大矛盾，坚持和发展中国特色社会主义，坚持和巩固党的领导地位和执政地位，使我们的党、我们的国家、我们的人民永远立于不败之地。"

"随着我国社会主要矛盾变化和国际力量对比深刻调整，必须增强忧患意识、坚持底线思维，随时准备应对更加复杂困难的局面。要坚持政治安全、人民安全、国家利益至上有机统一，既要敢于斗争，也要善于斗争，全面做强自己。"

2.有效防范和化解各类风险挑战，确保社会主义现代化事业的顺利推进。

"当前和今后一个时期是我国各类矛盾和风险易发期，各种可以预见和难以预见的风险因素明显增多。我们必须坚持统筹发展和安全，增强机遇意识和风险意识，树立底线思维，把困难估计得更充分一些，把风险思考得更深入一些，注重堵漏洞、强弱项，下好先手棋、打好主动仗，有效防范化解各类风险挑战，确保社会主义现代化事业顺利推进。"

着力防范化解政治、意识形态、经济、科技、社会、外部环境、党的建设等领域重大风险。

"必须清醒看到，腐败这个党执政的最大风险仍然存在，存量还未清底，增量仍有发生。政治问题和经济问题交织，威胁党和国家政治安全。传统腐败和新型腐败交织，贪腐行为更加隐蔽复杂。腐败问题和不正之风交织，'四风'成为腐败滋长的温床。腐蚀和反腐蚀斗争长期存在，稍有松懈就可能前功尽弃，反腐败没有选择，必须知难而进。"

3.防范化解重大疫情和突发公共卫生风险，事关国家发展和安全，事关社会政治大局稳定。

"没有全民健康，就没有全面小康"，"要把人民健康放在优先发展的战略地位"，"保护人民生命安全和身体健康可以不惜一切代价"。

"拥有健康的人民意味着拥有更强大的综合国力和可持续发展能力。如果人民健康水平低下，如果群众患病得不到及时救助，如果疾病控制不力、传染病流行，不仅人民生活水平和质量会受到重大影响，而且社会会付出沉重代价。"

"在保护人民生命安全面前，我们必须不惜一切代价，我们也能够做到不惜一切代价。"

4.坚持和完善中国特色社会主义制度、推进国家治理体系和治理能力现代化，运用制度威力应对风险挑战的冲击。

党的十八届三中全会首次提出"推进国家治理体系和治理能力现代化"这个重大命题，并把"完善和发展中国特色社会主义制度，推进国家治理体系和治理能力现代化"确定为全面深化改革的总目标。

"发展环境越是严峻复杂，越要坚定不移深化改革，健全各方面制度，完善治理体系，促进制度建设和治理效能更好转化融合，善于运用制度优势应对风险挑战冲击。"

5.发扬斗争精神，提高斗争本领，不断夺取伟大斗争新胜利。

"想一帆风顺推进我们的事业，想顺顺当当实现我们的奋斗目标，那是不可能的。可以预见，在今后的前进道路上，来自各方面的困难、风险、挑战肯定还会不断出现，关键看我们有没有克服它们、战胜它们、驾驭它们的本领。"

我国正处于实现中华民族伟大复兴关键时期，改革发展正处在攻坚克难的重要阶段，在前进道路上，我们面临的重大斗争不会少。各种风险挑战，只要来了，我们都将进行坚决斗争，毫不动摇，毫不退缩，直至取得胜利。历史必将证明，中华民族走向伟大复兴的历史脚步是不可阻挡的！

6.防范化解重大风险，是各级党委、政府和领导干部的政治职责。

"需要注意的是，各种风险往往不是孤立出现的，很可能是相互交织并形成一个风险综合体。对可能发生的各种风险，各级党委和政府要增强责任感和自觉性，把自己职责范围内的风险防控好，不能把防风险的责任都推给上面，也不能把防风险的责任都留给后面，更不能在工作中不负责任地制造风险。"

"防范化解重大风险，是各级党委、政府和领导干部的政治职责，大家要坚持守土有责、守土尽责，把防范化解重大风险工作做实做细做好。"

"党员、干部特别是领导干部要以居安思危的政治清醒、坚如磐石的战略定力、勇于斗争的奋进姿态，敢于闯关夺隘、攻城拔寨。遇到重大风险挑战、重大工作困难、重大矛盾斗争，要第一时间进行研究、拿出预案、推动工作，决不能回避、绕着道走，更不能胆怯、惧怕。"

"当今世界正经历百年未有之大变局，国内外形势正在发生深刻复杂变化，来自各方面的风险挑战明显增多，迫切需要我们在加强国家制度建设和治理能力建设上下更大功夫，使我们的制度优势充分发挥出来，更好转化为治理效能。"

本节讨论题

1.在建设中国特色社会主义的过程中，政府防范和化解风险的各种政策如何为企业风险管理营造良好的外部环境？

2.企业如何通过建立健全风险管理和内部控制体系，为国家防范和化解各种风险提供支持？

主要参考文献

［1］习近平．决胜全面建成小康社会 夺取新时代中国特色社会主义伟大胜利［M］．北京：人民出版社，2017．

［2］习近平．高举中国特色社会主义伟大旗帜 为全面建设社会主义现代化国家而团结奋斗——在中国共产党第二十次全国代表大会上的报告［M］．北京：人民出版社，2022．

［3］COSO．企业风险管理——应用技术［M］．张宜霞，译．大连：东北财经大学出版社，2006．

［4］COSO．企业风险管理——整合框架［M］．方红星，王宏，译．大连：东北财经大学出版社，2017．

［5］COSO．内部控制——整合框架［M］．方红星，主译．大连：东北财经大学出版社，2008．

［6］PCAOB．第5号审计准则——与财务报表审计相结合的财务报告内部控制审计［M］．张宜霞，主译．大连：东北财经大学出版社，2008．

［7］安东尼，戈文达拉扬．管理控制系统［M］．刘霄仑，朱晓辉，译．北京：人民邮电出版社，2011．

［8］张宜霞，舒惠好．内部控制国际比较研究［M］．北京：中国财政经济出版社，2006．

［9］张宜霞．企业内部控制论［M］．大连：东北财经大学出版社，2009．

［10］张宜霞．内部控制——基于企业本质的研究［M］．北京：中国财政经济出版社，2004．

［11］陈汉文，张宜霞．企业内部控制的有效性及其评价方法［J］．审计研究，2008（3）：48-54．

［12］林斌，林东杰，胡为民，等．目标导向的内部控制指数研究［J］．会计研究，2014（8）：16-24；96．

［13］刘明辉，张宜霞．内部控制的经济学思考［J］．会计研究，2002（8）：54-56．

［14］张宜霞，郭玉．财务报告重大错报风险的定量识别与评估——基于财务指标相对偏差的逻辑回归模型［J］．财务研究，2015（6）：74-80．

［15］张宜霞，刘明辉．企业风险管理整合框架及其评价［J］．财务与会计，2005（11）：22-25．

［16］张宜霞．企业内部控制：内涵与框架体系［J］．东北财经大学学报，2004（1）：30-32．

［17］张宜霞，文远怀．促进我国企业内部控制的建设［J］．国有资产管理，2008（2）：26-29．

［18］张宜霞．企业内部控制评价的标准及设计［J］．会计之友，2007（7）：28-31．

［19］张宜霞．企业内部控制的范围、性质与概念体系——基于系统和整体效率视角的研究［J］．会计研究，2007（7）：36-43；96．

［20］张宜霞．企业内部控制的有效性与有效的企业内部控制［J］．中国注册会计师，2008（3）：79-81．

［21］张宜霞．财务报告内部控制审计收费的影响因素——基于中国内地在美上市公司的实证研究［J］．会计研究，2011（12）：70-77；97．

［22］张宜霞．内部控制评价研究［M］．大连：东北财经大学出版社，2024．

［23］财政部，证监会，审计署，等．关于印发《企业内部控制基本规范》的通知（财会〔2008〕7号）［EB/OL］．（2008-05-22）［2025-01-21］．https：//kjs.mof.gov.cn/zhengcefabu/200807/t20080704_55982.htm．

［24］财政部，证监会，审计署，等．关于印发企业内部控制配套指引的通知（财会〔2010〕11号）［EB/OL］．（2010-04-15）［2025-01-21］．https：//kjs.mof.gov.cn/zhengce-fabu/201005/t20100505_290459.htm．

［25］财政部．关于印发《小企业内部控制规范（试行）》的通知（财会〔2017〕21号）［A/OL］．（2017-06-29）［2025-01-21］．https：//kjs.mof.gov.cn/zhengcefabu/201707/t20170707_2640522.htm．

［26］财政部．关于印发《行政事业单位内部控制报告管理制度（试行）》的通知（财会〔2017〕1号）［A/OL］．（2017-01-25）［2025-01-21］．https：//kjs.mof.gov.cn/gong-zuotongzhi/201702/t20170216_2536035.htm．

［27］财政部．关于全面推进行政事业单位内部控制建设的指导意见（财会〔2015〕24号）［A/OL］．（2017-12-21）［2025-01-21］．https：//kjs.mof.gov.cn/zhengcefabu/201601/t20160105_1643573.htm．

［28］财政部．关于印发《行政事业单位内部控制规范（试行）》的通知（财会〔2012〕21号）［A/OL］．（2012-11-29）［2025-01-21］．https：//kjs.mof.gov.cn/zhengce-fabu/201212/t20121212_713530.htm．

［29］财政部办公厅．关于征求《行政事业单位内部控制评价办法（征求意见稿）》意见的函（财办会〔2024〕25号）［A/OL］．（2024-07-26）［2025-01-21］．http：//kjs.mof.gov.cn/gongzuotongzhi/202407/t20240731_3940823.htm．

［30］财政部会计司．强化企业和行政事业单位内部控制建设 助推国家治理体系和治理能力现代化——新会计法系列解读之五［A/OL］．（2024-08-09）［2025-01-21］．

http：//kjs.mof.gov.cn/zhengcejiedu/202408/t20240809_3941445.htm.

［31］中国注册会计师协会．关于印发《企业内部控制审计指引实施意见》的通知（会协〔2011〕66号）［A/OL］．（2011-10-11）［2025-01-21］．https：//www.cicpa.org.cn/ztzl1/Professional_standards/swzy/201110/t20111011_60680.html.

［32］中国注册会计师协会．关于印发《企业内部控制审计问题解答》的通知（会协〔2015〕7号）［A/OL］．（2015-02-27）［2025-01-21］．https：//www.cicpa.org.cn/ztzl1/Professional_standards/201502/t20150227_60921.html.

［33］中国注册会计师协会．关于印发《〈中国注册会计师审计准则第1211号——重大错报风险的识别和评估〉应用指南》等两项应用指南的通知［A/OL］．（2022-12-30）［2025-01-21］．https：//www.cicpa.org.cn/xxfb/tzgg/202302/t20230207_63923.html.

［34］中国注册会计师协会．中国注册会计师审计准则第1211号——重大错报风险的识别和评估［S/OL］．（2021-05-07）［2025-01-21］．https：//www.cicpa.org.cn/ztzl1/Professional_standards/xxzztx/zyzz/sjzz/202105/P020240412543439237956.pdf.

［35］中国注册会计师协会．中国注册会计师审计准则第1221号——计划和执行审计工作时的重要性［S/OL］．（2021-05-07）［2025-01-21］．https：//www.cicpa.org.cn/ztzl1/Professional_standards/xxzztx/zyzz/sjzz/202105/P020210507610901439855.pdf.

［36］新华社．中共中央 国务院关于新时代加快完善社会主义市场经济体制的意见［EB/OL］．（2020-05-11）［2025-01-21］．https：//www.gov.cn/gongbao/content/2020/content_5515273.htm.

［37］新华社．中共中央办公厅 国务院办公厅印发《关于进一步加强财会监督工作的意见》［EB/OL］．（2023-02-15）［2025-01-21］．https：//www.gov.cn/gongbao/content/2023/content_5743630.htm.

［38］BUSINESS ACCOUNTING COUNCIL.On the setting of the standards and practice standards for management assessment and audit concerning internal control over financial reporting（Council Opinions）［R/OL］．（2007-02-15）［2025-01-21］．https：//www.fsa.go.jp/en/news/2007/20070420.pdf.

［39］COSO.Enterprise risk management-integrating with strategy and performance［S/OL］．（2017-09-05）［2025-01-21］．https：//www.coso.org/enterprise-risk-management.

［40］BEASLEY M S，CARCELLO J V，HERMANSON D R.Fraudulent financial reporting：1987-1997，an analysis of U.S.public companies［EB/OL］．（1999-01-01）［2025-01-21］．https：//egrove.olemiss.edu/cgi/viewcontent.cgi? article=1330&context=aicpa_assoc.

［41］COSO.Internal control-integrated framework：2013［S/OL］．（2013-05-30）［2025-01-21］．https：//www.theiia.org/en/products/bookstore/coso---internal-control--integrated-framework-2013-framework.

［42］SEC.Management's report on internal control over financial reporting［S/OL］.（2007-09-24）［2025-01-21］．https：//www.sec.gov/rules-regulations/staff-guidance/compliance-disclosure-interpretations/managements-report-internal-control-over-financial-reporting-certification-disclosure-exchange-act.

［43］FRC.Guidance on risk management，internal control and related financial and business reporting ［R/OL］．（2014-09-17）［2025-01-21］．https：//media.frc.org.uk/documents/Guidance_on_Risk_Management_Internal_Control_and_Related_Financial_and_Business_Reporting _September.pdf.

［44］FRC.Corporate governance code guidance ［R/OL］．（2024-01-29）［2025-01-21］．https：//www. frc. org. uk/library/standards-codes-policy/corporate-governance/corporate-governance-code-guidance.

［45］FRC. UK corporate governance code ［R/OL］．（2024-01-22）［2025-01-21］．https：//www. frc. org. uk/library/standards-codes-policy/corporate-governance/uk-corporate-governance-code.

［46］FRC.Internal control-revised guidance for directors on the combined code ［R/OL］．（2005-10-13）［2025-01-21］．https：//www. carrotsandsticks. net/policies/184-52-internal-control-revised-guidance-for-directors-on-the-combined-code-2005.

［47］ FRC.ISA （UK） 315：identifying and assessing the risks of material misstatement ［R/OL］．（2020-07-08）［2025-01-21］．https：//www. frc. org. uk/library/standards-codes-policy/audit-assurance-and-ethics/auditing-standards/isa-uk-315.

［48］PCAOB. AS 2201：an audit of internal control over financial reporting that is integrated with an audit of financial statements ［R/OL］．（2024-05-13）［2025-01-21］．https：//pcaobus.org/oversight/standards/auditing-standards/details/AS2201.

附录　部分章节测试题参考答案

第三章测试题参考答案

一、选择题

1.ABC　2.ABD　3.ABCD　4.ABCD　5.ABCD　6.ABCD　7.ABCD　8.ACD

二、判断题

1.错　2.错　3.错　4.错　5.对　6.错　7.对　8.对　9.对　10.错

第四章测试题参考答案

一、选择题

1.A　2.ABC　3.ACD　4.ABCD　5.ABC　6.AB　7.ABCD　8.ABCD　9.A　10.AB　11.A

二、判断题

1.错　2.错　3.错　4.错　5.对　6.对　7.对　8.错　9.错　10.错　11.错　12.错　13.对　14.对　15.错　16.对　17.错

第五章测试题参考答案

一、选择题

1.A　2.ABCDE　3.ABCDE　4.ABCD　5.AB　6.ABCDE　7.ABCD　8.ABCD

二、判断题

1.错　2.对　3.错　4.错　5.错　6.错　7.对　8.错

第六章测试题参考答案

一、选择题

1.AB　2.AD　3.AC　4.BD　5.AC

二、判断题

1.对　2.对　3.对　4.对　5.错　6.错

第七章测试题参考答案

一、选择题

1.A　2.C　3.ABCD　4.ABCD　5.ABCDE　6.AB

二、判断题

1.对　2.对　3.对　4.错

第九章测试题参考答案

一、选择题

1.A　2.B　3.D　4.ABC　5.ABD　6.AC　7.AB　8.AD　9.ABCD　10.ABCD

二、判断题

1.对　2.对　3.错　4.错　5.对　6.对　7.错

第十章测试题参考答案

一、选择题

1.A　2.B　3.ABCD　4.ABC　5.AC　6.AB

二、判断题

1.错　2.对　3.对　4.对　5.错　6.错

第十一章测试题参考答案

一、选择题

1.ABCDE　2.ABCD　3.ABCD　4.AB

二、判断题

1.错　2.对　3.对　4.错